UTB 2742

Eine Arbeitsgemeinschaft der Verlage

Beltz Verlag Weinheim · Basel
Böhlau Verlag Köln · Weimar · Wien
Verlag Barbara Budrich Opladen · Farmington Hills
facultas.wuv Wien
Wilhelm Fink München
A. Francke Verlag Tübingen und Basel
Haupt Verlag Bern · Stuttgart · Wien
Julius Klinkhardt Verlagsbuchhandlung Bad Heilbrunn
Lucius & Lucius Verlagsgesellschaft Stuttgart
Mohr Siebeck Tübingen
C. F. Müller Verlag Heidelberg
Orell Füssli Verlag Zürich
Verlag Recht und Wirtschaft Frankfurt am Main
Ernst Reinhardt Verlag München · Basel
Ferdinand Schöningh Paderborn · München · Wien · Zürich
Eugen Ulmer Verlag Stuttgart
UVK Verlagsgesellschaft Konstanz
Vandenhoeck & Ruprecht Göttingen
vdf Hochschulverlag AG an der ETH Zürich

Steffen J. Roth

VWL für Einsteiger

Eine anwendungsorientierte Einführung

2., bearbeitete Auflage

mit 61 Abbildungen

Lucius & Lucius · Stuttgart

Anschrift des Autors:

Dr. Steffen J. Roth
Institut für Wirtschaftspolitik
an der Universität zu Köln
Pohligstr. 1
50969 Köln
eMail: steffen.roth@wiso.uni-koeln.de

Bibliografische Information der Deutschen Nationalbibliothek

Die Deutsche Bibliothek verzeichnet diese Publikation in der
Deutschen Nationalbibliografie; detaillierte bibliografische Daten
sind im Internet über http://dnb.ddb.de abrufbar

ISBN 978-3-8282-0413-3 (Lucius & Lucius)

© Lucius & Lucius Verlagsgesellschaft mbH Stuttgart 2007
Gerokstr. 51, D-70184 Stuttgart
www.luciusverlag.com

Druck und Einband: F. Pustet, Regensburg

Printed in Germany

UTB-Bestellnummer: 978-3-8252-2742-5

Für

Pauline und Charlotte,

Lina und Nikias

Vorbemerkung und Vorgehensweise

Dieses Buch richtet sich an Leser, die mit volkswirtschaftlichen Betrachtungen bislang nur durch die Medien in Berührung gekommen sind. Es handelt sich um ein Einführungslehrbuch, das keinerlei Vorkenntnisse voraussetzt.

Es gibt bereits unzählige Einführungslehrbücher für Volkswirtschaftslehre. Warum also ein weiteres hinzufügen? Wodurch unterscheidet sich dieses Buch von der Konkurrenz?

Die meisten Einführungslehrbücher richten sich an Studenten der Wirtschaftswissenschaften. Sie bereiten ihre Leser letztlich auf eine wissenschaftliche Karriere vor und streben daher Vollständigkeit und Genauigkeit an. Wegen der zu diesem Zweck verwendeten Mathematik und der umfassenden Darstellung wissenschaftlicher Theorien sind sie allerdings für die meisten Anfänger nur schwer verdaulich. Nicht selten erschließt sich Studenten der Volkswirtschaftslehre der Sinn und Zweck dieser in den ersten Semestern als praxisuntauglich und schikanös empfundenen Theorie erst deutlich später im Verlauf des Studiums. Einer der Gründe dafür ist, dass viele dieser Bücher dem Leser kaum zeigen, wie sich die Theorie auf reale Fragen unserer Gesellschaft anwenden lässt. Die Auseinandersetzung mit Politikempfehlungen folgt im normalen wirtschaftswissenschaftlichen Studium erst sehr viel später.

Dieses Einführungslehrbuch hingegen ist für all diejenigen gedacht, die (zumindest in einem ersten Schritt) lediglich das grundlegende Gedankengerüst der Volkswirte nachvollziehen und deren Argumentationsweisen in der Öffentlichkeit verstehen möchten. Es richtet sich also zum Beispiel an Studenten, die sich im Nebenfach mit Volkswirtschaftslehre und Wirtschaftspolitik auseinandersetzen oder an Studenten in den neu entstehenden praxisorientierten Bachelor-Studiengängen. Dieses Buch bietet auch Oberstufenschülern in entsprechenden Schwerpunktkursen oder interessierte Laien im Selbststudium einen theoretisch fundierten, aber anwendungsorientierten Einstieg in die Ökonomik. Schließlich eignet es sich auch für Studienanfänger wirtschaftswissenschaftlicher Studiengänge: Entweder am Beginn des Studiums, um zunächst einen Überblick über wesentliche Inhalte und Analysemethoden der Volkswirtschaftslehre und deren Anwendungsmöglichkeiten zu gewinnen, bevor sie sich in den kommenden Semestern Stück für Stück durch die Details arbeiten werden. Oder zu einem fortgeschrittenen Zeitpunkt, um sich einige grundlegende Zusammenhänge wieder ins Gedächtnis zurück zu rufen.

Auf Grund der so umrissenen Zielgruppe wäre es unangebracht, die Geduld der Leser mit allzu detaillierten theoretischen Ausführungen zu strapazieren und einen Grundkurs in Wirtschaftsmathematik vorauszusetzen. Eine Einführung in theoretische Analyseinstrumente ist zum Verständnis der ökonomischen Herangehensweise unumgänglich. Allerdings wird in diesem Buch der Versuch gewagt, diese methodische Einführung relativ kurz zu halten, die verwendete Mathematik auf die Grundrechenarten zu beschränken und rasch zu allgemein verständlichen Fragen vorzudringen.

Der Stoff dieses Buches deckt nach einigen einführenden Grundgedanken wesentliche Elemente der mikroökonomischen Theorie ab. Erläutert werden grundlegende Analysen der Entscheidungsfindung einzelner Personen im Wirtschaftsgeschehen und ihr Zusammenwirken auf Märkten. Anschließend werden Marktergebnisse wohlfahrtstheoretisch bewertet: Es wird versucht zu zeigen, warum Ökonomen so euphorisch auf freie Marktprozesse setzen. In einem dritten Schritt wird die Bevorzugung freier Märkte gegenüber politischen Eingriffen durch die Abhandlung der so genannten Marktversagenstheorie und verteilungspolitischer Zielsetzungen relativiert: Der Markt regelt eben doch nicht alles.

Die makroökonomische Theorie wird in diesem Buch nicht vertieft. Dieser Theoriezweig beschäftigt sich mit gesamtwirtschaftlichen Phänomenen auf zusammengefasster Ebene: Welche Auswirkungen hat die Staatsverschuldung? Wie beeinflusst eine Steuererhöhung das Produktionsniveau? Wie wirkt die Geldpolitik auf die Wachstumsaussichten? Makroökonomische Betrachtungen der gesamtwirtschaftlichen Entwicklungen sind nicht ohne ein fundiertes Verständnis der mikroökonomischen Entscheidungen der einzelnen Akteure möglich. Wenn man sich auf ein Teilgebiet konzentrieren möchte, erscheint es daher lohnend, die mikroökonomischen Zusammenhänge zu fokusieren. Statt einer theoretischen Auseinandersetzung mit makroökonomischen Zusammenhängen bietet dieses Buch im letzten Teil systemvergleichende Betrachtungen und einen knappen Einblick in die ökonomische Theorie der Politik. Damit wird verständlich, warum die meisten Ökonomen staatlichen Eingriffen in Märkte trotz der Marktversagenstheorie skeptisch gegenüber stehen: Planwirtschaftliche Alternativen sind kaum vorzugswürdig und auch der demokratische politische Entscheidungsprozess ist voller Tücken.

Dieses Einführungslehrbuch verzichtet auch auf die Darstellung der Volkswirtschaftlichen Gesamtrechnung. Es wird weder erläutert, was es mit einem

Überschuss in der Handelsbilanz oder einem Defizit in der Kapitalbilanz auf sich hat, noch wie sich das Bruttoinlandsprodukt berechnet und wie es sich vom Bruttoinländerprodukt unterscheidet. Auch die Vermittlung institutioneller Kenntnisse ist nicht Anliegen dieses Buches. Der Leser erfährt weder, wie viele Mitglieder das Direktorium der Europäischen Zentralbank hat und von wem sie für eine wie lange Amtsperiode ernannt werden, noch was es mit dem Stabilitäts- und Wachstumsgesetz auf sich hat.

Ziel dieses Einführungslehrbuches ist vielmehr, dem Leser zu zeigen, dass Ökonomik Wesentliches und Wertvolles zur Analyse, Erklärung und Lösung der Probleme unserer Gesellschaft beitragen kann. Die verständigen Leser sollen so weit in die ökonomische Analysetechnik und Denkweise eingeführt werden, dass sie wirtschaftliche Zusammenhänge fortan schneller und leichter erkennen, den Ausführungen der Experten, Journalisten und Politiker besser folgen und ihnen kritisch begegnen können.

Die Neulinge unter den Lesern sollten sich darüber im Klaren sein, dass durch die Lektüre dieses Buches nur erste Einblicke in die Theorien der Ökonomen vermittelt werden. Sie sollten nicht glauben, zu irgendeinem der angesprochenen Themen bereits umfassend informiert zu sein. Im Idealfall erschließt sich dem Leser eine grobe Landkarte der ökonomischen Betrachtungsweise. Dank des großen Maßstabs ermöglicht dies einen Überblick, der das Gesamtgefüge erkennbar werden lässt. Durch Verzicht auf die Darstellung sämtlicher Nebenstraßen und Sehenswürdigkeiten bleibt die Richtung erkennbar. Umgekehrt droht die Vernachlässigung theoretischer Genauigkeit und Vollständigkeit selbstverständlich immer, missverständlich zu werden. Das Auslassen von Nebenstrecken kann den Betrachter der Karte zu der Annahme verleiten, das Wegenetz vollständig durchdrungen zu haben, obgleich eventuell besonders lohnende Ausflugsstraßen nicht einmal erwähnt wurden. Dieses Risiko wurde bewusst in Kauf genommen. Für genauere Besichtigungen der einzelnen Ausflugsgebiete müssten jeweils ausführlichere Reiseführer und genauere Karten studiert werden.

Ortskundige Leser wiederum sollten sich nicht zurückhalten, den Autor auf Unterlassungen und überzeichnete Vereinfachungen aufmerksam zu machen, die in künftigen Überarbeitungen eventuell geschickter gehandhabt werden könnten.

Die einzelnen Kapitel dieses Buches bauen aufeinander auf. Die ausschnittsweise Lektüre ist daher nicht zu empfehlen. Um dies ausnahmsweise dennoch zu ermöglichen, wurde versucht, Hinweise auf vorstehende oder nachfolgende Ausführungen zu geben, die in unmittelbarem Zusammenhang stehen. Durch

Fettdruck hervorgehobene Begriffe und Namen finden sich in einem Schlag-
wortregister am Ende des Buches. Die meisten Fachbegriffe werden zumindest grob erläutert. Wo der Leser genauere Definitionen wünscht, ist eine
Suche in Fachbüchern, Lexika und Enzyklopädien problemlos möglich. Für
interessierte Leser findet sich am Ende des Buches ein kommentiertes Litera-
turverzeichnis mit nach Kapiteln geordneten Hinweisen auf weiterführende
Literatur.

Die Grundlage dieses Buches wurde durch eine Vorlesung innerhalb des
Weiterbildungsstudienganges „Wirtschaftsjurist" an der Universität zu Köln
gelegt. Die Teilnehmer dieser Vorlesung mussten in den vergangenen drei
Jahren als Versuchspersonen herhalten. Heute kann es dadurch als im Feld-
experiment bewiesen erachtet werden, dass der Stoff dieses Buches sowohl
hinsichtlich der Menge und Komplexität als auch hinsichtlich der Darstel-
lungs- und Ausdrucksweise für den Großteil der fachfremden Leser verständlich und in einem Semester zu bewältigen ist. Ich habe vielen Studenten dieses
Studienganges für ihre engagierten Fragen, Anregungen und Verbesserungs-
vorschläge zu danken. Außerdem danke ich ganz herzlich Susanna
Kochskämper, Heiko Roth, Anne Sohns-Wißkirchen und Vera Bünnagel für
ihre scharfsinnige und kritische Durchsicht des Textes und ihre unschätzbare
handwerkliche Hilfe bei seiner Erfassung und Korrektur sowie der Anferti-
gung der Abbildungen.

Köln, im Januar 2006   Steffen J. Roth

Vorwort zur zweiten Auflage

Voller Freude darf ich feststellen, dass das vorliegende Lehrbuch sehr gut aufgenommen wurde. Sowohl im Studenten- als auch im Kollegenkreis rief die erste Auflage von „VWL für Einsteiger" ausgesprochen positive Resonanz hervor. Zahlreiche Buchbesprechungen empfahlen das Buch mit großem Wohlwollen und Lob.

Ganz offensichtlich werden in diesem Buch wesentliche Aspekte und Grundlagen der Volkswirtschaftslehre angesprochen, die die Lektüre keineswegs nur für Neulinge, sondern auch zur Auffrischung der Kenntnisse bei Studenten höherer Semester lohnend macht.

Gerne komme ich der Bitte des Verlegers nach, die bereits nach 18 Monaten nahezu vergriffene erste Auflage durch eine zweite, überarbeitete und erweiterte Auflage abzulösen. Dies gibt mir Gelegenheit, einige kleinere Fehler und Ungenauigkeiten der ersten Auflage zu korrigieren und einigen Themen durch eine bessere oder ausführlichere Behandlung hoffentlich zu noch größerer Verständlichkeit zu verhelfen.

Ergänzend zu den bereits im Vorwort zur ersten Auflage genannten Personen danke ich Herrn Michael J. Zimmermann für seine gründliche Durchsicht der ersten Auflage und seine wertvollen Anmerkungen aus juristischer Perspektive.

Köln, im September 2007   Steffen J. Roth

Inhaltsverzeichnis

Abbildungs- und Tabellenverzeichnis

I. Volkswirtschaftliche Grundgedanken

Wenn ein möglichst rascher Einstieg in ökonomische Denkweisen und Analysemuster angestrebt werden soll, erscheint es zunächst hilfreich, einige wesentliche ökonomische Gedanken auf abstrakter Ebene anzusprechen, um gewohnte Denkmuster des Lesers aufzubrechen. Die Bedeutung der im Folgenden jeweils in aller Kürze thematisierten „volkswirtschaftlichen Grundgedanken" erschließt sich dem Leser wahrscheinlich nicht immer unmittelbar. Dennoch werden diese Gedanken dem Rest des Stoffes vorangestellt, weil ihre intellektuelle Verarbeitung erfahrungsgemäß sowohl eine gewisse Wiederholung als auch Zeit benötigt. Später werden diese Ideen an geeigneter Stelle wieder aufgegriffen. Aber es kann nicht schaden, sich zunächst abstrakt auf diese Grundlagen und Eckpfeiler der Ökonomik einzulassen. Der Leser sollte versuchen, sich entspannt zurück gelehnt mit den folgenden Grundgedanken auseinander zu setzen und ihre Aussagen mit den wohl vertrauten Grundlagen der eigenen Wissenschaft abzugleichen bzw. auf ihre Vereinbarkeit mit eigenen Vorstellungen von Werten, von Menschheitsbildern und von den angesprochenen Zusammenhängen abzuklopfen.

1. Methodologischer Individualismus

Der Ökonom fühlt sich bewusst dem Menschen oder der Menschheit verpflichtet. Ziel des ökonomischen Bemühens ist die Steigerung des Nutzens von Individuen. Das Bekenntnis zum so genannten **methodologischen Individualismus** ist das grundsätzlichste Werturteil, das der Ökonomik zu Grunde liegt, und beinhaltet unmittelbar zwei verschiedene Komponenten.

Die erste Komponente dieses Werturteils ist in der Aufklärung verwurzelt und fokussiert die Konzentration der Wirtschaftswissenschaft auf den Menschen („anthropozentrische Komponente"). Ökonomen beurteilen den Wert eines Gegenstandes, einer (Dienst-) Leistung oder einer Regelung alleine nach Maßgabe des Nutzens, den dieser Gegenstand, diese (Dienst-) Leistung oder diese Regelung für ein Individuum oder mehrere Individuen entfaltet. Es existiert kein Wert an sich, der losgelöst von Menschen begriffen und begründet werden könnte.

Dass diese normative Festlegung weitreichende Konsequenzen hat, wird unmittelbar einsichtig, wenn man die Konzentration auf individuelle Nutzengrößen mit geläufigen anderen Werthaltungen kontrastiert: Religiöse, metaphysische oder tradierte Ziele, Grundsätze, Regelungen oder Bewertungen sind als Grundlage ökonomischer Bewertung nur insoweit mittelbar akzeptiert, als dies der individuellen Nutzensteigerung entsprechen kann. Konkreter: Christen werden einen Verstoß gegen die zehn Gebote wahrscheinlich als empfindliche Nutzenminderung erleben. Nur aus diesem Grund werden Ökonomen die Vereinbarkeit alternativer Verhaltensweisen mit den zehn Geboten bei der Analyse und Empfehlung von Verhaltensweisen oder Regeln berücksichtigen. Die zehn Gebote werden für Ökonomen hingegen keine Rolle spielen, wenn sie eine buddhistische Gesellschaft betrachten. Es entspricht nicht der ökonomischen Methode, die Vereinbarkeit einer Regelung mit den zehn Geboten unabhängig von der Nutzenveränderung eines Individuums als Kriterium in die Analyse einzubeziehen. Schon gar nicht, weil z. B. der analysierende Ökonom selbst gläubiger Christ wäre. Diese Einschränkung gilt nicht nur für religiöse und metaphysische Normen, sondern ebenso hinsichtlich bestehender gesellschaftlicher Regeln. Auch die Vereinbarkeit bestimmter Verhaltensweisen mit bestehenden Gesetzen hat für den Ökonomen keinen Wert an sich. Es kann für Individuen durchaus nutzensteigernd sein, bestehende Gesetze einzuhalten, weil das ansonsten entstehende schlechte Gewissen oder die drohende Bestrafung selbstverständlich in der Analyse mit berücksichtigt werden muss. Ebenso selbstverständlich können Ökonomen viele Gesetze gutheißen und begründen, warum die Gesetze zu allgemeiner Wohlfahrtssteigerung beitragen. Aber eine Handlungsoption einfach mit dem Hinweis auf ein bestehendes Gesetz bereits in der theoretischen Analyse abzulehnen und erst gar nicht zu untersuchen, beschneidet die ökonomische Analyse unangemessen.

Zweitens tritt die aus dem Liberalismus stammende Komponente des methodologischen Individualismus hinzu. Der Ökonom betrachtet das Individuum als Mittelpunkt und einzigen Bezugspunkt: Nur Individuen sind Entscheidungsträger und Akteure. „Kollektive Entscheidungen" müssen sich deshalb letztlich auf das Verhalten von Individuen zurückführen lassen. Die Handlungen oder Entscheidungen von Gruppen hängen nach dieser Sichtweise zum einen von den individuellen Entscheidungen der Kollektivmitglieder ab und zum anderen von der Gestaltung der Entscheidungsfindungsprozesse (z. B. wird einstimmig entschieden oder zählt eine einfache Mehrheit) in den jeweiligen Kollektiven. In der sozialen Interaktion existieren keine eigenständigen überindividuellen Akteure, die unabhängig von den Individuen agieren, aus welchen sie sich zusammensetzen. Entscheidungen treffen immer Individuen, die eventuell Gesellschaftsmitglied (Bürger), Unternehmer (z. B. Aktionäre) oder Gewerkschaftsmitglied sind und in dieser Funktion an Wahlen und Ab-

stimmungen teilnehmen. Diese individualistische Sicht hängt wiederum eng
mit dem grundsätzlichen ökonomischen Ziel der Nutzenmaximierung zusammen: Weder „die Gesellschaft", noch „die Unternehmen" oder „die Gewerkschaften" erfahren Nutzensteigerungen oder Nutzenverluste. Aussagen
wie etwa „den Unternehmen geht es seit der Steuerreform besser" sind streng
genommen Unsinn.

2.   Konsumentensouveränität

Die **Konsumentensouveränität** folgt unmittelbar aus der eben erklärten individ-
ualistischen und liberalen Grundposition. Wenn nur Individuen in Hinblick
auf ihre persönlichen Nutzenvorstellungen darüber entscheiden, ob und wie
wertvoll bestimmte Gegenstände, Dienstleistungen oder Zustände sind, dann
folgt daraus auch, dass es keinen Grund gibt, warum ein Individuum dem
anderen vor- oder übergeordnet sein sollte.

Konkrete Wirkung entfaltet dieses Prinzip, das auch generell in demokratischen Gesellschaftsordnungen gut bekannt ist, im ökonomischen Kontext
durch die konsequente Anwendung auf die Entscheidungshoheit jedes Einzelnen: Es muss dem Individuum überlassen bleiben, zu entscheiden, was ihm
welchen Nutzen stiftet. Niemand hat das Recht zu bestimmen, was einem
anderen nützlich ist, was ein anderer wünscht oder braucht, was „gut" für
einen anderen ist.

Diese normative Grundposition begründet die ökonomische Skepsis gegenüber allen „wohlmeinenden" Bemühungen von Entscheidungsträgern und
Eliten einer Gesellschaft, die darauf abzielen, das Verhalten der Individuen
„zu deren Bestem" zu lenken. Im Alltag trifft man sowohl im Parlament und
Gericht als auch in der Presse und am Stammtisch beständig auf die Überzeugung, dass viele Menschen nicht gut genug darüber Bescheid wissen, was sie
eigentlich wünschen müssten, was ihren Präferenzen eigentlich entsprechen
würde und was ihre eigentlichen Prioritäten und Präferenzen sein sollten.
Meistens glauben diejenigen, die diese Überzeugung der eingeschränkten Ent-
scheidungsfähigkeit der Bürger äußern oder teilen, dass sie selbst zum hinreichend informierten und aufgeklärten Teil der Bevölkerung gehören. Unter
Ökonomen ist der Anteil solcher „Besserwisser" mindestens so groß wie in
anderen Berufsgruppen auch. Aber innerhalb der professionellen Beschäftigung mit ökonomischen Fragen müssten sie solche Behauptungen im Einzelnen mit dem Vorliegen systematischer Fehlfunktionen in der Informationsgewinnung oder Informationsverarbeitung begründen.

Bei der Bezeichnung Konsumentensouveränität schwingt außerdem noch mehr mit als nur die Bezeichnung des Individuums als Nachfrager auf Märkten. Der Begriff bezeichnet im engeren Sinne weniger die soeben angesprochene normative Setzung der gleichberechtigten Individuen als vielmehr das theoretisch zu erwartende und wenigstens tendenziell sicher auch beobachtbare Ergebnis freier Marktprozesse: Auf freien Wettbewerbsmärkten – und damit unter bestimmten, im Verlauf des Buches noch zu diskutierenden idealtypischen Umständen – setzt sich der Konsument als Souverän mit seinen Präferenzen durch. Sofern es keine Wettbewerbsbeschränkung und keine Störungen des Marktgeschehens gibt und sofern keine kollektiven Markteingriffe zur Lenkung der Wirtschaft erfolgen, spielt es keine Rolle, welchen Wert der Anbieter (Produzent) oder der Politiker einem bestimmten Gut beimisst. Der letztlich durchsetzbare Preis oder Tauschwert des Guts wird durch die Zahlungsbereitschaft und damit gemäß der Nutzeneinschätzung der Konsumenten bestimmt.

Noch etwas weiter gefasst beinhaltet der Begriff „Konsumentensouveränität" ein sehr starkes Kriterium für die Beurteilung wohlfahrtssteigernder oder wohlfahrtsmindernder Aktionen, Institutionen und Entscheidungen.[1] Wenn in demokratischen, am Allgemeinwohl der Bürger ausgerichteten Staaten das Volk der Souverän ist, stellt sich im wirtschaftlichen Kontext die Frage, in welcher Rolle die Bürger souverän sein sollen. Beinahe alle Bürger treten im wirtschaftlichen Prozess sowohl als Konsumenten als auch als Produzenten auf. Um Doppelzählungen und allgemeine Verwirrung zu vermeiden muss man sich zur Beurteilung der Wohlfahrt der Bürger auf eine Seite der Betrachtung beschränken. Nach dem Gedanken der Konsumentensouveränität ist es alleine der Wert, den Güter und Dienstleistungen für die Konsumenten haben, der für die Beurteilung der gesellschaftlichen Wohlfahrt in Frage kommt. Während der Produktion im Regelfall nur mittelbare Nutzenstiftung zukommt ist der Konsumnutzen der letzte Zweck aller wirtschaftlichen Bemühungen. Es empfiehlt sich daher die Konzentration auf den Konsumentennutzen. Eine Verrechnung mit Produzenteninteressen ist weder sinnvoll noch methodisch zulässig. In dieser Ausrichtung auf die Konsumenten lässt sich unterscheiden zwischen Verträgen, die tatsächlich lediglich zum gegenseitigen Vorteil der Betroffenen geschlossen werden und solchen, deren Vorteilhaftig-

---

[1]   In dieser maßgeblichen, heute aber auch vielen Ökonomen nicht mehr bewussten Bedeutung stammt der Gedanke vom englischen liberalen Ökonomen William Harold **Hutt** (1899 – 1988), der das Kriterium der Konsumentensouveränität in seinem 1936 veröffentlichten Buch „Economists and the Public" ausgearbeitet hat.

keit für die einen nur auf Kosten Dritter erreicht wird. Aus dieser Perspektive gibt es kein Argument zugunsten irgendwelcher Beschränkungen des freien Tausches zwischen souveränen Konsumenten-Bürgern, das sich auf ein vermeintliches Allgemeinwohl stützen könnte, solange nicht gezeigt werden kann, dass die betreffende Beschränkung für die Konsumenten vorteilhaft wäre.

3.   Nutzenmaximierung und rationales Verhalten

Ökonomen unterstellen den Menschen keineswegs materialistische Gier und egoistisches, rücksichtsloses Streben nach Besitz. Dies ist ein weit verbreitetes Missverständnis. Es erklärt sich durch die häufig im Mittelpunkt ökonomischer Analyse stehende Auseinandersetzung mit Transaktionen auf Märkten, bei denen es tatsächlich meist darum geht, für angebotene Waren möglichst hohe Preise zu erzielen und für gewünschte Waren möglichst wenig ausgeben zu müssen. Ökonomen unterstellen den Individuen nicht mehr und nicht weniger, als dass sie nach Lebensglück, Wohlergehen, Genuss und Zufriedenheit streben – und zwar jeder nach seiner eigenen Vorstellung davon. Der in der Fachsprache für dieses Sammelsurium stehende Begriff lautet **Nutzen**. Die in ökonomischen Theorien modellierten Individuen streben grundsätzlich danach, ihren Nutzen zu maximieren, d. h. so viel Lebensglück zu erreichen, so genussvoll zu leben und so zufrieden zu werden wie möglich. Diese Annahme erscheint nicht allzu lebensfremd, so lange sie in dieser Allgemeinheit formuliert wird.

Um dieses Streben nach Glück einer abstrakten theoretischen Betrachtung zugänglich zu machen, verfolgen Ökonomen seit langer Zeit eine Vorstellung, nach der Individuen mit einer Art Formel im Unterbewusstsein durch die Welt spazieren, die in der Fachterminologie Nutzenfunktion genannt wird. Eine komplexe Nutzenfunktion würde aus allen Parametern bestehen, die das Lebensglück eines bestimmten Menschen ausmachen, z. B. Freunde, Kinder, eine Wohnung, Kinobesuche etc. Die Idee ist, dass jeder Einzelne diese Parameter ordnet, d. h. für den einen mag der Besitz eines Sportwagens für sein Lebensglück unabdingbar sein, ein anderer betrachtet einen Sportwagen zwar als netten Besitz, würde aber noch lieber eine Weltreise machen. Diese Ordnung und Bewertung der einzelnen Interessen findet sich in der Nutzenfunktion wieder. Wüsste man, wie man die Nutzenfunktion einer bestimmten Person transparent machen könnte, ließe sich das Lebensglück dieser Person als Ergebnis dieser individuellen Formel errechnen.

Das Wohlbefinden von Individuen ist aber ebenso wenig objektivierbar wie einzelne Nutzenveränderungen von Individuen durch bestimmte Variationen ihrer jeweiligen Güterausstattungen oder Lebenssituationen. Es mangelt an einer sinnvollen Methode kardinaler Nutzenmessung bezüglich eines Individuums, d. h. Menschen sind im Allgemeinen nicht in der Lage, ihre Nutzenempfindungen auf einer Intervallskala so auszudrücken, dass damit mathematische Operationen wie addieren, subtrahieren, multiplizieren oder dividieren sinnvoll sind. Kategoriale Merkmale wie „zufrieden/unzufrieden", „glücklich/unglücklich", etc. lassen sich nicht sinnvoll verrechnen. Die meisten Menschen sind also bereits mit der Aufgabe überfordert, anzugeben, um wie viel genau ihnen eine Weltreise lieber wäre als ein Sportwagen oder umgekehrt. Eine umfassende Nutzenfunktion, die das Lebensglück einer Person maximieren und dazu erfordern würde, Nutzenvariationen bezüglich aller Komponenten in mathematisch handhabbare Verhältnisangaben zu setzen, ist damit utopisch. In der Ökonomik konzentriert man sich daher heute in weiten Teilen auf einen **ordinalen Nutzenbegriff**. Bei ordinalskalierten Merkmalen wird jede Merkmalsausprägung einer bestimmten Kategorie zugeordnet. Diese Kategorien lassen sich in eine Rangfolge bringen, der Abstand zwischen den Kategorien ist jedoch nicht erfassbar. Individuen können also häufig problemlos angeben, ob sie mit einem Sportwagen oder einer Weltreise „unzufrieden", „zufrieden" oder „überaus zufrieden" wären. Wenn eine Person mit einem Sportwagen nur „zufrieden", mit einer Weltreise aber „überaus zufrieden" wäre, dann erhöht eine Weltreise den Nutzen dieser Person mehr als ein Sportwagen.

Um in der Analyse zu modellieren, wie Individuen Entscheidungen treffen, unterstellen Ökonomen nicht nur, dass Individuen nach Nutzenmaximierung streben, sondern zugleich, dass sie sich dabei **rational** verhalten. Rational ist ein Verhalten dann, wenn es konsistent zur Nutzenfunktion des Individuums ist, wenn also eine bestimmte Handlung oder Entscheidung im Sinne der Nutzenmaximierungshypothese zielführend ist bzw. das Individuum erwartet, dass die Handlung oder Entscheidung zielführend ist. Demnach wäre es z. B. irrational, einen Sportwagen zu wählen und dafür auf eine Weltreise zu verzichten, wenn man erwartet, mit einem Sportwagen „zufrieden" zu sein, mit einer Weltreise aber „überaus zufrieden". Je nach individueller Vorstellung des Lebensglücks und je nach Situation kann nun selbstverständlich rein egoistisches und auf die Erlangung materieller Werte gerichtetes Handeln der Nutzenmaximierung entsprechen. So ist es wohl recht plausibel anzunehmen, dass die meisten Mieter einer Wohnung ihren Nutzen erhöhen, wenn es ihnen gelingt, eine niedrigere Miete auszuhandeln. Dabei kommt es nicht darauf an, ob sie das ersparte Geld materialistisch-egoistisch für ein Auto ausgeben oder eine Spendenpatenschaft für ein armes Kind und seine Familie übernehmen möchten. In beiden Fällen handeln sie in der Verhandlung um den Mietpreis rational, wenn sie versuchen, die Miete so niedrig wie möglich zu vereinbaren.

Die Annahme des rationalen Verhaltens ist wichtig für die ökonomische Analyse und Theoriebildung, weil erst dadurch die Reaktion der Individuen auf Veränderungen der Rahmenbedingungen, die Reaktion auf veränderte Anreize erwartet werden kann. Dies gibt Ökonomen die Möglichkeit, bestimmte Mustervorhersagen zu wagen. Aufgrund dieser Annahmen erwarten Ökonomen beispielsweise Reaktionen der Nachfrager auf veränderte Preise: Wenn der Konsum eines bestimmten Guts einen bestimmten Nutzen stiftet, dann folgt aus rationaler Nutzenmaximierung, dass der Konsum des betreffenden Guts reduziert wird, wenn der Preis des Guts steigt und ausgedehnt wird, wenn der Preis des Guts sinkt.[2]

Es gibt einen andauernden Streit sowohl innerhalb der Ökonomik als auch zwischen Ökonomen und Vertretern der Nachbarwissenschaften (insbesondere der Psychologie und der Soziologie) darüber, ob die Rationalitätsannahme zumindest im Aggregat, d. h. bei gleichzeitiger Beobachtung vieler individueller Entscheidungen, empirisch zutreffend ist. Es gibt zweifellos psychologische Phänomene, die der Rationalitätshypothese zuwider zu laufen scheinen.

Da sich viele dieser Phänomene bei ausreichender Phantasie dennoch als vernünftiges Verhalten im Sinne der zielstrebigen Verfolgung einer Nutzenfunktion erklären lassen, gibt es parallel dazu den fortwährenden Streit, ab wann der Rationalitätsbegriff tautologisch wird: Wir kennen die Nutzenfunktion eines Individuums nicht und können allenfalls aus dem beobachtbaren Verhalten einer Person auf die entsprechenden Elemente der Nutzenfunktion schließen. Daraus folgt gleichzeitig, dass wir jedes Verhalten als rational klassifizieren können, indem wir entsprechende Präferenzen unterstellen.

Tatsächlich lässt sich somit kaum behaupten, dass sich Menschen grundsätzlich rational nutzenmaximierend verhalten, schon gar nicht in jedem Einzelfall und fortwährend. Dennoch ist festzuhalten, dass auch die Psychologie und die Soziologie über keine treffenderen allgemeinen Modelle menschlichen Verhaltens verfügen als das der rationalen Nutzenmaximierung. Für größere Zusammenhänge und im Schnitt erweist sich die Annahme rationaler Nutzenma-

---

2　Ganz so einfach ist es nicht. Vgl. dazu später den Abschnitt II.7.2.

ximierung als so robust, dass das Modell des homo oeconomicus inzwischen auch in den Nachbarwissenschaften verwendet wird. Es ist allerdings zweifellos höchst interessant, durch Verfeinerungen der Analyse komplexere psychologische Regelmäßigkeiten zu integrieren.

Vor allem aber bleibt das Konzept der Rationalität und Nutzenmaximierung als normative Basis unerlässlich: Ökonomik strebt nicht in erster Linie danach, Instrumente zur exakten Vorhersage des Verhaltens eines bestimmten Individuums in einem bestimmten Einzelfall zu entwickeln. Es wäre erschreckend, wenn so etwas funktionieren würde. Das Ziel der Ökonomik als angewandter Wissenschaft besteht eher darin, im politischen Entscheidungsprozess Expertenauskünfte und Ratschläge zu erteilen, die zu gesellschaftlichen Rahmensetzungen und Anreizsystemen führen, unter denen möglichst viele Menschen möglichst glücklich leben können (Nutzenmaximierung, Wohlfahrtssteigerung). Die Annahme rationaler Nutzenmaximierung als normative Basis meint, dass Ökonomen versuchen, Rahmenbedingungen, Regelsysteme und Gesellschaftsstrukturen zu erarbeiten, die für solche Menschen geeignet sind, die versuchen, ihr Lebensglück zu steigern und sich auch so verhalten, wie es der Steigerung ihres Lebensglücks dient. Selbst wenn man der rationalen Nutzenmaximierung im Sinne einer objektiven Beschreibung menschlichen Verhaltens skeptisch gegenüber stehen mag: Nach welcher Vorstellung wollte man gesellschaftliche Systeme und Regeln sonst gestalten?

4. Knappheit und Opportunitätskosten

Den Menschen ideale Bedingungen zur Steigerung ihres persönlichen Nutzens zu erschließen, ist das übergeordnete Ziel der Ökonomik. Den Schlüssel zur Erreichung dieses Ziels glauben Ökonomen in der Auseinandersetzung mit der Frage nach der Verwendung knapper Mittel und Ressourcen erkannt zu haben. Ausgangspunkt der Ökonomik ist die Erkenntnis der **Knappheit** als Kardinalproblem der Menschen. Das Problem der Knappheit liegt überall dort vor, wo Entscheidungen über die Verwendung einer Ressource zu einem bestimmten Zweck gleichzeitig Einschränkungen für andernfalls mögliche alternative Verwendungen bedeuten und man also eine Wahl treffen muss. Die Menge der Ressourcen, die den Menschen zur Bedürfnisbefriedigung und Nutzensteigerung zur Verfügung steht, ist in den meisten Fällen begrenzt und reicht nicht aus, um alle Bedürfnisse zu befriedigen. Will man unter dieser Restriktion der Knappheit das Ziel der Nutzenmaximierung und Wohlfahrtssteigerung verfolgen, so kommt es ganz wesentlich darauf an, die Ressourcen bestmöglich einzusetzen. Volkswirtschaftslehre im engeren Sinne ist die Wissenschaft von der Bewirtschaftung knapper Ressourcen innerhalb der Gesellschaft.

Solange bei einer bestimmten Ressource kein Knappheitsproblem vorliegt oder wahrgenommen wird, also (vermeintlich) alle Bedürfnisse gleichzeitig befriedigt werden können und eine Entscheidung zu Gunsten einer Verwendung nicht mit der Entscheidung verbunden ist, auf andere Verwendungen verzichten zu müssen, ist der Einsatz dieser Ressource kein ökonomisches Thema. Dies ist beispielsweise der Grund, warum das Spezialgebiet der Umweltökonomik erst in jüngerer Zeit zunehmend ernst genommen wird: Man hatte vorher nicht wahrgenommen, dass es sich z. B. auch bei der Atmosphäre oder der Ozonschicht um knappe Ressourcen handelt.

In Knappheitssituationen befinden sich Individuen und Kollektive. Die unterschiedlichen Verwendungsmöglichkeiten knapper Ressourcen bedeuten Zielkonflikte und rationale Entscheidungen erfordern das Abwägen von Nutzen und Kosten.

Selbstverständlich erscheinen nur solche Handlungen und Entscheidungen mit der Annahme der rationalen Nutzenmaximierung vereinbar, bei denen die erwarteten Nutzen die Kosten übersteigen. Die wenigsten Menschen benötigen den Rat eines Wirtschaftswissenschaftlers, um darauf zu kommen, dass sie nur dann ein Studium aufnehmen sollten, wenn sie hoffen, dass das Studium ihnen zumindest auf Dauer mehr Nutzen stiftet als es kostet. Es ist allerdings nicht so einfach, diese Maxime in eine tatsächliche Kosten-Nutzen-Abwägung umzusetzen. Wahrscheinlich gibt es wenige potenzielle Studenten, die sich tatsächlich in einer stillen Stunde bemühen, die erwarteten Kosten und Nutzen vollständig zu erfassen und zu bewerten. Auch der Ökonom kann dem einzelnen Studienanwärter die Entscheidung nicht abnehmen. Schließlich wird es für Außenstehende auf Grund der mangelnden Kenntnis über die Nutzenfunktionen einer anderen Person extrem schwierig, zu definieren, wie hoch der Nutzen eines Studiums erwartet werden kann. Wie bereits erwähnt, mangelt es uns bislang an einer vergleichbaren Skala zur Messung von Nutzeneinheiten. Es ist Menschen im Regelfall lediglich möglich, einem anderen Menschen mitzuteilen, ob uns eine Sache mehr oder weniger Nutzen stiftet als eine andere. Mit diesen Informationen lässt sich aber keine mathematische Formel sinnvoll speisen, so dass jedes Individuum für sich alleine den Gesamteffekt einer Entscheidung auf sein Nutzenempfinden beurteilen muss.

Der Ökonom kann bei der Abwägung dennoch nützlich sein und sei es nur mit dem Hinweis, die **Opportunitätskosten** nicht zu vergessen. Denn nicht nur der Nutzen ist schwierig zu definieren, sondern auch die Kosten im volkswirtschaftlichen Sinne sind nicht so einfach festzustellen wie es zunächst scheint. Kosten sind für den Ökonom im Gegensatz zum Buchhalter oder Steuerberater nicht nur die in Geldeinheiten direkt zu leistenden Aufwendungen. Kosten bestehen vielmehr – in Übereinstimmung mit dem Nutzenmaximierungsprinzip und im Bewusstsein um das Problem der Knappheit – in dem Verzicht auf die (Netto-)Nutzenstiftung der nächstbesten anderen Verwendungsmöglichkeit der aufzuwendenden knappen Ressourcen. Der Begriff Opportunitätskosten signalisiert, dass rational entscheidende Individuen, die unter der Knappheitsrestriktion ihren Nutzen bestmöglich steigern wollen, die Kosten und Nutzen einer Entscheidung nur im Vergleich zu alternativen Verwendungsmöglichkeiten (Opportunitäten) der Ressourcen erfassen können, auf die sie verzichten müssen.

Die Opportunitätskosten einer Entscheidung bestehen im Verzicht auf die dadurch zugleich nicht verwirklichte (Netto-)Nutzensteigerung, die durch die nächstbeste Alternative erwartet würde. Der komplizierte und im Grunde unnötige Zusatz „Netto" trägt einem häufigen Missverständnis Rechnung: Natürlich geht es bei den Opportunitätskosten nur um die in einer Gesamtbetrachtung erwarteten entgangenen Nutzensteigerung. Selbstverständlich muss zur Ermittlung der Opportunitätskosten der entgangene Nutzen der nächstbesten Alternative um die andererseits auch ersparten Kosten dieser Alternative bereinigt werden.

Wenn Ökonomen von einem Menschen berichtet bekommen, dass er maximal 1,50 Euro für eine Kugel Speiseeis auszugeben bereit wäre, eine Kugel Eis im Eiscafé gegenüber aber nur 1,00 Euro kostet, dann genügt ihm dies noch nicht, um einen Ratschlag zum Kauf oder Verzicht auf den Kauf zu geben. Wenn man nicht über unendliche Mengen der Ressource Geld verfügt, genügt es eben nicht festzustellen, dass man sich nach dem Genuss einer Kugel Speiseeis besser fühlt, um den Kauf der Leckerei als rational nutzenmaximierende Handlung klassifizieren zu können. Damit die Entscheidung zu Gunsten der Eiskugel empfehlenswert ist, muss der zusätzliche Nutzen durch den Genuss der Eiskugel größer sein, als die Nutzensteigerung, die bei der lohnendsten alternativen Verwendung der eingesetzten Geldmenge erreichbar gewesen wäre, beispielsweise beim Kauf eines Schokoladenriegels. Kostet ein Schokoladenriegel 0,80 Euro und entscheidet sich das Individuum in diesem Beispiel für den Kauf des Riegels statt der Eiskugel, so wissen wir, dass dem Individuum der Schokoladenriegel mehr als 1,30 Euro wert sein muss. Denn die betrachtete Person verzichtet auf den Nutzengewinn in Höhe von 0,50 Euro beim Kauf der Eiskugel, verspricht sich also vom Kauf des Schokoladenriegels einen noch höheren Nutzengewinn. Oder anders: Die Person verzichtet auf einen (Brutto-)Nutzen von 1,50 Euro, die der Eiskonsum gebracht hätte, muss aber auch die Kosten in Höhe von 1,00 Euro nicht aufwenden. Die Opportunitätskosten des Verzichts auf die Eiskugel betragen also 0,50 Euro. Nutzensteigernd ist diese Entscheidung für den Schokoladenriegel und gegen die Eiskugel nur dann, wenn die (Netto-)Nutzensteigerung durch den Kauf des Schokoladenriegels noch mehr als 0,50 Euro beträgt. Bei einem Preis von 0,80 Euro muss sich das Individuum aus dem Kauf eines Schokoladenriegels mindestens 0,80 Euro plus 0,50 Euro = 1,30 Euro an (Brutto)Nutzen versprechen.

Dabei geht es dem Volkswirt keineswegs nur um den Einsatz von Geld, was bei den meisten Menschen knapp zu sein scheint, sondern um alle Ressourcen, bei denen das betrachtete Individuum eine Entscheidung zwischen Alternativen treffen muss. Je nachdem geht es z. B. auch um Zeit, Kraft, Geduld, Vertrauen und vieles andere.

Um das Beispiel wieder aufzugreifen: Die Aussage, „Der Studienabschluss ist mir mehr wert als die im Laufe des Studiums für Gebühren und Bücher aufzuwendende Summe, deshalb schreibe ich mich ein.", lässt Ökonomen erschrocken aufhorchen. Wenn der betreffende Studienanwärter hingegen auch berücksichtigt, dass er in der Zeit des Studiums nicht nur Geldmittel für Gebühren und Bücher aufwenden muss, sondern gleichzeitig auch auf Arbeitsentgelt verzichtet, das er in der zum Studium verwendeten Zeit andernfalls verdienen könnte, atmet der Wirtschaftswissenschaftler erleichtert auf; das Prinzip ist erkannt. Die Aufwendungen für Ernährung und Wohnung ebenfalls zu den Kosten des Studiums zu rechnen ohne sie vom entgangenen Einkommen bei alternativer Erwerbstätigkeit in Abzug zu bringen, wie es häufig in den Medien oder in Bedarfsrechnungen von Ausbildungsversicherungen getan wird, stimmt nur dann, wenn die betreffende Person im Falle einer Entscheidung gegen das Studium weder für Speisen und Getränke, noch für Wohnraum zahlen müsste. Ansonsten droht die oben erwähnte Gefahr der Vernachlassigung der Beschränkung auf Nettobetrachtungen bei der Opportunitätskostenermittlung.

Das Ganze jetzt noch auf andere Ressourcen und Dimensionen auszuweiten, kommt mit der Übung: Der Studienanwärter verzichtet im Falle der Studienentscheidung nicht nur auf alternative Verwendungsmöglichkeiten dieser Geldsumme, sondern muss unter Umständen berücksichtigen, dass zumindest in Prüfungsphasen entspannte Fernseh- oder Kneipenabende mit Freunden entfallen werden. Eventuell wird seine Aufnahmekapazität und Konzentrationsfähigkeit zu großen Teilen vom Studium absorbiert werden und daher das früher mit Inbrunst verfolgte Hobby leiden. Und wenn es hart kommt, wird der Student vielleicht auf Grund der Anspannung und dem Leistungsdruck so sehr mit sich selbst beschäftigt sein und die Geduld seiner Freundin so sehr überstrapazieren, dass die Beziehung zerbricht.

Unter Beachtung der Opportunitätskosten ist eine Entscheidung dann rational, wenn die Kombination aller eingesetzten knappen Ressourcen in der betrachteten Verwendungsmöglichkeit nicht nur überhaupt eine Nutzensteigerung erwarten lässt, sondern auch in der Abwägung sämtlicher alternativer Verwendungsmöglichkeiten der Ressourcen den höchstmöglichen Nutzenzuwachs verspricht.

5.   Marginalbetrachtung

Viele Entscheidungen beziehen sich auf kleine (marginale) Veränderungen bestehender Aktivitäten oder Pläne. Die Entscheidungen im Alltag bestehen selten aus den Alternativen „Alles oder Nichts". Da sich die erreichbaren Nutzen und aufzuwendenden Kosten pro Einheit in den meisten Situationen je nach dem unterscheiden, wie viele Einheiten man bereits konsumiert oder wie viel man bereits investiert hat, denken Ökonomen tendenziell in möglichst kleinen Veränderungen an der Grenze der bereits erreichten Situation.

Relevant für eine konkrete Angebots- oder Nachfrageentscheidung sind nicht Gesamtkosten und Gesamtnutzen oder die durchschnittliche Kostenbelastung oder Wertschätzung, sondern die für die gerade zur Entscheidung anstehende kleine Veränderung erwarteten **Grenznutzen** (zusätzlicher Nutzen der marginalen Veränderung) und **Grenzkosten** (zusätzliche Kosten der marginalen Veränderung).

Stellen Sie sich vor, Sie seien seit Stunden durch Paris von einer Sehenswürdigkeit zur anderen gewandert. Nun sind Sie ausgesprochen erschöpft und hungrig. Die Bistros sind allesamt unverschämt teuer. Wenn Sie wirklich hungrig und erschöpft sind, wird Ihnen in Ihrer Verzweiflung allerdings ein belegtes Croissant ausreichend Nutzen stiften und Sie werden bereit sein, dafür sieben Euro zu zahlen. Der Grenznutzen des ersten Croissants ist in Ihrem Zustand hoch genug, um die Grenzkosten in Höhe von sieben Euro zu rechtfertigen. Zahlen Sie für das zweite Croissant immer noch sieben Euro oder leben Sie mit dem verbliebenen Appetit? Wie ist es, wenn Sie sehr satt sind, weil Sie bereits das fünfte Croissant verspeist haben? Bei den meisten Menschen wird der Grenznutzen jedes zusätzlichen Croissants abnehmen. Die Grenzkosten hingegen bleiben im Normalfall konstant bei sieben Euro pro

Stück, es sei denn, Sie handeln mit dem Kellner einen Mengenrabatt aus. Beachten Sie, dass die Aussage, im Durchschnitt stifte Ihnen ein belegtes Croissant ausreichend Nutzen, um eine Zahlung von 2,50 Euro zu rechtfertigen, relativ sinnlos ist, um im konkreten Fall zu entscheiden, ob Sie ein Croissant kaufen oder nicht. Es kommt auf die Situation an und damit auf die Marginalbetrachtung, die Beachtung der Grenznutzen und Grenzkosten des nächsten zur Kaufentscheidung bereit liegenden Croissants. .

Stellen Sie sich umgekehrt vor, Sie seien für die Preisgestaltung der Eintrittskarten einer einmalig stattfindenden Filmvorführung zuständig. Sie hatten mit einem regen Andrang gerechnet und pro Karte zehn Euro verlangt. Fünf Minuten vor Beginn des Films sind leider noch 20 Karten übrig. In diesem Moment kommt die Lehrerin einer Schulklasse zu Ihnen und behauptet, die Schüler könnten den geforderten Preis nicht zahlen, die Gruppe würde aber gerne sämtliche Restkarten zum Preis von fünf Euro abnehmen. Natürlich werden Sie versuchen, die Lehrerin auf einen Preis von sechs oder sieben Euro hochzutreiben, aber vernünftigerweise werden Sie letztlich auf ihr Angebot eingehen und die Klasse kurz vor Beginn des Filmes zu beinahe jedem Preis in den Saal lassen. Es spielt dabei keine Rolle, wie hoch Ihre Gesamtkosten der Filmvorführung sind und wie teuer deshalb eine Karte durchschnittlich sein muss, um die Veranstaltung wenigstens kostendeckend über die Bühne zu bekommen. [3] Wichtig für die beschriebene Entscheidung sind lediglich die Grenzkosten, die die zusätzlichen 20 Zuschauer verursachen. Diese bestehen nicht in Anteilen der Saalmiete, der Versicherungsprämie oder der Vorführungsgebühr, sie bestehen nicht in Anteilen des Gehalts des Filmvorführers und nicht in Anteilen der Strom- und Heizkosten. Im Regelfall werden Sie sowohl den Saal als auch die Versicherung, den Film und den Vorführer pauschal bezahlen müssen, unabhängig davon, wie viele Zuschauer Sie hatten. Und Sie werden den Saal auch beleuchten und heizen müssen, unabhängig davon, ob Sie die Schüler in den Saal lassen oder nicht. Die relevanten Grenzkosten, d. h. die Kosten dieser speziellen kleinen Entscheidung, bestehen nur in den auf Grund der zusätzlichen Zuschauer anfallenden Mehrkosten. Viel mehr als die zusätzlichen Kosten für die Bezahlung einer eventuell etwas länger benötigten Reinigungskraft wird Ihnen nicht einfallen. Sie sollten also auf das Angebot der Lehrerin eingehen, solange die in Aussicht gestellten Eintrittsgelder der Schulklasse diese Zusatzkosten übersteigen

---

[3]   Schließlich haben Sie auf Grund der Einmaligkeit der Veranstaltung nicht damit zu rechnen, dass beim nächsten Mal alle bis kurz vor Beginn warten und dann mit Ihnen um den Preis feilschen.

6. Tausch und Handel, Spezialisierung und Arbeitsteilung

Tausch und Handel verbessern die Wohlfahrtssituation der beteiligten Individuen. Diese triviale Einsicht versucht man heute zwar bereits im Kindergarten zu vermitteln, hier sollten die Segnungen dieser grundlegenden Marktprozesse aber noch einmal vergegenwärtigt werden. Ohne Tausch und Handel müsste jede Wirtschaftseinheit (also jedes Dorf oder jede Sippe, jede Familie oder im Extrem: jedes Individuum) sämtliche benötigten oder erwünschten Güter selbst herstellen und könnte nur Güter konsumieren oder zur Produktion verwenden, über die sie bereits verfügt. Überdenken Sie kurz Ihre persönlichen Fähigkeiten. Wie weit kämen Sie, wenn Sie Ihre Wohnung selbst errichten müssten, eine Waschmaschine konstruieren, ein Auto montieren und ein Computerprogramm schreiben wollten? Können Sie wenigstens Brot backen, Schweine schlachten und Kleider schneidern? Selbst wenn Ihnen all dies gelingen würde: Sie bekämen niemals Oliven, Kaffee und Bananen.

Bereits in der statischen Betrachtung bei gegebenen Ausstattungen ermöglicht Tausch beidseitige Wohlfahrtsgewinne, wenn zwei Tauschpartner über unterschiedliche Güterausstattung und/oder über unterschiedliche Präferenzen verfügen. Stellen Sie sich zwei Überlebende eines Flugzeugunglücks vor. Der eine konnte eine Tasche mit Lebensmitteln retten, der andere verfügt über Streichhölzer und damit über die Möglichkeit, nachts wilde Tiere fernzuhalten. Wahrscheinlich können beide ihre Wohlfahrtssituation verbessern, indem der eine den anderen mit Lebensmitteln versorgt und der andere den ersten mit an das Feuer lässt. Oder stellen Sie sich zwei Schulkinder vor, die jeweils ein Käse- und ein Wurstbrötchen für die Pause mitbekommen haben, obwohl das eine Kind viel lieber Wurst isst, das andere hingegen Käse bevorzugt.

Wirklich geniale Wirkung entfaltet die Tauschmöglichkeit allerdings in dynamischer Hinsicht: Erst die Idee des Tauschs erlaubt, dass sich irgendjemand auf der Welt auf die Herstellung bestimmter Güter, auf die Verrichtung eines Handwerks oder einer Dienstleistung konzentriert, sich also auf eine Tätigkeit spezialisiert. Die Spezialisierung ermöglicht es, wenige Fertigkeiten zu perfektionieren und darin besser, geschickter, schneller und mithin produktiver zu werden, statt alle erforderlichen Dinge mehr schlecht als recht selbst zu erledigen.

Selbst wenn Sie der sozial-romantischen Vorstellung anhängen, der weitgehend autark arbeitende Mensch, der heute Kartoffeln anbaut, morgen einen Brunnen bohrt und übermorgen einen neuen Brennofen für die eigene kleine Töpferwerkstatt baut, habe auf Grund seiner ganzheitlichen Erfahrung und

Bodenhaftung ein viel erbaulicheres und freieres Leben: Sie werden zugeben müssen, dass Sie die Grenze wünschenswerter Spezialisierung nur weiter fassen als andere, sie aber nicht gänzlich ablehnen. Auch so wichtige und bereits früh in der Menschheitsgeschichte entwickelte Spezialisierungen wie das besondere Wissen des Arztes (Medizinmann, Druide) sind nur denkbar, wenn sich die betreffende Person mit einem Großteil ihrer Zeit und Schaffenskraft der Spezialisierung widmet, weil sie in anderen Belangen auf die Versorgung durch andere rechnen kann.

Tausch und Handel ermöglichen den Menschen die Spezialisierung auf Tätigkeiten, für die der Einzelne auf Grund besonderer Begabung oder besonderen Interesses gut geeignet ist. Die Spezialisierung ist wiederum nicht nur die wesentliche Grundlage für unser bequemes Leben wegen der bei Nutzung der Spezialisierungsgewinne besseren Versorgung mit materiellen Gütern, sondern auch die Grundvoraussetzung zur Entwicklung von Kunst und Wissenschaft. Umgekehrt machen die Spezialisierung und Arbeitsteilung aus den Menschen in modernen Gesellschaften eine Spezies, die auf die soziale Interaktion des Tausches mit anderen angewiesen ist, um ein möglichst komfortables Lebenshaltungsniveau zu erreichen. Ein Verzicht auf Tausch und Handel, beispielsweise die Ablehnung der Nutzung anonymer Märkte oder protektionistische Ablehnungen grenzüberschreitenden Handels, würde daher immer mit einem entsprechenden Verzicht auf die Spezialisierungsgewinne einhergehen.

7. Komparative Vorteile und relative Preise

Beruhigend für die Ungeschickten oder weniger Selbstbewussten ist dabei die wichtige ökonomische Erkenntnis, dass die Einbeziehung jeder Person in Tausch- und Handelsbeziehungen sowohl für die Gemeinschaft als Ganzes als auch für alle Beteiligten solange vorteilhaft ist, wie noch irgendwelche Bedürfnisse irgendeines Gesellschaftsmitgliedes mithilfe dieser Person befriedigt werden können. Wesentlich für die Vorteilhaftigkeit der Spezialisierung und des Tauschs sind nämlich nicht absolute, sondern **komparative Vorteile**.[4] Es kommt also nicht darauf an, irgendeine berufliche Tätigkeit auszuüben, die man besser kann als andere Menschen, sondern lediglich, sich auf eine Tätigkeit zu spezialisieren, die man selbst besser kann als andere Tätigkeiten.

---

[4]   Die zu Grunde liegende Theorie der komparativen Kostenvorteile geht auf den englischen Ökonomen David **Ricardo** (1772 – 1823) zurück.

Niemand ist so ungeschickt oder langsam, dass sein möglicher Beitrag zum Marktgeschehen nicht begrüßt werden würde.[5]

Diese wichtige Erkenntnis erschließt sich leichter, wenn man sich ein simples Zahlenbeispiel erarbeitet. Stellen Sie sich vor, die Tauschgemeinschaft bestünde lediglich aus zwei Bauern, die ihre gesamte Arbeitszeit auf die Herstellung von Fleisch und Kartoffeln aufteilen. Denken Sie sich also eine Welt aus zwei Personen, in denen man als Ressource alleine die zur Verfügung stehende Zeit betrachtet und in der sich die Bedürfnisse der Personen auf zwei Güter beschränken.

Nehmen Sie nun an, sowohl Bauer Meier als auch Bauer Schmitt wären beide in der Lage, sowohl Fleisch als auch Kartoffeln herzustellen, Bauer Meier ist jedoch in beiden Tätigkeiten ungeschickter als Schmitt:

Meier braucht zur Herstellung	**Schmitt** braucht zur Herstellung
für 1 kg Kartoffeln 10 h und	für 1 kg Kartoffeln 5 h und
für 1 kg Fleisch 20 h	für 1 kg Fleisch 15 h

Bevor die beiden auf die Idee kommen, miteinander in Austauschbeziehungen zu treten, sehen sich beide gezwungen, ihre verfügbare Arbeitszeit von beispielsweise 100 Stunden auf die Herstellung von Fleisch und Kartoffeln so aufzuteilen, wie es ihren Fähigkeiten und Konsumwünschen entspricht.[6]

Nehmen wir an, Meier entscheidet sich, 60 von 100 Stunden auf die Produktion von sechs Kilo Kartoffeln zu verwenden und in den verbleibenden 40 Stunden zwei Kilo Fleisch herzustellen. Schmitt unterstellen wir, dass er 40 von 100 Stunden auf die Produktion von acht Kilo Kartoffeln verwendet, was

---

[5]   An dieser Stelle muss man zwei sehr wichtige Anmerkungen machen: Zum Ersten sind hier freiwillige und friedliche Transaktionen gemeint, d. h. eine sehr wichtige Bedingung ist, dass nur die freiwillige Zustimmung jedes Tauschpartners als legitime Grundlage eines Besitzerwechsels akzeptiert wird. Raub, Betrug, Nötigung und Mord als Methoden des Gütererwerbs müssen durch die Errichtung einer entsprechenden Gesellschaftsordnung ausgeschlossen werden. Zum Zweiten ist die hier betrachtete Gesellschaftsordnung eine sehr einfache, in der von komplizierten strategischen Interaktionen abstrahiert wird. So mag es in Deutschlands zurzeit sehr wohl von einigen Gesellschaftsmitgliedern erwünscht sein, dass Arbeitslose nicht zum Produktionsprozess beitragen. Dies liegt aber nicht an realwirtschaftlichen Zusammenhängen, sondern an fehlkonstruierten gesellschaftlichen Systemen.

[6]   In Abschnitt II.6. werden wir genauer untersuchen, wie Individuen nach der Vorstellung der Ökonomen diese anspruchsvolle Entscheidung treffen.

ihm 60 Stunden für die Fleischproduktion belässt und vier Kilo Fleisch in die Speisekammer bringt.

In 100 h produziert **Meier** z. B.	in 100 Stunden produziert **Schmitt** z. B.
6 kg Kartoffeln (60 h) und	8 kg Kartoffeln (40 h) und
2 kg Fleisch (40 h)	4 kg Fleisch (60 h)

Wir können als Zwischenergebnis festhalten, dass – wie nicht anders zu erwarten – Bauer Schmitt ein luxuriöseres Leben genießt als der weniger talentierte Bauer Meier. Dies liegt eindeutig an seinen absoluten Kostenvorteilen. Wenn Bauer Schmitt sowohl die Produktion von Fleisch als auch die von Kartoffeln weniger Zeit kostet als Bauer Meier und wenn beide über gleich viel Zeit verfügen, dann ist es unmittelbar einleuchtend, dass Schmitts Speisekammer besser gefüllt sein wird als Meiers.

Der bereits eingeführte Gedanke der Opportunitätskosten lässt uns jedoch noch einen anderen Aspekt erkennen. Selbstverständlich verursacht die Herstellung von Fleisch und Kartoffeln jeweils Opportunitätskosten, denn die zur Fleischproduktion eingesetzte Zeit steht nicht mehr zur Herstellung von Kartoffeln zur Verfügung und umgekehrt. Die Herstellung von Fleisch und Kartoffeln hat also „ihren Preis", der sich in dieser geldlosen Gesellschaft in Einheiten des jeweils anderen Guts ausdrücken lässt, also als **relativer Preis**.

Auf Grund der angenommenen Fertigkeiten der beiden lassen sich die Opportunitätskosten wie folgt ermitteln und als relative Preise ausdrücken: Meier braucht zur Herstellung eines Kilos Fleisch genau doppelt so lange (20 Stunden) wie zur Herstellung eines Kilos Kartoffeln (zehn Stunden), ein Kilo Fleisch kostet ihn also zwei Kilo Kartoffeln. Oder umgekehrt, ein Kilo Kartoffeln kostet ihn ein halbes Kilo Fleisch. Bei Schmitt gestalten sich die relativen Preise anders, denn Schmitt braucht zur Herstellung eines Kilos Fleisch zwar kürzer als Meier (15 Stunden), aber dreimal so lange wie zur Herstellung von einem Kilo Kartoffeln (fünf Stunden). Ein Kilo Fleisch kostet ihn also drei Kilo Kartoffeln; ein Kilo Kartoffeln kostet ihn ein Drittel Kilo Fleisch.

Relative Preise für **Meier**:	Relative Preise für **Schmitt**:
1 kg Kartoffeln = 1/2 kg Fleisch	1 kg Kartoffeln = 1/3 kg Fleisch
1 kg Fleisch = 2 kg Kartoffeln	1 kg Fleisch = 3 kg Kartoffeln

Interessanterweise erkennt man in dieser Darstellung leicht, dass in relativen Preisen gemessen bei Bauer Meier ein Kilo Fleisch billiger ist als bei Bauer Schmitt. Umgekehrt verursacht ein Kilo Kartoffeln gemessen im dazu erforderlichen Verzicht auf Fleisch bei Bauer Schmitt geringere Kosten als bei Bauer Meier. Diese Betrachtungsweise fokussiert die komparativen Vorteile der beiden und führt zum wesentlichen Vergleich, wenn es um die durch Tauschbeziehungen erreichbaren Vorteile der Spezialisierung geht. Jeder Ökonom würde dem untalentierteren Bauer Meier empfehlen, sich vollständig auf die Produktion von Fleisch zu spezialisieren, bei der er über komparative Vorteile verfügt. Seinen Bedarf an Kartoffeln sollte er im anschließenden Tausch mit Schmitt decken können. Nehmen wir also an, dass Meier und Schmitt vereinbaren, sich nach 100 Stunden Nahrungsmittelproduktion zu treffen und Fleisch gegen Kartoffeln zu tauschen, um bessere Ergebnisse zu erzielen als in Autarkie. Meier konzentriert sich vollständig auf die Fleischproduktion und stellt in 100 Stunden fünf Kilo Fleisch her. Schmitt kann in Erwartung des Tauschgeschäfts seine Produktion von Fleisch reduzieren und sich stärker um die Kartoffelproduktion kümmern, bei der er komparative Vorteile hat. Beispielsweise könnte er nur noch ein Kilo Fleisch produzieren, so dass Meier und Schmitt insgesamt so viel Fleisch herstellen wie in Autarkie. Dies belässt Schmitt die Möglichkeit, 85 Stunden auf die Produktion von Kartoffeln zu verwenden und dabei 17 Kilo herzustellen.

In 100 h produziert **Meier** nun z. B.	in 100 h produziert **Schmitt** nun z. B.
5 kg Fleisch (100 h)	17 kg Kartoffeln (85 h) und
	1 kg Fleisch (15 h)

Nehmen wir an, Schmitt und Meier feilschen anschließend nicht lange, sondern einigen sich unkompliziert auf ein Tauschverhältnis von 2,5 Kilo Kartoffeln gegen ein Kilo Fleisch. Schließlich war der relative Preis in Autarkie in Meiers Fall zwei Kilo Kartoffeln für ein Kilo Fleisch und in Schmitts Fall drei Kilo Kartoffeln für ein Kilo Fleisch. Meier könnte nun also drei Kilo Fleisch an Schmitt übergeben und dafür 7,5 Kilo Kartoffeln von Schmitt erhalten. Nach der spezialisierten Produktion und dem anschließenden Tausch würden damit sowohl Meier als auch Schmitt jeweils über genauso viel Fleisch, aber über jeweils 1,5 Kilo Kartoffeln mehr verfügen als in Autarkie.

Nach Tausch verfügt **Meier** z. B. über	Nach Tausch verfügt **Schmitt** z. B. über
7,5 kg Kartoffeln und	9,5 kg Kartoffeln und
2 kg Fleisch	4 kg Fleisch

Zu welchem Preis, zu welchem Tauschverhältnis die beiden den Tausch vollziehen, ist letztlich Verhandlungssache und in unserem kleinen Beispiel kaum
zu bestimmen. Jedes Tauschverhältnis zwischen den jeweiligen relativen Preisen in Autarkie ergibt für beide vorteilhafte Ergebnisse. So könnte Meier unter
Umständen Schmitt dazu bringen, für ein Kilo Fleisch 2,9 Kilo Kartoffeln zu
tauschen. Schließlich ist das für Schmitt noch immer günstiger als auf die Spe-
zialisierungsvorteile zu verzichten, denn ohne Tauschbeziehung mit Meier
muss er für jedes Kilo Fleisch auf drei Kilo Kartoffeln verzichten. Oder
Schmitt setzt sich mit seinem Vorschlag durch, für jedes Kilo Fleisch nur
2,1 Kilo Kartoffeln zu tauschen. Schließlich würde Meier in Autarkie für jedes
Kilo Fleisch auf das er verzichtet nur zwei Kilo Kartoffeln gewinnen.[7] Wichtig
ist die Erkenntnis, dass immer beide Tauschpartner auf die Tauschbereitschaft
des jeweils anderen angewiesen sind. Um die Tauschbereitschaft zu erzielen,
muss jedem der Tauschpartner ein Vorteil aus dem Tausch entstehen,
ansonsten könnte er am Autarkiezustand festhalten. Solange es eine knappe
Ressource gibt, wie im Beispiel die Zeit, und solange die Bedürfnisse nicht
vollständig befriedigt sind, also sowohl Schmitt als auch Meier mehr
Kartoffeln bei gleich viel Fleisch begrüßen, haben beide Tauschpartner einen
Vorteil aus der Spezialisierung. Schmitt muss also kein besonders freundlicher
Mensch sein, um sich auf einen Tausch mit Meier von Kartoffeln gegen
Fleisch einzulassen, obwohl er sowohl in der Kartoffel- als auch in der
Fleischproduktion besser ist als Meier

---

[7]   Der gesamte Vorteil aus der Spezialisierung und dem Tausch liegt in den zusätzlich produ-
       zierten drei Kilo Kartoffeln. Wer sich von diesem Vorteil mehr aneignen kann, ist nicht
       ohne weiteres vorherzusagen. Es muss keineswegs so sein, dass beide 1,5 Kilo Kartoffeln
       mehr haben werden als in Autarkie. Wenn sich Meier mit seinem Vorschlag durchsetzt,
       würde er über 2,7 Kilo Kartoffeln mehr verfügen als vorher, während sich Schmitts Vorteil
       auf nur 300 Gramm beschränken würde. Setzt sich Schmitt durch, so gibt er für die drei
       Kilo Fleisch von Meier nur 6,3 Kilo Kartoffeln ab und vereinnahmt so 2,7 Kilo des Spe-
       zialisierungsgewinns.

8.   Pareto-Kriterium, allokative Effizienz und Prozessbetrachtung

Das bis heute wichtigste ökonomische Kriterium zur Beurteilung der Wohlfahrt einer Gesellschaft ist das zunächst abstrakt anmutende **Pareto-Kriterium**. Da das Wohlbefinden von Individuen ebenso wenig objektivierbar ist wie einzelne Nutzenveränderungen von Individuen durch bestimmte Veränderungen ihrer jeweiligen Güterausstattungen oder Lebenssituationen, ist ein interpersoneller Nutzenvergleich unmöglich. Wir können also zwar eventuell erfragen, ob eine bestimmte Maßnahme die Wohlfahrt einer bestimmten Person verbessert (ihr einen Nutzenzuwachs beschert) oder verschlechtert (für sie mit einer Nutzenminderung einhergeht). Mangels Objektivierbarkeit des Ausmaßes der Nutzenveränderungen und mangels eines Maßstabs zur Vergleichbarkeit der Befindlichkeiten der einzelnen Menschen untereinander, können wir aber keine vergleichenden Aussagen über die Wohlfahrt der Individuen treffen.

Darüber hinaus würde man aber ohnehin noch zusätzlich eine Methode benötigen, mittels derer aus einer übergeordneten gesellschaftlichen Perspektive die Nutzenveränderungen einzelner Gesellschaftsmitglieder bewertet werden könnten. Um Aussagen über die Wohlfahrtsveränderung der Gesellschaft zu treffen, würde es nicht genügen, sinnvoll erfassen und angeben zu können, dass eine bestimmte Maßnahme den Nutzen von Frieda stärker erhöht als sie den Nutzen von Carlotta verringert. Man müsste auch beurteilen können, ob diese Nutzensteigerung von Frieda der Gesellschaft die entsprechende Nutzenminderung von Carlotta wert ist. Man bräuchte also zusätzlich zu einem Maßstab der interindividuellen Nutzenvergleichbarkeit eine gesellschaftliche Wohlfahrtsfunktion, die eine mathematische Beziehung zwischen den Nutzenveränderungen der Gesellschaftsmitglieder herstellen würde.

Es sollte klar geworden sein, dass beide Bedingungen zurzeit nicht erfüllt sind und glücklicherweise den meisten Menschen auch schon alleine der Gedanke an solch einen Versuch zutiefst zuwider ist. Daraus lässt sich leicht folgern, dass aus gesellschaftlicher Perspektive zwei verschiedene Situationen eben immer dann nicht miteinander verglichen und beurteilt werden können, wenn sich durch den Wechsel von der einen zur anderen Situation ein oder mehrere Gesellschaftsmitglieder einen Nutzenzuwachs versprechen, ein oder mehrere andere Menschen aber eine Nutzenminderung erwarten.

Umgekehrt können dann aber eindeutige Aussagen zur Wohlfahrt getroffen werden, wenn keine einander entgegengerichteten Veränderungen der Nutzenempfindungen der beteiligten Individuen auftreten. Eine Maßnahme erhöht nach dem **Pareto-Kriterium**[8] immer dann eindeutig die Wohlfahrt der betrachteten Gruppe, wenn sich auf Grund der Maßnahme der Nutzen mindestens einer Person erhöht, ohne dass sich der Nutzen einer anderen Person verringert.

Sie haben häufig genug Ökonomen von **Effizienz** und **Allokation** sprechen gehört. Es lässt sich bereits an dieser Stelle verdeutlichen, was es mit diesen Begriffen auf sich hat.

Von **Allokation** spricht der Wirtschaftswissenschaftler, wenn es um die Zuordnung der knappen Ressourcen zu bestimmten Verwendungen geht. Jede unterschiedliche Aufteilung von Ressourcen auf die verschiedenen Verwendungsmöglichkeiten dieser Mittel entspricht einer anderen Ressourcen-Allokation (lat. allocare: platzieren, zuweisen). Ökonomen suchen nun beständig nach effizienten Allokationen, bzw. nach Mechanismen, die die in einer Gesellschaft vorhandenen Ressourcen effizient allozieren.

Im Gegensatz zum verwirrenden Alltagssprachgebrauch ist für Ökonomen der Begriff **Effizienz** keinesfalls als Synonym zum Begriff „Effektivität" zu gebrauchen. Effektiv ist jedes Verhalten, das ein bestimmtes vorgegebenes Ziel erreichen lässt. Dies ist unabhängig vom Aufwand, der zur Zielerreichung nötig ist, d. h. effektiv ist jede Methode ein Ziel zu verfolgen, die letztlich irgendwie zum Erfolg führt. Ökonomen mit ihrem ständigen Fokus auf die Nutzensteigerung unter der Restriktion allgegenwärtiger Knappheiten genügt es bei weitem nicht, effektive Maßnahmen zu suchen. Vorgegebene Ziele sollen nicht nur irgendwie, sondern mit so wenig Verzicht auf andere nutzenstiftende Ressourcenverwendungsmöglichkeiten erreicht werden wie möglich. Effizient ist nur die Methode, die ein vorgegebenes Ziel mit geringstmöglichem Aufwand erreicht.[9]

Das so genannte **Ökonomische Prinzip** beschreibt die Daumenregel, wie trotz der Knappheit der zur Verfügung stehenden Ressourcen möglichst viele der unbegrenzten Bedürfnisse von Menschen befriedigt werden können, in zwei Ausprägungen: Entweder soll der Mitteleinsatz zur Erreichung eines vorgegebenen Ziels so gering wie möglich sein (Minimalprinzip) oder mit einem vor-

---

[8]   So benannt nach dem italienischen Soziologen und Ökonom Vilfredo **Pareto** (1848 - 1923), auf dessen 1909 erschienenes Werk „Manuel d'Economie Politique" das Kriterium zurückgeht.

[9]   Mithin ist eine effiziente Methode immer auch effektiv, nicht aber jede effektive Methode auch effizient. Vielleicht hilft die folgende Eselsbrücke: Effektivität bedeutet „etwas tun, was zum Richtigen führt" – Effizienz bedeutet „etwas richtig tun".

gegebenen Mitteleinsatz soll eine möglichst hohe Zielerreichung gelingen (Maximalprinzip). Entweder, Sie versuchen so schnell wie möglich eine drei Kilometer lange Strecke hinter sich zu bringen, weil Sie dort Ihr Ziel erreicht haben, oder Sie versuchen, in einer Stunde möglichst weit zu laufen, weil Sie ohnehin noch viel weiter müssen als es Ihnen in dieser Stunde gelingen wird.[10]

Das Pareto-Kriterium ist ein Effizienz-Kriterium. Mit seiner Verwendung in orientieren sich Ökonomen an dem Ziel, die insgesamt in einer Gesellschaft vorhandenen knappen Ressourcen so zu allozieren, dass eine weitere Erhöhung der Wohlfahrt irgendeines Gesellschaftsmitglieds nur noch möglich wäre, wenn gleichzeitig mindestens ein anderes Gesellschaftsmitglied Nutzeneinbußen erleiden würde. Eine Situation ist (allokativ) effizient, wenn es nicht mehr möglich ist, durch eine andere Zuordnung der Ressourcen ein Individuum besser zu stellen, ohne gleichzeitig ein anderes schlechter zu stellen. Mit anderen Worten: **Pareto-Effizienz** ist erreicht, wenn es keine Maßnahme mehr gibt, die mindestens ein Individuum eindeutig begrüßen und gegen die kein Individuum ablehnend Einspruch erheben würde. Maßnahmenvorschläge, die ein Gesellschaftsmitglied begrüßt und gegen die niemand etwas einzuwenden hat, sollten entsprechend dieser Überlegungen immer umgesetzt werden. Würde man solchen Vorschlägen nicht folgen, würde es der Verschwendung von knappen Ressourcen bei der Verfolgung des Ziels der allgemeinen Wohlfahrtsverbesserung entsprechen.

Allokative Effizienz ist mithin durch die Abwesenheit von Verschwendung gekennzeichnet. Pareto-Effizienz sagt nichts über die Verteilung unter den Individuen aus. Je nach Anfangsausstattung der Individuen mit Ressourcen sind vollkommen unterschiedliche Allokationen pareto-effizient. Das Effizienzkriterium löst keine Verteilungskonflikte, lässt sie aber immerhin als solche erkennbar werden und sorgt durch die Abwendung von Verschwendung dafür, dass das zur Verteilung zur Verfügung stehende Güterbündel möglichst groß ist.

Was macht der Ökonom nun mit seiner Weisheit? Schließlich können wir nicht permanent in der Gegend herumlaufen und alle 80 Millionen Bürger in

---

[10]   Die aus irgendeinem Grund weit verbreitete Ansicht, es sei besonders reizvoll anzustreben, mit minimalem Mitteleinsatz ein maximales Ergebnis zu erzielen ist hingegen völliger Unsinn. Um eine effiziente Vorgehensweise zu identifizieren, müssen Sie entweder den Mitteleinsatz oder das Ziel vorgeben. Der Versuch, gleichzeitig das Minimal- und das Maximalprinzip umzusetzen, ermöglicht Ihnen keine logische Beurteilung: Möglichst schnell möglichst weit zu laufen hilft nicht bei der Entscheidung, ob man am Punkt x ins Café geht oder nicht.

Deutschland befragen, ob die ständig neuen Allokationsvorschläge einzelner Akteure von irgendeinem Gesellschaftsmitglied als Nutzenminderung empfunden werden: Unternehmer Schmitt hätte gerne mehr Öl. Irgendjemand dagegen? Familie Meier möchte ein Wohnmobil. Alle einverstanden? Matilda möchte ein Eis und außerdem weniger Hausaufgaben. Stört das jemanden?

Wir stoßen wieder auf das Problem, dass sich Ökonomen mit der Wahl der Nutzenkategorie und mit dem Ziel der Wohlfahrtssteigerung erhebliche Schwierigkeiten bereitet haben.[11] Einen Weg aus diesem Dilemma bietet die **Prozessbetrachtung.** Ökonomen versuchen im Alltag nicht, bestimmte Allokationsergebnisse an sich zu beurteilen, sondern konzentrieren sich auf die Betrachtung der Prozesse, die zu diesen Ergebnissen geführt haben. Kern dieser Herangehensweise ist wieder die Faszination, die der freiwillige Tausch auf Wirtschaftswissenschaftler ausübt.

Vereinfacht ausgedrückt suchen Ökonomen permanent nach Beschränkungen freier Tauschhandlungen, hinerfragen diese Beschränkungen und suchen nach Möglichkeiten institutioneller Arrangements, mithilfe derer auf diese Tauschbeschränkungen verzichtet werden könnte. Denn letztlich folgert ein Ökonom üblicherweise, dass eine bestimmte Reallokation von Ressourcen wohlfahrtsförderlich im Sinne des Pareto-Kriteriums ist, wenn sie das Ergebnis einer freiwilligen Tauschhandlung darstellt. Wenn also z. B. sowohl Matildas Vater als auch Matilda mit dem Kompromiss zufrieden sind, dass Matilda ein Eis bekommt, dann aber ohne weiteres Theater ihre Hausaufgaben erledigt, so liegt die Vermutung nahe, dass sich beide mit diesem Geschäft besser gestellt haben. Der Rückschluss auf eine Wohlfahrtsverbesserung bei Beobachtung eines freiwilligen Tausches resultiert unmittelbar aus der normativen Grundposition des methodologischen Individualismus (und der Konsumentensouveränität) in Verbindung mit der Annahme der Individuen als rationalen Nutzenmaximierern. Es gibt keine Möglichkeit, unabhängig von den Tauschhandlungen der einzelnen Individuen in irgendeinem Sinne „richtige" Preise oder Tauschverhältnisse festzustellen: Der Wert irgendwelcher Güter, Dienstleistungen oder Regeländerungen kann nicht losgelöst von den Nutzen der beteiligten Individuen ermittelt werden. Diese Nutzen sind aber wiederum weder objektiv feststellbar, noch können sie zwi-

---

[11]   In den Grundstudiumsveranstaltungen für Wirtschaftswissenschaftler wird dieses Problem zwar erwähnt, dann aber meistens ausgeblendet: Die Studenten bekommen vom Dozenten Nutzenfunktionen vorgegeben, die man zwar herrlich zur Lösung des mathematischen Maximierungsproblems nutzen kann, die aber selbstverständlich völlig willkürlich ausgedacht sind.

schen Personen vergleichbar gemacht werden. Wenn wir aber gleichzeitig
unterstellen, dass alle Individuen rational ihren Nutzen maximieren, so bedeutet jede freiwillige Tauschhandlung, dass sich die Tauschpartner jedenfalls
nicht schlechter stellen. Schließlich würden sie dem Tausch sonst nicht zustimmen. Im Regelfall erwarten wir, dass sich beide Tauschpartner besser
stellen, sich also zumindest einen winzigen Vorteil aus der freiwilligen
Tauschhandlung erwarten. Zur Erfüllung des Pareto-Kriteriums genügt es
jedoch festzustellen, dass sich niemand schlechter stellt.

Die Prozessbetrachtung ermöglicht es Ökonomen, verschiedene Allokationen
zu beurteilen. Andererseits können auf Basis dieser Überlegungen natürlich
nur Ergebnisse von Prozessen bewertet werden, die bereits beobachtbar sind.
Ohne die Beobachtung von Tauschhandlungen oder unterlassenen Tauschhandlungen können keine Aussagen über mögliche Wohlfahrtsverbesserungen
getroffen werden, die auf individuellen Präferenzen basieren. Ein simples
Beispiel: Ökonomen können nicht im Vorhinein entscheiden, ob sich der
Mehraufwand einer Metallic-Lackierung für PKW als Wohlfahrtssteigerung
niederschlägt. Beobachten Ökonomen hingegen, dass ein Käufer bereit ist, für
diese Metallic-Lackierung einen Aufpreis zu zahlen, zu dem der Autolackierer
sowohl die Mehrkosten für den Lack als auch seinen zusätzlichen Aufwand
gerne trägt, dann können wir auf Grund des freiwilligen Tauschprozesses
darauf schließen, dass sich beide besser stellen und mithin eine Wohlfahrtsverbesserung stattfindet.

Diese Begrenzung der Beurteilungsmöglichkeiten auf beobachtbare Prozesse
bedeutet zugleich, dass es in der praktischen Anwendung beinahe nie möglich
ist, tatsächlich auf die Pareto-Effizienz einer Maßnahme zu schließen. Geläu-
figer ist daher die vergleichende Bewertung von Situationen: Eine Situation A
ist gegenüber einer Situation B **pareto-superior**, wenn sich mindestens ein beteiligtes Individuum besser stellt, ohne dass ein anderes beteiligtes Individuum
gleichzeitig schlechter gestellt wird. Die Aussage, dass Situation A gegenüber
Situation B eine Pareto-Verbesserung darstellt, dass die Situation A gegenüber
der Situation B eher pareto-effizient ist, dass Situation A gegenüber Situation
B nach dem Pareto-Kriterium überlegen und vorzugswürdig ist, lässt sich
nach jeder Tauschhandlung treffen.

Die abschließende Beurteilung einer Situation als pareto-effizient ist hingegen
erst möglich, wenn der Vergleich aller erreichbaren Situationen abgeschlossen
ist: Eine Situation C ist pareto-effizient, wenn keine andere Situation erreichbar ist, die gegenüber der Situation C pareto-superior wäre.

II. Die Theorie der Haushalte

1. Vorbemerkung: Wozu diese Modell-Technik?

Man kann die ökonomische Denkweise und Analysemethode nicht kennen lernen, ohne sich das theoretische Instrumentarium anzusehen. So kann auch dem Leserkreis dieses Buches ein Mindestmaß an theoretisch formaler Analyse nicht erspart werden. Sie werden sich in den folgenden Kapiteln das Gerüst der ökonomischen Theorie in grundlegenden Ausschnitten aneignen und dabei erfahren, wie Ökonomen die komplexe Realität in der Modellbildung vereinfachen und dadurch in der Lage sind, in einem in sich geschlossenen logischen System zu arbeiten. Der Vorteil dieses Denk- und Analysegerüsts liegt darin, dass sich die einzelnen Modelle jeweils auf identifizierbare Annahmen, Postulate und Axiome stützen. Unter diesen Voraussetzungen sind dann die Analyseergebnisse und Wirkungsmechanismen logisch abgeleitet. Die einzelnen Modelle wiederum greifen innerhalb der übergeordneten Theorie ineinander und ergeben ein Gesamtbild. Diese Methode erlaubt es, Ergebnisse in der theoretischen Betrachtung abzuleiten, die nicht unmittelbar intuitiv erfassbar sein müssen.

Sollte ein bestimmtes Ergebnis nicht plausibel sein oder gar in der empirischen Überprüfung falsifiziert werden, so gibt es grundsätzlich zwei potenzielle Fehlerquellen: Entweder die theoretischen Modelle wurden nicht richtig benutzt, d. h. in der Analyse ist ein Fehler unterlaufen (z. B. ein schlichter Rechenfehler). Oder mindestens eines der genutzten Modelle entspricht in wesentlichen Aspekten nicht der Realität, d. h. die zu Grunde liegenden Annahmen oder die unterstellten Zusammenhänge sind keine vertretbare Vereinfachung der komplexen Realität, sondern blenden wesentliche Aspekte aus, die eigentlich berücksichtigt werden sollten. Wenn sich theoretische Ergebnisse als unbefriedigend herausstellen, kann sich die Ökonomenzunft also systematisch auf Fehlersuche begeben und die zu Grunde liegenden Theorien und Modelle verfeinern, erweitern oder durch Alternativen ersetzen.

Die zurzeit vorherrschende Methode der Analyse und Modellbildung bedient sich zunehmend komplexer und anspruchsvoller Mathematik. Für die grundlegenden Zusammenhänge, die in diesem Buch untersucht werden sollen, ist dies nicht erforderlich. Da möglicherweise viele potenzielle Leser dieses Buches der Mathematik mit einer gewissen Ehrfurcht begegnen und leichter

Zugang zu grafischen Darstellungen haben, wird hier die Nutzung der mathematischen Ausdrucksweise auf die Grundrechenarten beschränkt. Sie werden also nur ausnahmsweise einen Taschenrechner benötigen und müssen sich mit Sicherheit keine Formelsammlung besorgen. Hilfreich wird andererseits die Ausrüstung mit einem Geo-Dreieck und einem Kurvenlineal sein.[12]

2. Haushalte suchen nach dem Besten, was sie sich leisten können

Haushalte nennen Ökonomen die kleinsten Wirtschaftseinheiten, die in der ökonomischen Analyse betrachtet werden. Der Begriff stammt aus einer Zeit, als noch überwiegend Familienverbände, d. h. Haushalte mit mehreren Personen, gemeinsam die Ihnen zur Verfügung stehenden Ressourcen bewirtschafteten. Sie können problemlos immer an Individuen denken – schließlich gibt es inzwischen genügend Single-Haushalte.

Diese Haushalte oder Individuen tauchen in der mikro-ökonomischen Analyse in zwei wesentlichen Zusammenhängen auf: Zum einen sind Haushalte die **Nachfrager**, also die **Konsumenten**, auf den Güter- und Dienstleistungsmärkten. Sie treffen je nach Ihren Nutzenfunktionen und den Ihnen zur Verfügung stehenden Mitteln Kaufentscheidungen.

Abb. 1: Haushalte am Güter- und Arbeitsmarkt

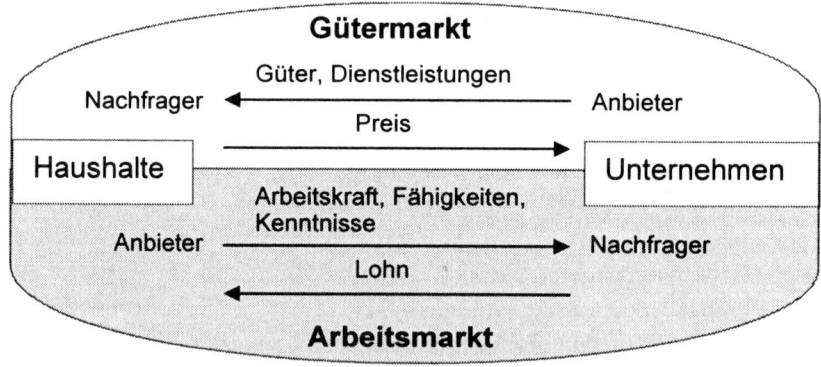

---

[12] Sie brauchen ein „Kurvenlineal", eine „Parabel-Schablone" oder eine „Oval-Schablone" – nicht einen „Prismen-Messer", mit dem man Halbkreise zeichnen kann! Gut eignet sich auch ein schlichter ovaler Bierdeckel (für meine Kurse hat mir in der Vergangenheit die Holsten-Brauerei sehr weitergeholfen). Achten Sie bei künftigen Kneipenbesuchen darauf und versorgen Sie sich gegebenenfalls mit einem solchen.

Gleichzeitig sind die Haushalte (bzw. einzelne Mitglieder der Haushalte) in ihrer Funktion als Erwerbspersonen auf dem Arbeitsmarkt die **Anbieter**. Sie bieten den Arbeitgebern ihre Arbeitskraft, ihre Fähigkeiten und Kenntnisse zum Kauf an. Im Normalfall tun sie dies eben gerade, um Einkommen zu erzielen, mit dem man anschließend als Konsument wieder Nachfrage an den Waren- und Gütermärkten entfalten kann.

Wir beschäftigen uns zunächst mit der Konsumentscheidung der Haushalte. Die allgegenwärtige Knappheit der Ressourcen (in diesem Fall die Tatsache, dass jedem Haushalt nur ein bestimmtes Budget zur Verfügung steht) und die Beachtung der Opportunitätskosten bei der Auswahl eines bestimmten Konsumbündels (Verzicht auf andere Verwendungsmöglichkeiten der Ressourcen) zwingen die Individuen zur Auswahl der zu konsumierenden Güter und Dienstleistungen, wenn sie als rationale Nutzenmaximierer auftreten. Ökonomen gehen folglich in der Modellanalyse davon aus, dass Individuen „das beste" Güterbündel konsumieren, welches sie sich „leisten können". Ein Güterbündel setzt sich aus verschiedenen Gütern zusammen, die in unterschiedlicher Menge im Konsum-Warenkorb eines Haushalts vorhanden sind. Die Theorie der Haushalte untersucht die Frage, was sich Individuen „leisten können" mittels des Instruments der Budgetbeschränkung und die Frage, was „das Beste" ist, durch die Betrachtung von Präferenzen.

3. Die Budgetbeschränkung und die Budgetgerade

Welche Güterbündel sich ein Individuum in einer konkreten Konsumsituation „leisten kann", hängt verständlicherweise davon ab, was die einzelnen Güter kosten und wie groß die Menge der knappen Ressource ist, welche zum Erwerb der Güter verwendet werden kann. Die zur Verfügung stehende Menge der relevanten knappen Ressource wird als **Budget** bezeichnet. Es leuchtet unmittelbar ein, dass die Auswahl verschiedener erreichbarer Güterkombinationen bei gegebenen Preisen durch das Budget beschränkt wird.

In der Modellbetrachtung vereinfachen Ökonomen die Situation häufig, indem Sie eine Modellwelt konstruieren, in der sich das Individuum lediglich zwei unterschiedlichen Gütern gegenüber sieht. Erinnern Sie sich beispielsweise an die Situation der Selbstversorger-Bauern Schmitt und Meier aus Abschnitt I.7. Das Universum von Bauer Meier beinhaltete als erwünschte Güter lediglich Fleisch und Kartoffeln, die zum Erwerb dieser Güter einzusetzende knappe Ressource war Zeit und im Beispiel standen 100 Stunden zur Verfügung. Innerhalb der **Budgetbeschränkung** (synonym: **Budgetrestriktion**)von Meier befinden sich alle Konsumbündel, d. h. alle Gütermengenkombinationen von Fleisch und Kartoffeln, die sich Meier bei gegebenem Budget (m) und bei gegebenen Preisen (p_1; p_2) leisten kann.[13] Mit der Budgetbeschränkung vereinbar sind also alle Kombinationen von Kartoffelmenge (x), multipliziert mit der pro Kilo Kartoffeln aufzuwendenden Zeit (p_x), und Fleischmenge (y), multipliziert mit der pro Kilo Fleisch aufzuwendenden Zeit (p_y), die insgesamt nicht mehr Zeit erfordern als zur Verfügung steht (m). In algebraischer Form ergibt sich die Budgetbeschränkung also nach folgender Gleichung:

$$m \geq x\,p_x + y\,p_y$$

In unserem konkreten Beispiel sieht sich Bauer Meier folgender Budgetbeschränkung gegenüber:

Meiers Situation in Autarkie:	Meiers Budgetbeschränkung:
m = 100 h	100 h ≥ x * 10 h + y * 20 h
x = kg Kartoffeln; p_x = 10 h	
y = kg Fleisch; p_y = 20 h	

Wenn Meiers ganzes Streben nur auf Kartoffeln und Fleisch ausgerichtet ist, er also mit seiner Zeit nichts anderes anzufangen weiß, als Kartoffeln und Fleisch zu produzieren, dann sind alle Güterkombinationen aus Kartoffeln und Fleisch, die die zur Verfügung stehenden 100 Stunden nicht vollständig ausnutzen, verschwenderisch. Natürlich liegt das Konsumbündel aus einem Kilo Fleisch und zwei Kilo Kartoffeln innerhalb der Budgetbeschränkung (zur Produktion sind 40 Stunden erforderlich). Aber was soll er mit den verbleibenden 60 Stunden anfangen?

Wir suchen in der Modellbetrachtung also eher nur die Güterbündel, die einerseits bei gegebenem Budget und gegebenen Preisen erreichbar sind, andererseits das Budget aber auch vollständig ausschöpfen:

$$m = x\,p_x + y\,p_y$$

Aus dieser Gleichung ergibt sich durch Umformen die Formel einer Geraden, an die sich der ein oder andere Leser vielleicht noch aus Schulzeiten erinnert:

---

[13]   Der „Preis" für Fleisch und Kartoffeln ist in diesem Beispiel die Zeit, die zur Herstellung einer Mengeneinheit (1 kg) Fleisch bzw. Kartoffeln eingesetzt werden muss.

$m = x\,p_x + y\,p_y$	| Gleichung umdrehen
$x\,p_x + y\,p_y = m$	| Beide Gleichungsseiten durch p_y dividieren
$(p_x / p_y)\,x + y = m / p_y$	| Auf beiden Gleichungsseiten das Produkt $[(p_x / p_y)\,x]$ subtrahieren bzw. Auflösen nach y
$y = m / p_y - (p_x / p_y)\,x$	

Diese **Budgetgerade** wird in einem Zwei-Güter-Diagramm abgetragen.

Abb. 2: Budgetgerade

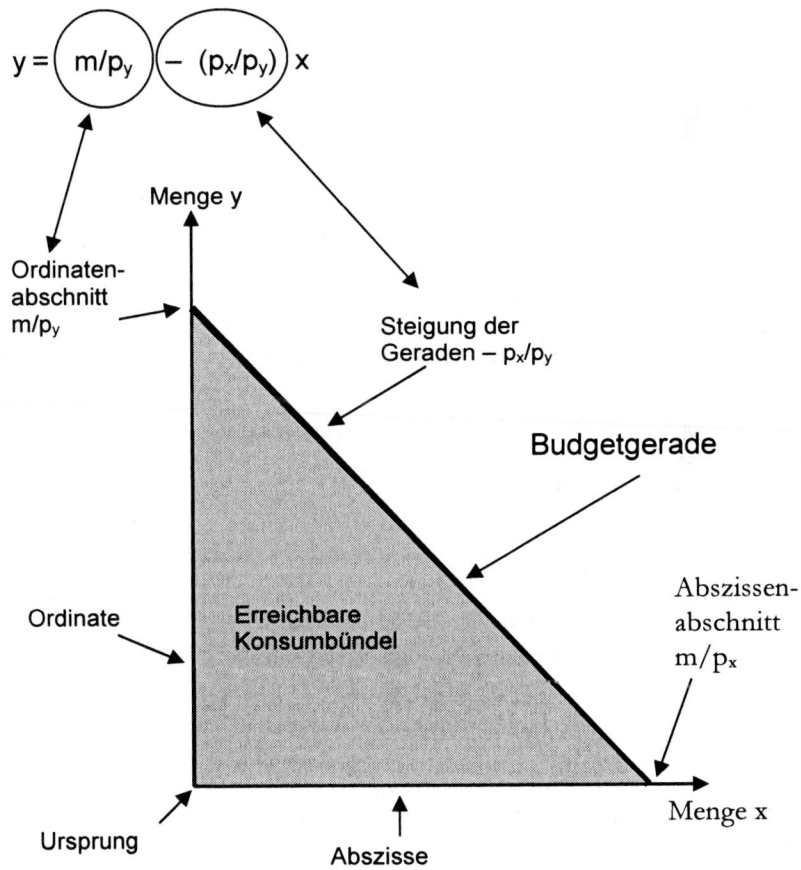

Der erste Ausdruck auf der rechten Seite der Gleichung (m / p_y) gibt den Abschnitt auf der Achse des Koordinatensystems an, auf der y abgetragen wird. Wenn x null gesetzt wird, bleibt y = m / p_y. Die Antwort auf die Frage, wie viel y man mit dem Budget m erwerben kann, wenn man das volle Budget nur für y aufwendet, ergibt sich, indem man das Budget durch den Stückpreis p_y dividiert. Der zweite Teil der rechten Gleichungsseite [- (p_x / p_y) x] beantwortet die Frage, wie sich die erreichbare Menge von y in Abhängigkeit der von x gewählten Menge verändert: Pro zusätzlichem x sinkt die noch von y konsumierbare Menge um (p_x / p_y).

Im Fall der Budgetgeraden ist klar, dass man sich umso weniger des einen Guts leisten kann, desto größer die Konsummenge des anderen Guts gewählt wird. Die Veränderungsrate weist also ein Minuszeichen auf, die Steigung der Geraden ist negativ.[14]

Vergegenwärtigen Sie sich bitte, wie Sie Darstellungen innerhalb eines solchen Koordinatensystems interpretieren. Grundsätzlich geht es regelmäßig darum, dass jeder Punkt innerhalb des zweidimensionalen Raumes, der durch die beiden Achsen aufgespannt wird, die an den Achsen abgetragenen Größen in eine Beziehung setzt. Versuchen Sie also immer, der Interpretation solcher Darstellungen auf die Spur zu kommen, indem Sie die beiden an den Achsen abgetragenen Größen in einen sinnvollen Zusammenhang bringen.

Im Falle des hier vorliegenden Koordinatensystems werden die Mengen zweier Güter in Beziehung zueinander gesetzt (es handelt sich um ein „Zwei-Güter-Diagramm"). Jeder Punkt innerhalb des Diagramms steht für eine Kombination der jeweils lotrecht an den Achsen abgetragenen Mengen von x und y.

Jede Linie innerhalb eines solchen Koordinatensystems besteht aus unendlich vielen Punkten, die sich durch irgendeine besondere Gemeinsamkeit hervorheben müssen, sonst würde die Abbildung keinen sinnvollen Gehalt haben. Die Interpretation jeder Linie in einem Koordinatensystem erfordert also von Ihnen, dass Sie die Besonderheit der durch die Linie hervorgehobenen Wertepaare der Größen erkennen, die an den Achsen abgetragen sind. Das hier betrachtete Instrument der Budgetgeraden gibt Ihnen alle Güterkombinationen von x und y an, die mit dem gegebenen Budget in Höhe von m erreichbar

---

[14]   Die waagerechte Achse in solch einem Koordinatensystem wird als **Abszisse** bezeichnet, von "abscindere" (lat.) = abschneiden, die senkrechte Achse wird **Ordinate** genannt, von "ordinare" (lat.) = zuordnen. Hintergrund der Bezeichnungen ist, dass die Abszisse häufig die unabhängige Variable angibt, also den entsprechenden Abschnitt definiert, während an der Ordinate der dem entsprechend zugeordnete Wert der abhängigen Variablen abgelesen wird.

sind und deren Konsum keine knappen Ressourcen ungenutzt lässt. Die algebraischen Bezeichnungen x und y in der Formel der Budgetgeraden sind Platzhalter für bestimmte Werte, die in der durch die Formel angegebenen Kombination diese Bedingung erfüllen und damit als Wertepaar einen Punkt auf der Geraden bezeichnen. Jeder Punkt unterhalb und links von der Budgetgeraden (in der Abbildung grau hervorgehoben) steht für eine Güterkombination, die zwar bei gegebenem Budget m erreichbar ist, dieses aber nicht vollständig ausschöpft.

Betrachten Sie die Darstellung des Zwei-Güter-Diagramms und der Budgetgeraden noch einmal konkret am Beispiel des Selbstversorger-Bauern Meier. Meiers Budgetgerade leitet sich analog zur oben gewählten abstrakten Darstellung ab.

Meiers Budgetrestriktion:	
100 h = x * 10 h + y * 20 h	y = kg Fleisch
Meiers Budgetgerade:	x = kg Kartoffeln
y = 5 – 1/2 x	

Der Achsenabschnitt der Budgetgeraden auf der Fleisch-Achse kann unmittelbar in der Formel abgelesen werden. Alle anderen Punkte ergeben sich, indem sie eine Wertetabelle bilden, jeweils eine bestimmte Menge Kartoffeln vorgeben und die korrespondierende Menge an Fleisch gemäß der Formel für die Budgetgerade errechnen:

Tab. 1: Wertetabelle zur Berechnung von Meiers Budgetgeraden

x	y = 5 - ½ x
10	5 - ½ * 10 = 0
9	5 - ½ * 9 = ½
8	5 - ½ * 8 = 1
7	5 - ½ * 7 = 1 ½
usw.	

Natürlich ist eine Gerade bereits durch zwei Punkte eindeutig bestimmt, d. h. Sie benötigen zur Zeichnung einer Budgetgeraden nur zwei Punkte und können in den meisten Fällen auf die Erstellung einer Wertetabelle getrost verzichten. Dabei eignen sich insbesondere die Achsenabschnitte, die sich jeweils aus der Antwort auf die Frage ergeben, wie viele Einheiten des auf der jeweiligen Achse abgetragenen Guts erworben werden können, wenn das gesamte Budget ausschließlich für den Konsum dieses Guts aufgewendet werden soll, also bei einem Konsum des anderen Guts von Null.

Die zwei Punkte, die intuitiv am leichtesten erfassbar sind, sind die beiden Achsenabschnitte. Der Abszissenabschnitt und der Ordinatenabschnitt bezeichnen jeweils, wie viel sich der Konsument bei gegebenem Budget und gegebenen Preisen vom betreffenden Gut maximal leisten kann, wenn er nichts von dem anderen Gut konsumieren würde. Antwort: Das gesamte zur Verfügung stehende Budget dividiert durch den Preis des betreffenden Guts.

Abb. 3: Meiers Budgetgerade

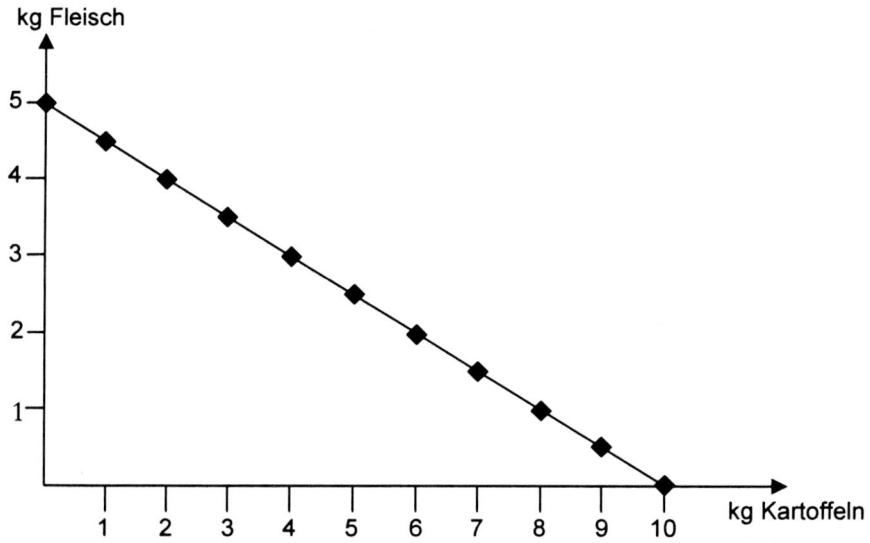

3.1. Zusammengesetztes Gut

Die Konsumwünsche der meisten Menschen beschränken sich nicht auf Fleisch und Kartoffeln, weshalb Ihnen diese Modellbetrachtung vielleicht absurd vorkommt. Dennoch genügt Ökonomen häufig die Betrachtung von nur zwei Gütern zur Analyse der Effekte von Veränderungen in Bezug auf ein bestimmtes Gut. Die zweidimensionale grafische Darstellung kann dann beibehalten werden, wenn man das zur Betrachtung stehende Gut einerseits und alles andere als nicht näher definiertes Bündel (= **zusammengesetztes Gut**) andererseits versteht.

In unserem Beispiel könnte x weiterhin für Kilo-Einheiten Kartoffeln stehen, y aber schlicht als Zeitreserve für alle erdenklichen Arten seine Zeit zu verbringen, außer eben zur Produktion von Kartoffeln. Das zusammengesetzte Gut reserviert also eine bestimmte Zahlungsmöglichkeit für andere Konsumwünsche. Es wird ausgedrückt in Einheiten der knappen Ressource, in unserem speziellen Fall also in Stunden (häufiger in Euro, Dollar, etc.).

Da der Preis für eine Einheit der Ressource – ausgedrückt in Einheiten der Ressource – jeweils eins beträgt, vereinfacht dies regelmäßig die Formel der Budgetgeraden und auch deren grafische Darstellung: Meiers Budgetgerade im Zwei-Güter-Diagramm von Kartoffeln x und „Zeit für andere Dinge" y ist definiert durch $y = m - 10\,x$, der Ordinatenabschnitt ist gleich dem gesamten Budget m.

3.2. Veränderungen der Parameter Einkommen und Preise

Verdeutlichen Sie sich die grafischen Zusammenhänge der Budgetgeraden, indem Sie überlegen, was Veränderungen des verfügbaren Budgets oder der Preise bewirken.

Eine Budgetänderung verändert in der Formel der Budgetgeraden m, was eine Verschiebung der Achsenabschnitte bewirkt. Die Preisrelation und mithin die Steigung der Geraden bleibt jedoch unverändert: Eine Erhöhung des Budgets (z. B. Meier hat 200 Stunden zur Verfügung) führt bei unveränderten Preisrelationen zu einer Parallelverschiebung der Budgetgeraden nach außen (rechts oben), eine Verringerung des Budgets (z. B. Meier hat nur noch 80 Stunden) bewirkt eine Parallelverschiebung nach innen (links unten).

Eine Veränderung der Preise bewirkt in den meisten Fällen eine Veränderung der Preisrelation p_x / p_y und infolge dessen eine Veränderung der Steigung der Budgetgeraden. Im einfachen Fall, indem sich nur der Preis eines Guts ändert, bewirkt dies eine Drehung der Budgetgeraden in dem Achsenabschnitt des Guts, dessen Preis unverändert geblieben ist. Wenn sich in Bauer Meiers Fall der Preis der Kartoffelproduktion p_x ändert, das Zeitbudget und der Preis für ein Kilo Fleisch hingegen unverändert bleiben, dann bleibt auch der Ordinatenabschnitt m / p_y unverändert. Die Steigung und der Abszissenabschnitt ändern sich hingegen entsprechend der Preisänderung: Eine Halbierung der zur Produktion eines Kilo Kartoffeln aufzuwendenden Zeit (beispielsweise auf Grund besseren Saatguts) führt zu einer Halbierung der negativen Steigung und damit auch zu einer Verdopplung der Menge Kartoffeln, die erreichbar ist, wenn die gesamte Zeit für die Kartoffelproduktion verwendet wird. Eine Verdopplung des Preises für Kartoffeln bei unverändertem Budget und unverändertem Fleischpreis führt zu einer Verdopplung der Steigung und damit zu einer Halbierung der maximal erreichbaren Kartoffelmenge.

Ändern sich beide Preise unterschiedlich stark, so führt dies zu einer Änderung der Lage und der Steigung der Budgetgeraden, d. h. wir müssen beide Achsenabschnitte und die Steigung neu berechnen.

Eine gleichmäßige Veränderung beider Preise hingegen führt lediglich zu einer Parallelverschiebung der Budgetgeraden, wirkt also wie eine Budgetänderung. Eine Halbierung der Preise aller Güter, die Sie von Ihrem Monatseinkommen erwerben, entspricht in seiner Wirkung einer Verdopplung Ihres Einkommens. Eine Verdopplung aller Preise entspricht in seiner Wirkung einer Halbierung des Kaufwertes Ihrer zu einem festen Zinssatz angelegten Ersparnis.[15]

3.3. Zur Interpretation der Steigung von Budgetgeraden

Die Steigung der Budgetgerade zeigt das auf Grund der Preisrelation festgelegte **objektiv mögliche Tauschverhältnis** der Güter an. Wenn man zwei Punkte auf Meiers Budgetgerade betrachtet, dann erkennt man, dass aus der Steigung der Budgetgeraden ablesbar ist, dass Meier auf zwei Kilo Fleisch verzichten muss, um vier Kilo Kartoffeln mehr zu erhalten oder umgekehrt.

Die Steigung ist an jedem Punkt der Geraden gleich, d. h. das objektiv mögliche Tauschverhältnis Δ Fleisch / Δ Kartoffeln für Meier beträgt an jedem Punkt $- \frac{1}{2}$.[16]

Sie erinnern sich, dass die Steigung der Geraden in der Formel durch das Preisverhältnis definiert wurde. Allerdings umgekehrt. Das objektiv mögliche Tauschverhältnis ($\Delta y / \Delta x$) entspricht dem umgekehrten Preisverhältnis

---

[15]   Ohne dies hier vertiefen zu können: Dieser Zusammenhang ist eines der Hauptprobleme von Inflation. Eine nicht vorhergesehene Inflation, die nicht im Zinssatz bereits berücksichtigt ist, entwertet die Ersparnisse und reduziert den realen Wert der Schulden. Unvorhergesehene Inflationstendenzen erschweren damit sowohl langfristige Anlagen als auch langfristige Geschäfte mit Festpreisvereinbarungen.

[16]   Das große Delta des griechischen Alphabets Δ steht in der Mathematik (nicht nur in der Ökonomie) für „Wechsel" oder "Veränderung". Das negative Vorzeichen erschließt sich leicht, wenn Sie bedenken, dass Meier immer von einem Gut etwas abgeben muss, um vom anderen mehr zu bekommen, d. h. eine der beiden Mengenveränderungen ist negativ.

(- p_x/ p_y). Dieser Zusammenhang wird deutlich, wenn Sie bedenken, dass sowohl die erste Güterkombination (in der Abbildung das Bündel aus vier Kilo Fleisch und zwei Kilo Kartoffeln) als auch die Güterkombination nach dem „Tausch" (in der Abbildung das Bündel mit zwei Kilo Fleisch und sechs Kilo Kartoffeln) auf der Budgetgeraden liegen und somit die Bedingung der Budgetgeraden erfüllen müssen. Das Budget wird unverändert vollständig ausgeschöpft. Der Wert der beiden Veränderungen muss also insgesamt Null betragen.

Wenn $m = x\,p_x + y\,p_y$ und

$m = (x + \Delta x)\,p_x + (y + \Delta y)\,p_y$,

dann muss gelten:

$0 = \Delta x\,p_x + \Delta y\,p_y$

Auflösen nach dem Tauschverhältnis ergibt:

$0 = \Delta x\,p_x + \Delta y\,p_y$

$- \Delta y\,p_y = \Delta x\,p_x$

$\Delta y / \Delta x = - p_x / p_y$

Abb. 4: Die Steigung der Budgetgerade

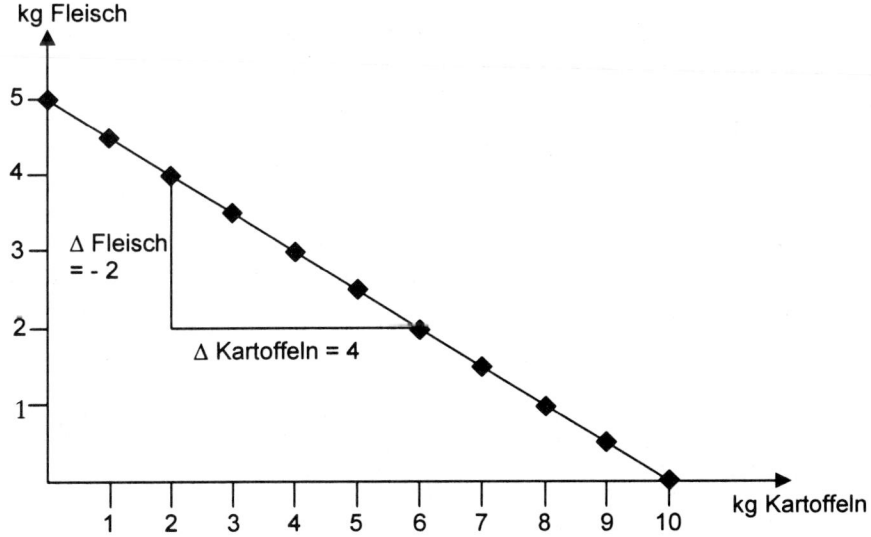

Der Zusammenhang ist natürlich nicht zufällig: Wenn Kartoffeln (x) halb so teuer sind wie Fleisch (y), also $p_x / p_y = 1/2$ ist, dann muss für den zusätzlichen Konsum eines Kilos der billigeren Kartoffeln auf ein halbes Kilo des teureren Fleischs verzichtet werden. Und umgekehrt muss für den zusätzlichen Konsum einer Einheit des teureren Fleischs auf zwei Einheiten der billigeren Kartoffeln verzichtet werden ($\Delta y / \Delta x = -1/2$).

Erinnern Sie sich an dieser Stelle ruhig auch wieder an den Gedanken der Opportunitätskosten. Die Steigung der Budgetgeraden signalisiert den Konsumverzicht, der bezüglich des einen Guts in Kauf genommen werden muss, wenn man vom anderen Gut mehr konsumieren möchte. Meiers Opportunitätskosten für ein Kilo Fleisch bestehen in zwei Kilo Kartoffeln, weil Fleisch doppelt so teuer ist (die Produktion doppelt so viel Zeit einnimmt) wie Kartoffeln.

4.   Die Präferenzen

Was „das Beste" für ein Individuum ist, hängt von seinen **Präferenzen**, seinen Wünschen ab. Damit die im Folgenden vorgenommene stilisierte Analyse der Verhaltensweisen von Individuen auf der Suche nach „dem Besten" ohne größere theoretische Probleme funktioniert, stellen Ökonomen eine Reihe unterschiedlich anspruchsvoller Anforderungen an die betrachteten Beispielpersonen.

Grundsätzlich gehen Ökonomen heute gewöhnlich davon aus, dass Individuen zwar ihre Nutzenerwartungen nicht auf einer exakten Verhältnis-Skala angeben, aber sehr wohl ordnende Angaben zur Vergleichbarkeit verschiedener Güterbündel machen können. Während (kardinale) Angaben in einer Verhältnis-Skala exakte Nutzendifferenzen zwischen verschiedenen Güterbündeln benennen lassen würden, fordert die Annahme der **ordinalen Nutzentheorie** lediglich, dass Individuen eine Rangfolge ihrer Nutzenempfindungen bezüglich der verschiedenen Güterbündel bilden können, ohne dass eine Feststellung der Differenz zwischen den einzelnen Plätzen in der Rangfolge notwendig wäre (vgl. Abschnitt I.3.). Diese qualitative Bewertung verschiedener Güterbündel verlangt also von Individuen, dass sie zwei Güterbündel miteinander vergleichen und folgende Aussagen zur individuellen Nutzenbewertung treffen können: Wird ein Güterbündel A mit einem Güterbündel B verglichen, dann soll das betrachtete Individuum entweder eines der Güterbündel gegenüber dem anderen **streng vorziehen** (A > B oder B > A) oder zwischen den Güterbündeln **indifferent** sein (A ~ B).

Beachten Sie, dass es bei dieser Betrachtung der Präferenzen nur um die Frage der Wünsche und Nutzenempfindungen des Individuums geht. Die Frage, ob diese Wünsche in Anbetracht des gegebenen Budgets und der gegebenen Preise erreichbar sind, bleibt zunächst vollkommen außer acht. „Streng vorgezogen" meint also nicht mehr als die Äußerung des Individuums im Sinne von „das eine fände ich besser", „indifferent" entspricht der Äußerung „es wäre mir egal". Erst die später erfolgende Zusammenführung von Budgetbeschränkung und Präferenzen bzw. grafisch von Budgetgerade und Indifferenzkurven erlaubt die Analyse des „Besten, was sich das Individuum leisten kann".

Die ökonomische Theorie stützt sich bei der Betrachtung der Präferenzen, bzw. der von Individuen bezüglich ihrer Präferenzen möglichen Angaben auf drei wichtige Axiome. Sie sollten diese drei grundlegenden Annahmen zur Kenntnis nehmen, um sich klar zu verdeutlichen, dass die ökonomische Theorie ein eindrucksvoll logisches Gebäude bildet, dieses Gedankengebäude allerdings ins Wanken gerät oder einstürzt, wenn sich bestimmte Grundannahmen in Einzelfällen oder generell als unhaltbar herausstellen.

Hinter dem Axiom der **Vollständigkeit** verbirgt sich die Annahme, dass sich jedes Individuum mit Hilfe der Bewertungen „streng vorgezogen" oder „indifferent" zu jedem denkbaren Güterbündel äußern kann, also nicht an irgendeiner Stelle plötzlich aufgibt und verzweifelt mit den Achseln zuckt. Wahrscheinlich kennt jeder Leser Menschen, die nur schwer Entscheidungen treffen können. Nicht immer entsprechen dann typische Aussagen wie etwa „ich weiß nicht" oder „keine Ahnung" einer Äußerung von Gleichgültigkeit (im Sinne der Bewertung „indifferent"). Manchmal stehen sie tatsächlich als Ausdruck der Überforderung, eine ordinale Reihung vorzunehmen. Dann haben Ökonomen ein Problem. Da sich solche Situationen der Überforderung jedoch meistens entweder durch die Gewährung einer ausreichenden Zeit zur Entscheidungsfindung oder durch die Bitte, sich zusammen zu reißen und eine Entscheidung zu treffen, lösen lassen, darf man wohl davon ausgehen, dass dieses Axiom der Vollständigkeit im Allgemeinen gültig sein wird.[17]

Das Axiom der **Reflexivität** klingt recht albern. Es verlangt, dass jedes Bündel innerhalb der Präferenzordnung eines Individuums so gut wie es selbst ist. Beispielsweise folgern Ökonomen gewöhnlich aus der Beobachtung eines Individuums, das sich für 20 Euro eine CD kauft und anschließend noch 30 Euro des Taschengelds übrig behält, dass diese Person das Güterbündel

---

[17] Zumindest für typisch ökonomische Fragestellungen. Selbstverständlich gibt es Fragen, bei denen vielen Menschen eine klare Äußerung schwer fällt, etwa die früher an Wehrdienstverweigerer zur „Gewissensprüfung" gestellten Fragen, bei denen über den Tod von verschiedenen Menschen entschieden werden musste.

(CD / 30 Euro Rest) dem Güterbündel (50 Euro) streng vorzieht oder zumindest indifferent ist. Wenn dem Individuum auf dem Weg zum Geschäft ein 20-Euro-Schein verloren geht oder gestohlen wird, steht die Person im Laden vor der Wahl zwischen den Güterbündeln (CD / zehn Euro Rest) oder (30 Euro). Sicherlich werden sich beinahe alle Menschen sehr über das Missgeschick ärgern. Einige werden die CD kaufen, also das Bündel (CD / zehn Euro Rest) bevorzugen. Es ist durchaus vorstellbar, dass sich dasselbe völlig gesunde und vernünftige Individuum anders verhalten und auf den Besitz der CD verzichten würde, wenn ihm nicht vor dem Kauf 20 Euro verloren gehen, sondern die gerade erworbene CD direkt vor dem Geschäft beim Betrachten herunterfällt und zerbricht. Das Axiom der Reflexivität erfordert, dass ein Güterbündel so gut ist wie es selbst, d. h. Personen, die sich im Fall des Verlusts eines 20-Euro-Geldscheines für das Bündel (CD / zehn Euro Rest) entscheiden, sollten dies auch im Falle des Verlusts der ersten CD tun. Sie sehen, selbst das trivial erscheinende Axiom der Reflexivität muss im herrlich komplizierten wahren Leben nicht immer eindeutig erfüllt sein.[18]

Das Axiom der **Transitivität** fordert, dass der Betrachter aus der Beobachtung oder der Äußerung eines Individuums, dass das Güterbündel A gegenüber dem Güterbündel B vorgezogen wird und dass das Güterbündel B gegenüber dem Güterbündel C bevorzugt wird, folgern kann, dass auch das Güterbündel A gegenüber dem Güterbündel C vorgezogen wird (Wenn A > B und B > C gilt, dann soll auch A > C gelten). Diese Möglichkeit der Schlussfolgerung ist weder logisch zwingend, noch stellt sie unabhängig von weiteren Umständen eine besonders plausible Beschreibung des Entscheidungsverhaltens von Menschen dar. Eher deutet dieses Axiom auf den eingeschränkten Geltungsbereich der einfachen ökonomischen Analyse von Entscheidungen hin. Das

---

[18]   Tatsächlich lässt sich das Axiom auch in der hier geschilderten Situation scheinbarer Widersprüchlichkeit mittels komplexerer Gedanken halten: Ein Güterbündel in der ökonomischen Analyse muss grundsätzlich alle relevanten Umstände und Elemente der Nutzenfunktion umfassen, die bei dem betrachteten Entscheidungsproblem eine Rolle spielen. Eine mögliche Erklärung für das im Beispiel geschilderte Verhalten lautet, dass der Akt des Aussuchens und Kaufens selbst eine nutzenstiftende Handlung darstellt. In diesem Fall würden die beiden Güterbündel eben nur dann sinnvoll miteinander vergleichbar sein, wenn der positive Nutzen der Kaufhandlung berücksichtigt würde. Die Güterbündel wären dann nicht mehr identisch. Das Individuum könnte einerseits das Güterbündel (CD & Kaufhandlung / 10 Euro) dem Bündel (30 Euro) vorziehen und andererseits das Bündel (30 Euro & Kaufhandlung) gegenüber dem Bündel (CD & doppelte Kaufhandlung/10 Euro) bevorzugen, ohne das Axiom der Reflexivität zu widerlegen. Sie sehen allerdings: Mit dieser Strategie der Einbeziehung möglicher zusätzlicher Erklärungen öffnet man einer tautologischen Immunisierungsstrategie Tür und Tor.

Instrumentarium ist nur für Situationen geeignet, in denen Transitivität eine brauchbare Hypothese über menschliches Verhalten in Entscheidungssituationen ist.

Stellen Sie sich vor, es ginge um den Standort einer neuen Bushaltestelle in der Nähe des Arbeitsplatzes des betrachteten Individuums. Die Beispielperson sei ein begeisterter ÖPNV-Nutzer und freue sich auf den kürzeren Fußweg zum Bus. Es zieht die kurze Entfernung von 50 Metern (A) einer etwas längeren Strecke von 100 Metern (B) vor. Auch beim paarweisen Vergleich der Entfernung von 100 Metern (B) und der dritten Möglichkeit in einer Entfernung von 200 Metern (C) spricht es sich für die kürzere Distanz aus und votiert für den Standort B. Tatsächlich erscheint es nahe liegend, aus diesen Bewertungen zu folgern, dass sich die entsprechende Person bei einer Abstimmung zwischen Standort A (50 m) und Standort C (200 m) ebenfalls wieder für die kürzere Strecke entscheiden wird. Alles andere würde uns schon reichlich verblüffen.

Stellen Sie sich aber andererseits vor, es handele sich bei A, B und C um drei Politiker, zwischen denen sich das Beispielindividuum Jakob entscheiden soll. Stellen Sie sich vor, in der Abstimmung zwischen dem linken Politiker A und dem gemäßigten Politiker B votiert Jakob für den Links-Kandidaten A (A > B). Außerdem entscheidet sich Jakob in der Abstimmung zwischen dem Mitte-Kandidaten B und dem rechten Politiker C für den Kandidaten der gemäßigten Mitte B (B > C). Folgt daraus zwingend, dass Jakob sich in einer Abstimmung zwischen dem linken Politiker A und dem rechten Politiker C für den Politiker A entscheiden wird (A > C), weil sein Herz offenbar links schlägt? Nein, keinesfalls. Diesen Schluss hat lediglich die Bezeichnung der drei Kandidaten mit einem ideologischen Adjektiv nahe gelegt. Womöglich findet Jakob diese Bezeichnungen nichtssagend und entscheidet stattdessen anhand seiner Einschätzung der Fähigkeiten der Kandidaten in drei ihm wichtigen Politikfeldern. Stellen Sie sich vor, Jakob bewertet die drei zur Wahl stehenden Politiker wie in der Übersichtstabelle angegeben.

Hinsichtlich wirtschaftspolitischer Fragen traut er A am meisten, B etwas weniger und C am wenigsten Kompetenz zu. Für umweltpolitische Belange hält er B für den besten Kandidaten, C beurteilt er etwas schlechter und A traut er am wenigsten zu. Für sozialpolitische Belange würde er am liebsten C in der Verantwortung sehen, A beurteilt er etwas schlechter und B erscheint ihm hier ungeeignet.

Tab. 2: Nicht-transitive Präferenzordnung

	Wirtschaftspolitik	Umweltpolitik	Sozialpolitik
geeignet	A	B	C
neutral	B	C	A
ungeeignet	C	A	B

In der Abstimmung zwischen A und B votiert Jakob für den Kandidaten A, weil der in zwei Politikbereichen (Wirtschaftspolitik und Sozialpolitik) besser geeignet ist als der Kandidat B (A > B). In der Abstimmung zwischen dem Politiker B und dem Politiker C stimmt Jakob für B, denn der erscheint ihm sowohl in wirtschaftspolitischen als auch in umweltpolitischen Belangen vorzugswürdig (B > C). Dennoch wird sich Jakob in der Abstimmung zwischen A und C für den Kandidaten C aussprechen, weil dieser gegenüber A sowohl in umwelt- als auch in sozialpolitischen Belangen geeigneter erscheint (C > A).[19]

Zugegeben: Auf Grund der so geäußerten Präferenzen von Jakob können wir nicht folgern, für welchen der drei Kandidaten er sich entscheiden würde, wenn er zwischen allen drei Kandidaten gleichzeitig wählen könnte. Entweder Jakob wäre indifferent zwischen den drei Kandidaten oder er müsste eine Gewichtung seiner Präferenzunterschiede vornehmen (ordinale Präferenzäußerungen würden also nicht genügen) oder er müsste ein weiteres Kriterium hinzuziehen (z. B. den jüngsten oder den sympathischsten der drei bevorzugen). Dennoch zeigt das Beispiel den eingeschränkten Geltungsbereich der Plausibilität von transitiven Präferenzen: Überzeugend erscheint die Annahme transitiver Präferenzen, wenn es um eindimensionale Entscheidungen geht, d. h. das Individuum zwischen verschiedenen Ausprägungen eines Merkmals

---

[19] Die diesem Beispiel zu Grunde liegende Präferenzkonstellation erinnert an das so genannte Condorcet-Paradoxon (nach dem liberalen Revolutionär Marie-Jean-Antoine-Nicolas Caritat, Marquis de **Condorcet**, der das Phänomen 1785 beschrieb). Dort geht es darum, dass sich aus mehreren transitiven Präferenzen (verschiedener Gruppenmitglieder) nicht immer auch transitive kollektive Präferenzen (der Gruppe) ableiten lassen. Das Paradoxon zeigt, dass eine paarweise Abstimmung zwischen Alternativen trotz eigentlicher Pattsituation zu scheinbar klaren Ergebnissen führt. Damit ist die Reihenfolge der Abstimmung maßgeblich, so dass Manipulationen oder zufälligen Ergebnissen Vorschub geleistet wird.

(z. B. Entfernungen, Geldsummen, Mengen, etc.) wählen soll. Bei mehrdimensionalen Entscheidungen (z. B. verschiedene Politikbereiche) können individuelle Präferenzen hingegen durchaus dem Axiom der Transitivität widersprechen, ohne auf ein besonders eigenartiges Verhalten der betrachteten Personen hinzudeuten.

5.   Die Indifferenzkurven

Zur grafischen Darstellung von Präferenzen im Koordinatensystem eines Zwei-Güter-Diagramms verwendet man **Indifferenzkurven**. Indifferenzkurven sind der grafische Ort aller Güterbündel, zwischen denen das Individuum indifferent ist. Eine Indifferenzkurve stellt also ein bestimmtes Nutzenniveau dar, welches durch die unterschiedlichen Güterbündel erreicht wird.

Die Indifferenzkurve verbindet alle Kombinationen unterschiedlicher Mengen der Güter x und y, die dem Individuum einen gleich hohen Nutzen stiften. Beispielsweise resultiert aus den Güterbündeln A, B und C jeweils ein gleich hoher Nutzen für das betrachtete Individuum, die Person ist zwischen den Güterbündeln A, B und C indifferent (A ~ B ~ C).

Abb. 5: Indifferenzkurve

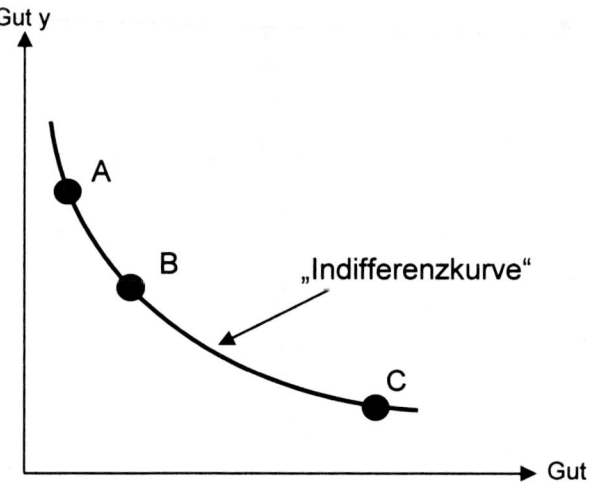

Wie konstruiert man eine Indifferenzkurven-Darstellung? Wählen Sie einen beliebigen Punkt im Zwei-Güter-Diagramm als Ausgangspunkt. Überlegen Sie sich ausgehend von diesem Güterbündel, wie groß die Veränderung der Menge des einen Guts ausfallen muss (und ob es sich um eine positive oder negative Mengenänderung handeln muss), damit sich das Individuum trotz marginaler Veränderung der Menge des anderen Guts weder besser noch schlechter stellt. Markieren Sie ein solches Güterbündel, welches plausibel für dasselbe Nutzenniveau stehen könnte wie das ursprüngliche Güterbündel. Überlegen Sie dies für verschiedene Änderungen und auch für andere beliebige Ausgangspunkte (und entsprechend andere Nutzenniveaus) bis sich ein regelmäßiges Bild der Indifferenzkurven ergibt.

Ökonomen unterstellen gewöhnlich eine beliebige Teilbarkeit der betrachteten Güter. Unter dieser Annahme liegen auf jeder Indifferenzkurve unendlich viele Güterbündel, die jeweils gleich großen Nutzen stiften, die „Kurve" setzt sich also aus unendlich vielen Punkten zusammen, die jeweils ein Güterbündel repräsentieren. Außerdem gibt es entsprechend unendlich viele Indifferenzkurven im Zwei-Güter-Diagramm. Würde man unendlich viele Kurven einzeichnen, so wäre die gesamte Fläche ausgefüllt und nichts mehr erkennbar. Man zeichnet also gewöhnlich nur die einzelnen oder wenigen Indifferenzkurven ein, auf die es ankommt.

5.1. Verschiedene Formen von Indifferenzkurven

Ohne zusätzliche Annahmen bezüglich der betrachteten Präferenzen können Indifferenzkurven die unterschiedlichsten Formen annehmen. Eine wichtige Feststellung kann man aber bereits jetzt treffen: Verschiedene Indifferenzkurven eines Individuums können sich per Definition niemals schneiden. Indifferenzkurven verbinden alle Güterbündel eines bestimmten Nutzenniveaus, verschiedene Indifferenzkurven stellen also verschiedene Nutzenniveaus dar. Stellen Sie sich vor, durch das Güterbündel B in vorstehender Abbildung würde eine zweite Indifferenzkurve führen, auf der außer B auch noch die Güterbündel D und E liegen, so dass B den Schnittpunkt zweier Indifferenzkurven bilden würde.[20] Per Definition würde dann gelten, dass das Individuum einerseits indifferent zwischen A, B und C ist, andererseits aber auch zwischen B, E und D indifferent wäre. Aus dem Axiom der Transitivität würde aber folgen, dass wenn A ~ B ~ C und gleichzeitig B ~ E ~ D gilt, auch A ~ C ~ D ~ E gelten müsste. Dann aber müssten auch alle fünf

[20]   Zeichnen Sie sich die Situation ruhig auf einem Notizzettel auf, den Sie anschließend wegwerfen. Hier wird auf die Abbildung der unmöglichen Situation verzichtet, damit sich nichts Falsches einprägt.

Güterbündel auf einer Indifferenzkurve liegen und eben nicht auf zwei verschiedenen. Anders ausgedrückt: Jedes Güterbündel, welches das Individuum dasselbe Nutzenniveau erreichen lässt wie das Güterbündel B, muss auf der (einen) Indifferenzkurve liegen, die durch B verläuft. Ein Schnittpunkt zweier Indifferenzkurven B würde ein Güterbündel darstellen, welches zwei unterschiedliche Nutzenniveaus repräsentiert. Das Axiom der Reflexivität fordert jedoch, dass ein Güterbündel so gut wie es selbst ist.

Typische Indifferenzkurven sehen so oder so ähnlich aus wie in der vorstehenden Abbildung. Grob vereinfacht handelt es sich dabei um unendlich teilbare Güter, die beide nutzenstiftend sind und die hinsichtlich ihrer Nutzenstiftung in unterschiedlichem Maße austauschbar, d. h. substituierbar sind. Bevor wir diese Art der Indifferenzkurven näher betrachten, lohnt sich jedoch ein kurzer Blick auf zwei Spezialfälle anderer, durchaus nicht abwegiger Indifferenzkurven und die entsprechenden Nutzenvorstellungen.

Ökonomen sprechen von **perfekten Substituten**, wenn das betrachtete Individuum bereit ist, ein Gut gegen das andere zu einem konstanten Verhältnis zu tauschen, unabhängig davon, wie viele Einheiten von den jeweiligen Gütern bereits konsumiert werden oder wurden. Wenn es Ihnen beispielsweise vollkommen gleichgültig ist, ob der Liter Benzin, den Sie tanken von der einen oder anderen Tankstelle stammt, verändert sich Ihr Nutzen nicht, solange Sie jeweils einen Liter des einen Herstellers gegen einen Liter des anderen Herstellers tauschen. Das konstante Substitutionsverhältnis beträgt in diesem Fall 1:1.

Abb. 6: Perfekte Substitute

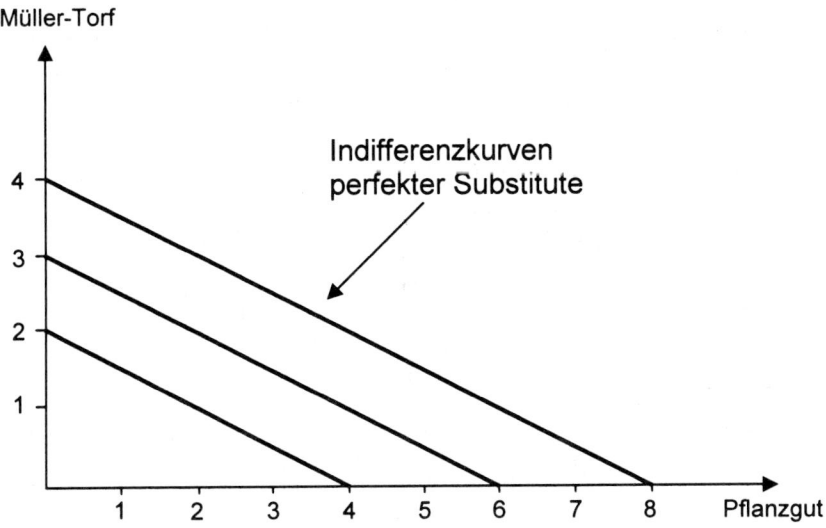

Perfekte Substitute liegen aber ebenfalls vor, wenn Ihnen ein Kilo Rasensamen der Marke „Müller-Torf" genauso viel Nutzen stiftet, wie zwei Kilo Rasensamen der Marke „Pflanzgut" weil „Müller-Torf" Ihrer Erfahrung nach doppelt so viele Halme sprießen lässt wie dieselbe Menge „Pflanzgut". In diesem Fall verändert sich Ihr Nutzen nicht, solange Sie jeweils zwei Kilo „Pflanzgut" gegen ein Kilo „Müller-Torf" tauschen bzw. eine Packung „Müller-Torf" gegen zwei gleich schwere Packungen „Pflanzgut". Das konstante Substitutionsverhältnis beträgt in diesem Falle 1:2. Indifferenzkurven, die verschiedene gleich nutzenstiftende Güterbündel solcher perfekten Substitute darstellen, sind Geraden, verschiedene Indifferenzkurven verlaufen im Falle perfekter Substitute parallel zueinander.

Umgekehrt bilden zwei Güter **perfekte Komplemente**, wenn sie sich notwendig ergänzen bzw. vervollständigen, also nur in einem bestimmten konstanten Verhältnis konsumiert werden, weil sie nur gemeinsam Nutzen stiften. Typische Beispiele sind Messer und Gabel, linke und rechte Schuhe, loser Zigarettentabak und Zigarettenpapier, etc. Angenommen, Sie besitzen ein Auto mit vier Rädern (das ist häufig der Fall). Überlegen Sie, wie sich Ihr Nutzen aus (radlosen) Autos und Rädern verändert, wenn Sie zu Ihrem einen (radlosen) Auto über sechs, sieben oder zwölf Räder verfügen. Wie ändert sich Ihr Nutzen, wenn Sie zu Ihren vier Rädern nicht nur ein, sondern drei oder vier (radlose) Autos haben?

Abb. 7: Perfekte Komplemente

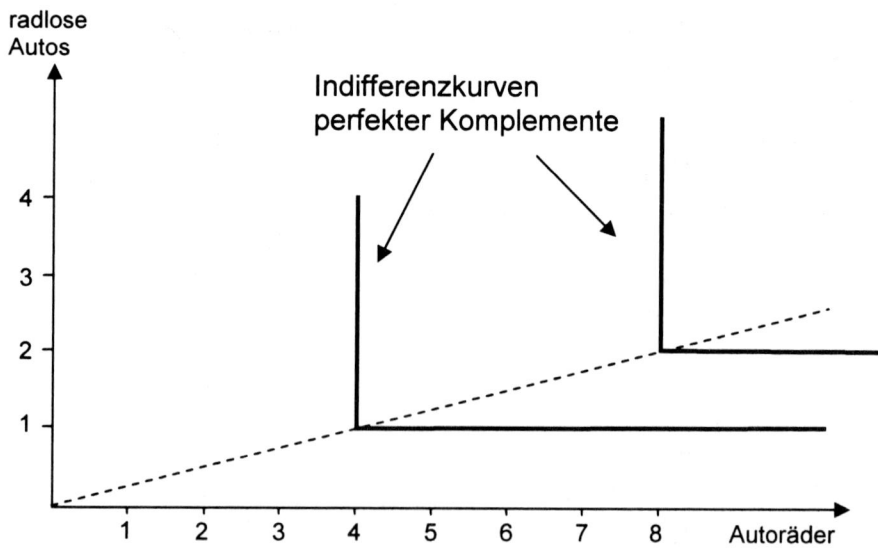

Annahmegemäß steigt der Nutzen in beiden Fällen nicht. Sie benötigen jeweils vier Räder, um gemeinsam mit dem komplementären Gut „radloses Auto" ein fahrtüchtiges Vehikel zu bekommen. Angenommen, Ihr Nutzen steigt mit der Anzahl fahrtüchtiger Autos, wie verändert sich Ihr Nutzen, wenn Sie – ausgehend von einem (radlosen) Auto und zwölf Rädern – das Angebot erhalten, jeweils vier Räder gegen ein (radloses) Auto zu tauschen? Indifferenzkurven, die verschiedene gleich nutzenstiftende Güterbündel solcher perfekten Komplemente darstellen, sind L-förmig, die beiden Schenkel des L liegen parallel zu den Achsen des Koordinatensystems. Verschiedene Indifferenzkurven verlaufen im Falle perfekter Komplemente parallel zueinander, die gedachte Verbindungslinie der Ecken der Indifferenzkurven liegt auf einer Geraden, die aus dem Ursprung mit der Steigung des entsprechenden notwendigen Ergänzungsverhältnisses der komplementären Güter ansteigt.

Um zu verstehen, warum die üblichen Indifferenzkurven als zum Ursprung gekrümmte Kurve im Zwei-Güter-Diagramm liegen – weshalb sich die längere Seite eines ovalen Bierdeckels ganz hervorragend als Indifferenzkurven-Lineal anbietet – müssen wir die Annahmen näher betrachten, die den entsprechenden Präferenz-Vorstellungen zu Grunde liegen.

Da Ökonomen die Knappheit als zentrales Problem ansehen, welches überhaupt dazu anregt, sich um die Bewirtschaftung und Allokation von Ressourcen zu kümmern, beschränken sie ihren Untersuchungsgegenstand gewöhnlich auf Situationen, in denen noch keine (Über-)Sättigung mit den betrachteten Gütern eingetreten ist. Ökonomen behaupten also nicht wirklich, dass Individuen typischerweise unendlich viel Kölsch trinken möchten und auch nach dem 17. Glas noch immer Nutzensteigerungen erfahren, wenn der Köbes ihnen ein weiteres Glas auf den Deckel stellt. Sie unterstellen allerdings, dass es kein ökonomisches Problem der Knappheit ist, wenn der Tourist es nicht schafft, im Kölner Brauhaus weitere Lieferungen zu unterbinden, sondern schlicht mangelndes Wissen um den richtigen Code.[21] Knappheitsprobleme implizieren, dass Individuen mehr von etwas haben möchten und ihre Bedürfnisse eben noch nicht befriedigt sind. Ökonomen untersuchen mit den typischen Indifferenzkurven Situationen, in denen die Sättigung für beide betrachteten Güter noch nicht eingetreten ist (**Annahme der Nichtsättigung**). Abgebildet sind daher im Koordinatensystem mit normalen Indifferenzkurven nur die Bereiche, in denen die betrachteten Güter dem Individuum noch zu-

---

[21] Tipp: Wenn Sie den Bierdeckel auf Ihr halbleeres Glas legen, werden Sie zwar vom Köbes (= Kellner im Kölner Brauhaus) vielleicht angepflaumt, er wird aber den Nachschub einstellen.

sätzlichen Nutzen stiften. Das Individuum verbessert seine Nutzensituation mit jeder im Diagramm abgetragenen größeren Menge der Güter; es würde sich auf jeden Fall freuen, wenn es noch mehr von dem einen Gut erhalten könnte und die Menge des anderen Guts konstant gehalten würde. Mit anderen Worten: Das Individuum zieht stets ein Güterbündel B einem Güterbündel A vor, wenn B von mindestens einem Gut eine größere Menge als A enthält, aber von keinem Gut eine geringere Menge als A. Oder anders ausgedrückt: Abgebildet sind Güterkombinationen in denen gilt: „Mehr ist besser".

Abb. 8: Bessere und schlechtere Güterbündel

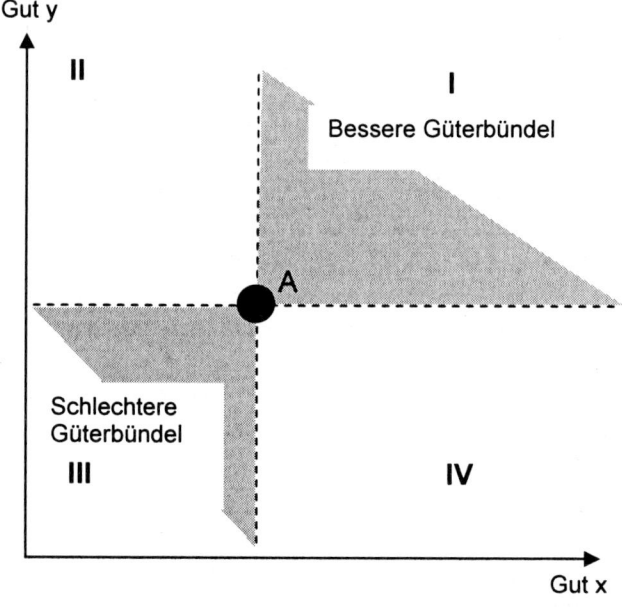

Als Konsequenz aus der Annahme der Nichtsättigung resultiert grafisch eine negative Steigung der Indifferenzkurven: Punkte links unterhalb einer beliebigen Ausgangspositionen A (dritter Quadrant) repräsentieren Güterbündel, die von mindestens einem der beiden Güter eine geringere Menge enthalten und von keinem der Güter mehr. Sie gehören deshalb zu niedrigeren Nutzenniveaus als das Ausgangsgüterbündel. Punkte rechts oberhalb des ursprünglichen Güterbündels A (erster Quadrant) repräsentieren Bündel, in denen mindestens von einem der beiden Güter eine größere Menge enthalten ist, ohne dass von einem der Güter weniger dazu gehört als im Ausgangspunkt. Solche Güterbündel gehören also zu höheren Nutzenniveaus. Güterbündel, die höhere oder niedrigere Nutzenniveaus repräsentieren, können nicht auf derselben Indifferenzkurve liegen wie das als Ausgangspunkt gewählte Güterbündel. Indifferente Güterbündel müssen demnach im Bereich links oberhalb oder rechts unterhalb liegen, die Indifferenzkurve durch A muss durch den zweiten und vierten Quadranten verlaufen.[22]

Solange die Annahme der Nichtsättigung getroffen wird, repräsentieren Indifferenzkurven umso höhere Nutzenniveaus, je weiter rechts oben sie im Zwei-Güter-Diagramm liegen, d. h. desto größere Mengen der beiden Güter in den betreffenden Güterbündeln enthalten sind. Umgekehrt stehen Indifferenzkurven für umso geringere Nutzenniveaus, je weiter links unten sie abgebildet sind, d. h. desto geringer die jeweiligen Gütermengen in den betreffenden Güterbündeln sind.

Ökonomen beschränken Ihre Analyse zwar gewöhnlich auf Situationen, in denen das Individuum noch nicht gesättigt oder gar übersättigt ist, sie beziehen aber durchaus das Phänomen mit ein, dass man in Wahrheit mit zunehmender Konsummenge von beinahe jedem Gut irgendwann „genug hat" und auch „zuviel bekommen" kann. Wenn man berücksichtigt, dass man sich bezüglich der betrachteten Güter einer Sättigung annähert, dann beinhaltet dies die häufig getroffene Annahme abnehmenden Grenznutzens. Zwar unterstellen wir mit der Annahme der Nichtsättigung, dass der Grenznutzen im betrachteten Bereich stets positiv bleibt, dennoch halten wir es für wahrscheinlich, dass der Nutzenzuwachs, den eine zusätzliche Gütereinheit stiftet, umso geringer ist, je größer die bereits konsumierte Gütermenge ist. Erinnern Sie sich an die beispielhafte Ausführung zur Nachfrage nach Croissants im Abschnitt I.5. zur Marginalbetrachtung. Es wurde dort die für die meisten Individuen sicherlich zutreffende Vermutung geäußert, dass der empfundene Nutzenzuwachs, der aus einer jeweils gleichen Steigerung der konsumierten Menge Croissants resultiert, auf Grund zunehmender Sättigung mit zunehmendem Konsum immer geringer wird. Ökonomen vermuten für die weit überwiegende Mehrzahl aller Güter einen solchen **abnehmenden Grenznutzen** und versehen diese Vermutung deshalb sogar mit der Bezeichnung „Gesetz

---

[22]   Auf Grund dieser grafischen Entsprechung der Nichtsättigungsannahme sprechen Ökonomen auch von der Annahme der Monotonie. Gemeint ist hierbei nicht Langeweile, sondern die mathematische Bezeichnung „Monotonie" für Funktionen, die durchgehend steigen bzw. konstant bleiben (aber nie fallen) oder durchgehend fallen bzw. konstant bleiben (aber nie steigen). Die Form der typischen Indifferenzkurven ist streng monoton fallend.

vom abnehmenden Grenznutzen".[23] Betrachtet man zwei Güter, für die man abnehmenden Grenznutzen unterstellt, dann folgt daraus zwangsläufig, dass ein Individuum durchschnittliche Güterbündel gegenüber extremen Güterbündeln bevorzugt. Im Gegensatz zum Fall perfekter Substitute ist es eben nicht dazu bereit, die beiden Güter in einem konstanten Verhältnis gegeneinander zu tauschen, sondern das nutzenniveau-neutrale Tauschverhältnis hängt davon ab, wie weit die Sättigung des einen und des anderen Guts bereits fortgeschritten ist.

Stellen Sie sich beispielsweise vor, ein Individuum teilt Ihnen mit, es sei zwischen dem Güterbündel A (mit sieben Croissants und drei Milchkaffee) und dem Güterbündel B (mit drei Croissants und sieben Milchkaffee) indifferent und beide Güter würden ihm abnehmenden Grenznutzen stiften. Sie können dann folgern, dass es die Bündel C, D und E mit jeweils durchschnittlichen Mengen von Croissants und Milchkaffee gegenüber den beiden extremen Bündeln bevorzugen wird.

Ausgehend von B müsste das Individuum nämlich für den Verzicht auf einen Milchkaffee (von dem es in B schon relativ gesättigt ist) weniger als ein Croissant erhalten um auf demselben Nutzenniveau wie in B zu verharren. Die Verbindungslinie zwischen A und B steht jedoch für ein Tauschverhältnis von 1:1. Das Individuum erreicht z. B. in Punkt E im Vergleich zu Punkt B beim Verzicht auf einen Milchkaffee ein ganzes Croissant mehr. Es erhält also mehr als zum Erhalt des Nutzenniveaus erforderlich wäre, es erreicht ein höheres Nutzenniveau.

Grafisch folgt daraus die zum Ursprung hin gewölbte Kurvenform der typischen Indifferenzkurven, oder genauer: Die **strenge Konvexität** der Menge aller gegenüber den Güterbündeln einer Indifferenzkurve streng bevorzugten Güterbündel.[24]

---

[23] Eine andere gängige Bezeichnung lautet Erstes Gossensches Gesetz. Hermann Heinrich **Gossen** (1810 – 1858) hat 1854 in seinem Werk "Die Entwicklung der Gesetze des menschlichen Verkehrs und der daraus fließenden Regeln für menschliches Handeln" zwei „Gesetzmäßigkeiten der Bedürfnisbefriedigung" formuliert. Die erste beschreibt das Gesetz vom abnehmenden Grenznutzen: "Die Größe eines und desselben Genusses nimmt, wenn wir mit der Bereitung des Genusses ununterbrochen fortfahren, fortwährend ab..."

[24] Eine geometrische Menge heißt konvex, wenn die Verbindungslinie zweier Punkte der Menge ebenfalls vollständig durch diese Menge verläuft. Die Menge aller bevorzugten Güterbündel zwischen zwei Punkten einer typischen Indifferenzkurve umfasst auch alle Punkte der Verbindungslinie zwischen diesen zwei Punkten.

Abb. 9: Indifferenzkurve bei abnehmendem Grenznutzen

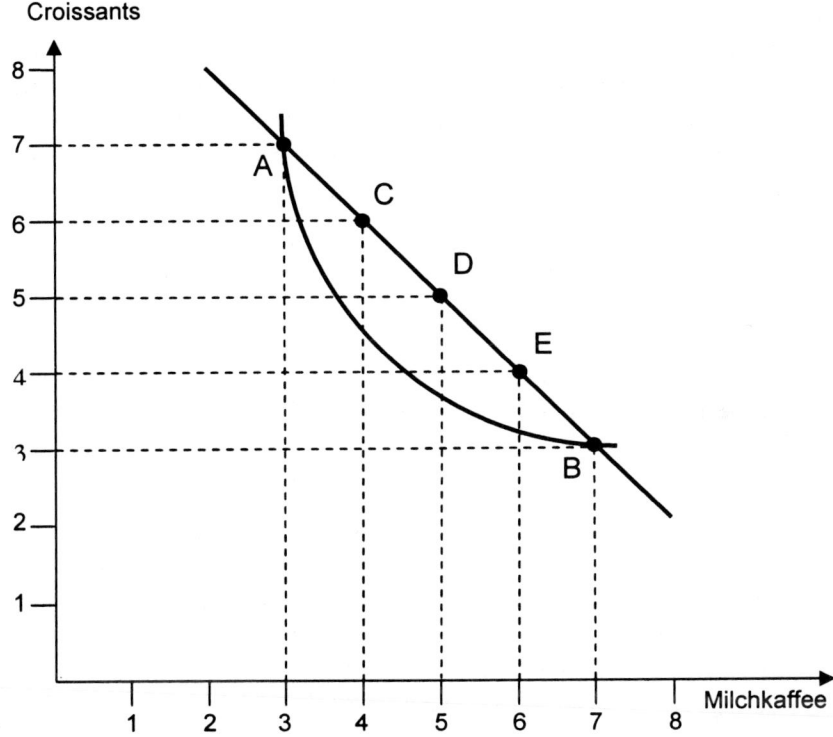

$C = \frac{3}{4} A + \frac{1}{4} B = \frac{3}{4}$ (7 Croissants + 3 Milchkaffee) + $\frac{1}{4}$ (3 Croissants + 7 Milchkaffee
$= \frac{21}{4} + \frac{3}{4}$ Croissants und $\frac{9}{4} + \frac{7}{4}$ Milchkaffee = 6 Croissants und 4 Milchkaffee

$D = \frac{1}{2} A + \frac{1}{2} B = \frac{1}{2}$ (7 Croissants + 3 Milchkaffee) + $\frac{1}{2}$ (3 Croissants + 7 Milchkaffee
$= \frac{7}{2} + \frac{3}{2}$ Croissants und $\frac{3}{2} + \frac{7}{2}$ Milchkaffee = 5 Croissants und 5 Milchkaffee

$E = \frac{1}{4} A + \frac{3}{4} B = \frac{1}{4}$ (7 Croissants + 3 Milchkaffee) + $\frac{3}{4}$ (3 Croissants + 7 Milchkaffee
$= \frac{7}{4} + \frac{9}{4}$ Croissants und $\frac{3}{4} + \frac{21}{4}$ Milchkaffee = 4 Croissants und 6 Milchkaffee

Im Beispiel wurde angenommen, dass eine Person sowohl bei Milchkaffee als auch bei Croissants immer weniger Appetit verspürt, je mehr Kaffee bzw. Croissants sie schon zu sich genommen hat. Zugleich wurde unterstellt, dass verschiedene Kombinationen von Milchkaffee und Croissants zu gleich hohen Nutzenniveaus führen, die beiden Güter also grundsätzlich gegeneinander austauschbar sind. Unter diesen Bedingungen leuchtet es ein, dass man dem betrachteten Individuum in einer Situation, in der es drei Kaffee und sieben Croissants auf dem Tablett hat, nur eine relativ geringe Menge Kaffee wird anbieten müssen, damit es auf ein Croissant verzichtet. Denn während es noch ordentlich Appetit auf Kaffee verspürt, nähert es sich bezüglich der Croissants bereits der Sättigung. Der Kurvenabschnitt in der vorstehenden Abbildung wird also links oben im Diagramm immer steiler und nähert sich einer Senkrechten an. Umgekehrt verhält es sich in der Situation, in der die betrachtete Person sieben Kaffee und drei Croissants auf dem Tablett hat. Croissants sind in dieser Lage relativ wertvoll, Kaffee ist relativ wenig wert, denn der Kaffee-Appetit ist bereits weitgehend befriedigt. Will man nun dennoch das Individuum zur Aufgabe eines Croissants bringen, so wird man ihm ziemlich viel Kaffee zum Tausch anbieten müssen, damit sich das Nutzenniveau nicht ändert. Der Kurvenabschnitt rechts unten im Diagramm wird deshalb immer flacher und nähert sich einer Waagerechten an.

Da wir jedoch gemäß der Annahme der Nichtsättigung davon absehen, Situationen zu betrachten, in denen bereits eine vollständige Sättigung eingetreten ist, nähert sich die typische Indifferenzkurve zwar einer Senkrechten und einer Waagerechten an, wird aber nie wirklich senk- bzw. waagerecht.

Typische Indifferenzkurven werden sich schon gar nicht „zurückbiegen". Denn das würde bedeuten, dass die betreffende Person von einem der beiden Güter bereits übersättigt wäre und daher trotz zunehmender Menge des einen Guts nur unter der Bedingung weiterhin dasselbe Nutzenniveau erreicht, dass es auch vom anderen Gut noch mehr bekommt.

5.2. Zur Interpretation der Steigung von Indifferenzkurven

Die Steigung der Indifferenzkurven entspricht ebenso wie die Steigung der Budgetgeraden einem Austauschverhältnis der beiden im Zwei-Güter-Diagramm betrachteten Güter. Genauso wie bei der Budgetgeraden liegt auch hier eine negative Steigung vor, d. h. das Austauschverhältnis ist auch bei der Indifferenzkurve dergestalt, dass die jeweiligen Mengenänderungen der beiden Güter gegenläufig sind: Von einem weniger, vom anderen mehr.

Die Steigung von „normalen" oder „typischen" Indifferenzkurven, wie sie auf den letzten Seiten eingeführt wurden, ist allerdings in jedem Punkt anders. Es ist deshalb wichtig, nur marginale Veränderungen zu betrachten, die Steigung muss in einem ganz bestimmten Punkt analysiert werden. Die Betrachtung der Austauschverhältnisse direkt entlang der Indifferenzkurve ist also zu ungenau. Grafisch löst man dieses Problem durch Messung des Austauschverhältnisses (der Steigung) einer Tangente[25] an dem betrachteten Punkt. Die Steigung einer Kurve in einem bestimmten Punkt entspricht der Steigung der Kurventangente an diesem Punkt.

Abb. 10: Betrachtung der Steigung einer Indifferenzkurve

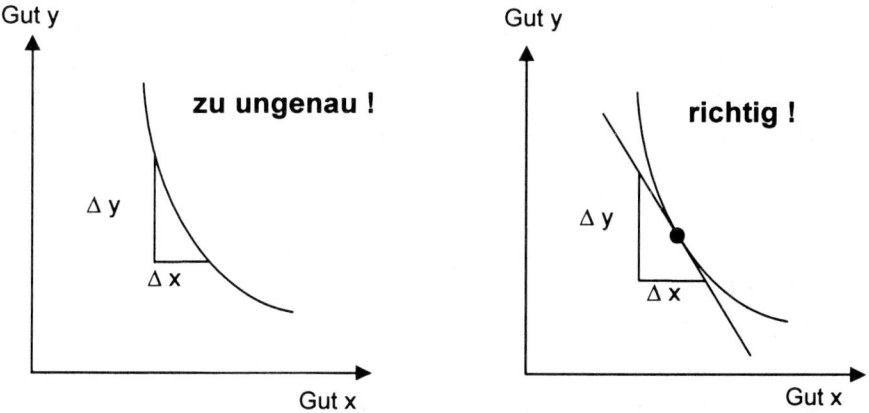

Indifferenzkurven bestehen aus Güterbündeln, zwischen denen das Individuum indifferent ist. Das Austauschverhältnis der Güter entsprechend der Steigung (-) Δ y / Δ x in einem bestimmten Punkt der Indifferenzkurve entspricht also der Rate, zu der das Individuum ausgehend von dem durch den Punkt beschriebenen Güterbündel eine kleine Menge von Gut y gegen eine kleine Menge von Gut x tauschen kann, ohne dabei das korrespondierende Nutzenniveau zu verändern. Wenn das Individuum Δ y abgibt aber gleichzeitig Δ x erhält, verändert sich sein Nutzen nicht, es bleibt auf der Indifferenzkurve.

Die Steigung in den Punkten der Indifferenzkurve gibt die **subjektive Tauschbereitschaft** des Individuums an, sie beschreibt die Rate, zu der das Individuum eine kleine Menge des einen Guts im Güterbündel gegen eine kleine Menge des anderen Guts substituieren kann. Die Bezeichnung in der ökonomischen

---

[25]   Eine Tangente wiederum ist eine Gerade, die einen Punkt mit der Kurve gemeinsam hat und in diesem Punkt die gleiche Richtung aufweist, die Kurve in diesem Punkt also gerade noch berührt, sie „tangiert". Die Tangente weist dieselbe Steigung auf wie die Kurve im Tangentialpunkt, sie ist die Gerade, die sich im betrachteten Punkt am besten an die Kurve anschmiegt. Streng genommen kann kein Mensch in so groben Skizzen wie wir sie nutzen eine echte Tangente einzeichnen ohne umgekehrt über die Steigung der Kurve im betrachteten Punkt Bescheid zu wissen.

Fachsprache heißt deshalb **Grenzrate der Substitution** (GRS) oder auch Marginal Rate of Substitution (MRS). Intuitiv kann man sich den Zusammenhang auch als **marginale Zahlungsbereitschaft** merken: Die Steigung an einem Punkt der Indifferenzkurve misst die marginale Zahlungsbereitschaft für eine zusätzliche Einheit des einen Guts, ausgedrückt in Einheiten des anderen Guts. Um Δ x zu erhalten wäre das Individuum bereit, maximal Δ y zu zahlen.

6. Die optimale Nachfrageentscheidung

Zur Erinnerung: Aus den Grundgedanken zur Nutzenmaximierung durch rationale Individuen in Knappheitssituationen folgt, dass Ökonomen im Zusammenhang mit den Nachfrageentscheidungen der Individuen an der Lösung der Frage interessiert sind, welches das beste Güterbündel ist, das sich ein Individuum leisten kann.

Den Nutzen verschiedener Güterbündel bestimmt ausschließlich das Individuum selbst (vgl. Grundgedanken zum methodologischen Individualismus und zur Konsumentensouveränität). Als grafisches Instrumentarium haben wir die Indifferenzkurven. Das „beste Güterbündel" muss ein möglichst hohes Nutzenniveau erreichen lassen, also auf einer möglichst hohen Indifferenzkurve liegen.

Die objektive Restriktion der erreichbaren Güterbündel, also der Güterkombinationen, die sich die betrachtete Person „leisten kann", ist bei gegebenem Einkommen (Budget) und gegebenen Preisen durch das Instrument der Budgetgeraden gekennzeichnet. Das „beste Güterbündel", welches sich das Individuum noch „leisten kann" muss sowohl auf der Budgetgeraden als auch auf der höchsten erreichbaren Indifferenzkurve liegen. Güterbündel, die oberhalb der Budgetgeraden liegen, mögen also zwar höhere Nutzenniveaus versprechen (auf höheren Indifferenzkurven liegen), sind aber bei gegebenem Einkommen und gegebenen Preisen nicht erreichbar. Das Individuum kann sich solche Güterbündel „nicht leisten". Das in der folgenden Abbildung durch die Indifferenzkurve I_3 repräsentierte Nutzenniveau kann nicht verwirklicht werden, da keines der durch diese Indifferenzkurve dargestellten Güterbündel innerhalb der Budgetbeschränkung liegt.

Umgekehrt repräsentieren Güterbündel auf Indifferenzkurven, die zum Teil unterhalb der Budgetgeraden verlaufen, noch nicht das höchste Nutzenniveau, welches bei der gegebenen Budgetgerade erreicht werden kann.

Güterbündel unterhalb der Budgetgeraden wie beispielsweise das Güterbündel B stellen eine Verschwendung dar und stehen mithin sicher nicht für das

„beste Güterbündel" wenn wir es mit Gütern zu tun haben, bei denen zwar abnehmender Grenznutzen vorliegt aber (noch) keine Sättigung erreicht wird.[26] Da die Güterbündel B und C auf derselben Indifferenzkurve liegen und also dasselbe Nutzenniveau erreichen lassen, stellt auch das Güterbündel C eine Verschwendung dar, obwohl es auf der Budgetgeraden liegt, das Budget also vollkommen ausgeschöpft würde. Grafisch nachvollziehbar wird dies dadurch, dass die Indifferenzkurve I_1 die Budgetgerade in Punkt C schneidet. Solange eine typische Indifferenzkurve die Budgetgerade schneidet, existieren auf derselben Indifferenzkurve noch Güterbündel, die dasselbe Nutzenniveau erreichen, ohne das Budget auszuschöpfen und so die Verschwendung erkennbar werden lassen. Oder umgekehrt: Solange eine typische Indifferenzkurve die Budgetgerade schneidet, existieren auf der Budgetgeraden noch Güterbündel mit weniger extremen Mischungsverhältnissen der Güter, die auf höheren Indifferenzkurven liegen.[27]

Abb. 11: Das optimale Güterbündel

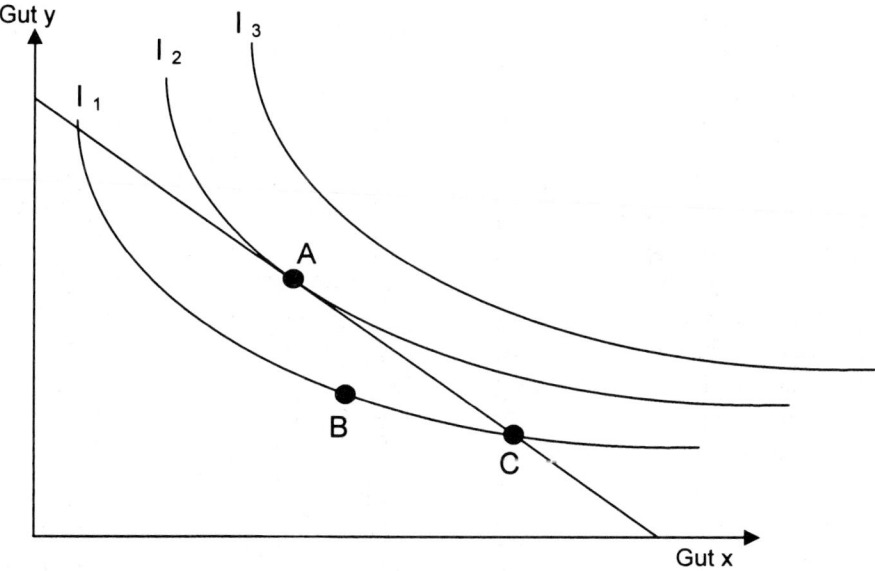

---

[26]   Vgl. Abschnitt II.3. zur Budgetgeraden.

[27]   Vgl. die Begründung für die Konvexität der typischen Indifferenzkurve in Abschnitt II.5.1.

Wenn das höchste erreichbare Nutzenniveau weder auf einer Indifferenzkurve liegen kann, die keinen gemeinsamen Punkt mit der Budgetgeraden aufweist, noch auf einer Indifferenzkurve, die einen oder mehrere Schnittpunkte mit der Budgetgeraden hat, bleibt nur eine Möglichkeit: Grafisch muss es sich bei dem besten Güterbündel, welches sich ein Individuum leisten kann, um einen Tangentialpunkt einer Indifferenzkurve mit der Budgetgeraden handeln.[28]

Nun wurde bereits oben daran erinnert, was ein Tangentialpunkt bedeutet: Die Indifferenzkurve weist im betreffenden Punkt exakt die gleiche Steigung auf wie die Tangente an diesem Punkt. Diese Identität verrät uns auf Grund unseres Wissens um die Steigung der Budgetgeraden noch etwas: Im Punkt der optimalen Nachfrageentscheidung entspricht die subjektive Tauschbereitschaft des Individuums (= Steigung der Indifferenzkurve) dem objektiv möglichen Tauschverhältnis (= Steigung der Budgetgeraden) und damit dem (negativen) umgekehrten Preisverhältnis der beiden Güter.

Das ist natürlich kein Zufall. Vielmehr ändert das Individuum das Mischungsverhältnis der Güter solange zur durch das Preisverhältnis vorgegebenen Tauschrate, bis es sich nicht mehr besser stellen kann, weil es bei einem weiteren Tausch wieder geringere Nutzenniveaus realisieren würde. Dieses optimale Mischungsverhältnis ist eben dann erreicht, wenn die subjektive Tauschbereitschaft der betrachteten Person mit dem umgekehrten Preisverhältnis übereinstimmt.

Auch wenn dies sehr abstrakt anmutet: In Wahrheit verhält sich jeder Leser genau entsprechend dieses Kalküls, wie das folgende Beispiel veranschaulicht. Folgen Sie der Argumentation Schritt für Schritt in der Abbildung. Nehmen Sie an, das Zwei-Güterdiagramm würde Güterbündel von Euro (zusammengesetztes Gut „Betrag für andere Güter") und Automatenkaffee abbilden, wobei ein Kaffee 0,50 Euro kostet. Sie verfügen über ein Budget von acht Euro, so dass der Ordinatenabschnitt der Budgetgeraden bei acht und der Abszissenabschnitt bei 16 liegen.

Die Steigung der Budgetgerade beträgt – 1/2, d. h. für eine zusätzliche Euromünze muss auf zwei Kaffee verzichtet werden, für einen zusätzlichen Kaffee muss auf eine halbe Euromünze verzichtet werden.

---

[28]   Bei typischen Präferenzen und dementsprechend konvexen, runden Indifferenzkurven gibt es nur eine einzige Indifferenzkurve, die wiederum nur einen einzigen Tangentialpunkt mit der Budgetgerade aufweist. Es muss sich also um das Güterbündel handeln, welches den Tangentialpunkt der höchsten erreichbaren Indifferenzkurve mit der Budgetgeraden darstellt.

In der Abbildung ist nur eine Indifferenzkurve abgebildet, nämlich diejenige aus der Schar von Indifferenzkurven, die in Punkt X einen Tangentialpunkt mit der Budgetgerade aufweist. Warum kennzeichnet diese Güterkombination X mit 4,50 Euro Rest und sieben Tassen Automatenkaffee die beste Nachfrageentscheidung, die Sie unter den durch die Form der Indifferenzkurve angenommenen Präferenzen verwirklichen können? Um sich klar zu machen, dass die Übereinstimmung von objektiver Tauschmöglichkeit und subjektiver Tauschbereitschaft das optimale Güterbündel determiniert, bewegen wir uns entlang der Indifferenzkurve und betrachten unterschiedliche Güterbündel, die alle denselben Nutzen stiften, jedoch bis auf Kombination X auf Grund der Budgetrestriktion nicht verwirklicht werden können.

Abb. 12: Im Optimum entspricht die GRS dem Preisverhältnis

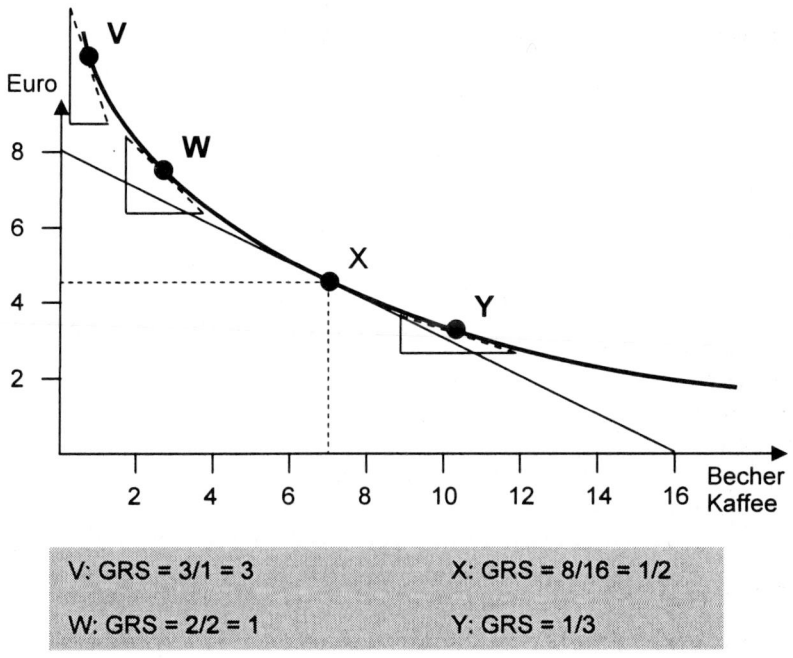

Das Güterbündel V stiftet einen bestimmten Nutzen. Es würde allerdings ein höheres Budget erfordern. Ausgehend von dem in diesem Punkt vorliegenden Güterbündel liegt die Tauschbereitschaft bei 3:1, d. h. das Individuum wäre bereit, für einen zusätzlichen Kaffee bis zu drei Euro aufzugeben. Tatsächlich kostet ein Kaffee aber nur 0,50 Euro. Die betreffende Person wird bereit sein, einige Kaffee mehr zu erwerben. Wechseln wir also zur Betrachtung der Güterkombination W. Diese Kombination würde allerdings noch immer ein höheres Budget erfordern als im Beispiel vorgegeben. Die Person ist gemäß der Steigung der Indifferenzkurve in diesem Punkt bereit, für eine zusätzliche Tasse Kaffee einen Euro zu zahlen. Objektiv müssen entsprechend des unveränderten Preisverhältnisses jedoch weiterhin nur 0,50 Euro gezahlt werden. Es lohnt sich also, weitere Kombinationen mit höherem Kaffeeanteil und geringerem Münzenanteil auszuprobieren. Mit der Kombination Y würde das Individuum jedoch eindeutig übertreiben. Zwar stiftet auch die Kombination Y den gleichen Nutzen wie die Güterkombinationen V und W, aber auch Kombination Y kann sich die Person nicht leisten. Tatsächlich wurde nun zuviel Kaffee in Erwägung gezogen, denn die Grenzrate der Substitution an der Stelle Y signalisiert, dass für einen zusätzlichen Kaffee nur auf 0,33 Euro verzichtet werden kann, wenn das Nutzenniveau gehalten werden soll. Tatsächlich müssten aber unverändert 0,50 Euro gezahlt werden.

Mit der Kombination X verwirklicht das Individuum ebenfalls das Nutzenniveau, welches mit den zu teuren Kombinationen V, W und Y erreicht würde. Die Güterkombination X mit 4,50 Euro und sieben Tassen Kaffee kostet jedoch exakt acht Euro und ist daher mit dem vorgegebenen Budget vereinbar. Dabei entspricht die subjektive Tauschbereitschaft des betrachteten Individuums an dieser Stelle genau dem umgekehrten Preisverhältnis: Es ist bereit, 0,50 Euro gegen einen Kaffee zu tauschen. Die optimale Nachfrage nach Automatenkaffee beträgt daher genau sieben Tassen.

Die Regel ist denkbar einfach: Fangen Sie an, Kaffee zu trinken. Überprüfen Sie jeweils ihre marginale Zahlungsbereitschaft für die nächste Tasse Kaffee anhand der Frage „Wie viel würde ich für die nächste Tasse zu zahlen bereit sein?" Solange Ihre subjektive Tauschbereitschaft größer ist, als der gemäß der objektiven Tauschmöglichkeit (= dem Preisverhältnis) zum Erhalt des Kaffees notwendige Zahlbetrag, können Sie Ihren Nutzen durch weiteren Kaffeekonsum steigern und sollten unbeirrt fortfahren. War allerdings Ihre Zahlungsbereitschaft eigentlich schon bei der letzten Tasse geringer als der Betrag, den Sie für die letzte Tasse tatsächlich zahlen mussten, so hätten Sie Ihren Nutzen erhöhen können, wenn Sie rechtzeitig vor der letzten Tasse gestoppt hätten. Ihr Nutzen ist dann maximal, wenn Ihre Zahlungsbereitschaft bei der letzten Tasse exakt der tatsächlich erforderlichen Zahlung entsprach und Ihnen die nächste Tasse den Preis „nicht wert" wäre. An dieser Stelle entsprechen sich subjektive Tauschbereitschaft und objektive Tauschmöglichkeit.

Dies entspricht dem Gedanken der Grenznutzenausgleichsregel bzw. des zweiten Gossenschen Gesetzes:[29] Ein Haushalt optimiert seine Nachfrage, wenn die Grenznutzen aller Güter geteilt durch ihren jeweiligen Preis übereinstimmen. Andernfalls ließe sich eine Umstrukturierung des Konsums vornehmen, bei der eine Ausgabenreduzierung für das eine Gut eine geringere Nutzeneinbuße erwarten ließe als eine entsprechende Ausgabenerhöhung bei dem anderen Gut Nutzenzuwachs versprechen würde. In Punkt V ist der Grenznutzen der letzten Tasse Kaffee noch sechsmal höher als der Grenznutzen der letzten verbliebenen 50-Cent-Münze. In Punkt W ist der Grenznutzen der letzten Tasse Kaffee noch doppelt so hoch wie der der letzten verbliebenen 50-Cent-Münze. In Punkt Y ist der Grenznutzen der letzten Tasse Kaffee bereits geringer als der Grenznutzen der letzten verbliebenen 50-Cent-Münze. Nur in Punkt X entsprechen sich der Grenznutzen der siebten Tasse Kaffee und der Grenznutzen der neunten 50-Cent-Münze. Hier ist der Grenznutzen in beiden Verwendungsformen der knappen Mittel gleich hoch und damit das Nachfrageoptimum des Haushalts erreicht.

7. Veränderungen der Parameter der individuellen Nachfrage

Die jeweils optimale individuelle Nachfrageentscheidung hängt also von den Präferenzen, dem Einkommen (Budget) und den Güterpreisen ab.

Präferenzen betrachten Ökonomen meistens als (zumindest kurzfristig) konstant. Nicht, weil Ökonomen tatsächlich glauben, dass sich Präferenzen nicht ändern oder das Präferenzen ab Geburt vorgegeben und unbeeinflussbar wären, sondern deshalb, weil das Studium von Präferenzveränderungen eher der Nachbarwissenschaft Psychologie zuzuordnen ist, während sich die Öko-

---

[29] Im Original: „Der Mensch, dem die Wahl zwischen mehren Genüssen freisteht, ... muss ... , um die Summe seines Genusses zum Größten zu bringen, bevor er auch nur den größten sich vollaus bereitet, sie alle teilweise bereiten, und zwar in einem solchen Verhältnis, dass die Größe eines Genusses in dem Augenblick, in welchem seine Bereitung abgebrochen wird, bei allen noch die gleiche bleibt."

nomik mit dem Restriktionsrahmen befasst, innerhalb dessen die Individuen gemäß ihrer Präferenzen agieren. Im vorliegenden Fall befassen sich Ökonomen also üblicherweise nicht mit Präferenzänderungen, sondern mit Änderungen des Einkommens oder der Preise.

7.1. Änderung der Nachfrage bei Einkommensänderung

Wie verändert sich die nachgefragte Menge bezüglich eines bestimmten Guts, wenn sich das Einkommen ändert? Zur grafischen Beantwortung dieser Frage werden verschiedene Budgetgeraden und die jeweiligen Tangentialpunkte der Indifferenzkurven im Zwei-Güter-Diagramm betrachtet. Üblicherweise wird man dabei an der Ordinate Euro-Beträge (als zusammengesetztes Gut) abtragen und auf der Abszisse die Mengen des zu untersuchenden Guts abbilden. Eine Verbindungslinie verschiedener Nachfrageoptima des betrachteten Haushalts im Zwei-Güter-Diagramm wird **Einkommens-Konsum-Kurve** genannt.[30]

Beachten Sie, dass es sich um ein Zwei-Güter-Diagramm handelt, auch wenn hier statt der abstrakten Bezeichnungen „Gut 1" als Achsenbezeichnung der Ordinate „Euro" steht. Auf der Ordinate wird die Anzahl übrig behaltener Euros abgetragen, die für den Kauf von allen anderen Gütern verwendet werden können (vgl. „zusammengesetztes Gut" Abschnitt II.3.1.).

Die Ergebnisse solcher Betrachtungen lassen eine Typisierung des Nachfrageverhaltens nach Gütern bei unterschiedlich hohen Einkommen in drei Kategorien zu: Man unterscheidet normale, superiore und inferiore Güter.

---

[30] Eine andere Art der Darstellung der Nachfragereaktion auf verschiedene Einkommenshöhen ist die so genannte Engel-Kurve, die durch ein Diagramm verläuft, bei dem verschiedene Einkommen auf der Abszisse und die korrespondierenden Nachfragemengen des betrachteten Gutes auf der Ordinate abgetragen werden. Die Engel-Kurve ist nach dem Statistiker Ernst **Engel** (1821 – 1896) benannt, der Mitte des 19. Jahrhunderts nachwies, dass die Ausgaben der allermeisten Haushalte für Nahrungsmittel zwar bei steigendem Einkommen zunehmen, der Anteil des Gesamteinkommens, der für Nahrungsmittel aufgewendet wird, jedoch zurück geht (die Ausgaben für Nahrungsmittel also unterproportional steigen). Diese empirisch gut untermauerte Beobachtung wird als „Engelsches Gesetz" bezeichnet. Der Anteil des Gesamteinkommens, den ein Haushalt für Nahrungsmittel ausgibt, ist der „Engel-Koeffizient". Ein niedriger Engel-Koeffizient ist ein Indikator hohen materiellen Wohlstands.

Abb. 13: Einkommens-Konsum-Kurve

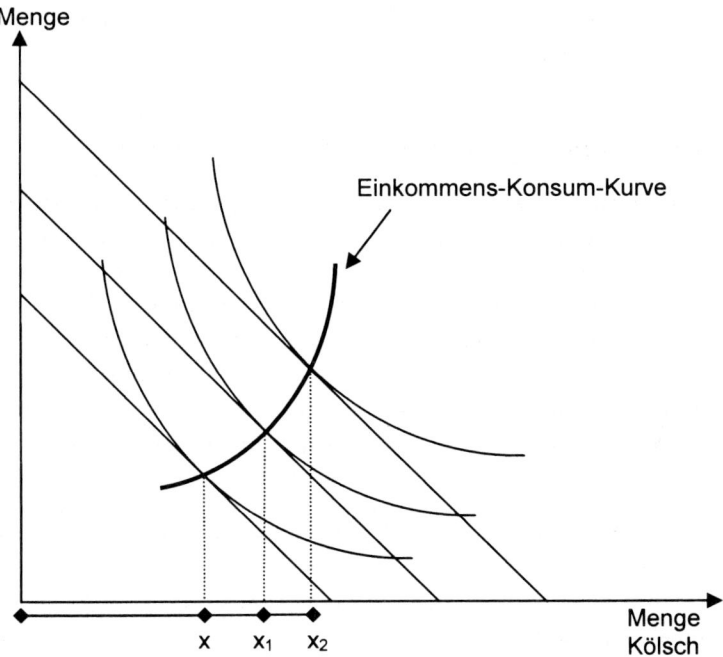

7.1.1. Normale Güter

Bei den so genannten **normalen Gütern** verändert sich die nachgefragte Menge in die gleiche Richtung wie das Einkommen. Bei höherem Einkommen werden mehr Einheiten eines normalen Guts nachgefragt. Die Ausdehnung des Konsums erfolgt jedoch maximal proportional zum Einkommensanstieg, d. h. der Anteil des Gesamteinkommens, der für das betrachtete Gut aufgewendet wird, sinkt oder bleibt gleich. Bei geringerem Einkommen fragen die Individuen weniger Einheiten des normalen Guts nach, die Einschränkung erfolgt jedoch ebenfalls maximal proportional zur Einkommenseinbuße, d. h. der Anteil der Ausgaben für das normale Gut am Gesamtbudget steigt oder bleibt gleich.[31] Normale Güter sind grob gesprochen alle Güter, die Sie nicht nur

---

[31]   Bei einem Anstieg des Einkommens um 10 Prozent wird der Konsum um maximal 10 Prozent ausgedehnt und umgekehrt. Ökonomen sprechen von einer **Einkommenselastizität** der Nachfrage zwischen Null und Eins.

notgedrungen, sondern wirklich nachfragen möchten und die zugleich keine ausgesprochenen Luxusgüter sind. Der Zusammenhang wird klarer, wenn man sich im Unterschied zu normalen Gütern die Effekte von Einkommensänderungen bei superioren und inferioren Gütern verdeutlicht.

7.1.2. Superiore Güter

Auch bei **superioren Gütern** verändert sich die nachgefragte Menge auf Grund von Einkommensänderungen in die gleiche Richtung wie das Einkommen selbst. Allerdings fragt ein Individuum von superioren Gütern bei steigendem Einkommen überproportional mehr nach bzw. reduziert den Konsum dieser Güter im Falle einer Einkommensminderung überproportional.[32] Damit geht einher, dass der Anteil der Ausgaben für ein superiores Gut am Gesamtbudget bei steigendem Einkommen zunimmt und bei sinkendem Einkommen abnimmt. Es handelt sich landläufig gesprochen um Luxusgüter. Beispielsweise könnte es wohl vorstellbar sein, dass viele Individuen ihre Konsumnachfrage nach Kaviar oder nach teuren Sammelobjekten bei steigendem Einkommen überproportional ausdehnen.

7.1.3. Inferiore Güter

Inferiore Güter sind hingegen Güter, bei denen sich die nachgefragte Menge gegenläufig zur Einkommensänderung verhält. Bei höherem Einkommen werden absolut (nicht nur relativ!) weniger Einheiten eines inferioren Guts nachgefragt, bei geringerem Einkommen fragen Individuen mehr Einheiten des inferioren Guts nach.[33] Inferiore Güter sind normalerweise „geringwertige" Güter, die bei steigendem Einkommen durch höherwertige Güter substituiert werden. In der Literatur findet sich häufig das Beispielsgüterpaar von Butter und Margarine. Dieses Beispiel stammt aus einer Zeit, als noch von „der guten Butter" geschwärmt wurde. Die dahinter stehende Vermutung lautet, dass Individuen Margarine aus Sparsamkeit und nicht auf Grund ihrer geschmacklichen Vorlieben oder Gesundheitserwägungen heraus konsumieren und liebend gerne durch Butter ersetzen würden. Solche Individuen würden bei steigendem Einkommen tendenziell immer mehr Butter statt Margarine verwenden, würden also Margarine durch Butter substituieren. Der Kon-

---

[32] Bei einem Einkommensanstieg um 10 Prozent wird der Konsum um mehr als 10 Prozent ausgedehnt; die Einkommenselastizität der Nachfrage ist größer als Eins.

[33] Die Einkommenselastizität der Nachfrage ist kleiner Null.

sum von Margarine nähme bei steigendem Einkommen ab, Margarine wäre ein inferiores Gut. Es finden sich tatsächlich viele inferiore Güter, z. B. Dosenravioli vom Supermarkt (– ersetzt durch die leckeren, frisch zubereiteten im Ristorante), geringwertige Unterwäsche (– ersetzt durch Designerware), kleine Gebrauchtwagen (– ersetzt durch neue Mittelklasseautos), Straßenbahntickets (– ersetzt durch Taxifahrten), etc.

Die Bezeichnungen sollten nicht darüber hinweg täuschen, dass es sich in Wahrheit nicht um bestimmte feste Eigenschaften der Güter selbst handelt, sondern um die Reaktion einzelner oder mehrerer Individuen mit bestimmten Präferenzen und in bestimmten Einkommenssituationen. Manche Güter können z. B. durchaus mit steigendem Einkommen für ein und dasselbe Individuum zunächst ein superiores, dann ein normales und später gar ein inferiores Gut sein. Und manche Güter sind für den einen ein inferiores Gut, welches bei steigendem Einkommen durch höherwertige Substitute ersetzt wird, während sie für den anderen über den gesamten Einkommensbereich hinweg als normales Gut auftreten. Güter sind also nicht an sich inferior, normal oder superior, sondern werden in Bezug auf einzelne oder mehrere Individuen in bestimmten Einkommensbereichen so bezeichnet, wenn diese Individuen auf Grund ihrer Präferenzen wie oben ihre Nachfrage nach diesen Gütern in Abhängigkeit des Einkommens variieren.

7.2. Änderung der Nachfrage bei Preisänderung

Und wie verändert sich die Nachfrage nach einem bestimmten Gut bei konstantem Einkommen, konstanten Preisen für alle anderen Güter, aber veränderten Preisen für das zu untersuchende Gut? Den unmittelbaren Zusammenhang zwischen den Preisen eines Guts und der von diesem Gut nachgefragten Menge bildet die **Nachfragekurve** in einem Preis-Mengen-Diagramm ab. Üblicherweise werden in einem solchen Diagramm der Preis des betrachteten Guts an der Ordinate und die Menge des Guts an der Abszisse abgetragen. Dabei korrespondiert die Nachfrage selbstverständlich unmittelbar mit den je nach Preis verschiedenen optimalen Nachfragemengen im Zwei-Güter-Diagramm (vgl. die Abbildung auf der nächsten Seite).

Zur grafischen Herleitung zeichnet man zunächst im Zwei-Güter-Diagramm verschiedene Budgetgeraden entsprechend der unterschiedlichen Preise für eines der Güter (in der Abbildung für Kölsch) und ermittelt die jeweils optimale Nachfragemenge als Tangentiallösungen dieser Budgetgeraden mit Indif-

ferenzkurven.[34] Wie oben wird auf der Ordinate die Anzahl der übrig behalte-
nen Euros abgetragen, keinesfalls der Preis eines Kölschs in Euro. Der unterschiedliche Preis eines Kölschs ist im oberen Diagramm nur implizit durch die
Steigung der Budgetgeraden enthalten. Abgebildet sind hier beispielhaft zwei
Budgetgeraden, die sich bei einem Budget von 30 Euro bei verschiedenen
Kölschpreisen (Preis je 0,2 Liter Kölsch) ergeben. Die Tangentialpunkte der
Indifferenzkurven an den jeweiligen Budgetgeraden ergeben durch Loten auf
die Abszisse (Kölsch-Mengenachse) die von dem betrachteten Individuum
beim jeweiligen Preis erwünschte Menge Kölsch-Konsum (x_1; x_2).

Die so ermittelten optimalen Nachfragemengen überträgt man anschließend
auf die Abszisse (Kölsch-Mengen-Achse) eines Preis-Mengen-Diagramms
(unterer Teil der Abbildung). An der Ordinate (Kölsch-Preis-Achse) des Preis-
Mengen-Diagramms notiert man die mit den unterschiedlichen Steigungen der
Budgetgeraden im Zwei-Güter-Diagramm korrespondierenden Preise.

Auf Grund der Achsenabschnitte im Zwei-Güter-Diagramm können Sie leicht
auf die zu Grunde liegenden Preise schließen: Die Budgetgerade, die bei einem Budget von 30 Euro maximal zehn Kölsch ermöglicht, steht für einen
Kölschpreis in Höhe von drei Euro. Die zweite Budgetgerade ermöglicht
30 Kölsch für 30 Euro und steht demnach für einen Kölschpreis von einem Euro.

Die Nachfragekurve ist nun die Verbindungslinie zwischen den jeweiligen
Preis-Mengen-Kombinationen. Sie erteilt unmittelbar Auskunft darüber, wie
sich die nachgefragte Menge nach einem Gut in Abhängigkeit des Preises
dieses Guts c. p.[35] verhält.

Eigentlich müssten sehr viele optimale Punkte für die unterschiedlichsten
Preise ermittelt werden, damit man den wahrscheinlichen Verlauf der individuellen Nachfrage abbilden kann. Tatsächlich wird die individuelle Nachfrage
nach einem Gut in den seltensten Fällen eine lineare Funktion sein und als
Gerade im Preis-Mengen-Diagramm liegen. Aus Vereinfachungsgründen

---

[34]   Eine (hier nicht eingezeichnete!) Verbindungslinie der verschiedenen Nachfrageoptima bei
       unterschiedlichen Preisen eines Gutes im Zwei-Güter-Diagramm wird **Preis-Konsum-**
       Kurve genannt.

[35]   c. p. = **ceteris paribus** = „alles andere unverändert". Konkret ist hier gemeint, dass sich
       die nachgefragte Menge nach Gut x in Abhängigkeit des Preises von Gut x so verhält wie
       durch die Nachfragekurve abgebildet, vorausgesetzt die Präferenzen, das Einkommen und
       alle anderen Preise bleiben unverändert.

werden Nachfragekurven in vielen Zusammenhängen, in denen es lediglich auf typische Verläufe ankommt, dennoch in dieser Weise dargestellt.

Abb. 14: Herleitung der Nachfragekurve

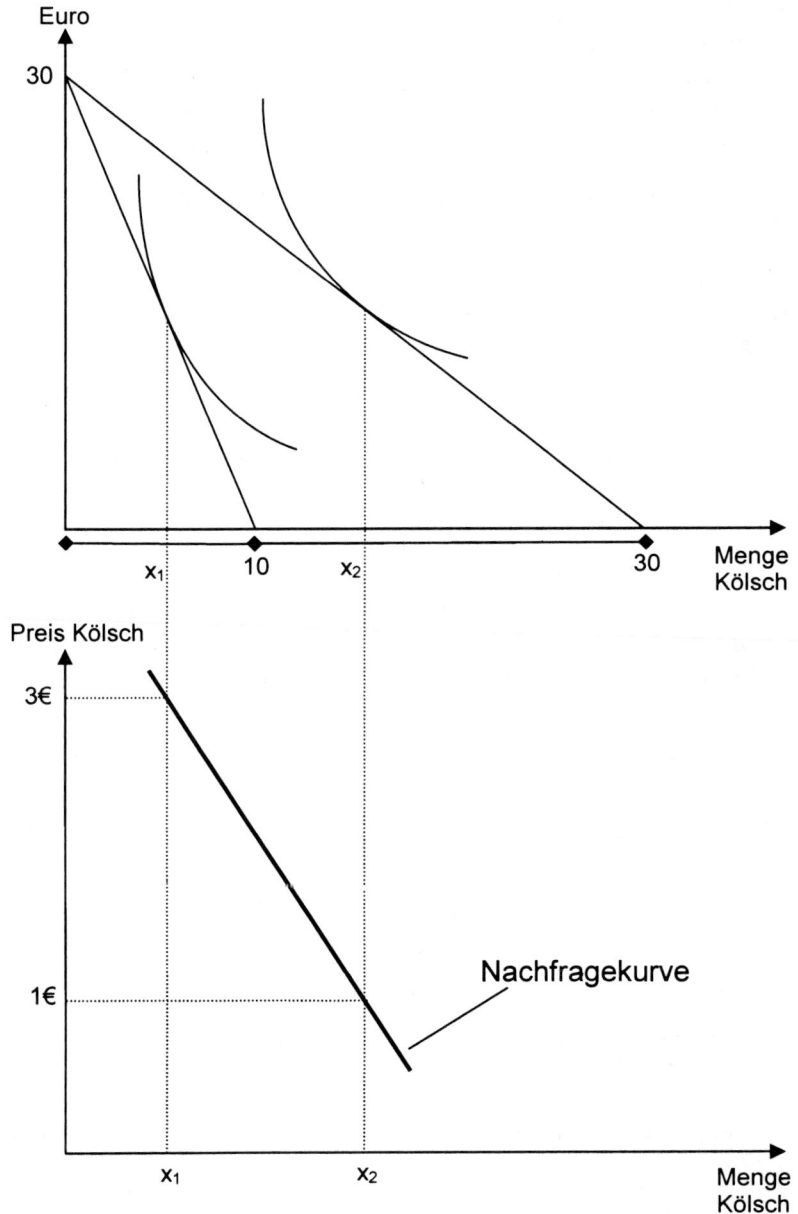

7.3. Substitutions- und Einkommenseffekt

Preisänderungen in der wirklichen Welt haben zwei gedanklich zu trennende Auswirkungen: Einerseits ändert sich meistens das Preisverhältnis zwischen den Gütern, was zu einer veränderten Steigung der Budgetgeraden führt (vgl. Abschnitt II.3.2.). Andererseits kommt es dadurch ebenfalls zu einer Veränderung der Kaufkraft des Budgets bzw. des Einkommens, was einer Lageveränderung der Budgetgeraden entspricht (vgl. Abschnitt II.3.2.).

Wahrscheinlich können Sie sich beispielsweise leicht vorstellen, der Benzinpreis würde steigen. Dies hat dann erstens zur Folge, dass Sie – egal wie hoch Ihr monatliches Budget ist – für jeden Liter Benzin mehr Euro ausgeben müssen, um eine Tankfüllung zu erhalten. Sie müssen also für jede Tankfüllung auf eine größere Menge der anderen Güter verzichten, die Sie üblicherweise sonst so erwerben. Die relativen Preise, d. h. die objektiven Tauschmöglichkeiten, also das Verhältnis, zu dem am Markt die Substitution von Benzin und anderen Gütern in Ihrem Warenkorb möglich ist, verändert sich. Diesen ersten Effekt nennt man **Substitutionseffekt**.

Analytisch ist davon zu trennen, dass Sie sich zweitens gleichzeitig trotz nominal unverändertem Monatsbudget insgesamt weniger leisten können. Es werden weniger Güterbündel aus Benzin und allem anderen mit Ihrer Budgetbeschränkung vereinbar sein. Der zweite Effekt, der sich auf die Wirkung dieser Kaufkraftveränderung des Budgets bzw. des Einkommens konzentriert, wird **Einkommenseffekt** genannt. Die Kaufkraft des Budgets (des vorhandenen und nominal unveränderten Einkommens) verändert sich bei einer Preisänderung ähnlich wie bei einer Einkommensänderung: Bei unveränderter Nachfragemenge nach einem Gut kann im Falle einer Preissenkung mehr von dem anderen Gut bzw. im Falle eines Preisanstiegs weniger von dem anderen Gut nachgefragt werden. Das nominal unveränderte Budget wird, ausgedrückt in Kaufkraft, mehr oder weniger „wert", das **Realeinkommen** ändert sich.

7.3.1. Der Substitutionseffekt

Für den Ökonomen ist es wichtig, Substitutions- und Einkommenseffekt genau bestimmen zu können, um Rückschlüsse auf den Gesamteffekt einer Preisänderung vornehmen zu können. Denn dieser ist nicht für alle Güter so eindeutig vorherzusagen, wie es auf den ersten Blick scheinen mag. Aus diesem Grund werden die Gesamteffekte in den Substitutions- und den Einkommenseffekt zerlegt.

Um den Substitutionseffekt isolieren zu können, betrachtet man ausschließlich die Nachfrageänderung, die auf Grund der geänderten relativen Preise erfolgt. Um den gleichzeitig erfolgenden Effekt der Kaufkraftveränderung auszuschließen, beobachtet man die Nachfrageänderung anhand eines **einkommenskompensierten Budgets** beim neuen Preisverhältnis. Gemeint ist damit, dass man gedanklich das Budget (Einkommen) des Individuums so verändert, dass es sich auch beim neuen Preisverhältnis genau das vor der Preisänderung optimale Güterbündel „leisten" kann. Das Realeinkommen wird hypothetisch konstant gehalten, so dass das ursprüngliche Güterbündel weiterhin auf der Budgetgeraden liegt, deren Steigung dem neuen Preisverhältnis entspricht. Im Falle eines Preisanstiegs muss dem Individuum also gedanklich soviel zusätzliches Einkommen gegeben werden, dass es sich trotz der Preisänderung immer noch das ursprüngliche Güterbündel leisten könnte. Im Falle einer Preissenkung, nimmt man dem Individuum umgekehrt gedanklich soviel Einkommen weg, dass es sich trotz der Preisänderung weiterhin nur das ursprüngliche Güterbündel leisten könnte.

Die einkommenskompensierte Budgetgerade entspricht demnach einer Budgetgeraden, die im Punkt der vor der Preisänderung optimalen Nachfrage gedreht ist.

In der Abbildung stellt die Gerade AB die ursprüngliche Budgetgerade, die Indifferenzkurve I_1 das ursprünglich maximal erreichbare Nutzenniveau und der entsprechende Tangentialpunkt Q das ursprüngliche optimale Güterbündel dar. Ein durch eine Preisänderung geändertes objektiv mögliches Tauschverhältnis bedeutet grafisch eine veränderte Steigung der Budgetgeraden. In der Abbildung wird beispielhaft eine Preissenkung für Gut x um 2/3 angenommen. Der Ordinatenabschnitt der Budgetgerade bleibt damit unverändert in A bestehen, der Abszissenabschnitt jedoch signalisiert in C, dass man zum neuen Preis die dreifache Menge von Gut x erwerben könnte, wenn das gesamte Budget für Gut x ausgegeben würde. Die tatsächliche neue Budgetgerade wird durch AC abgebildet.

Die einkommenskompensierte neue Budgetgerade erhält man, indem man die ursprüngliche Budgetgerade nicht im Ordinatenabschnitt entsprechend des neuen Preisverhältnisses dreht, sondern im ursprünglichen optimalen Güterbündel (dem ursprünglichen Tangentialpunkt Q).[36]

---

[36] Man verschiebt die neue Budgetgerade soweit parallel (eine Einkommensänderung entspricht einer Parallelverschiebung der Budgetgeraden – vgl. Abschnitt II.3.2.), bis sie genau durch den ursprünglichen Tangentialpunkt verläuft.

Abb. 15: Der Substitutionseffekt

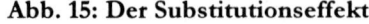

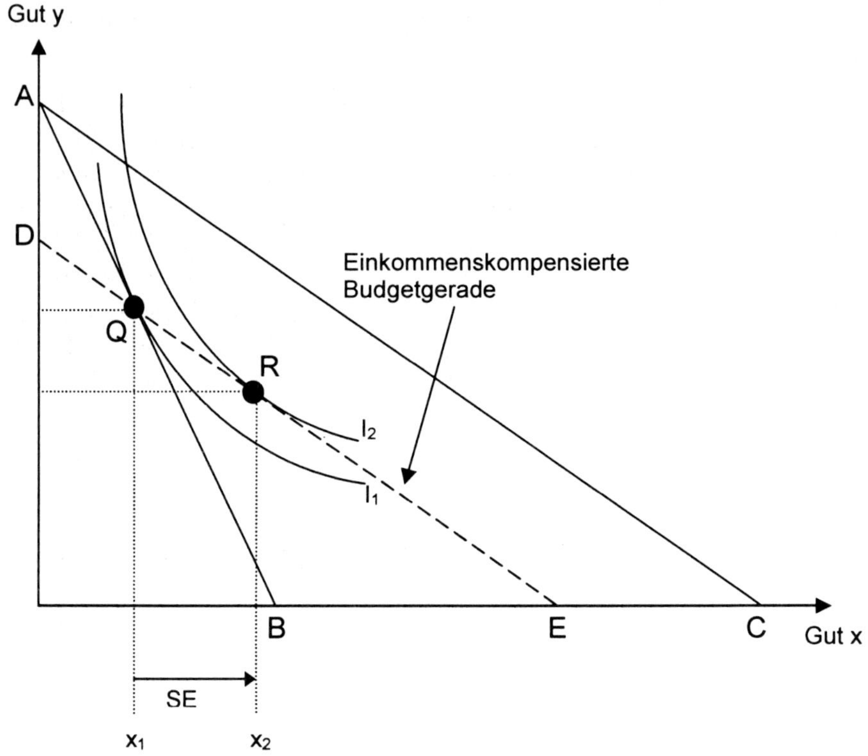

Die einkommenskompensierte Budgetgerade DE würde die hypothetische Situation kennzeichnen, in der sich zwar das Preisverhältnis der Güter x und y geändert hat, dies aber keine Kaufkraftveränderung bewirkt hätte.

Die Nachfrageveränderung auf Grund des Substitutionseffekts wird identifiziert, indem man durch Suche eines Tangentialpunktes (R) mit einer Indifferenzkurve (I_2) die optimale Nachfrageentscheidung unter den Bedingungen des einkommenskompensierten Budgets isoliert. Die Ausdehnung der Nachfrage bezüglich Gut x von x_1 auf x_2 (SE) ist alleine auf die Änderung der relativen Preise zurückzuführen. Auch die Nutzenänderung entsprechend des Wechsels von I_1 auf I_2 ist alleine auf die Änderung der relativen Preise, die Änderung des am Markt möglichen Tauschverhältnisses der beiden Güter, zurückzuführen.

Der Substitutionseffekt auf die nachgefragte Menge des Guts, dessen Preis sich geändert hat, ist stets eindeutig bestimmt: Die nachgefragte Menge des

Guts verändert sich immer in die entgegen gesetzte Richtung der Preisbewegung, d. h. bei einer Preissenkung bewirkt der Substitutionseffekt eine steigende Nachfragemenge, bei einem Preisanstieg bewirkt der Substitutionseffekt eine geringere Nachfragemenge.

Dass dies so sein muss, wird ersichtlich, wenn man folgendes bedenkt: Die bei einer Preissenkung auf der einkommenskompensierten neuen Budgetgerade liegenden Güterbündel mit geringerer Menge des betreffenden Guts (zwischen A und B im linken Teil der folgenden Abbildung) waren auch schon vor der Preisänderung erreichbar. Sie wurden aber eben nicht gegenüber A bevorzugt (der ursprüngliche Tangentialpunkt A stellte schließlich die optimale Nachfrageentscheidung dar). Da andererseits die einkommenskompensierte Budgetgerade mit der ursprünglichen Indifferenzkurve in A keinen Tangentialpunkt, sondern einen Schnittpunkt aufweist, existieren andere Güterbündel, die ein höheres Nutzenniveau versprechen.

Abb. 16: Eindeutige Richtung des Substitutionseffekts

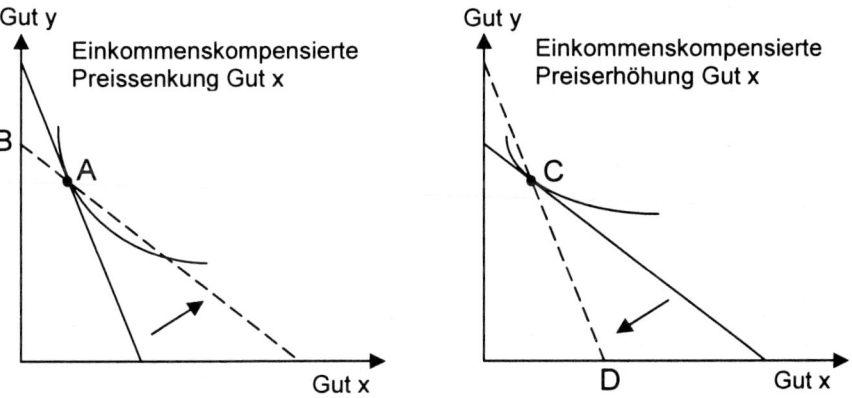

Analog waren bei einem Preisanstieg alle Güterbündel auf der einkommenskompensierten neuen Budgetgerade mit höherer Menge des betreffenden Guts (zwischen C und D im rechten Teil der Abbildung) möglich, aber nicht erwünscht (Güterbündel C war die optimale Nachfrageentscheidung). Würde eine Preisänderung also nur zur Änderung der Preisverhältnisse führen und keinen Effekt auf das Realeinkommen ausüben, dann könnte eindeutig gefolgert werden, dass eine Preissenkung immer zu einer Ausdehnung der Nachfrage nach dem betreffenden Gut führen würde, eine Preiserhöhung hingegen immer eine Reduzierung der Nachfrage nach dem betreffenden Gut zur Folge hätte.

7.3.2. Der Einkommenseffekt

Tatsächlich kommt aber bei Preisänderungen in der realen Welt gewöhnlich der Einkommenseffekt dazu. Und der Einkommenseffekt auf die nachgefragte Menge eines Guts ist im Gegensatz zum Substitutionseffekt nicht zu bestimmen, ohne sich über die Art des Guts im Klaren zu sein (vgl. Abschnitt II.7.1. zu normalen, superioren und inferioren Gütern).

Der Einkommenseffekt einer Preissenkung verursacht denselben Effekt wie eine Erhöhung des Einkommens (Budgets). Eine solche Einkommenserhöhung hat im Falle normaler und superiorer Güter den Effekt, dass die Nachfrage steigt. Im Falle inferiorer Güter hingegen bewirkt eine Einkommenssteigerung einen Rückgang der Nachfrage.

Wenn ein Preis steigt, entfaltet der Einkommenseffekt dieselbe Wirkung wie eine Verringerung des Einkommens. Eine Einkommenssenkung führt bei normalen und superioren Gütern zur Reduzierung der Nachfragemenge, bei inferioren Gütern hingegen zu einer Nachfrageausdehnung.

Um den Einkommenseffekt isolieren zu können, betrachtet man nur den Effekt der Preisänderung auf die Kaufkraft des Budgets, ohne den Effekt der veränderten Preisrelation. Dies ist nach Isolation des Substitutionseffektes einfach: Der Einkommenseffekt entspricht der Nachfrageänderung auf Grund der Parallelverschiebung von der einkommenskompensierten Budgetgeraden zur tatsächlichen neuen Budgetgeraden.

In der Abbildung (vgl. nächste Seite) entspricht die auf den Einkommenseffekt zurückzuführende Nachfrageänderung (EE) bezüglich des Guts x der Bewegung von x_2 auf x_3. Der Wechsel vom – bei veränderter Preisrelation aber hypothetisch kompensiertem Einkommen – optimalen Güterbündel R zum tatsächlichen neuen optimalen Güterbündel S ist alleine auf die veränderte Kaufkraft des Einkommens zurückzuführen, die durch die Parallelverschiebung der Budgetgeraden dargestellt ist. Die Nutzenänderung auf Grund des Einkommenseffektes entspricht dem Wechsel von I_2 auf I_3.

Abb. 17: Einkommenseffekt

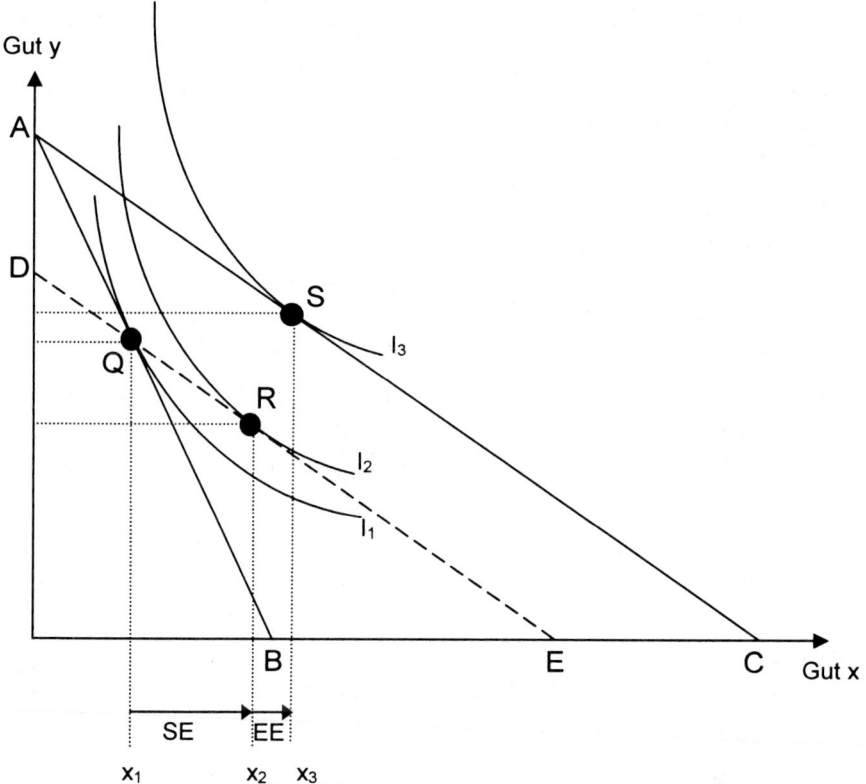

7.3.3.   Der Gesamteffekt

Der **Gesamteffekt einer Preisänderung** auf die nachgefragte Menge des betreffenden Guts setzt sich aus Substitutions- und Einkommenseffekt zusammen. Im Falle normaler und superiorer Güter wirken Substitutionseffekt und Einkommenseffekt in die selbe Richtung. Die Nachfrageänderung ist deshalb eindeutig bestimmt: Eine Preissenkung führt bei normalen und superioren Gütern sowohl auf Grund des Substitutionseffekts als auch auf Grund des Einkommenseffekts zu einer größeren Nachfrage nach dem betreffenden Gut. Bei einer Preissteigerung führen Substitutions- und Einkommenseffekt bei normalen und superioren Gütern beide zu einer Nachfrageeinschränkung.

Da der Einkommenseffekt im Falle inferiorer Güter dem Substitutionseffekt entgegen wirkt und es denkbar ist, dass der Einkommenseffekt den Substitutionseffekt überkompensiert, kann der Gesamteffekt im Falle inferiorer Güter nicht eindeutig vorhergesagt werden. Der Fall, dass der gegenläufige Einkommenseffekt den Substitutionseffekt überkompensiert und also eine Preissenkung zu einer reduzierten Nachfrage nach dem betrachteten Gut führt, eine Preiserhöhung hingegen zu einer steigenden Nachfrage, wird in der Literatur als Giffen-Fall oder **Giffen-Paradoxon** bezeichnet.[37] Eine Reduzierung des Preises für Brot könnte beispielsweise theoretisch mit einem Rückgang der Konsumnachfrage nach Brot einhergehen, falls Brot ein inferiores Gut ist und die Ersparnis beim Brotkonsum an den Werktagen auf Grund des reduzierten Preises beispielsweise den Konsum von Brötchen statt Brot am Wochenende ermöglicht. In diesem Sonderfall würde die Nachfragekurve im Preis-Mengen-Diagramm überraschenderweise von links unten nach rechts oben verlaufen.

Die typische Nachfragekurve, die Ökonomen im Preis-Mengen-Diagramm meist ohne zu zögern von links oben nach rechts unten einzeichnen, ist also nur unter folgender Annahme plausibel: Es handelt sich bei dem betrachteten Gut in der relevanten Situation um ein normales oder superiores Gut oder ein inferiores Gut weist zumindest nicht die Eigenschaft des Giffen-Paradoxons auf.

7.3.4.   Ein Zahlenbeispiel

Falls diese Überlegungen auf Grund des Abstraktionsgrades Schwierigkeiten bereiten, hilft vielleicht ein simples Zahlenbeispiel.[38] Stellen Sie sich vor, es ginge um die Nachfragereaktionen eines Kneipenbesuchers auf veränderte Kölsch-Preise. Das in der Ausgangssituation gegebene Budget der betrachteten Person sei 7,50 Euro. Eine Portion Salzstangen kostet 0,75 Euro, ein Glas Kölsch kostet 1,50 Euro. Das Individuum entscheidet sich für den Konsum von vier Gläsern Kölsch (4 x 1,50 € = 6,00 €) und zwei Portionen Salzstangen (2 x 0,75 € = 1,50 €). Wir gehen auf Grund der Annahme rationaler Nutzenmaximierung davon aus, dass diese Kombination die unter den gegebenen Umständen nutzenoptimale Entscheidung darstellt.[39]

---

[37]   Nach Robert **Giffen** (1837 – 1910), der diese theoretisch mögliche Anomalie der Nachfrage als erster beschrieb.

[38]   Nutzen Sie ruhig die Möglichkeit, anhand des Beispiels auszuprobieren, ob Sie die beschriebene Situation grafisch darstellen können.

[39]   Geld übrig zu behalten schließen wir für diese Betrachtung aus, wir befinden uns in einer Welt, die nur die Güter Kölsch und Salzstangen bereitstellt und abstrahieren von der Zeitdimension, es spielt also keine Rolle in welchem Zeitraum der Konsum erfolgt.

Nun sei angenommen, der Kölschpreis falle auf die Hälfte, d. h. sowohl eine Portion Salzstangen als auch ein Glas Kölsch kosten gleichermaßen 0,75 Euro.

Um den Substitutionseffekt zu isolieren, wollen wir beobachten, wie sich der Kneipenbesucher verhalten würde, wenn ein neues Preisverhältnis bestehen, die Kaufkraft des Budgets jedoch unverändert bleiben würde. Um dieses fiktive einkommenskompensierte Budget zu erhalten, nehmen wir dem Individuum hypothetisch genau den Eurobetrag ab, der dafür sorgt, dass sich der Kneipenbesucher auch bei den neuen Preisen genau das ursprünglich optimale Güterbündel leisten kann, ohne Geld übrig zu behalten. Grafisch entspricht dies der einkommenskompensierten Budgetgeraden mit neuer Steigung, die durch das ursprüngliche optimale Güterbündel hindurch geht. Bei den neuen Preisen kostet das ursprüngliche optimale Güterbündel nur noch 4,50 Euro (4 x 0,75 € = 3,00 € für Kölsch plus 2 x 0,75 € = 1,50 € für Salzstangen). Wir nehmen also dem Individuum 3 Euro ab und betrachten, für welches Güterbündel sich der Kneipenbesucher entscheidet, wenn sowohl Salzstangen als auch Kölsch jeweils 0,75 Euro kosten und sein Budget bei 4,50 Euro liegt.

Angenommen, das Individuum entscheidet sich nun für fünf Gläser Kölsch (= 3,75 €) und eine Portion Salzstangen (0,75 €), so folgern wir daraus, dass sich der Konsum von Kölsch alleine auf Grund des Substitutionseffektes, d. h. alleine auf Grund der Veränderung des Preisverhältnisses, um ein Kölsch erhöht. Auch die entsprechende Nutzenverbesserung ist alleine auf den Substitutionseffekt zurückzuführen.[40]

Offenbar ist dem Individuum nach vier Kölsch und einer Portion Salzstangen ein fünftes Glas Kölsch noch mehr wert als eine zweite Portion Salzstangen. Umgekehrt geschlossen: Offenbar ist dem Individuum nach vier Kölsch ein fünftes Glas Kölsch nicht wertvoller als die ersten zwei Portionen Salzstangen, denn dies wäre bereits in der Ausgangssituation der alten Preise möglich gewesen.

Versuchen Sie sich zu verdeutlichen, warum auf den vorhergehenden Seiten bereits abstrakt ausgeführt wurde, dass der Substitutionseffekt immer zu einer Ausdehnung des Konsums des billiger gewordenen Guts führt: Eine Kombination von z. B. drei Kölsch und drei Portionen Salzstangen bei einem Budget von 4,50 Euro und gleichen Preisen für beide Güter in Höhe von jeweils

---

[40]   Es muss sich um eine Nutzenverbesserung handeln, sonst würde das Individuum nicht eine Portion Salzstangen gegen ein Kölsch tauschen.

0,75 Euro wäre zwar erreichbar. Sie würde jedoch im Widerspruch zur ursprünglichen Wahl stehen, denn diese Kombination war auch bei den alten
Preisen und dem alten Budget möglich, wurde aber offenbar als weniger wertvoll betrachtet als vier Kölsch und zwei Portionen Salzstangen. Eine solche
logische Inkonsistenz der Entscheidungen wäre im Widerspruch mit den Annahmen des rationalen Verhaltens als Nutzenmaximierer. Denkbar wäre jedoch, ohne jeden logischen Widerspruch, eine noch größere Ausdehnung des
Kölschkonsums zu Lasten der Salzstangen-Nachfrage (Sechs Kölsch, keine
Salzstangen): Dem Individuum wäre in diesem Fall auch nach fünf Kölsch ein
weiteres Kölsch noch immer lieber als eine Portion Knabberei. Im Beispiel
ebenfalls denkbar ist die Beibehaltung des ursprünglichen Bündels von vier
Kölsch und zwei Portionen Salzstangen. Letzteres würde bedeuten, dass dem
Individuum bereits nach vier Kölsch ein fünftes weniger wert ist als eine
zweite Portion Salzstangen. [41]

Um im nächsten Schritt festzustellen, welche Konsum- und Nutzenveränderung alleine der Einkommenseffekt auslöst, geben wir dem Individuum die
zuvor entzogene Kaufkraft wieder zurück und beobachten die Veränderung
dieser Budgeterhöhung. Angenommen, das Individuum erwirbt im Falle der
neuen Preise von jeweils 0,75 Euro, aber bei Verfügbarkeit von 7,50 Euro
Budget, nun acht Kölsch und zwei Packungen Salzstangen. Diese Konsumausweitung von Kölsch um drei Gläser und die entsprechende Nutzensteigerung bei acht Gläsern Kölsch und zwei Portionen Salzstangen gegenüber dem
Konsum von fünf Kölsch und einer Portion Salzstangen geht alleine auf den
Einkommenseffekt zurück.

---

[41]   In scheinbaren Widerspruch zur abstrakten Aussage der Konsumausweitung des billiger
       gewordenen Gutes stünde diese Entscheidung nur auf Grund der im Beispiel vorhandenen
       Unteilbarkeit. Würde der Barkeeper auch Zehntel Kölsch und Zehntel Salzstangen verkau-
       fen, würde sich das Individuum vielleicht für 4,3 Kölsch und 1,7 Portionen Salzstangen
       entscheiden…

8. Von der individuellen Nachfrage zur Marktnachfrage

Häufiger als die individuelle Nachfragekurve wird das Konzept der Marktnachfragekurve verwendet. Die Marktnachfragekurve beschreibt die Beziehung zwischen den Preisen eines bestimmten Guts und der zu diesen Preisen
jeweils insgesamt nachgefragten Menge dieses Guts. Theoretisch gewinnt man
die Marktnachfragekurve aus der **Aggregation**, d. h. der Zusammenfassung, der
individuellen Nachfragekurven sämtlicher zum relevanten Markt gehöriger
Nachfrager. Nehmen wir also an, die individuellen Nachfragekurven von
Matilda und Frieda nach Schokoriegeln seien durch Beobachtung oder
Befragung ermittelt worden. Dabei lassen sich die in der folgenden Tabelle
angegebenen Nachfragemengen der beiden bei unterschiedlichen Preisen
selbstverständlich wiederum jeweils so verstehen, dass sie in Zwei-Güter-
Diagrammen als Tangentialpunkte an gedrehten Budgetgeraden dargestellt
werden könnten. Aus den so gewonnenen Nachfrageplänen bei verschiedenen
Preisen kann man zunächst die individuellen Nachfragekurven für Matilda
und Frieda in einem Preis-Mengen-Diagramm abtragen.

Um die Nachfragekurve des Marktes abzubilden, addiert man bei Gütern wie
Schokoriegeln die individuellen Nachfragekurven horizontal auf, d. h. man
ermittelt bei jedem Preis die Summe der individuellen Nachfragemengen.
Matilda würde z. B. bei einem Preis von 1,25 Euro pro Schokoriegel zwei
Stück nachfragen, Frieda hingegen vier Stück. Die Marktnachfrage bei einem
Preis von 1,25 Euro beträgt dann sechs Stück.

Tab. 3: Individuelle Nachfrage und Marktnachfrage

Preis Schokoriegel	Matildas Nachfrage	Friedas Nachfrage	Marktnachfrage
0,25 €	6	12	18
0,50 €	5	10	15
0,75 €	4	8	12
1,00 €	3	6	9
1,25 €	2	4	6
1,50 €	1	2	3

Abb. 18: Marktnachfrage

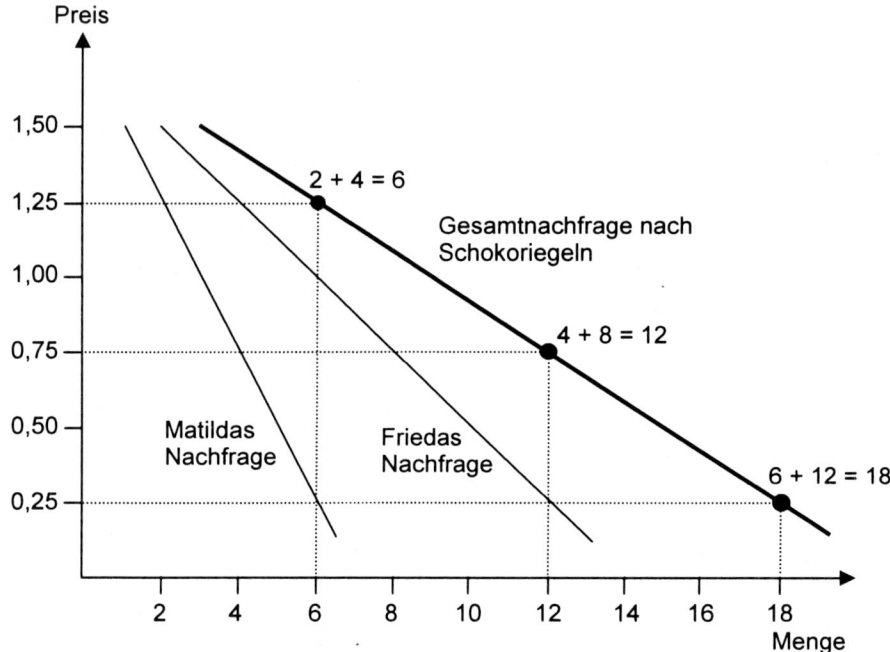

Praktisch geht dies natürlich in den allermeisten Fällen nicht, da wir normalerweise nicht über solche empirisch erhobenen individuellen Nachfragefunktionen verfügen. Somit wird auch das Konstrukt der Marktnachfrage zumeist lediglich abstrakt beispielhaft verwendet.

Andererseits: Die Marktnachfrage entspricht aus Sicht der Anbieter am Markt der so genannten Preis-Absatz-Funktion und beschreibt den Zusammenhang zwischen Marktpreis eines Guts und der zu diesem Preis absetzbaren Menge dieses Guts. Dieser Zusammenhang wird manchmal tatsächlich beobachtbar sein, so dass ab und an für die Marktnachfrage doch zumindest annäherungsweise empirisch gewonnene Wertekombinationen Verwendung finden. Zwar lassen sich die Werte der Marktnachfrage dann nicht Individuen zuschreiben, aber vielleicht verfügt der „Verband der Schokoriegelhersteller" über eine relativ verlässliche Preis-Absatz-Funktion, die Auskunft über die Gesamtnachfrage nach Schokoriegeln bei unterschiedlichen Preisen erteilt.

9.　Das individuelle Arbeitsangebot der Haushalte

Nachdem wir die Konsumentscheidungen der Haushalte bezüglich der im Unternehmenssektor hergestellten Güter und Dienstleistungen betrachtet haben, wenden wir uns nun der Vollständigkeit halber kurz der Angebotsentscheidung der Haushalte bezüglich ihrer Arbeitskraft zu. Die **Arbeitsangebotsentscheidung** hängt in der einfachen ökonomischen Modellbildung sehr eng mit der Konsumentscheidung nach Gütern und Dienstleistungen zusammen. Individuen bieten ihre Arbeitskraft und ihre Fähigkeiten an,[42] um Einkommen zu erzielen, welches ihnen Konsummöglichkeiten erschließt. Die Individuen versuchen dabei unverändert ihren Nutzen zu maximieren. Positive Auswirkungen auf die Nutzenempfindung haben im einfachen Arbeitsangebotsmodell der Konsum von Gütern und der Konsum von Freizeit. Um den Güterkonsum finanzieren zu können, müssen Individuen Arbeitseinkommen erzielen, also auf Freizeit verzichten[43]. Die Arbeitsangebotsentscheidung ist die Frage nach der optimalen Menge Zeit, die ein Arbeitnehmer dem Arbeitgeber zur Verfügung stellen sollte, wenn er bei gegebenen Preisen und gegebenen Präferenzen bezüglich anderen Zeitverwendungsformen und Güter-Konsummöglichkeiten seinen Nutzen zu maximieren versucht.

Man spricht bei den Preisen für die Zeit, die Erwerbspersonen den Arbeitgebern vertraglich zusichern („Arbeitszeit"), von „Löhnen". Alle Zeitverwendungsformen, bei denen nicht Zeit als Arbeitszeit gegen Lohn- oder Gehaltszahlung verkauft wird, werden unter dem Begriff Freizeit subsumiert. Es spielt dabei keine Rolle, ob es um Hobby, Schlafen, Essen, Familienzeit etc. geht

---

[42]　Arbeitnehmer bieten dem Arbeitgeber nicht nur die begrenzte Verfügungsgewalt über Ihre Zeit an, sondern wuchern mit ihrem **Humankapital**. Humankapital wird in der VWL definiert als die Fähigkeiten und Fertigkeiten sowie das Wissen, das in Personen verkörpert ist und das durch Ausbildung, Weiterbildung und Erfahrung erworben werden kann. Die Gesellschaft für deutsche Sprache e.V. hat den Begriff Humankapital zum Unwort des Jahres 2004 gewählt. Das Wort degradiere nicht nur Arbeitskräfte in Betrieben, sondern Menschen überhaupt "zu nur noch ökonomisch interessanten Größen". Ökonomen sehen das umgekehrt: Die Betonung der dem Einzelnen eigenen Fähigkeiten und Kenntnisse degradiert den einzelnen Arbeitnehmer nicht, sondern wertet ihn auf. Zum einen betont die Erkenntnis des Humankapitals die Wichtigkeit von Bildung und auch Motivation der Arbeitnehmer im Produktionsprozess, zum anderen zeigt der Begriff, dass die Unternehmer (Besitzer von Real-Kapital) auf die Arbeitnehmer (Besitzer von Fähigkeiten, Wissen und Erfahrung) ebenso angewiesen sind, wie umgekehrt. Humankapital macht den auf den ersten Blick mittellosen Arbeitnehmer zum Kapitalisten, der sein hoffentlich dringend benötigtes Wissen und seine im Produktionsprozess benötigten Fähigkeiten anbietet, die ihm niemand nehmen kann, ohne ihm etwas zum Tausch anzubieten.

[43]　Im einfachsten Grundmodell wird sowohl von Vermögen und Ersparnis als auch von Steuern und Transfers abstrahiert.

oder um eventuell als Pflichten empfundene Aktivitäten wie die Pflege von Angehörigen oder gesellschaftliches Engagement in Ehrenämtern.[44]

Die Arbeitsangebotsentscheidung konstruieren Ökonomen analog zum Analyse-Gerüst bei der Konsumnachfrage nach Gütern und Dienstleistungen. Das zur Verfügung stehende Budget besteht in der verfügbaren Zeit, die als Arbeitszeit oder als Freizeit verwendet werden kann. Den Analyserahmen in der folgenden Abbildung bildet das so genannte Einkommen-Freizeit-Modell. Es handelt sich dabei im Grunde um ein Zwei-Güter-Modell; die knappe Ressource Zeit wird aufgeteilt in Zeit zum Einkommenserwerb und Freizeit.

Abb. 19: Optimales Arbeitsangebot

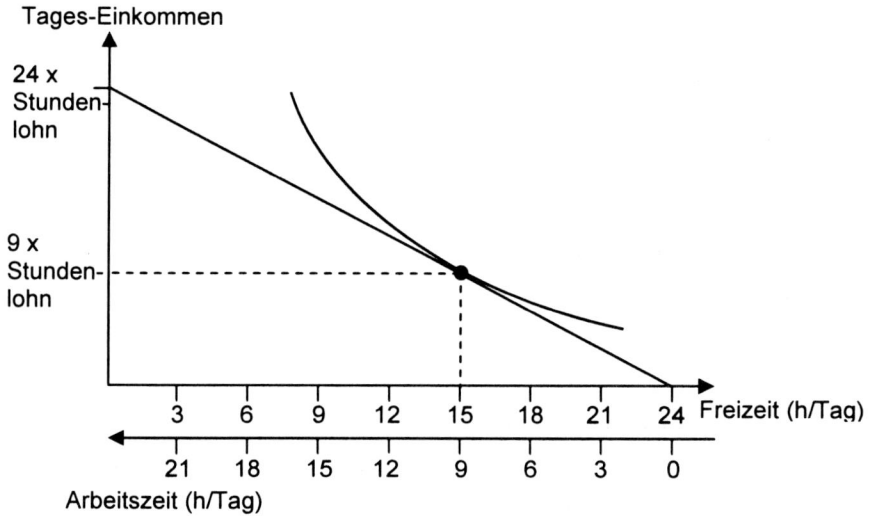

Da der Arbeitszeit keine eigenständige Nutzenstiftung zugeschrieben wird, sondern die modellierten Personen lediglich eine Stunde Arbeitszeit gegen die Zahlung des Stundenlohnes eintauschen, wird an der Ordinate direkt die mit der Arbeitszeit korrespondierende Einkommenshöhe abgetragen. Auf der

---

[44]   In manchen Modelldarstellungen wird nur die Zeit nach Abzug der physisch notwendigen Schlafens- und Essenszeit optimal auf Arbeitszeit und Freizeit verteilt. In diesen Modellen verfügt dann der Mensch beispielsweise nur über 16 oder 18 Stunden pro Tag, statt über 24. Das tut aber nichts zur Sache und führt zu keinerlei anderen Ergebnissen in der Modellbetrachtung als wenn man bei 24 Stunden zu verteilender Zeit eben 6 bis 8 Stunden „Freizeit" für Schlafen und Essen aufwendet.

Abszisse liest man die Freizeit ab, also den Anteil der insgesamt verfügbaren Zeit, die nicht als Arbeitszeit zur Einkommenserzielung aufgewendet wird.

Im so entstehenden Zwei-Güter-Diagramm entspricht der Preis einer Stunde Freizeit dem entgangenen Stundenlohn (Opportunitätskosten!), die Steigung der Budgetgeraden gibt mithin den Stundenlohnsatz an.

Wie auch in den bereits bekannten Zwei-Güter-Diagrammen zur Konsument-scheidung bedeutet der Abszissenabschnitt die vollständige Verwendung der verfügbaren Zeit für Freizeit (Angebotsmenge Arbeit = Null) und korrespondiert deshalb mit einer Höhe des Tageseinkommens in Höhe von Null. Umgekehrt resultiert bei zunehmendem Verzicht auf Freizeit eine immer höhere Einkommenssumme. Jede Stunde Freizeitverzicht (= Arbeitsangebot) erhöht das erreichbare Einkommen um den Stundenlohnsatz.

Auf der Abszisse ist von links nach rechts eine zunehmende Menge an Freizeit abgetragen. Deshalb kann die optimale Arbeitszeit des Individuums, die gemäß des Tangentialpunktes der höchsten erreichbaren Indifferenzkurve mit der Budgetgeraden ermittelt wird, nur umgekehrt, also von rechts nach links abgelesen werden. In der Grafik liegt das optimale Arbeitsangebot des betrachteten Individuums also bei neun Stunden pro Tag, das korrespondierende tägliche Einkommen entspricht dem Produkt von neun Stunden Arbeitszeit und dem Stundenlohn.

9.1. Die individuelle Arbeitsangebotskurve

So wie die Konsumgüternachfrage aus den optimalen Nachfrageentscheidungen bei unterschiedlichen Preisen konstruiert wird, ermittelt man die individuelle Arbeitsangebotskurve theoretisch aus dem optimalen Arbeitszeitangebot bei unterschiedlichen Lohnsätzen. Dabei leuchtet zunächst ein, dass bei steigendem Lohnsatz eine Stunde Freizeit gemessen im entgangenen Einkommen immer teurer wird und so in vielen Fällen mit einer Ausdehnung des Arbeitsangebots bei höherem Lohn gerechnet werden kann. Oder umgekehrt formuliert: Einem Arbeitnehmer, der bereits sehr viel arbeitet, wird seine verbliebene Freizeit relativ wertvoll sein und er wird sich jede zusätzliche Stunde Arbeitszeit tendenziell immer höher entgelten lassen. Diese Mustervorhersage entspricht der Einschätzung, dass es sich bei Freizeit für die meisten Menschen um ein normales oder ein superiores Gut handelt und nicht etwa um ein inferiores Gut, dessen Konsum bei steigenden Preisen ausgedehnt würde.

9.1.1.   Ein zusätzlicher Einkommenseffekt

Allerdings führt bereits die intuitive Überlegung dazu, diese Mustervorhersage nicht unbezweifelt zu lassen: Könnte ich nicht durchaus mein bei höherem Stundenlohnsatz zusätzliches Einkommen für zusätzlichen Freizeitkonsum aufwenden wollen? Doch, könnte ich. Obwohl es sich bei Freizeit um ein normales oder superiores Gut handelt, ist der Effekt einer Lohnsatzänderung (Preisänderung) auf die Nachfrage nicht eindeutig bestimmt. Zur Erinnerung: Wir hatten in Abschnitt II.7.3. ausgeführt, dass sowohl der Substitutions- als auch der Einkommenseffekt bei normalen und superioren Gütern bei einer Preissteigerung zur Einschränkung der Nachfrage führen. Dabei gestaltete sich der Einkommenseffekt bei einer Preissteigerung ähnlich wie im Falle einer Minderung des Budgets. Im vorliegenden Fall findet aber trotz der Preissteigerung für Freizeit eben gerade keine Einschränkung des Budgets statt. Vielmehr wird eine Person, deren Lohnsatz steigt, nicht nur mit einer Änderung der relativen Preise (Freizeit wird im Verhältnis zu einem Bündel sonstiger Konsumgüter teurer) sondern gleichzeitig auch mit einer Erhöhung des Einkommens konfrontiert. Eine Veränderung des Lohnsatzes bewirkt also einen zusätzlichen Einkommenseffekt[45], der dem Substitutionseffekt entgegen läuft. Sie können sich dies in der folgenden Abbildung vergegenwärtigen.

Normalerweise führt eine Preiserhöhung eines Guts zu einer veränderten Steigung der Budgetgeraden und einer eingeschränkten Menge der erreichbaren Güterbündel. Bei Veränderung nur eines Preises, wird die Budgetgerade im Achsenabschnitt des Guts, bei dem sich der Preis nicht geändert hat, nach innen gedreht. Bei unverändertem Nominaleinkommen kann von dem Gut, bei dem sich der Preis nicht geändert hat, maximal noch genauso viel nachgefragt werden wie vorher. Von dem Gut, dessen Preis gestiegen ist, kann hingegen weniger nachgefragt werden. Im Fall der Lohnsteigerung verhält es sich auf Grund des zusätzlichen Einkommenseffektes genau umgekehrt. Die Steigung der Budgetgeraden ändert sich entsprechend des neuen Preisverhältnisses, allerdings vergrößert sich die Menge der erreichbaren Konsumbündel. Denn der maximale Freizeitkonsum bleibt unverändert, aber die maximal erreichbare Einkommenshöhe und damit die maximal erreichbare Menge der mit dem Geld erreichbaren Konsumbündel an Gütern, dehnen sich aus. Die Budgetgerade im Einkommens-Freizeit-Modell dreht sich also im Abszissenabschnitt.

---

[45]   In der Literatur wird manchmal von einem „Ausstattungs-Einkommenseffekt" gesprochen.

Abb.: 20: Veränderte Freizeitnachfrage bei Lohnsatzänderungen

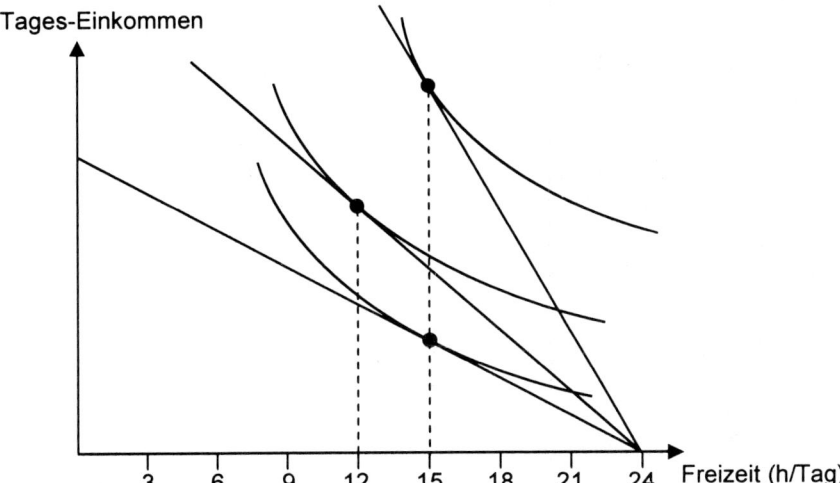

Je nachdem, wie stark der zusätzliche Einkommenseffekt ausfällt, kann eine Veränderung des Lohnsatzes zu einer Ausdehnung oder einer Einschränkung des individuellen Arbeitsangebots führen. Dabei ist eine Einschränkung des Arbeitsangebots bei steigenden Löhnen umso wahrscheinlicher, je höher die bereits vor der Lohnsteigerung gewählte Arbeitszeit ist. Denn die Einkommenssteigerung auf Grund einer Lohnsatzerhöhung fällt proportional zur Arbeitszeit aus.

9.1.2.   Die inverse Arbeitsangebotskurve

Sofern es auf Grund des zusätzlichen Einkommenseffektes zu einer Arbeitsangebotseinschränkung bei höheren Löhnen kommt, führt dies zu einer in höheren Lohnbereichen **inversen Arbeitsangebotskurve**. Der Anteil der Bürger, die sich in diesem oberen atypischen Bereich der Angebotskurve befinden, hält sich selbst in so wohlhabenden Ländern wie Deutschland in überschaubaren Grenzen. Dennoch ist es sicher nicht abwegig, solche Reaktionen beispielsweise für besonders erfolgreiche Showgrößen zu unterstellen, die schon mit wenigen Auftritten ein weit überdurchschnittliches Einkommen erzielen.[46]

---

[46]   Denken Sie beispielsweise an Harald Schmidts Entscheidung, nach seiner „Kreativpause" lieber nur noch zwei Auftritte von jeweils 30 Minuten pro Woche anzubieten.

Solche Menschen könnten nach Bestellung des dritten Luxus-Sportwagens und Kauf des dritten Ferienhauses beschließen, als weiteren Luxus ihren Freizeitkonsum auszudehnen.

Umgekehrt kann es in bestimmten Situationen und in einem relativ niedrigen Lohnbereich für mittellose Arbeitnehmer dazu kommen, dass sie bei sinkenden Löhnen, also sinkenden Kosten für Freizeit, dennoch auf immer mehr Freizeit verzichten und ihr Arbeitsangebot ausdehnen. Stellen Sie sich vor, einem Arbeitnehmer ohne Vermögen, ohne Verschuldungsmöglichkeit und ohne Transferanspruch ermögliche sein Arbeitseinkommen bei einem 8-Stunden-Arbeitstag gerade die zum Lebensunterhalt notwendige Einkommenshöhe. Dieser Arbeitnehmer wird sein Arbeitsangebot ausweiten müssen, wenn der Lohnsatz fällt. Er wird bei niedrigerem Stundenlohn mehr Arbeitszeit anbieten, damit er die erforderliche Einkommenshöhe weiterhin erreichen kann.

Abb. 21: Arbeitsangebotskurve

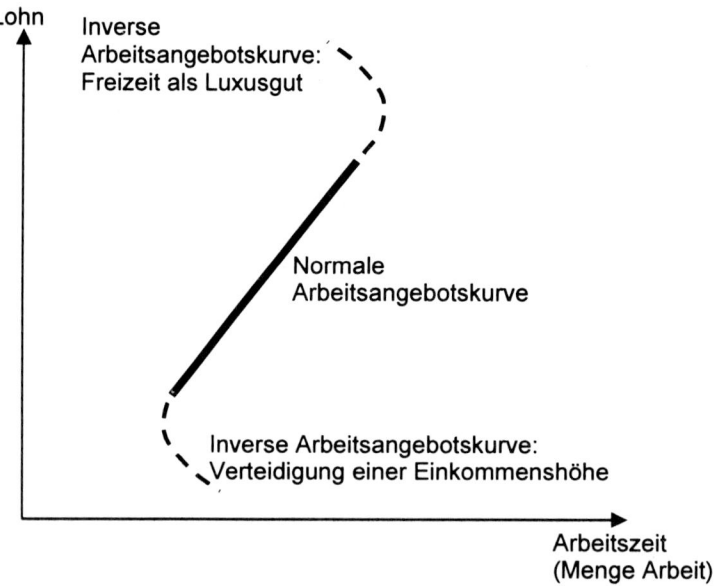

Diese Anomalie des Arbeitsangebots ist allerdings längerfristig nur bei einem Einkommen denkbar, das am Existenzminimum liegt und nur, wenn dieses Existenzminimum nicht anders als durch weitere Ausdehnung der Arbeitszeit sichergestellt werden kann. Die historische Situation des mittellosen, schutzlosen und hochgradig abhängigen Industrieproletariats im 19. Jahrhundert, welches trotz eines 12-Stunden-Arbeitstages unter heute kaum vorstellbaren Bedingungen häufig durch Unterernährung geprägt war, bildet den Hintergrund dieser theoretischen Konstruktion der anomalen Arbeitsangebotsreaktion. Die Existenz einer unbedingten sozialen Mindestsicherung, wie sie etwa in Deutschland in Form des Sozialgeldes, der Sozialhilfe bzw. des steuerfinanzierten „Arbeitslosengeldes II" besteht, schließt eine solche anomale Reaktion des Arbeitsangebots aus.

Natürlich ist es auch oberhalb des Existenzsicherungsniveaus vorstellbar, dass ein Arbeitnehmer kurzfristig durch Mehrarbeit versucht, ein bestimmtes einmal erreichtes Einkommensniveau trotz sinkender Zeitlöhne zu halten. Dies könnte beispielsweise der Fall sein, wenn bestehende Verträge für die Ablösung einer Hypothek auf das Eigenheim, Leasingraten für das Familienauto und Beiträge zur Lebensversicherung nicht ohne weiteres von heute auf morgen geändert werden können. Mittel- und langfristig würde sich ein rational handelndes Individuum aber den Umständen des neuen Lohnsatzes anpassen und seine Konsumgewohnheiten ändern. Gegebenenfalls müssen das Haus und das Auto verkauft bzw. die Lebensversicherung gekündigt werden, solange Freizeit einen höheren Grenznutzen stiftet als der andernfalls erreichbare Zusatzkonsum an Gütern und Dienstleistungen. Und dies ist ja im unteren inversen Zweig des Arbeitsangebots impliziert: Ein Individuum, welches sich in diesem Bereich befände, würde seine Arbeitszeit bei steigenden Löhnen einschränken. Der Grenznutzen einer zusätzlichen Stunde Freizeit ist höher als der Grenznutzen des Zusatzkonsums, der durch einen Stundenlohn möglich wäre. Ein dauerhaft erhöhtes Arbeitsangebot bei niedrigeren Löhnen ist also nur denkbar, wenn tatsächlich im Wortsinne „keine Wahl" besteht. Eine solche Situation, in der ein Individuum dauerhaft keine Wahl hat, ob es Güter konsumieren möchte oder nicht, also gezwungen ist, den Güterkonsum „um jeden Preis" zu ermöglichen, liegt wohl in erster Linie vor, wenn der Lebensunterhalt der betrachteten Person und seiner Angehörigen nicht anderweitig sicher gestellt ist.

10. Das aggregierte Gesamtangebot auf dem Arbeitsmarkt

Häufig geht es weniger um das individuelle Arbeitsangebot als um das Gesamtangebot am Arbeitsmarkt. Die Aggregation der individuellen Arbeitsangebote zum Marktangebot erfolgt wiederum analog zur Aggregation der Marktnachfrage nach Konsumgütern: Die individuellen Angebotskurven werden horizontal aufaddiert, man ermittelt die Summe der jeweils zu einem

Lohnsatz angebotenen Arbeitszeit. Da diese Gesamtangebotskurve am Arbeitsmarkt kaum von individuell möglichen atypischen Angebotsreaktionen einzelner Gesellschaftsmitglieder beeinflusst wird, wird sie in ökonomischen Modellen meist von links unten nach rechts oben ansteigend dargestellt.[47]

Abb. 22: Aggregiertes Gesamtangebot auf dem Arbeitsmarkt

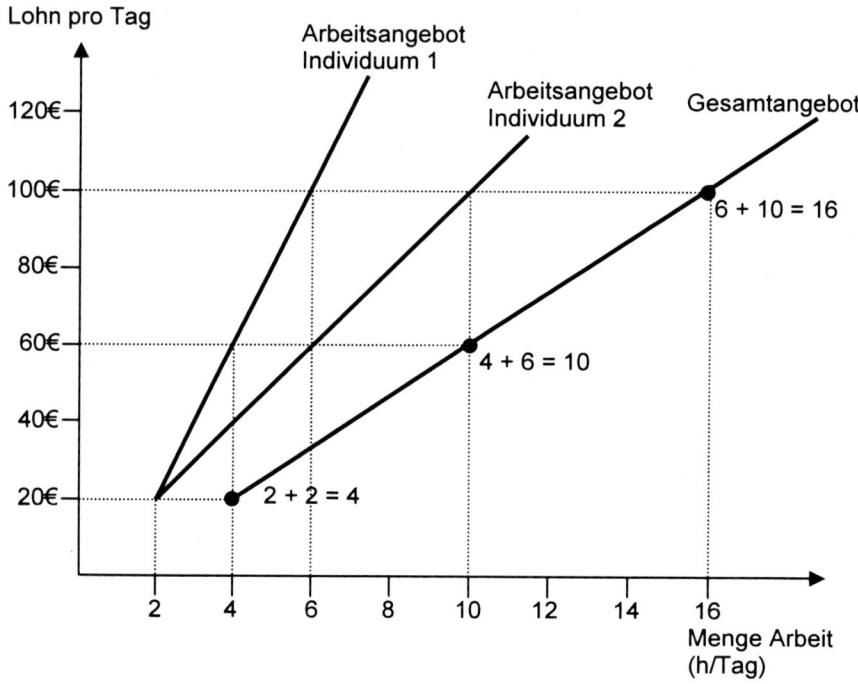

---

[47]   Für die meisten Volkswirtschaften lässt sich empirisch belegen, dass auf eine gesamtwirtschaftliche Lohnsteigerung eine Ausdehnung des Arbeitsangebotes erfolgt. In kurzfristiger Betrachtung hingegen reagiert das Arbeitsangebot kaum, weshalb sich auch eine (lohnunelastische) Darstellung der Arbeitsangebotskurve als Senkrechte begründen lässt.

III. Die Theorie der Unternehmen

Sie haben nun bereits die wichtigsten Konzepte der Theorie der Haushalte kennen gelernt. Darauf aufbauend werden Ihnen nun die Konzepte der Theorie der Unternehmen leicht fallen, denn dabei werden in großen Teilen ähnliche Techniken genutzt. Außerdem ist die Zielgröße, die Ökonomen Unternehmern unterstellen, wesentlich einfacher zu fassen als die etwas abstrakte Zielgröße des Nutzens im Falle der Haushalte (Konsumenten): Unternehmer streben **Gewinnmaximierung** an, d. h. sie freuen sich über eine möglichst hohe Differenz zwischen Erlös und Kosten.

Das bedeutet keineswegs, dass Unternehmer nun im Gegensatz zu Konsumenten als rein materialistisch orientierte Bürger modelliert werden. Es ist dem Unternehmensbesitzer Schmitt in seiner Rolle als Privatmann und Konsument auch gemäß der ökonomischen Theorie völlig unbenommen, all sein geschickt erwirtschaftetes Einkommen, also seinen Unternehmensgewinn, dafür auszugeben, Bilder für das öffentliche Museum zu erwerben oder seinen Arbeitnehmern kostenlose Wohnungen zur Verfügung zu stellen. Er wird dies tun, wenn es seinen individuellen Nutzen maximiert, denn als Privatmann sucht auch das Individuum, welches beruflich als Unternehmer auftritt, nach nichts anderem als nach höchstmöglichem Nutzen. In seiner Rolle als Unternehmer jedoch ist Gewinnmaximierung seine Aufgabe.

Unternehmen erwerben **Produktionsfaktoren**, die sie mittels einer bestimmten **Produktionstechnologie** für die Herstellung bestimmter Güter oder Dienstleistungen einsetzen. Die Güter und Dienstleistungen wiederum sollen anschließend verkauft bzw. gegen Entgelt verrichtet werden. Unternehmer treten somit auf den vorgelagerten Faktormärkten als Käufer und auf den nachgelagerten Güter- oder Dienstleistungsmärkten als Verkäufer auf. Damit sie erfolgreich wirtschaften, müssen sie erstens die Preise für die Produktionsfaktoren, zweitens die später erzielbaren Preise für die hergestellten Güter und drittens die Produktionstechnologie beachten.

1. Die Produktionstechnik

Für die meisten Fragestellungen gehen Ökonomen von einer gegebenen Produktionstechnologie aus und unterstellen den Einsatz von zwei bis drei Produktionsfaktoren.[48] Natürlich ändert in Wahrheit „technischer Fortschritt" bei vielen Gütern und Dienstleistungen die Produktionsfunktion im Zeitablauf. Allerdings kann dieser Technologiewechsel von den meisten Einzelunternehmen nicht ohne weiteres selbst bewirkt werden bzw. bedarf die Untersuchung des Zustandekommens technischen Fortschritts einer eigenständigen Betrachtung.

Über die bei gegebener Produktionstechnologie jeweils eingesetzten Mengen der Produktionsfaktoren und deren Verhältnis untereinander hingegen entscheidet der Unternehmer unmittelbar. Meist unterscheidet man als Produktionsfaktoren den **Faktor Arbeit** und den **Faktor Kapital**. Dabei wird in der einfachen Betrachtung üblicherweise unter dem Faktor Arbeit der Einsatz von als homogen angenommenen Arbeitskräften verstanden: Die Arbeitskraft wird als einheitlich angenommen und nicht unterschieden, wessen Arbeitsstunden eingesetzt werden. Jede Arbeitsstunde ist gleichwertig, unabhängig davon, von welchem Arbeitnehmer sie erbracht wird, und unabhängig davon, ob dieser betreffende Arbeitnehmer bereits den ganzen Tag arbeitet oder frisch gestärkt gerade erst den Dienst antritt. Unter dem Faktor Kapital wird ein Sammelsurium von Inputs verstanden, die ihrerseits zuvor erworben werden müssen. Mit „Kapital" ist nicht eine bestimmte Geldmenge gemeint, sondern „physisches Kapital" oder „Sachkapital" wie z. B. Maschinen, Grund und Boden, Rohstoffe und Vorprodukte, etc.[49]

Zur Betrachtung der Produktionstechnologie benutzt man eine ceteris paribus - Analyse, d. h. man betrachtet die Veränderung des Outputs in Abhängigkeit eines Produktionsfaktors, während man sowohl die Produktionstechnologie als auch die Mengen aller anderen eingesetzten Produktionsfaktoren konstant hält. Die einfachste Vorstellung vom Zustandekommen des Wissens um eine Produktionstechnologie ist sicher der Gedanke an jahrelange Aufzeichnungen bezüglich der Erfahrungen, die ein Unternehmer bei unterschiedlich starker Nutzung eines Produktionsfaktors gewonnen hat.

---

[48]   Die Produktionstechnologie bzw. die Produktionsfunktion entspricht mehr oder weniger dem Konzept der Nutzenfunktion in der Theorie der Haushalte. Analog zur Bestimmung des Nutzens durch die konsumierten Güter oder Dienstleistungen wird das Produktionsergebnis (Output) hier durch die zur Produktion eingesetzten Produktionsfaktoren (Input) bestimmt. Die Annahme einer zumindest kurzfristig konstanten Produktionstechnologie entspricht den kurzfristig als konstant angenommenen Präferenzen.

[49]   Vor allem in älteren Darstellungen wird „Boden" als eigenständiger dritter Faktor aufgeführt – insbesondere auf Grund der Tatsache, dass Boden nicht von anderen produzierbar ist, sondern nur begrenzt zur Verfügung steht. Je nach Fragestellung können auch Humankapital oder Rohstoffe als eigenständiger Faktoren modelliert werden.

Nehmen wir an, Kartoffelbauer Schmitt stünde eine bestimmte Fläche Ackerland und eine bestimmte Ausstattung an Geräten und Werkzeug zur Verfügung (Kapital). Er untersucht seine Produktionstechnologie anhand seiner statistischen Aufzeichnungen aus den vergangenen Jahren, um herauszufinden, wie sich sein Jahres-Ernteergebnis verändert, je nachdem wie viele Arbeitsstunden er pro Woche in der Kartoffelproduktion einsetzt.

1.1. Das Durchschnittsprodukt

Aus Tabelle 4 auf der folgenden Seite lässt sich sofort ablesen, dass Bauer Schmitt umso mehr Output erzeugt, je mehr Arbeitszeit er pro Woche einsetzt – ein Ergebnis, das nicht wirklich überrascht. Allerdings stellt Schmitt fest, dass sein Ernteertrag nicht proportional mit den Wochenarbeitsstunden ansteigt: Der Einsatz nur einer Wochenstunde Arbeit beschert ihm einen Output von 500 Zentnern Kartoffeln, der Einsatz von neun Wochenstunden Arbeit allerdings nicht 4.500 Zentner, sondern „nur" 1.500 Zentner. Schmitt wird schnell auf die Idee kommen, sich dieses Phänomen näher zu betrachten, indem er ausrechnet, wie viel Ertrag ihm eine Stunde Wochenarbeitszeit durchschnittlich bringt. Ökonomisch wird dies als **Durchschnittsprodukt** bezeichnet.

Das Durchschnittsprodukt ist der gesamte Ernteertrag geteilt durch die Anzahl eingesetzter Arbeitsstunden. Das Durchschnittsprodukt in Höhe von 250 Zentnern in der dritten Zeile ergibt sich beispielsweise, indem man Schmitts Jahresernte in Höhe von 1.000 Zentnern Kartoffeln durch die Anzahl der dafür eingesetzten Wochenarbeitsstunden, also durch vier, dividiert. Natürlich nimmt das Durchschnittsprodukt ab, wenn der Ertrag nur unterproportional mit der eingesetzten Wochenarbeitszeit ansteigt. Bauer Schmitt braucht sicher keinen ökonomischen Ratgeber, um sich das Durchschnittsprodukt zu errechnen und anzusehen.

Schmitts ökonomisch vorbelasteter Schwager hat den Bauern aber zusätzlich noch auf die Idee gebracht, eine Marginalbetrachtung aufzustellen. Diese Marginalbetrachtung hinsichtlich eines Produktionsfaktors wird von Ökonomen als **Grenzprodukt** bezeichnet. Die Betrachtung des Grenzproduktes entspricht dem Grundgedanken der Marginalbetrachtung, also der Betrachtung kleiner Veränderungen, die gebührende Aufmerksamkeit zu schenken (vgl. Abschnitt I.5.).

Tab. 4: Input, Output, Grenzprodukt und Durchschnittsprodukt

Input (Stunden pro Woche)	Output (Zentner Kartoffeln)	Grenz-produkt	Durch-schnitts-produkt
0	0	-	-
1	500	250,00	500,00
4	1.000	125,00	250,00
9	1.500	83,33	166,67
16	2.000	62,50	125,00
25	2.500	50,00	100,00
36	3.000	41,67	83,33
49	3.500	35,71	71,43
64	4.000	31,25	62,50
81	4.500	27,78	55,56
100	5.000	25,00	50,00

1.2. Das Grenzprodukt

Das Grenzprodukt gibt die zusätzlichen Einheiten an, die durch eine marginale Erhöhung eines Produktionsfaktors erreicht werden, wenn die anderen Produktionsfaktoren und die Technologie konstant gehalten werden.[50] Beispielsweise ergibt sich das Grenzprodukt der 25. Stunde Arbeit pro Woche in Höhe von 50 Zentnern zusätzlicher Jahresernte annäherungsweise aus der Veränderung des Ernteertrags rund um die 25. Stunde. Die 1.000 Zentner Zusatzernte bei einer Veränderung des Inputs um 20 Stunden pro Woche (von 16 auf 36 Stunden / Woche) lassen auf ein Grenzprodukt der 25. Stunde von 50 Zentnern schließen [(3.000-2.000)/(36 -16) = 1.000/20 = 50].[51]

Wie Sie der Aufzeichnung entnehmen können, nimmt das Grenzprodukt in Bauer Schmitts Fall konstant ab. Die Produktion von Bauer Schmitt weist

---

[50] Streng genommen ist damit die Tabelle natürlich viel zu grob. Das Grenzprodukt muss an unendlich kleinen Veränderungen des Inputs gemessen werden, grafisch entspricht es der Punktsteigung der Produktionsfunktion, mathematisch der ersten Ableitung.

[51] Auf Grund der hier zu Grunde liegenden Produktionsfunktion x = Wochenstunden^0,5 * 500 stimmt dieser Annäherungswert der Umgebungsbetrachtung auch tatsächlich. Das Grenzprodukt ergibt sich als x' = 500/2*Wochenstunden^0,5.

damit eine in sehr vielen Produktionsprozessen über weite Bereiche empirisch beobachtbare Regelmäßigkeit auf, die Ökonomen etwas großzügig als das **Gesetz abnehmender Grenzerträge** bezeichnen, obwohl es sich nicht wirklich um eine Gesetzmäßigkeit im Sinne eines Naturgesetzes handelt. Das Phänomen ist dem des abnehmenden Grenznutzens aus der Theorie der Haushalte sehr ähnlich: Das Grenzprodukt jeder einzelnen zusätzlichen Inputeinheit nimmt immer weiter ab, je größer die bereits eingesetzte Summe des Inputs ist.

Im Beispiel des Bauers Schmitt kann man sich ein abnehmendes Grenzprodukt zusätzlich eingesetzter Arbeitsstunden folgendermaßen erklären: Der erste Arbeiter ermöglicht überhaupt eine Ernte. Boden, Saatgut und Traktor ohne Einsatz eines Arbeiters bringt verständlicherweise gar nichts. Das Grenzprodukt des ersten Arbeiters ist also relativ hoch. Der zweite Arbeiter ermöglicht, dass einer die Erntemaschine bedient, während der andere gleichzeitig den Traktor mit Hänger nutzt, um die Ernte abzutransportieren. Der dritte Arbeiter ermöglicht eventuell eine gründlichere Ernte, weil nun auch weniger lohnende Flächen noch abgeerntet werden, während einer der anderen Pause macht. Diese Flächen wären andernfalls vernachlässigt worden. Die vierte Arbeitskraft hingegen kann nur noch mit der Erntemaschine eingesetzt werden, wenn einer der drei anderen wegen Krankheit oder Ähnlichem ausfällt. Andernfalls liest er einzelne Kartoffeln mit der Hand nach, die die Maschine nicht erfasst hat. Die fünfte Arbeitskraft schließlich sammelt nur noch die Kartoffeln per Hand ein, die der vierte Arbeiter übersehen hat, usw. Denken Sie daran, dass die Arbeitskräfte als homogen unterstellt werden. Das abnehmende Grenzprodukt liegt also nicht etwa daran, dass der erste Arbeiter geschickter und motivierter ist als der zweite, der dritte schlechter qualifiziert wäre, der vierte von ausgeprägter Faulheit oder schlechter Gesundheit geprägt und der fünfte völlig ungeeignet für die Landwirtschaft wäre. Alle Arbeiter werden so modelliert als seien sie gleichermaßen für die Arbeit geeignet. Das Gesetz abnehmender Grenzerträge greift hier, weil die Arbeitskräfte für immer weniger ertragreiche Tätigkeiten genutzt werden.

1.3. Die Produktionsfunktion

Grafisch bildet man die Relation zwischen Output und einem variierten Produktionsfaktor mittels der **Produktionsfunktion** in einem Diagramm ab, in dem auf der Abszisse die eingesetzte Menge des betrachteten Produktionsfaktors abgetragen wird und auf der Ordinate die damit korrespondierende Produktionsmenge. Die eingezeichneten Rechtecke lassen das abnehmende Grenzprodukt erkennen.

Abb. 23: Produktionsfunktion des Bauern Schmitt

Kartoffelmenge (Zentner)

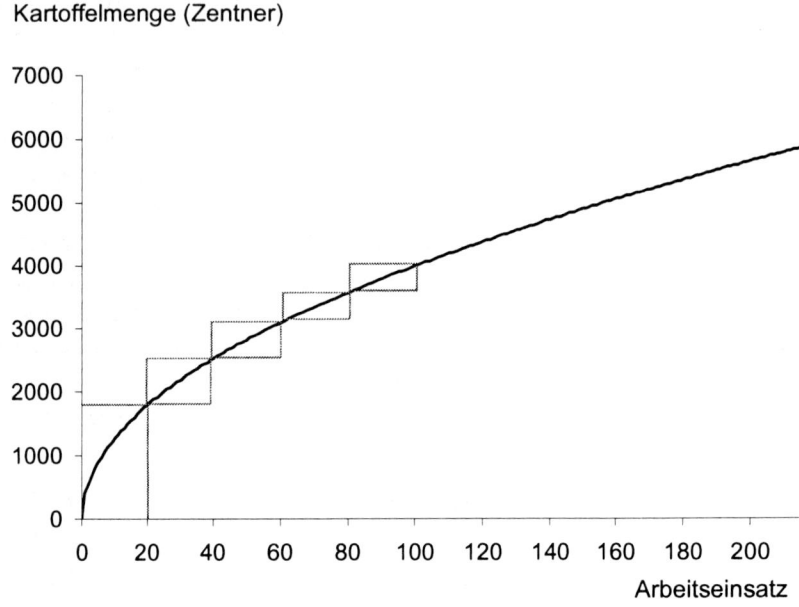

Arbeitseinsatz

Bauer Schmitt ahnt bereits nach der Betrachtung der vorstehenden Produktionstabelle, dass der Einsatz zusätzlicher Arbeitskräfte sorgfältig abgewogen werden muss. Alleine die Tatsache, dass nach seiner Aufzeichnung auch die 100. Arbeitsstunde pro Woche noch positive Grenzerträge bringt, also vielleicht auch eine 150. oder 200. Arbeitsstunde den Ernteertrag noch steigern würde, genügt nicht, um den Einsatz weiterer Arbeiter wirtschaftlich sinnvoll werden zu lassen: Denn der Einsatz von Arbeitern verursacht Kosten. Und Schmitt weiß aus seinen Aufzeichnungen, dass sowohl das Durchschnittsprodukt als auch das Grenzprodukt in seiner Kartoffelproduktion stetig abnimmt. Er kann sich daher schon denken, dass irgendwo der Punkt erreicht sein wird, ab dem der zusätzliche Ertrag nicht mehr die zusätzlichen Kosten decken wird.

2. Die Kosten

Die in der Produktion eingesetzten Produktionsfaktoren verursachen Kosten. Bevor wir weiter mit der Produktionsentscheidung von Bauer Schmitt fortschreiten, lohnt sich ein schneller Blick auf einzelne in der Volkswirtschaftslehre gebräuchliche Kostenbegriffe und deren Beziehungen untereinander.

2.1. Die Fixkosten, die variablen Kosten und die totalen Kosten

Ökonomen unterscheiden zunächst nach der Fristigkeit, mit der Kosten der Produktion verändert werden können. **Fixkosten** sind dabei alle die Kosten, die kurzfristig unabhängig vom gewählten Produktionsniveau entstehen, d. h. in der aktuellen Produktionsentscheidung nicht mehr zur Disposition stehen.

Im Fall von Bauer Schmitts Entscheidung, wie viele Arbeiter er einsetzen möchte, sind beispielsweise die für die Erntemaschine und den Traktor bereits getätigten Ausgaben als Fixkosten zu betrachten: Egal mit wie vielen Arbeitern er produzieren möchte, er benötigt immer den Traktor und die Erntemaschine. Wir haben auch die genutzte Fläche und das Saatgut konstant gehalten, die Kosten dafür waren damit ebenfalls „fix". Fixe Kosten müssen kurzfristig getragen werden, selbst wenn man überhaupt nicht produziert. Langfristig gibt es hingegen definitionsgemäß keine Fixkosten. Denn langfristig ist in unseren Modellen kein Unternehmer darauf festgelegt, Unternehmer zu sein und schon gar nicht, in ein und derselben Branche zu bleiben: Bauer Schmitt kann langfristig entscheiden, aus der Kartoffelproduktion auszusteigen und Fremdenzimmer zu vermieten. Er kann auch seine Unternehmertätigkeit ganz einstellen, die Maschinen und den Hof verkaufen und sich als Versicherungskaufmann ausbilden und anstellen lassen.

Sollte Bauer Schmitt nicht Pächter, sondern Eigentümer der von ihm bewirtschafteten Ländereien sein und auch den Hof sein Eigen nennen, so sollte er diese Immobilien dennoch unbedingt in seiner Kostenkalkulation berücksichtigen. Auf Grund des Grundgedankens der Opportunitätskosten (vgl. Abschnitt I.4.) leuchtet es Ihnen sofort ein, dass Kosten der Nutzung der Ländereien und des Hofes für die Kartoffelproduktion aus volkswirtschaftlicher Perspektive natürlich auch in dem Falle zu den Produktionskosten gezählt werden müssen, in dem auf Grund der schuldenfrei ererbten Ländereien keinerlei Zahlungen dafür geleistet werden: Würde Schmitt auf die Kartoffelproduktion verzichten, so könnte er die Ländereien und den Hof beispielsweise verpachten und dadurch Einnahmen erzielen. Diese entgangenen

Pachteinnahmen stellen ebenso wie das entgangene Gehalt, welches Schmitt erzielen könnte, wenn er sich einer anderen Beschäftigung zuwenden würde, Kosten der Kartoffelproduktion dar.

Im Gegensatz zu den Fixkosten variieren **variable Kosten** direkt mit dem aktuell zur Entscheidung anstehenden Produktionsniveau. Die Kosten für die Arbeiter sind in unserem Beispiel variable Kosten. Die Summe aus Fixkosten und variablen Kosten ergibt die **totalen Kosten**, also die Gesamtkosten. Da zwar die Fixkosten unabhängig von der aktuellen Entscheidung über den Einsatz der Produktionsfaktoren entstehen und konstant bleiben, die variablen Kosten jedoch unmittelbar mit der Entscheidung über den Einsatz der Produktionsfaktoren ansteigen, steigen auch die totalen Kosten mit zunehmender Menge der eingesetzten Faktoren an.

2.2. Die Durchschnittskosten

Versucht Bauer Schmitt seine mit Kosten verknüpften Produktionsmöglichkeiten nun auf den damit erreichbaren Ertrag zu beziehen, so bieten sich die Konzepte der Durchschnittskosten und der Grenzkosten an. Die **Durchschnittskosten** sind die auf die Outputmenge aufgeteilten totalen Kosten, die Kosten je Outputeinheit. In der folgenden Tabelle 5 ergeben sich die totalen Kosten aus der Addition der Fixkosten in Höhe von 100.000 Euro und der variablen Kosten für die eingesetzten Arbeitsstunden (1.000 Euro pro Wochenarbeitsstunde). Die Durchschnittskosten in der rechten Spalte ergeben sich, indem die totalen Kosten durch die Menge der mit dem entsprechenden Input erreichbaren Zentner Kartoffeln geteilt werden.

Nicht in der Tabelle aufgeführt, aber sicher leicht vorstellbar, sind die durchschnittlichen Fixkosten (Fixkosten geteilt durch Outputeinheiten) und die durchschnittlichen variablen Kosten (variable Kosten geteilt durch Outputeinheiten). Es ist klar, dass die durchschnittlichen Fixkosten bei Ausweitung der Produktion immer weiter sinken, da eine gleich bleibende Summe von im Beispiel 100.000 Euro durch eine immer größere Anzahl von Zentnern Kartoffeln geteilt wird. Die durchschnittlichen variablen Kosten nehmen hingegen unter den getroffenen Annahmen bei Ausweitung der Produktion immer weiter zu: Die Kosten für die homogenen Arbeitskräfte sind pro Arbeiter gleich hoch. Da in der Produktion von Bauer Schmitt gemäß den Aufzeichnungen in der Tabelle 4 in Abschnitt III.1.1. das Gesetz abnehmender Grenzerträge gültig ist, steigt der Ernteertrag pro zusätzlicher Arbeitskraft aber immer weniger stark, je mehr Arbeiter bereits eingesetzt werden. Die 1.000 Euro

der ersten Arbeitsstunde erbringen 500 Zentner, die durchschnittlichen variablen Kosten liegen also bei zwei Euro pro Zentner. Vier Arbeitsstunden
pro Woche kosten über das ganze Jahr 4.000 Euro, der Einsatz von vier Arbeitsstunden pro Woche führt zu 1.000 Zentnern Jahresernte, die durchschnittlichen variablen Kosten betragen also vier Euro pro Zentner usw.

Tab. 5: Input, Output und Kosten

Input (Stunden/ Woche)	Output (Zentner Kartoffeln)	Fixkosten	Variable Kosten	Totale Kosten	Durch- schnitts- kosten
0	0	100.000	0	100.000	∞
1	500	100.000	1.000	101.000	202 €
4	1.000	100.000	4.000	104.000	104 €
9	1.500	100.000	9.000	109.000	72,67 €
16	2.000	100.000	16.000	116.000	58,00 €
25	2.500	100.000	25.000	125.000	50,00 €
36	3.000	100.000	36.000	136.000	45,33 €
49	3.500	100.000	49.000	149.000	42,57 €
64	4.000	100.000	64.000	164.000	41,00 €
81	4.500	100.000	81.000	181.000	40,22 €
100	5.000	100.000	100.000	200.000	40,00 €
121	5.500	100.000	121.000	221.000	40,18 €
144	6.000	100.000	144.000	244.000	40,67 €
169	6.500	100.000	169.000	269.000	41,38 €
196	7.000	100.000	196.000	296.000	42,29 €
225	7.500	100.000	225.000	325.000	43,33 €

Die Durchschnittskosten sind die Summen beider Kostenverläufe. Die
Durchschnittskosten fallen deshalb zunächst, solange der Rückgang der
durchschnittlichen Fixkosten größer ist als der Anstieg der durchschnittlichen
variablen Kosten und steigen, sobald sich das Verhältnis umkehrt. Die Durchschnittskostenkurve hat deshalb normalerweise einen u-förmigen Verlauf. Im
Beispiel erreichen die Durchschnittskosten bei 40,00 Euro pro Zentner bei
einer Jahresproduktion von 5.000 Zentnern ihr Minimum und steigen bei
weiterer Produktionsausweitung wieder an.

2.3. Die Grenzkosten

Die **Grenzkosten** sind die zur Produktion einer weiteren Einheit aufzubringenden zusätzlichen Kosten. Wiederum muss eigentlich die Kostenveränderung einer winzig kleinen Variation, einer marginalen Veränderung des Produktionsergebnisses betrachtet werden. Wenn Ihnen lediglich eine grobe Produktions- und Kostentabelle zur Verfügung steht, kann die Ermittlung der Grenzkosten annäherungsweise analog zur Ermittlung des Grenzprodukts durch eine Umgebungsbetrachtung erfolgen.[52]

Nehmen wir – um im Beispiel zu bleiben – die Output- und Kostenentwicklung der Produktion von Bauer Schmitt aus dem letzten Abschnitt und konzentrieren wir uns in Tabelle 6 auf Outputveränderungen von jeweils 500 Zentnern. Wie hat Schmitt die Werte ermittelt, die in der rechten Spalte aufgeführt sind? Er hat in seiner Tabelle abgelesen, dass die Veränderung seines Produktionsergebnisses von 1.000 auf 2.000 Zentner Kartoffeln mit zusätzlichen Kosten von 12.000 Euro einherging (116.000-104.000). Die zusätzlichen Kosten des 1.500. Zentners Kartoffeln schätzt er als Mittelwert dieser Umgebungsbetrachtung auf zwölf Euro (12.000 €/1.000 Zentner = 12 €/Zentner). Analog ergeben sich auch jeweils die Grenzkosten der anderen in der Tabelle eingetragenen Zentner.

Auch die Grenzkostenkurve verläuft in der Realität häufig in gewisser Hinsicht u-förmig, d. h. die Grenzkosten nehmen meist zunächst ab und beginnen erst bei einem gewissen Output zu steigen. Dies liegt an Unteilbarkeiten im Produktionsprozess wie beispielsweise erforderliche Rüstzeiten, Anfahrtswege, Maschinenvorlaufzeiten, etc.[53] Stellen Sie sich beispielsweise vor, der zu bezahlende Arbeitsweg vom Hof des Bauers Schmitt zum Kartoffelacker nähme eine Stunde in Anspruch. Diese zusätzliche Arbeitsstunde müsste un-

---

[52]   Wenn Ihnen hingegen die Kostenfunktion der Produktion von Schmitt zur Verfügung steht und Sie keine Scheu vor Mathematik haben, ist die Betrachtung der ersten Ableitung korrekt. Im hier gewählten Beispiel ist die Gleichung der totalen Kosten $K = 1.000 *$ Wochenstunden $+ 100.000$ und die Produktionsfunktion $x =$ Wochenstunden$^{0,5} * 500$. Die Produktionsfunktion nach Wochenstunden aufgelöst [Wochenstunden $= x^2 / 250.000$] und in die Kostengleichung eingesetzt, ergibt $K = 1.000 * x^2/250.000 + 100.000$. Nach x abgeleitet und gekürzt ergeben sich die Grenzkosten aus dem Ausdruck $GK = 4 *$ Wochenstunden^{0,5}. In diesem speziellen Beispiel erzielt die grobe Umgebungsbetrachtung nicht nur annäherungsweise, sondern tatsächlich das korrekte Ergebnis.

[53]   Im Grunde liegt der Effekt also streng genommen daran, dass in der Realität häufig die Grenzerträge zunächst ein klein wenig steigen, bevor sie über den restlichen Verlauf abnehmen.

abhängig davon eingerechnet werden, ob eine Arbeitskraft eine Stunde oder acht Stunden an diesem Tag in der Produktion eingesetzt wird.

Tab. 6: Berechnung der Grenzkosten

Input (Stunden/ Woche)	Output (Zentner Kartoffeln)	Totale Kosten	Durchschnittskosten	Grenzkosten
0	0	100.000	∞	
1	500	101.000	202 €	4,00 €
4	1.000	104.000	104 €	8,00 €
9	1.500	109.000	72,67 €	12,00 €
16	2.000	116.000	58,00 €	16,00 €
25	2.500	125.000	50,00 €	20,00 €
36	3.000	136.000	45,33 €	24,00 €
49	3.500	149.000	42,57 €	28,00 €
64	4.000	164.000	41,00 €	32,00 €
81	4.500	181.000	40,22 €	36,00 €
100	5.000	200.000	40,00 €	40,00 €
121	5.500	221.000	40,18 €	44,00 €
144	6.000	244.000	40,67 €	48,00 €
169	6.500	269.000	41,38 €	52,00 €
196	7.000	296.000	42,29 €	56,00 €
225	7.500	325.000	43,33 €	60,00 €

Im Beispiel wurden solche Aspekte vernachlässigt und durchgängig steigende Grenzkosten modelliert. Unter den üblichen Annahmen steigen die Grenzkosten ab der Überwindung solcher Unteilbarkeiten unweigerlich an: Bei konstanten Faktorpreisen und abnehmenden Grenzerträgen bringt jede weitere, jeweils gleich teure Faktoreinheit nur noch immer geringere zusätzliche Erträge, die Kosten für zusätzliche Einheiten des Produktes steigen also.

2.4. Das Verhältnis der Grenzkosten- und der Durchschnittskostenkurve

Aufschluss über die Gewinnsituation gibt nun die Betrachtung des Verhältnisses der Grenz- und der Durchschnittskosten. Wenn in der Produktion Fixkosten vorliegen, so ist es bereits intuitiv nachvollziehbar, dass die Grenzkos-

tenkurve bei geringen Produktionsmengen unterhalb der Durchschnittskostenkurve liegt. Schließlich fallen die Fixkosten definitionsgemäß unabhängig vom Produktionsniveau an. Während die Durchschnittskosten damit in
Bereichen geringer Produktion auf Grund der noch relativ hohen durchschnittlichen Fixkosten entsprechend hoch sind, verhält es sich bei den
Grenzkosten umgekehrt. Diese sind auf Grund des anfänglich hohen Grenz-
ertrags gerade in Bereichen geringer Produktion noch relativ niedrig.

Dass die Grenzkosten bei geringen Produktionsmengen unterhalb der Durchschnittskosten liegen, ergibt sich aber auch aus der Zusammensetzung der
Durchschnittskosten selbst: Die Durchschnittskosten sind die Summe aus
durchschnittlichen Fixkosten und durchschnittlichen variablen Kosten. Wir
hatten bereits herausgearbeitet, dass die durchschnittlichen Fixkosten bei zunehmender Produktion fallen. Die durchschnittlichen variablen Kosten hingegen steigen genau deshalb, weil die Grenzkosten bei zunehmender Produktion
ansteigen. Grund hierfür ist, dass immer größere Mengen des betrachteten
Produktionsfaktors eingesetzt werden müssen, um gleich bleibende Zuwächse
des Produktionsergebnisses zu erzielen. Die Grenzkosten fließen somit in die
Durchschnittskosten ein.

Wenn Sie sich das Konzept der Grenzkosten noch einmal klar machen, wird
dies sehr deutlich: Die Summe der Grenzkosten jeder marginalen Produktionsausweitung ergibt die totalen Kosten.[54] Die Division der totalen Kosten
durch die Produktionsmenge ergibt die Durchschnittskosten. Die Durchschnittskosten fallen also in niedrigen Produktionsbereichen eben deshalb,
weil die Grenzkosten dort noch geringer sind. Solange die Grenzkosten geringer sind als die Durchschnittskosten, reduziert jede weitere Ausdehnung
der Produktion die Durchschnittskosten, denn eine zusätzliche Kartoffel verursacht geringere Produktionskosten als die bisher produzierten im Durchschnitt. Erreichen die Grenzkosten die Durchschnittskosten, so verändern
sich die Durchschnittskosten an diesem Punkt nicht. Liegen die Grenzkosten
anschließend oberhalb der Durchschnittskosten, so erhöht jede weitere Pro-
duktionssteigerung die Durchschnittskosten, denn eine zusätzliche Kartoffel
verursacht höhere Kosten als die bisher produzierten im Durchschnitt.

---

[54]   Denken Sie daran, dass die Grenzkosten der ersten marginalen Produktion, also der ersten
       Kartoffel bei Bauer Schmitt nicht nur die sehr geringen variablen Kosten der dazu erfor-
       derlichen Arbeitszeit betragen, sondern auch die Fixkosten beinhalten. Erst ab der zweiten
       Kartoffel betragen die Grenzkosten nur noch die Kosten der dazu erforderlichen Arbeits-
       zeit, da die Fixkostenaufwendungen ja bereits für die erste Kartoffel erforderlich wurden.

Grafisch folgt aus diesem Zusammenhang, dass der steigende Ast der Grenzkostenkurve die Durchschnittskostenkurve in deren Minimum schneidet.

Abb. 24: Grenzkosten und Durchschnittskosten

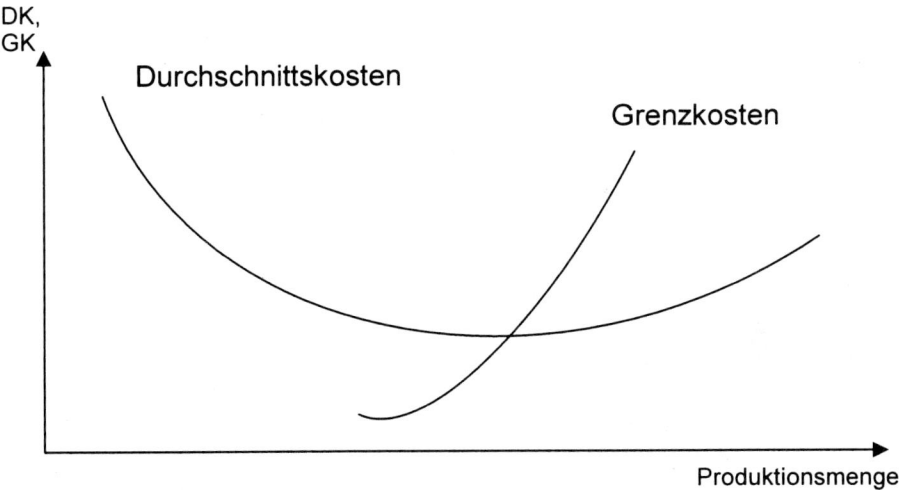

Im Beispiel der Produktion von Bauer Schmitt liegt dieses Durchschnitts-
kostenminimum bei 5.000 Zentnern Jahresproduktion. Dort betragen sowohl
die Durchschnittskosten als auch die Grenzkosten 40 Euro pro Zentner.

3.   Das Angebot einer Firma im Polypol

Als **Polypol** bezeichnen Ökonomen die Marktform des Wettbewerbs, also die
Situation, in der viele Anbieter um die Gunst der Nachfrager konkurrieren. In
dieser Wettbewerbssituation ist davon auszugehen, dass das einzelne Unternehmen weder durch seine Nachfrage Einfluss auf die Faktorpreise ausüben
kann, noch durch sein Angebot den Marktpreis für die von ihm produzierten
Güter beeinflusst. Dies liegt daran, dass der einzelne polypolistische Unternehmer eine im Verhältnis zur Gesamtnachfrage sehr geringe Angebotsmenge
produziert. Seine Nachfrage an den der Produktion vorgelagerten Faktormärkten ist, ebenso wie sein Angebot an den seiner Produktion nachgelagerten Güter- und Dienstleistungsmärkten, verschwindend gering. Da die Produktionsentscheidung eines solchen polypolistischen Unternehmers die Preise
unverändert lässt, sind für das Kalkül dieses Unternehmers die Preise als gegeben zu betrachten. Er muss sich also auf die Frage konzentrieren, wie viele

Güter oder Dienstleistungen er bei gegebenen Preisen für die zur Produktion benötigten Faktoren und bei den gegebenen Absatzpreisen für seine Produktion herstellen möchte. Ein solcher Unternehmer wird entsprechend **Preisnehmer** oder **Mengenanpasser** genannt.

Die Charakterisierung des polypolistischen Unternehmers als in Relation zur Gesamtnachfrage sehr kleinem Anbieter hat einen weiteren Effekt: Im theoretischen Ideal der vollkommenen Konkurrenz verliert der polypolistische Anbieter sofort sämtliche Kunden, wenn er höhere Preise als die Konkurrenten verlangt. Der Unternehmer muss also tatsächlich darauf achten, dass er zu den gegebenen Preisen kostendeckend produzieren kann. Ein solcher Anbieter muss sich allerdings umgekehrt keine Sorgen um seinen Absatz machen, solange er zu den marktüblichen Absatzpreisen anbietet. Zum als gegeben betrachteten Preis wird jede Menge des Einzelunternehmers auch auf Nachfrage stoßen. Solange wir den Kartoffelbauern Schmitt als polypolistischen Unternehmer modellieren, können wir deshalb bei unserer Betrachtung die in Bereichen sehr geringer Produktion typischerweise fallenden Grenzkosten vernachlässigen. Ohnehin ist nur der Bereich steigender Grenzkosten für die Produktionsentscheidungen relevant, denn im Bereich sinkender Grenzkosten würden zwangsläufig auch die Durchschnittskosten mit jeder weiteren Outputeinheit fallen. Solange die Durchschnittskosten fallen, wäre aber die Ausdehnung der Produktion auf jeden Fall eindeutig vorteilhaft: Wenn die durchschnittlichen Stückkosten fallen, der Absatz der Produktion aber zu unveränderten Preisen möglich ist, dann steigt der Gewinn unzweifelhaft mit einer weiteren Ausdehnung der Produktion.

3.1. Gewinnmaximierung des Konkurrenzunternehmers

Wie bereits zu Eingang dieses Kapitels erwähnt, streben Unternehmen Gewinnmaximierung an. Um dies zu erreichen, müssen Unternehmer in polypolistischer Konkurrenz zwei Entscheidungen treffen: Sie müssen eine Produktionstechnologie und die produzierte Menge wählen.

3.1.1.   Wahl der optimalen Produktionstechnologie

Wenn Unternehmer als Gewinnmaximierer angenommen werden, so bedeutet dies im ersten Schritt, dass der Unternehmer zunächst nach der günstigsten Produktionstechnologie sucht, die ihm zur Verfügung steht. Im Falle mehrerer möglicher Faktoreinsatzverhältnisse wählt er somit die auf Grund der Produktionsfunktion und der Faktorpreise billigste Technologie zur Produktion einer bestimmten Menge Güter. Dieser an sich triviale Gedanke bedarf deshalb der besonderen Hervorhebung, weil dies beispielsweise auch die Begründung für die häufig als unsozial gebrandmarkte Rationalisierung der Betriebsabläufe betrifft. Die Entscheidung eines Unternehmens, Arbeitsplätze abzubauen und menschliche Arbeitskraft durch den Einsatz von mehr oder besseren Maschinen zu ersetzen, erfolgt in Anbetracht verschiedener Produktionstechnologien gewöhnlich dann, wenn der stärker automatisierte Produktionsablauf dieselben Ergebnisse zu geringeren Kosten oder bei gleichen Kosten bessere Ergebnisse verspricht.[55]

Natürlich ist es beispielsweise denkbar, dass der rationalisierende Unternehmer bei seinem Kalkül vernachlässigt hat, dass die Entlassungen einen negativen Effekt auf die Kooperationsbereitschaft und die Motivation seiner verbliebenen Mitarbeiter ausüben, so dass sich bei genauerer Betrachtung womöglich zeigen könnte, dass die Erhaltung der Arbeitsplätze insgesamt doch die kostengünstigere Produktionstechnologie gewesen wäre. Auch Unternehmer können irren. Dem Prinzip nach aber gehört es zur Aufgabe des Unternehmers, nach möglichst kostengünstigen Produktionsmöglichkeiten zu suchen, wozu auch die Ausschöpfung von Rationalisierungspotenzial gehört.

Wenn Ihnen bei dieser Gelegenheit die Schranke des Eigentums durch die Sozialpflicht in den Sinn kommt, so können wir an dieser Stelle noch einmal klarstellen, was mit der Aufgabe der Gewinnmaximierung in der Rolle als Unternehmer gemeint ist. Wenn „Eigentum verpflichtet", dann kann sich dies nur auf die Entscheidungen des Unternehmenseigentümers beziehen, die dieser eben nicht in der Rolle als Unternehmer, sondern in der Modellbetrachtung letztlich als Privatmann trifft. Als solcher kann er auf einen Teil seiner Gewinne verzichten, wenn er sie dafür aufwenden möchte, die eigentlich unrentablen Arbeitsplätze zu erhalten. Ob dies die sozialste aller möglichen Gewinnverwendungsformen darstellt, sei an dieser Stelle einmal offen gelassen. Wichtig sind allerdings noch zwei einschränkende Gedanken: Erstens sind Eigentümer vieler Unternehmen inzwischen nicht mehr die als Unternehmerpersönlichkeit bekannten Firmenlenker, sondern deren Aktionäre. Die Sozialpflichtigkeit des Einkommens würde also Letztere treffen. Rein theoretisch steht es einer Aktionärsversammlung frei, ihre Manager mit dem Erhalt von Arbeitsplätzen unter bewusster Inkaufnahme von Gewinnschmälerungen zu betrauen. Es ist zweitens allerdings so, dass dies überhaupt nur dann möglich ist, wenn Unternehmen (dauerhaft) Gewinne erwirtschaf-

---

[55]   Vgl. die Gedanken zum ökonomischen Prinzip in Abschnitt I.8.

ten. Wir werden bald sehen, dass sich die Gewinne polypolistischer Unternehmen in engen Grenzen halten und dies auch gut so ist. Dem Prinzip nach gilt diese Warnung aber auch für Unternehmen, die nicht ganz im Ideal der vollständigen Konkurrenz wirtschaften, aber beispielsweise auf die Bereitstellung von Kapital durch Dritte oder auf Investitionen angewiesen sind, um dauerhaft Gewinne zu erzielen bzw. nicht vom Markt verdrängt zu werden. So bitter es klingt: In einem auf marktwirtschaftlichen Regeln aufbauenden Wirtschaftssystem ist es relativ hoffnungslos, auf den freiwilligen Verzicht der Unternehmen auf kostenreduzierende Rationalisierungen zu setzen. Die Wahl der günstigsten Produktionstechnologie ist der erste Schritt der Gewinnmaximierung und den Verzicht auf Gewinnmaximierung können sich nur die wenigsten Unternehmen leisten.

3.1.2.   Die Wahl der optimalen Produktionsmenge

In einem zweiten Schritt der Gewinnmaximierung suchen die Unternehmer nach der optimalen Produktionsmenge. Gewinn ist der Erlös (der Umsatz) abzüglich der Kosten. Der Erlös ist im Falle des Preisnehmers und Mengenanpassers schlicht das Produkt aus Produktions- und Absatzmenge und am Absatzmarkt erzielbarem Preis. Dieser Preis hängt definitionsgemäß im Modell der polypolistischen Konkurrenz nicht von der Produktions- und Angebotsentscheidung des betrachteten Unternehmens ab, bleibt also bei Veränderungen der Produktionsentscheidung konstant. Die Kosten entsprechen dem Produkt aus Angebotsmenge und Durchschnittskosten.

Die gewinnmaximale Angebotsentscheidung ist deshalb nicht etwa die Menge, an der die Durchschnittskosten ihr Minimum erreichen. Dort wäre lediglich der Gewinn pro Stück maximal. Aber warum sollte das den Unternehmer interessieren? Die gewinnmaximale Produktionsmenge ist die, bei der der Gesamtgewinn maximal ist. Relevant ist also vielmehr wieder die Betrachtung der Grenzkosten im Vergleich zum **Grenzerlös**.[56] Solange der Grenzerlös einer weiteren Gütereinheit größer ist als die zur Herstellung dieser zusätzlichen Gütereinheit erforderlichen Grenzkosten, wird der Gewinn des Unternehmens durch Erhöhung der Produktionsmenge steigen. Der Grenzerlös jeder zusätzlichen Gütereinheit ist im Falle des Preisnehmers der als gegeben zu betrachtende Marktpreis.

---

[56]   Grenzerlös ist der zusätzliche Erlös einer kleinen Veränderung der Absatzmenge. Vgl. zum Grundgedanken der Marginalbetrachtung Abschnitt I.5.

Abb. 25: Grenzkosten-Preis-Regel

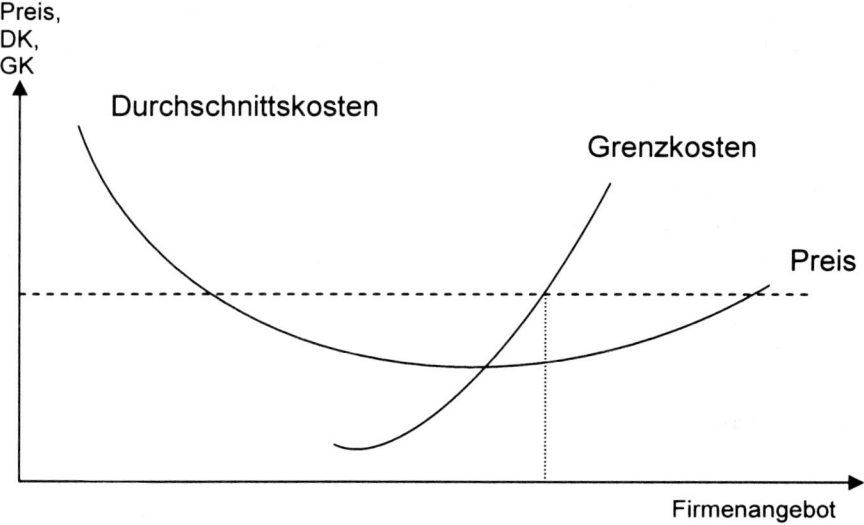

Die für den gewinnmaximierenden Polypolisten optimale Produktions- und Angebotsentscheidung liegt, grafisch dargestellt, bei der Outputmenge, bei der die Grenzkostenkurve die Preisgerade (= Grenzerlöskurve) schneidet. An diesem Punkt tritt die Situation ein, dass die letzte produzierte Einheit gerade noch kostendeckend abgesetzt werden kann. Bis zu diesem Punkt lagen die Grenzkosten niedriger als der Preis und ergaben jeweils zusätzliche Gewinne. Diese einfache Grundregel bezüglich des Angebots eines polypolistischen Unternehmers wird in der Literatur **Grenzkosten-Preis-Regel** genannt.

4. Die langfristige Angebotskurve eines polypolistischen Unternehmens

Die Angebotskurve eines einzelnen Unternehmens erhält man, indem man mit Hilfe der Grenzkosten-Preis-Regel die jeweils gewinnmaximierende Menge zu verschiedenen Preisen ermittelt. Grundsätzlich entspricht damit die Angebotskurve eines polypolistischen Unternehmens der Grenzkostenkurve.

Ein Angebot entsprechend der Grenzkosten-Preis-Regel ist auch dann optimal, wenn der Schnittpunkt der Preisgeraden mit der Grenzkostenkurve unterhalb der Durchschnittskosten liegt.

Abb. 26: Verlustminimale Angebotsmenge

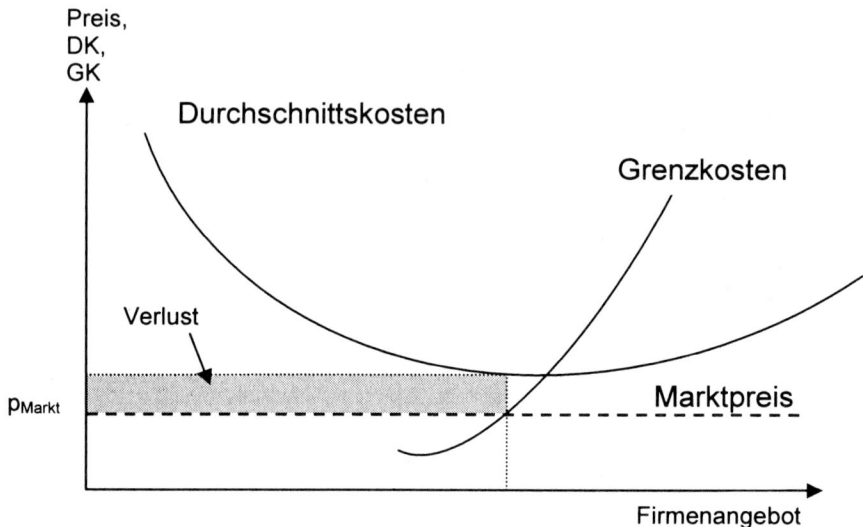

In diesem Fall deckt der Erlös jedoch nicht die Kosten. Das Unternehmen macht Verluste in Höhe der Differenz des Produkts aus Durchschnittskosten und Menge abzüglich des Produkts aus Preis und Menge. Die Grenzkosten-Preis-Regel gibt in diesem Fall lediglich die Angebotsmenge an, die die Verluste minimiert. Eine Verlust-Minimierungsstrategie ist manchmal das Beste, was einem Unternehmen übrig bleibt: Kurzfristig sind einige Faktoreinsätze fix, d. h. sie müssen kurzfristig als gegeben betrachtet werden, die Kosten fallen auch dann an, wenn auf Grund des Marktpreises am Absatzmarkt nicht mehr mit Gewinnen zu rechnen ist.

Langfristig hingegen können auch diese Faktoreinsätze angepasst werden, langfristig existieren keine Fixkosten und langfristig verbleibt kein Unternehmen trotz Verlusten im Markt. Der Marktaustritt ermöglicht immerhin einen Gewinn (bzw. Verlust) in Höhe von Null, d. h. langfristig müssen auf Grund der Möglichkeit des Marktaustrittes keine Verluste hingenommen werden. Daraus folgt, dass für jede Unternehmung, die auch langfristig im Markt bleibt, die so genannte **Nullgewinn-Bedingung** abzuleiten ist.

Das bedeutet, langfristig befinden sich nur Unternehmen im Markt, die mindestens einen Gewinn in Höhe Null realisieren, deren Durchschnittskosten also bei der gemäß der Grenzkosten-Preis-Regel realisierten Angebotsentscheidung unterhalb oder maximal in gleicher Höhe des am Markt herrschenden Preises liegen. Die **langfristige Angebotskurve** des einzelnen Unternehmens ist deshalb identisch mit dem Abschnitt der Grenzkostenkurve oberhalb der Durchschnittskostenkurve.

Abb. 27: Langfristige Angebotskurve der Unternehmung

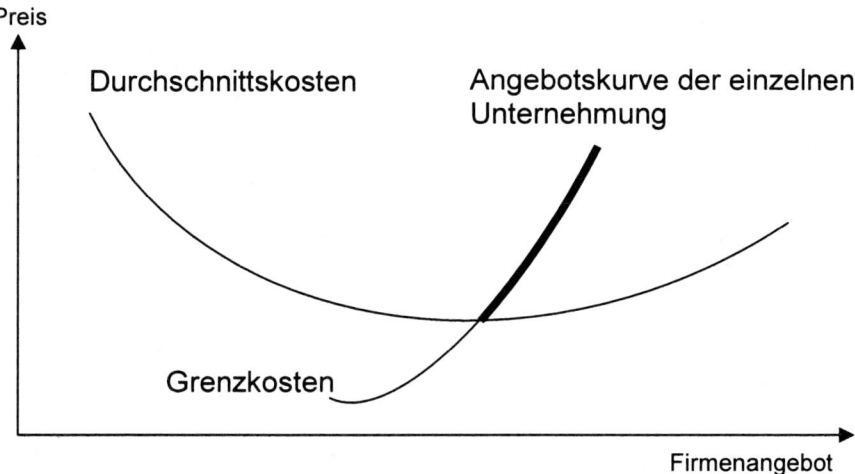

5. Vom individuellen Angebot polypolistischer Unternehmer zum Marktangebot

Die Aggregation der Angebote einzelner Unternehmen zum **Marktangebot** eines bestimmten Guts oder einer bestimmten Dienstleistung erfolgt analog der Ableitung der Marktnachfrage durch Addition der individuellen Angebotsmengen zu jedem Preis.

Grafisch erfolgt die Ableitung des Marktangebots durch horizontales Addieren der Einzelangebote bei jedem Preis.

Abb. 28: Vom individuellen zum aggregierten Angebot

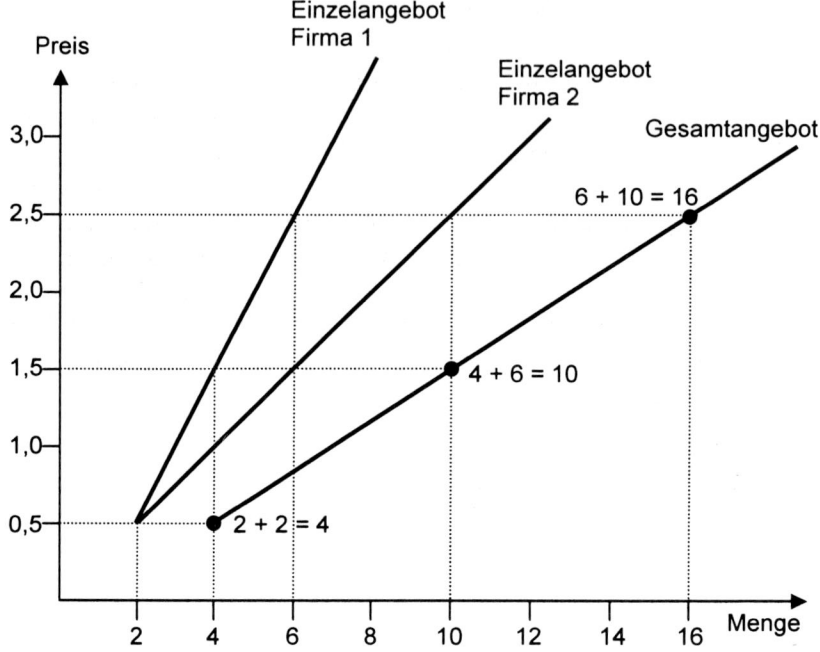

IV. Das Marktgleichgewicht

Ökonomen modellieren mit besonderer Vorliebe Gleichgewichtssituationen. Ein Gleichgewicht bedeutet dabei zunächst ganz allgemein einen ausbalancierten Zustand eines Systems interagierender Elemente, in dem keine Schwankungen auftreten. Analytisch faszinierend ist eine Gleichgewichtssituation deshalb, weil sie für den Betrachtungsmoment still hält und damit eine Untersuchung und Beschreibung ermöglicht bzw. lohnend erscheinen lässt. Das System ist im Gleichgewicht zur Ruhe gekommen und würde aus sich selbst heraus diesen Zustand dauerhaft beibehalten. Die Dinge geraten nur durch externe Veränderung der Einflussfaktoren wieder in Bewegung.

Etwas konkreter geht es in ökonomischen Betrachtungen häufig um ein **Marktgleichgewicht**. Dabei spricht man dann davon, dass ein Markt im Gleichgewicht sei, wenn bei einem bestimmten Preis die insgesamt angebotene und die insgesamt nachgefragte Menge übereinstimmen.

Abb. 29: Marktgleichgewicht

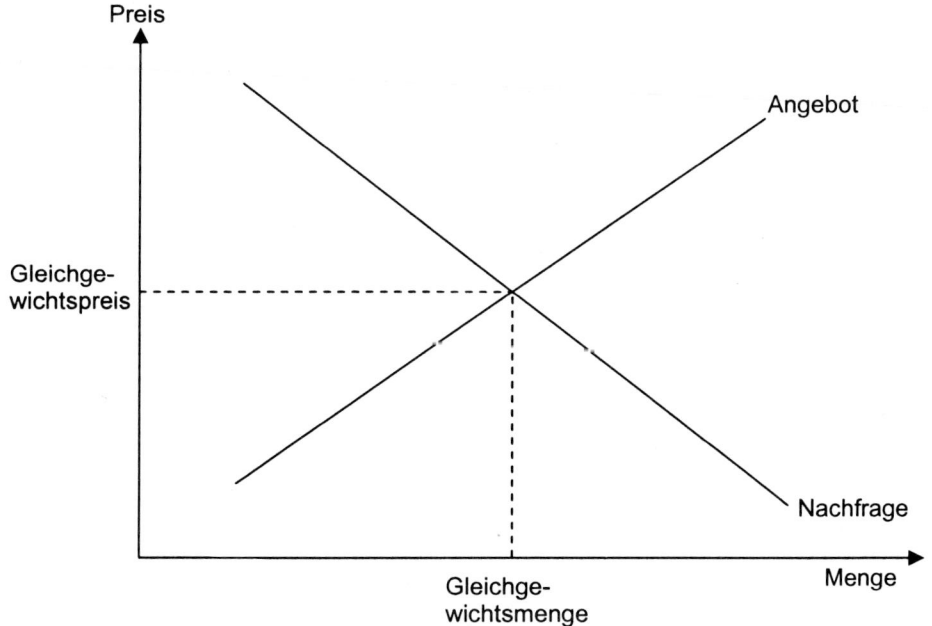

Der entsprechende Preis wird als **Gleichgewichtspreis** bezeichnet, die entsprechende Menge als **Gleichgewichtsmenge**. Ein Marktgleichgewicht liegt also vor, wenn der Preis das Marktangebot und die Marktnachfrage so miteinander in Einklang bringt, dass kein Nachfrager mehr bereit wäre, zu diesem Preis (oder einem höheren) weitere Güter nachzufragen, und gleichzeitig kein Anbieter mehr bereit wäre, zu diesem Preis (oder einem niedrigeren) zusätzliche Güter anzubieten. Ein Markt im Gleichgewicht weist weder Überschussnachfrage noch Überschussangebot auf. Der Markt ist im Gleichgewicht „geräumt".

Abb. 30: Markträumung im Gleichgewicht

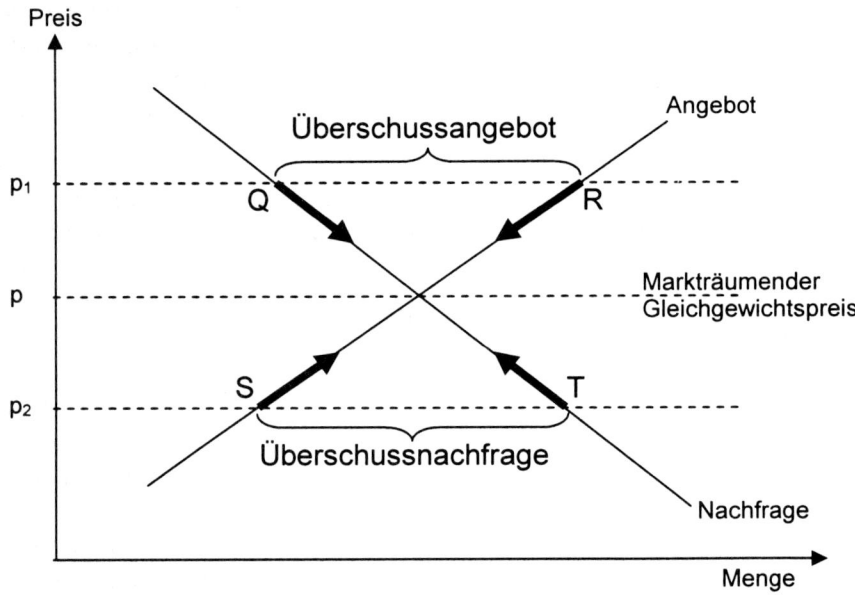

Befindet sich der Markt hingegen nicht im Gleichgewicht, so bedeutet dies, dass zu einem am Markt herrschenden Preis die angebotene und die nachgefragte Menge nicht identisch sind. Im Falle eines im Verhältnis zum Gleichgewichtspreis höheren Preises p_1 entsteht ein Überschussangebot, d. h. die Anbieter würden zu diesem Preis gerne mehr absetzen (Punkt R) als die Nachfrager zu diesem Preis abnehmen (Punkt Q). Bei einem im Verhältnis zum Gleichgewichtspreis niedrigeren Preis p_2 hingegen würden die Nachfrager gerne mehr kaufen (Punkt T) als die Anbieter bereit sind auf den Markt zu bringen (Punkt S). Es entsteht eine Überschussnachfrage. Gehandelt wird auf einem Markt, der nicht im Gleichgewicht ist, immer die jeweils kleinere

Menge, d. h. im Falle eines Überschussangebots wird nur die bei dem höheren Preis nachgefragte Menge gehandelt, bei einer Überschussnachfrage kann nur die zu diesem niedrigeren Preis angebotene Menge gehandelt werden. Der Merksatz zu dieser Selbstverständlichkeit lautet: „Die kürzere Marktseite setzt sich durch".

In der Realität kommt es auf den meisten polypolistischen Märkten unablässig zu Veränderungen des Marktangebots (und auch der Marktnachfrage). So verändern technologische Entwicklungen, Änderungen der Input-Preise, Änderungen der erwarteten Absatz-Preise, etc. ständig das Kalkül einzelner Unternehmen. Auch die daraus folgenden Marktein- und Marktaustritte verändern die insgesamt angebotene Menge. Dies hat Einfluss auf den erzielbaren Preis und dies wiederum verändert die Anreize zum Marktein- oder Marktaustritt, etc.

Ökonomen erwarten deshalb nicht, Märkte im Gleichgewicht vorzufinden, wohl aber beobachten zu können, dass Märkte zu ihrem Gleichgewicht tendieren. Die Marktkräfte der Konkurrenz zwingen die einzelnen Anbieter und Nachfrager zu Verhaltensanpassungen, die den Markt in die Richtung des theoretischen Marktgleichgewichts treiben. Das Steuerungs- und Informationsinstrument, welches dem einzelnen Anbieter oder Nachfrager signalisiert, dass eine Verhaltensanpassung erforderlich wird, ist der Preis.

Ausgehend von einer Situation des Überschussangebots erwarten wir, dass der Preis fällt, um den Markt in Richtung Gleichgewicht zu drängen. Ein Überschussangebot bedeutet, dass die Anbieter zum Preis p_1 einen Teil ihrer Produktion nicht absetzen können, dass sich die Regale in den Geschäften, die Lager bei den Unternehmen füllen. Einige Anbieter werden im Wettstreit untereinander um Absatzmöglichkeiten damit beginnen, ihre Produkte zu geringeren Preisen anzubieten. Selbstverständlich bedeutet dies, dass sie dazu auf einen Teil des ursprünglich vielleicht erwarteten Gewinns verzichten müssen. Zu diesem geringeren Preis fragen mehr Konsumenten die Produkte nach (bzw. dieselben Konsumenten fragen mehr Produkte nach). Da die anderen Anbieter ihre Produkte nun ebenfalls zum geringeren Preis anbieten müssen, weil sie ansonsten gar nichts mehr verkaufen könnten, führt dies zugleich dazu, dass zunehmend Anbieter mit geringeren Gewinnmargen in die Verlustzone geraten und sich letztlich aus dem Markt zurückziehen werden. Ein fallender Preis bewirkt damit eine Reduzierung des Überschussangebots indem gleichzeitig das Angebot sinkt und die Nachfrage steigt.

Umgekehrt verhält es sich bei einer in der Ausgangssituation bestehenden Überschussnachfrage. Der Preis steigt auf Grund der Konkurrenz der Konsumenten um die angebotenen Güter. Die Situation der Überschussnachfrage bedeutet, sowohl die Regale in den Geschäften als auch die Lager der Unternehmen sind leer. Die Konsumenten klappern alle Läden der Umgebung ab, um die gewünschten Produkte zum Preis p_2 zu erhalten, die meisten bleiben dennoch erfolglos. Eine alternative Methode zur intensiven Suche nach Restbeständen des betreffenden Produkts oder zur Einreihung in Warteschlangen vor Geschäften, in denen Gerüchten zufolge bald mit einer Lieferung gerechnet wird, besteht darin, höhere Preise zu bieten. Ähnlich einer Auktion könnten die wenigen vorhandenen Güter beispielsweise meistbietend versteigert werden. Ein steigender Preis führt allerdings dazu, dass ein zunehmender Teil der Konsumenten seine Nachfrage reduziert oder ganz einstellt. Umgekehrt führt der höhere Preis auf der Anbieterseite dazu, dass sich den Unternehmen größere Produktionsmengen als gewinnmaximierend gemäß der Grenzkosten-Preis-Regel darstellen. Ein höherer Preis reduziert also die Überschussnachfrage, indem sowohl die Nachfrage sinkt als auch das Angebot steigt.

1.   Das Angebot im langfristigen Marktgleichgewicht

Wie bereits erwähnt tendieren Märkte meist nur zu Gleichgewichten, erreichen sie aber selten. Lassen Sie uns nichtsdestotrotz das Angebot in einem Marktgleichgewicht betrachten, um zu sehen, wozu der Konkurrenzkampf der Anbieter untereinander der Tendenz nach führt.

In einem längerfristig stabilen Gleichgewicht an einem Markt mit freier Preisbildung und freiem Marktzutritt würden tendenziell alle am Markt befindlichen Unternehmen mit den gleichen Kostenverläufen konfrontiert sein. Bedenken Sie, dass ein längerfristig stabiles Gleichgewicht unter anderem voraussetzen würde, dass es über einen gewissen Zeitraum keine technologische Entwicklung und keine größere Nachfrageänderung gegeben hat. In einer solchen Situation wäre die Annahme eines allgemein diffundierten Wissens über die bestmögliche Produktionstechnologie, die preiswertesten Bezugsquellen für Rohstoffe und Vorprodukte, etc. nicht allzu unrealistisch.

Verfügen alle Unternehmen über die gleiche Produktionsfunktion, so bedeutet dies insbesondere, dass auch alle Unternehmen über die gleiche Nullgewinn-Bedingung verfügen und bei jedem am Markt erwarteten Preis eine jeweils identische gewinnmaximierende Angebotsmenge an den Markt bringen. Das Marktangebot beträgt in einem solchen Fall schlicht ein Vielfaches der Menge des Angebots eines einzelnen Unternehmens.

1.1. Die Gleichgewichtsmenge

In der folgenden Abbildung kann man zunächst auf die Tragfähigkeit des Marktes schließen. Versuchen Sie nachzuvollziehen, warum es bei sinkenden Preisen zu Marktaustritten einzelner Unternehmen kommen muss bzw. warum es bei höheren Preisen nicht zu dauerhaften Gewinnsteigerungen der am Markt befindlichen Unternehmen kommt, sondern diese durch neu hinzukommende Unternehmen herunterkonkurriert werden.

Abb. 31: Tragfähigkeit eines Marktes

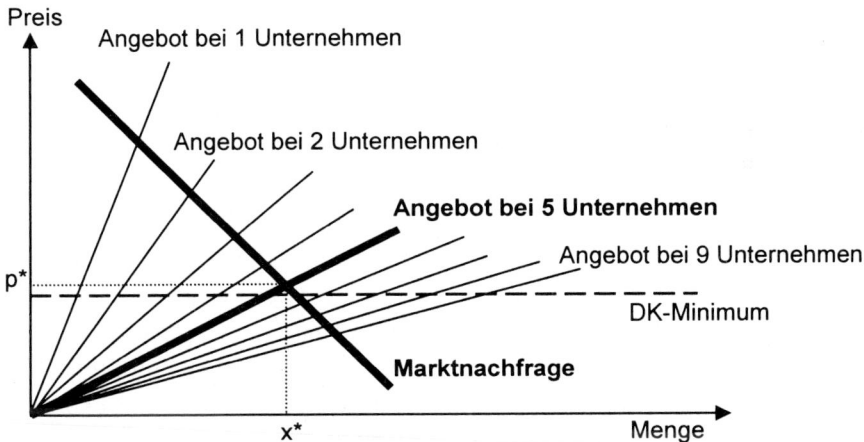

Die jeweils bei einem, zwei, drei,…, neun am Markt befindlichen Unternehmen entstehenden Marktangebotskurven stellen zu jedem Preis das entsprechend vielfache Angebot einer einzelnen Firma dar, d. h. drei Unternehmen bieten zu einem bestimmten Preis gemeinsam genau die dreifache Menge eines einzelnen der gewinnmaximierenden Unternehmen an. Die horizontale gestrichelte Linie markiert das Durchschnittskosten-Minimum der identischen Unternehmen. Wie viele identische Unternehmen wird der Markt in einem langfristigen Gleichgewicht aufweisen?

Bei mehr als fünf Unternehmen wäre das Marktangebot auf Grund der angenommenen Marktnachfrage nicht mehr zu kostendeckenden Preisen abzusetzen, d. h. die Unternehmen würden Verlust machen (der Schnittpunkt der Marktnachfragekurve mit der Marktangebotskurve bei sechs und mehr Unternehmen liegt unterhalb des Durchschnittskostenminimums). Langfristig ist die Situation, Verluste zu realisieren, nicht mit der Nullgewinn-Bedingung vereinbar. Bei einem Preis unterhalb des Durchschnittskostenminimums würden die

Unternehmen theoretisch alle gleichzeitig aus dem Markt austreten.[57] Langfristig stellen die Abschnitte der Angebotskurven unterhalb der waagerechten Linie somit keine realisierbare Lösung dar.

Zu Preisen oberhalb des Durchschnittskostenminimums hingegen ist jedes der identischen Unternehmen gerne bereit, entsprechend der Grenzkosten-Preis-Regel anzubieten. Befinden sich ursprünglich weniger als fünf Unternehmen im Markt, so würde bald ein weiterer Anbieter in den Markt eintreten. Schließlich können bei einem Angebot von bis zu fünf Unternehmen noch Gewinne erzielt werden (der Schnittpunkt der Marktnachfragekurve mit der Marktangebotskurve bei fünf Unternehmen liegt noch oberhalb des Durchschnittskostenminimums). Früher oder später würde eine findige Unternehmerpersönlichkeit beobachten, dass die vier oder weniger im Markt befindlichen Unternehmen auf diesem Markt attraktive Gewinne erzielen. Angelockt durch diese Situation würde ein fünftes Unternehmen in den Markt eintreten. Ohne Marktzutrittsbarrieren müssen die vier vorher bereits im Markt befindlichen Unternehmen mit der auf Grund des durch die fünfte Firma erweiterten Angebots entstehenden Preisreduzierung leben.

Der in der vorstehenden Abbildung dargestellte Markt weist eine Tragfähigkeit von genau fünf Unternehmen auf. Der im langfristigen Gleichgewicht am Markt erzielbare Gleichgewichtspreis p* wird in Höhe des Schnittpunktes der Marktnachfrage und des Marktangebots bei fünf Unternehmen liegen, die angebotene Gleichgewichtsmenge x* entspricht dem Lot vom Schnittpunkt zur Abszisse.

Aus dieser einfachen Betrachtung können wir eine äußerst attraktive Schlussfolgerung für die durch die Anbieter bereitgestellte Menge ziehen: Die Gleichgewichtsmenge wird durch den Schnittpunkt von Marktnachfragekurve und Marktangebotskurve bestimmt. Auf Konkurrenzmärkten ohne Markteintrittsbarrieren ist dabei die Angebotskurve mit der größten Firmenanzahl relevant, die noch mit der Nullgewinn-Bedingung vereinbar ist. Tendenziell wird damit auf Konkurrenzmärkten die größte Menge an Gütern bereitgestellt, die kostendeckend erreichbar ist.

---

[57]   Wir können nicht a priori prognostizieren, welche Firmen tatsächlich den Markt verlassen. Es könnten die mit der geringsten Kapitaldecke sein oder die mit den schlechtesten Nerven, den ungeduldigsten Aktionären oder mit den besten Ideen zur Gründung einer neuen Firma auf einem anderen Gütermarkt etc.

1.2. Der Gleichgewichtspreis

Unter den Annahmen der polypolistischen Konkurrenz, bei der eine sehr große Anzahl von Anbietern unterstellt wird,[58] kann auch eine Aussage über den erwarteten Gleichgewichtspreis formuliert werden. Tatsächlich scheiden nicht nur die Abschnitte der Angebotskurven unterhalb der Nullgewinn-Bedingung als realisierbare Möglichkeiten aus, sondern auch alle Kurvenabschnitte oberhalb eines potenziellen Schnittpunktes der Marktangebotskurve bei einer größeren Firmenanzahl mit irgendeiner Nachfragekurve.

In der vorhergehenden Abbildung war willkürlich eine bestimmte Marktnachfragekurve eingezeichnet. Wenn wir auf die Annahme einer bestimmten Marktnachfrage verzichten wollen, müssen wir einen allgemeineren Fall betrachten. Die steilste mögliche Nachfragekurve würde eine Senkrechte darstellen. Versuchen Sie, sich in der auf der nächsten Seite folgenden Abbildung eine beliebige Marktnachfragekurve vorzustellen.[59]

Das längerfristige Marktgleichgewicht wird immer auf einem der Kurvenabschnitte potenzieller Marktangebotskurven liegen, die hier durch Fettdruck hervorgehoben sind. Egal wo Sie die Nachfragekurve platzieren und mit welcher Steigung Sie deren Verlauf annehmen: Sie werden niemals eine Situation konstruieren können, in der ein Marktpreis oberhalb der hervorgehobenen Kurvenabschnitte einen Gleichgewichtspreis darstellt, der nicht durch den Eintritt zusätzlicher Unternehmen in den Markt herunterkonkurriert würde. Jede Nachfragekurve mit einem Schnittpunkt mit einer Angebotskurve oberhalb der markierten Abschnitte wird zugleich auch einen Schnittpunkt mit einer Marktangebotskurve bei einer höheren Firmenanzahl aufweisen, der mit einem geringeren Marktpreis korrespondiert.

Da das Angebot eines einzelnen Unternehmens in aller Regel preis-elastisch von links unten nach rechts oben verläuft, also bei höheren Preisen eine größere Angebotsmenge gewinnmaximierend ist, verläuft auch das Marktangebot als Vielfaches des Einzelangebots bei zunehmender Firmenzahl immer preis-elastischer. Die Marktangebotskurve wird somit immer flacher, die Angebotsmenge reagiert auf gleichbleibende Preisänderungen immer stärker, je größer die Anzahl der am Markt auftretenden Unternehmen wird. Dadurch

---

[58]   Weder fünf noch neun Anbieter stellen ernsthaft polypolistische Konkurrenz dar. Aber die Grafik wird ein wenig unübersichtlich, wenn man 200 oder 1.000 Marktangebotskurven einzeichnen wollte.

[59]   Oder tragen Sie beliebige Nachfragekurven ein.

wird der noch maximal erreichbare Gewinn der anbietenden Unternehmen im Marktgleichgewicht immer geringer, je mehr Anbieter auf dem Markt agieren.

Abb. 32: Maximale Unternehmensgewinne bei verschiedenen Anbieterzahlen

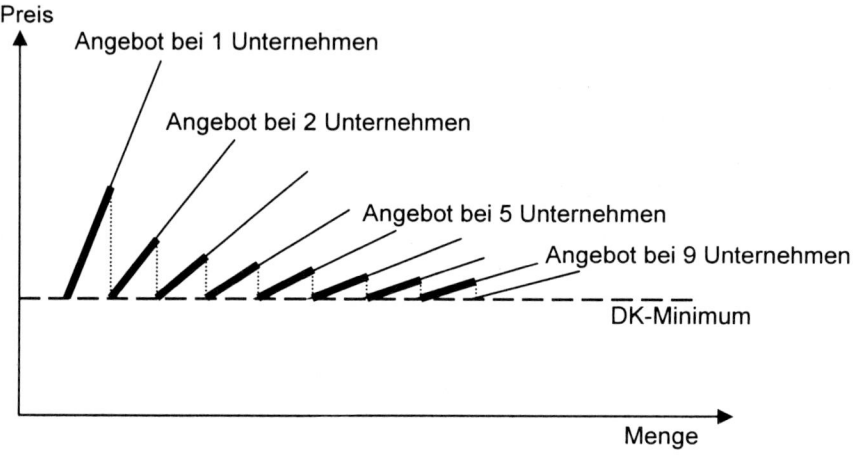

In der grafischen Darstellung erkennen Sie dies daran, dass der Abstand des potenziellen Marktgleichgewichtspreises auf einem fett hervorgehobenen Kurvenabschnitt zur Durchschnittskostenminimum-Linie immer geringer wird. Bei einer sehr großen Zahl von Anbietern werden die relevanten Kurvenabschnitte kaum noch Steigung aufweisen, der Gleichgewichtspreis wird sehr nahe an der Nullgewinn-Bedingung, d. h. kaum merklich über dem Minimum der Durchschnittskosten, liegen.

Diese Überlegung führt zu einem weiteren attraktiven Ergebnis der Betrachtung von freien Wettbewerbsmärkten im Polypol: Im langfristigen Branchengleichgewicht produzieren die Anbieter im Minimum der Durchschnittskostenkurve oder zumindest sehr nahe daran. Es verbleiben kaum Gewinnmöglichkeiten für die Produzenten. Der Gleichgewichtspreis wird damit tendenziell der niedrigste Preis sein, zu dem die nachgefragten Güter oder Dienstleistungen noch kostendeckend hergestellt werden können. Näherungsweise kann man die Aussage treffen, dass auf polypolistischen Wettbewerbsmärkten keine Gewinne gemacht werden.

Volkswirtschaftlich attraktiv ist diese Eigenschaft idealer Konkurrenzmärkte nicht etwa deshalb, weil Ökonomen Unternehmen keine Gewinne gönnen würden, sondern weil dies unmittelbar mit dem Ziel der wirtschaftlichen Nutzung knapper Ressourcen zusammenhängt: Die auf Wettbewerbsmärkten bereitgestellten Güter und Dienstleistungen werden mit dem geringst möglichen Ressourceneinsatz produziert.

1.3. Machen Unternehmen nicht doch Gewinne?

Natürlich machen viele Unternehmen in der Realität Gewinne. Wenn es gut läuft, sollte dies sogar die Regel sein. Die soeben abgeleitete Tendenzaussage, auf Wettbewerbsmärkten würden keine Gewinne erzielt, bedarf also in mindestens zweierlei Hinsicht einer Relativierung oder Präzisierung:

Erstens lautet die ökonomische Erkenntnis genauer: Auf Wettbewerbsmärkten werden keine **funktionslosen Gewinne** erzielt. Die oben getroffene Aussage galt insbesondere für Unternehmen an Märkten in einem längerfristigen Gleichgewicht. Es wurde bereits eingangs stark relativierend darauf hingewiesen, dass sich Märkte äußerst selten über längere Zeit in einem solchen Gleichgewicht befinden. Die in ungleichgewichtigen Situationen möglichen Gewinne erfüllen allerdings eine wichtige Funktion, d. h. das Marktsystem ist auf diese Gewinne angewiesen, sie sind Teil des Systems. So würden beispielsweise die ersten ein bis vier Unternehmen in den weiter oben grafisch dargestellten Fällen (höhere) Gewinne erzielen, solange noch nicht die in einem langfristigen Gleichgewicht erwartete maximale Firmenanzahl im Markt angetreten ist. Erst diese Gewinne bieten den Anreiz für potenzielle Unternehmer, in diesen Markt einzutreten. Das Marktsystem tendiert also nur deshalb zum Gleichgewicht, weil in Ungleichgewichtssituationen Gewinne erzielt werden. Wird hingegen kein weiterer Eintritt in den betrachteten Markt mehr sinnvoll sein, da ein Marktgleichgewicht bereits annähernd erreicht ist, so werden auch die Gewinnmöglichkeiten in diesem Markt nur noch minimal sein. Funktionslose Gewinne sind Gewinnmöglichkeiten, die keine wertvolle Anreizfunktion mehr erfüllen. Und solche funktionslosen Gewinne werden auf Wettbewerbsmärkten tendenziell nicht ermöglicht.

Zweitens erinnern Sie sich bitte an die ökonomische Begriffsverwendung der Bezeichnung Kosten. Gewinn ist die Differenz des Erlöses zu den Kosten. Kosten wiederum beinhalten für Ökonomen grundsätzlich auch Opportunitätskosten (vgl. Abschnitt I.4. und III.2.1.). Wenn Unternehmer auf Wettbewerbsmärkten langfristig „keinen Gewinn" erzielen, so sind sie also dennoch nicht zu bemitleiden. Die volkswirtschaftlich korrekte Gewinnermittlung berücksichtigt im Kostenkalkül beispielsweise bereits eine adäquate Entlohnung des Unternehmers (z. B. das mögliche Einkommen als Angestellter in einer anderen Firma oder mögliche Einkommen als Unternehmer in einer anderen Branche) und des eingesetzten Kapitals (z. B. in Höhe der alternativ erzielbaren Rendite bzw. Verzinsung). Steuer- und Bilanzrechtlich sieht die Gewinnermittlung auf Grund anderer Kostenbegriffe ein wenig anders aus. Wenn ein Volkswirt behauptet, in einem Markt würden keine Gewinne erzielt werden, so ist dies also kein Grund für Unternehmer, sich aus dem Markt zurückzuziehen.[60] Es besteht lediglich kein Anlass mehr für weitere Anbieter, in den Markt einzutreten.

2. Der schmerzhafte Weg zum markträumenden Gleichgewicht

Die Tendenz zum Gleichgewicht bedeutet, dass einzelne Konsumenten bei steigenden Preisen ihre Nachfrage zurückziehen müssen oder einzelne Produzenten bei fallenden Preisen aus dem Markt austreten müssen, um Verluste zu vermeiden. Aus gesamtwirtschaftlicher Sicht ist dies nicht bedauerlich, sondern äußerst notwendig.

Die Preise, die diese Anpassungsprozesse erzwingen, signalisieren die Opportunitätskosten der nachgefragten Güter bzw. die Wertschätzung der angebotenen Güter: Ein hoher Preis auf einem Wettbewerbsmarkt signalisiert letztendlich nichts anderes, als dass die in der Produktion der Güter verwendeten Ressourcen knapp sind und in der Produktion anderer Güter eine lohnende Verwendung finden würden. Mit der Zahlungsbereitschaft für ein bestimmtes Gut signalisiert der einzelne Konsument seine Wertschätzung des Guts im Verhältnis zu allen anderen Gütern. Ist also die Zahlungsbereitschaft im Verhältnis zu dem am Markt vorherrschenden Preis nicht hoch genug, so bedeutet dies letztlich nichts anderes, als dass die Zahlungsbereitschaft der Konsumenten für andere Güter, deren Produktion mit der des betrachteten Guts um knappe Ressourcen konkurriert, höher ist. Ist umgekehrt der am Markt erzielbare Preis so niedrig, dass ein Unternehmer nicht

---

[60] Es sei denn, der Unternehmer würde auf einem anderen Markt noch Gewinne erwarten. In diesem Fall wäre es lohnend, den angestammten Markt zu verlassen und in den Markt einzutreten, in dem der Unternehmer Gewinne erwartet. Korrekterweise müssten dann allerdings die Gewinnmöglichkeiten des vielversprechenden Marktes als Opportunitätskosten in der bisherigen Kalkulation eingehen, d. h. die Opportunitätskosten würden mit dem Aufdecken der lohnenderen Beschäftigung in anderen Märkten steigen und so c. p. im individuellen Kalkül auf dem bisherigen Markt Verluste anzeigen… (Alles ein bisschen verwirrend, zugegeben. Überlegen Sie ein wenig hin und her, die Opportunitätskostenbetrachtung ist ein außerordentlich wertvolles Instrument).

mehr kostendeckend produzieren kann, so bedeutet dies nichts anderes, als dass die Wertschätzung der Konsumenten für andere Güter höher ist. Die im Verhältnis zum Preis zu hohen Produktionskosten signalisieren, dass die verwendeten Faktoren und Vorprodukte in einer anderen Verwendung Güter produzieren können, die den Konsumenten einen höheren Nutzen stiftet. Der Preis gibt die Signale, die für die effiziente Allokation der knappen Ressourcen erforderlich sind, indem sie die jeweiligen Opportunitätskosten einer Entscheidung widerspiegeln.

Diese abstrakten Gedanken sind nicht besonders leicht verdaulich. Selbst auf die Gefahr hin den einen oder anderen Leser zu unterfordern, soll deshalb das folgende ausführliche Beispiel versuchen, Ihre Gedanken auf die richtige Spur zum Verständnis der Opportunitätskostenüberlegungen zu bringen.

2.1. Beispiel zum Ausschluss einzelner Nachfrager vom Konsum

Nehmen wir an, bei einem Preis von 0,40 Euro pro Erdnuss-Schokoriegel bestehe eine Überschussnachfrage. Viele Kunden sehen sich also im Kiosk häufig der Situation gegenüber, dass die Erdnuss-Schokoriegel ausverkauft sind und erst eine Woche später wieder lieferbar sein werden. Ihr Heißhunger bleibt unbefriedigt. Angenommen, die Hersteller der Erdnuss-Schokoriegel verhalten sich wie im ökonomischen Marktmodell vorgesehen. Sie ahnen, dass die Überschussnachfrage bedeutet, dass sie trotz höherer Absatzpreise noch mehr Erdnuss-Schokoriegel verkaufen könnten und erhöhen den Verkaufspreis auf 0,60 Euro. Der höhere Absatzpreis erlaubt die Ausdehnung der Produktion trotz höherer Grenzkosten. Allerdings kann sich beim höheren Preis nun Grundschüler Jakob nur noch weniger Erdnuss-Schokoriegel pro Woche leisten, denn den Rest seines Taschengelds braucht er zur Begleichung seiner Mobiltelefon-Rechnung. Er schränkt seine Nachfrage nach Erdnuss-Schokoriegeln ein. Die Überschussnachfrage (= die nicht befriedigte Nachfrage beim neuen Preis) wird sowohl auf Grund des erhöhten Angebots als auch auf Grund der eingeschränkten Nachfrage reduziert. Die Hersteller von Erdnuss-Schokoriegeln beobachten allerdings noch immer leergefegte Regale und erhöhen die Absatzpreise und die Produktion entsprechend der noch immer bestehenden Überschussnachfrage weiter. Bei einem Preis von 0,80 Euro pro Erdnuss-Schokoriegel ist der Markt geräumt, es besteht keine Überschussnachfrage, die Erdnuss-Schokoriegel bleiben aber auch nicht in den Regalen liegen. Der Markt ist im Gleichgewicht. Allerdings musste Jakob seinen Konsum an Erdnuss-Schokoriegeln jetzt gänzlich einstellen: Zum Preis von

0,80 Euro leistet er sich gar keine Erdnuss-Schokoriegel mehr, dazu sind ihm die andernfalls zu opfernden SMS einfach zu wichtig. Das bedeutet: Der Markt ist nun zwar im Gleichgewicht, es gibt weder eine Überschussnachfrage noch ein Überschussangebot. Aber dieses Gleichgewicht wurde nur auf brutale Art und Weise durchsetzbar, indem Jakob vom Konsum ausgeschlossen wurde. Eine Verdopplung des Preises für Erdnuss-Schokoriegel innerhalb kürzester Zeit? Hochpreispolitik zu Lasten der Grundschüler? Oder noch schlimmer: Werden durch solche rücksichtslosen Preistreibereien nicht die Eltern genötigt, das Taschengeld zu erhöhen? Und das soll nicht bedauerlich sein?

Nein, dass Jakob nun keine Erdnuss-Schokoriegel mehr konsumiert, ist nicht bedauerlich. Der Preis für Erdnuss-Schokoriegel signalisiert aus volkswirtschaftlicher Sicht Opportunitätskosten, die der Konsum von Jakob bei einem anderen Konsumenten verursacht: Das doch immerhin größere Angebot von Erdnuss-Schokoriegel bei einem Preis von 0,80 Euro wurde noch immer vollständig nachgefragt, aber beim niedrigeren Preis bestand eine Überschussnachfrage. Das bedeutet, dass jeder Verzehr eines Erdnuss-Schokoriegels durch Jakob beim Preis von 0,40 Euro oder 0,60 Euro eine andere Konsumentin, beispielsweise Grundschülerin Carlotta aus der Parallelklasse, vom Konsum eines Erdnuss-Schokoriegels ausschloss, obwohl Carlotta mehr zu zahlen bereit gewesen wäre als Jakob. Wenn aber Carlotta mehr zu zahlen bereit ist als Jakob, also für einen Erdnuss-Schokoriegel auf mehr SMS-Versendungen zu verzichten bereit ist als er, dann ist es aus ökonomischer Sicht keine Frage, dass der Verzehr des Erdnuss-Schokoriegels durch Jakob für die Gesellschaft nicht wohlfahrtsmaximal sein kann.

Stellen Sie sich bildhaft vor, dass Jakob und Carlotta nach der Schule gemeinsam im Kiosk anstehen, aber Jakob dummerweise unmittelbar vor Carlotta an die Reihe kommt. Wenn nun Jakob beim Preis von 0,60 Euro den letzten Erdnuss-Schokoriegel kaufen konnte und Carlotta leer ausgeht, dann kommen die beiden unter Umständen selbst auf den Gedanken, wie die Gesamtwohlfahrt von Jakob und Carlotta gesteigert werden könnte: Carlotta rennt Jakob hinterher und macht das Angebot, ihm den Riegel für 0,60 Euro abzukaufen und ihn außerdem noch eine SMS von ihrem Mobiltelefon verschicken zu lassen. Jakob müsste mit Freuden auf dieses Geschäft eingehen, der Nutzen beider Grundschüler wird sich erhöhen. Wird dieselbe Allokation des Erdnuss-Schokoriegels durch den Markt vorgenommen, d. h. sorgt das Preissystem dafür, dass Carlotta und nicht Jakob den knappen Erdnuss-Schokoriegel bekommt, dann hat dies natürlich Verteilungseffekte: Jakob bekommt eben keine Kompensation in Form einer Frei-SMS für den Verzicht auf den Erdnuss-Schokoriegel. Die Gesamtwohlfahrt jedoch erhöht sich genauso, wie im Beispiel des Tauschgeschäfts. Interpersonelle Nutzenvergleiche sind uns unmöglich. Es spricht nichts dafür, dass diejenigen, die zuerst im Kiosk sind und deshalb Güter konsumieren können, bei denen eine Überschussnachfrage besteht, der Gesellschaft wichtiger sind als diejenigen, die später kommen. Deshalb sollte man ein System wählen, dass dafür sorgt, dass Carlotta den Erdnuss-Schokoriegel auch dann bekommt, wenn Sie am anderen Ende der Stadt wohnt, in einem ganz anderen Kiosk einkauft und Jakob niemals kennen lernen wird. Eben dies leistet das anonyme Steuerungsinstrument des freien Preises.

2.2. Beispiel zum Ausschluss einzelner Anbieter vom Markt

Perspektivenwechsel zur Angebotsseite: Die Ausdehnung der Produktion – möglich geworden durch die Erhöhung der Absatzpreise für Erdnuss-Schokoriegel – bewirkt eine Erhöhung der Nachfrage nach Erdnuss-Rohmasse durch die Hersteller von Erdnuss-Schokoriegeln. War der Markt für Erdnuss-Rohmasse ursprünglich im Gleichgewicht, dann hat dies kurzfristig nun dort die Situation einer Überschussnachfrage zur Folge. Diese wird auf dem Rohmasse-Markt ähnlich abgebaut wie eben beschrieben. Eine Begleiterscheinung werden steigende Preise pro Tonne Erdnuss-Rohmasse sein. Stellen Sie sich nun bitte vor, die Hersteller von Erdnussbutter, die auf denselben Rohstoff angewiesen sind, passen ihre Produktionsmenge im ersten Schritt nicht an. Stattdessen erhöhen sie den Absatzpreis für jedes Glas Erdnussbutter entsprechend der gestiegenen Produktionskosten. Stellen Sie sich weiter vor, dass Carlottas Vater beim Wocheneinkauf nicht gewillt ist, die Erdnussbutter-Preiserhöhung hinzunehmen und Carlottas Familie sich von nun an auf Marmelade und Honig zum Frühstück beschränkt. Wenn die Konsumenten von Erdnussbutter den Preisanstieg nicht ohne Reduzierung ihrer Nachfrage hinnehmen und der Erdnussbutter-Markt vorher im Gleichgewicht war, dann bedeutet dies, dass es nun zu einem Überschussangebot kommt: Die Erdnussbutter-Hersteller bringen mehr Erdnussbutter auf den Markt als die Konsumenten zu diesem Preis abzunehmen bereit sind. Um dieses Überschussangebot abzubauen, bleibt den Herstellern von Erdnussbutter nichts anderes übrig, als die Absatzpreise zu senken und damit selbstverständlich auch die Angebotsmenge zu reduzieren. Parallel dazu wird Carlottas Vater wieder ab und zu ein Glas Erdnussbutter kaufen. Insgesamt kommt es jedoch zu einer Reduzierung der Erdnussbutter-Produktion. Dies kann durchaus dazu führen, dass eine Erdnussbutter-Firma schließen muss. Erdnussbutter-Produzenten wer-

den aus dem Markt gedrängt nur weil die Erdnuss-Schokoriegel-Hersteller die
Preise hochtreiben? Und das soll nicht bedauerlich sein?

Nein, ist es nicht. Natürlich kann dies für Jakobs Vater, der Zeit seines Lebens
Erdnussbutter-Fabrikant war und den Betrieb schon in der dritten Generation
fortführte, persönlich sehr schmerzhaft sein.[61] Es ist allerdings
volkswirtschaftlich notwendig, dass weniger Erdnussbutter produziert wird.
Die Preise für Erdnuss-Rohmasse signalisieren die Opportunitätskosten, die
der Einsatz einer Tonne Erdnuss-Rohmasse an anderer Stelle verursacht.
Diese Opportunitätskosten sind letztlich dieselben wie beim direkten Vergleich von Jakob und Carlotta: Carlotta müsste auf Erdnuss-Schokoriegel
verzichten, wenn die Hersteller von Erdnuss-Schokoriegeln nicht mehr produzieren und deshalb auch keine höheren Preise für die Erdnuss-Rohmasse
zahlen würden. Wenn die Hersteller von Erdnuss-Schokoriegeln nun höhere
Preise für Erdnuss-Rohmasse zahlen können, liegt dies daran, dass die Erdnuss-Schokoriegel für Carlotta wertvoller sind als der alte Preis für Erdnuss-
Schokoriegel ausdrückte. Umgekehrt sind die Hersteller von Erdnussbutter
nicht in der Lage, dieselbe Menge wie vorher zu höheren Preisen abzusetzen.
Aber nur höhere Preise sind kostendeckend, da die Rohmasse teurer geworden ist. Dies bedeutet, dass der Konsum von Erdnussbutter Carlottas Familie
eben nicht wertvoll genug ist, um den Preisanstieg hinzunehmen. Das anonyme Steuerungsinstrument Preis sorgt dafür, dass die Erdnuss-Rohmasse in
der Produktion eingesetzt wird, in der sie für die Konsumenten am wert-
vollsten ist und damit der Gesamtgesellschaft den höchsten Nutzen stiftet.

2.3. Freie Preise dienen als volkswirtschaftlich wünschenswer-tes Steuerungssystem

Natürlich ist diese Geschichte sehr einfach gestrickt. Sie können diese Beispiele beliebig verkomplizieren. Beispielsweise können Sie unterstellen, dass
Carlotta nun sehr unglücklich ist, weil ihr das Erdnussbutterbrot am Früh-

---

61   Vergessen Sie das „Arbeitsplatzargument", welches Jakobs Vater mit Sicherheit sofort der
     Landesregierung präsentieren wird, um Subventionen zu erbitten. Selbstverständlich be-
     deutet die Pleite von Jakobs Vater auch Arbeitsplatzverluste. Es besteht jedoch kein
     Grund, anzunehmen, dass durch das ganze Geschehen rund um Erdnuss-Produkte in der
     Erdnussbutter-Industrie mehr Arbeitsplätze abgebaut werden als in der Erdnuss-Schoko-
     riegel-Industrie neu entstehen. Und selbst wenn die Arbeiter aus der Erdnussbutter-Fabrik
     nicht in der Erdnuss-Schokoriegel-Produktion neue Beschäftigung finden: Auf Grund der
     Unvergleichbarkeit interpersoneller Nutzen besteht kein Grund zu vermuten, dass die Ge-
     sellschaft den Verlust der Arbeitsplätze von Erdnussbutter-Experten mehr bedauert als sie
     die Entstehung von Arbeitsplätzen für Erdnuss-Schokoriegel-Experten begrüßt.

stückstisch eigentlich noch wertvoller war als der Erdnuss-Schokoriegel. Lediglich ihr störrischer Vater ist nicht gewillt, den Preisanstieg zu akzeptieren. Dann aber sollte Carlotta auf einen Teil ihres Taschengeldes verzichten und den Preisanstieg von Erdnussbutter über einen Zuschuss zum Haushaltsgeld der Familie abfangen. Oder Sie unterstellen, sowohl für Erdnuss-Schokoriegel als auch für Erdnussbutter seien entsprechende Preiserhöhungen durchsetzbar, was zu einer entsprechenden Überschussnachfrage für Erdnuss-Rohmassen führen würde. Zu den dann steigenden Preisen für die Rohmasse wird auch der Import von Erdnüssen aus weiter entfernten Anbaugebieten lohnend bzw. eine Ausdehnung der Erdnussplantagen auch unter schlechteren klimatischen Bedingungen interessant. Dann aber wird von den Erdnuss-Schokoriegel- und Erdnussbutter-Konsumenten der Konsum anderer Güter (z. B. Opel Corsas) eingeschränkt werden, da sie größere Teile ihres Budgets für Erdnuss-Produkte ausgeben. Dies wiederum wird auf den Märkten für diese anderen Güter Anpassungsprozesse erzwingen. Das Ergebnis wird bei jeder Verkomplizierung der Story dasselbe sein. Freie Preise steuern, wer Ressourcen einsetzt, welche Güter oder Dienstleistungen damit bereitgestellt werden und welche Konsumenten diese erwerben.

Das faszinierende am Preissystem im marktwirtschaftlichen Wettbewerb ist, dass es einen äußerst kostengünstigen und doch zuverlässigen Mechanismus zur Informationsübermittlung bietet. Das Preissystem versorgt alle am Wirtschaftsprozess beteiligten Akteure mit der wesentlichen Information über relative Knappheiten: Je dringender Rohstoffe, Vorprodukte und Arbeitskräfte in alternativen Verwendungen benötigt werden, desto teurer ist ihr Einsatz in der Produktion eines Unternehmens. Steigt der Preis einer beliebigen Ressource, werden alle betroffenen Unternehmer sofort überprüfen, ob sich der bisher geplante Einsatz dieser Ressource auch beim höheren Preis noch lohnt oder ob es günstigere Möglichkeiten der Produktion gibt. Selbst wenn sich keine andere Produktionsmethode erschließen lässt, werden die betroffenen Unternehmer ihre Nachfrage nach dem teurer gewordenen Produktionsmittel im Regelfall einschränken. Denn diese höheren Preise verteuern die eigene Produktion, was letztendlich höhere Endverbraucherpreise notwendig macht. Da auch die Konsumenten alternative Verwendungen ihres Einkommens vergleichen, werden sie zu höheren Endverbraucherpreisen im Regelfall weniger dieser Produkte kaufen. Die Unternehmen werden die Produktionsmenge der betreffenden Güter entsprechend reduzieren und mithin geringere Mengen der teurer gewordenen Ressource in Anspruch nehmen als vorher. Dieser Zusammenhang gilt für alle im Produktionsprozess eingesetzten und

zu diesem Zweck vom Unternehmen nachgefragten Faktoren gleichermaßen:
Für Lizenzrechte, Vorprodukte, Rohstoffe, Maschinen und Arbeitskräfte.

Diese Wirkungskette ist erwünscht und notwendig, damit die knappen Ressourcen dort eingesetzt werden, wo sie – gemessen in Zahlungsbereitschaften, d. h. in der Bereitschaft, auf andere Güter und Dienstleistungen zu verzichten – am dringendsten verlangt werden.[62] Wenn die Preise steigen, ist das ein Zeichen dafür, dass die jeweilige Ressource – warum auch immer – knapper geworden ist. In der Folge werden zunächst und vor allem diejenigen Produzenten ihre Nachfrage einschränken, die durch die Wahl anderer Produktionstechnologien am leichtesten auf ihre Verwendung verzichten können oder für deren Endprodukt die Konsumenten am wenigsten bereit sind, Preiserhöhungen zu tolerieren. Durch ihre unterschiedlich starke Bereitschaft, für bestimmte Produkte höhere Preise zu zahlen und größere Preissteigerungen hinzunehmen als für andere, bestimmen letztlich immer die Endverbraucher, in welchen Produktionen das knapper gewordene Vorprodukt weiterhin eingesetzt wird (vgl. den Grundgedanken der Konsumentensouveränität in Abschnitt I.2.).

Die im Sinne einer bestmöglichen Versorgung der Bürger vernünftige Zuordnung der knappen Ressourcen erfolgt damit zielsicher, schnell und vergleichsweise reibungslos – ohne das Zutun eines fehler- und willküranfälligen Gremiums von wenigen Entscheidungsträgern. Das Preissystem reduziert die von allen Wirtschaftsakteuren zu verarbeitende Information auf das einzig relevante Kriterium der Knappheit. Für welche Endprodukte wird ein Rohstoff oder ein Vorprodukt verwendet? Welche Tätigkeit soll eine mit bestimmten Fähigkeiten und Kenntnissen ausgestattete Arbeitskraft verrichten? Wie sehr konkurriert die Verwendung dieser Ressourcen oder der Einsatz dieser Arbeitskräfte in der einen Produktion mit anderen Einsatzmöglichkeiten? Wie knapp und wertvoll für die Bedürfnisbefriedigung der Konsumenten ist ein Endprodukt oder eine Dienstleistung? Wie dringend wollen also die Konsumenten ein Produkt oder eine Dienstleistung im Verhältnis zu anderen Dingen? Ist es vernünftig und wohlfahrtssteigernd, die Ressourcen für die Produktion eines bestimmten Produktes beziehungsweise einer Dienstleistung einzusetzen? Lohnt sich die Anstrengung? Ein Unternehmer wäre hoffnungslos überfordert, müsste er versuchen, diese Fragen im Einzelnen durch Befragung aller Lieferanten, Konkurrenten und Abnehmer und die vollstän-

---

[62] Wo die betreffenden Nachfrager also bereit sind, auf mehr Short Messages zu verzichten, um das Gut zu bekommen, als andere Individuen.

dige Durchdringung der wechselseitigen Beeinflussung zu beantworten. Das Preissystem hingegen erledigt die schwierige Aufgabe der Zuordnung knapper Ressourcen beinahe spielerisch: Jeder einzelne Akteur muss nur wissen, wie wertvoll die fragliche Dienstleistung oder das fragliche Produkt für ihn selbst ist. Anschließend muss er seine Zahlungsbereitschaft mit dem am Markt geforderten Preis vergleichen. Ist das Gut teurer, als man zu zahlen bereit ist, verzichtet man. Ist man bereit, den am Markt herrschenden Preis oder mehr zu zahlen, macht man die Nachfrage geltend.

Im theoretischen Idealfall führt das freie Spiel der Marktkräfte dazu, dass nur die besten Produzenten genau die Güter herstellen, welche die Konsumenten am dringendsten verlangen. Zur Herstellung dieser Güter verbrauchen sie dabei nur so viele knappe Ressourcen wie unbedingt notwendig. Wirtschaftswissenschaftler bezeichnen Vorgehensweisen, die gleichzeitig verschwendungsfrei sind und erfolgreich zum Ziel führen, als effizient (vgl. Abschnitt I.8.). In einer marktwirtschaftlichen Wirtschaftsordnung sorgt ein System freier Preise demnach für eine effiziente Nutzung der knappen Ressourcen im Sinne der bestmöglichen Versorgung der Bürger mit Dienstleistungen und Waren. Dabei ist ein System freier Preise als dezentrales Steuerungssystem in der Lage, millionenfache Einzelentscheidungen zu koordinieren und die Knappheiten und Präferenzen abzubilden, ohne genauere oder ursächliche Informationen über die Gründe der Knappheits- oder Präferenzänderungen zu benötigen.

Die Unternehmen treffen auch ihre Entscheidung über die Beschäftigung von Arbeitnehmern in der beschriebenen Art und Weise: Die Arbeitnehmer mit ihrem Wissen, ihren Kenntnissen und Erfahrungen, ihren Fähigkeiten, ihrer Kreativität, Zuverlässigkeit und ihrer Motivation stellen die wichtigste Ressource der deutschen Volkswirtschaft dar. Der einzelne Unternehmer entscheidet, wie wertvoll ein zusätzlicher Arbeitnehmer für das Unternehmen ist. Die relevanten Größen, die er dazu miteinander vergleicht, sind die Arbeitskosten und die erwartete Wertschöpfung der Arbeitnehmer in der Produktion. Zu den Arbeitskosten gehören nicht nur die direkten Lohnkosten, sondern auch die Lohnzusatzkosten und die beschäftigungsabhängigen Ausrüstungskosten wie etwa Umkleideräume und Betriebsratsfreistellungen. Die erwartete Wertschöpfung bezeichnet die Richtgröße, die das Unternehmen durch die betreffende Arbeitskraft zusätzlich erwirtschaften zu können glaubt: Wie viel mehr oder besser kann das Unternehmen dank des zusätzlichen Mitarbeiters produzieren und welchen zusätzlichen Umsatz ermöglicht dieser? Übersteigen die Arbeitskosten die erwartete Wertschöpfung, unterbleibt die Anstellung. Der Unternehmer würde Verluste machen. Erwartet der Unternehmer hingegen eine größere Wertschöpfung, als zur Erwirtschaftung der Arbeitskosten erforderlich ist, wird die betreffende Arbeitskraft beschäftigt.

Die Einstellungsentscheidung der Unternehmen unter Abwägung von Arbeitskosten und erwarteter Wertschöpfung bewirkt bei freier Lohnbildung, dass der Arbeitnehmer dort den höchsten Lohn erzielen kann, wo er am meisten zusätzlichen Wohlstand erwirtschaften würde. Wenn der Arbeitnehmer seine Beschäftigungsentscheidung anhand der Lohnhöhe trifft, wird er in eben dieser Beschäftigung arbeiten.[63]

3. Die Wohlfahrtswirkung von Märkten I: Edgeworthbox

Im vorherigen Abschnitt wurde gezeigt, dass freie Preisbildung zu einem markträumenden Gleichgewicht führt. Aber führt sie damit gleichzeitig auch zu einem ökonomisch wünschenswerten, d. h. zu einem pareto-effizienten, Gleichgewicht?[64] Durch die Verwendung von Indifferenzkurvendarstellungen kann gezeigt werden, dass dies tatsächlich der Fall ist.

Stellen Sie sich vor, die Welt würde nur von den beiden Individuen Meier und Schmitt bevölkert (oder diese beiden Individuen wären vom Rest der Welt abgeschlossen). In dieser Welt gibt es – Sie erinnern sich sicher – nur Kartoffeln und Fleisch. Diese beiden Güter sollen nun pareto-effizient alloziert werden. Wir geben im Gegensatz zu den Ausführungen in Abschnitt I.7. kein Tauschverhältnis vor, sondern betrachten, wie eine wohlfahrtsoptimale Allokation der Fleisch- und Kartoffelmengen zwischen den beiden aussehen könnte. Aus den vorhergehenden Betrachtungen ist bekannt, dass die Entscheidung eines Individuums für ein Güterbündel aus variierenden Mengen für zwei Güter dort optimal ist, wo eine Tangentiallösung zwischen der höchsten erreichbaren Indifferenzkurve mit der Budgetgeraden vorliegt. In diesem Punkt stimmen die subjektive Tauschbereitschaft und die objektive Tauschmöglichkeit (also das Preisverhältnis) überein. Der gesamte Alloka-

---

[63]   Natürlich kann der Arbeitnehmer auch andere Faktoren wie zum Beispiel die Nähe der Arbeitsstelle zum Wohnort, gutes Arbeitsklima, reizvolle Aufgaben und anderes berücksichtigen.

[64]   Pareto-Effizienz bedeutet, dass kein Individuum mehr besser gestellt werden kann, ohne dass dies zugleich ein anderes Individuum schlechter stellen würde (vgl. Abschnitt I.8.).

tionsraum, der sowohl Meiers als auch Schmitts Indifferenzkurven abbildet, lässt sich in einer so genannten **Edgeworthbox**[65] darstellen.

Eine Edgeworthbox besteht aus zwei gleich großen übereinander gelegten Indifferenzkurvendiagrammen, deren Achsen jeweils die Gesamtmengen der zwei Güter bemessen, die in dieser Modellwelt verfügbar sind. Dazu wird eines der beiden Diagramme um 180 Grad gedreht und kantengenau über das andere Diagramm gelegt. Während also in der folgenden Abbildung die Indifferenzkurvendarstellung für Schmitt wie gewohnt interpretiert werden kann, muss das Diagramm für Meier „auf dem Kopf gestellt" gelesen werden. Insbesondere bedeutet dies, dass die Indifferenzkurven für Meier ein umso höheres Nutzenniveau darstellen, je weiter links unten im Rechteck sie liegen.

Verdeutlichen Sie sich zunächst, dass die Edgeworthbox an jedem Punkt innerhalb des Rechtecks die Aufteilung der jeweiligen in dieser Welt verfügbaren Gesamtmenge von Kartoffeln und Fleisch zwischen den beiden Individuen kennzeichnet. Punkt A ist die angenommene Ausgangsausstattung der beiden Personen. Die Pfeile entlang der Kanten kennzeichnen die Verteilung von Kartoffeln und Fleisch im Zustand vor einem Tausch. In A verfügt Schmitt über den Großteil der in der Zwei-Personen-Welt vorhandenen Menge von Kartoffeln, Meier über den Rest. Umgekehrt verfügt Schmitt über deutlich weniger als die Hälfte der insgesamt vorhandenen Menge Fleisch, Meier verfügt über den größeren Teil.

Abb. 33: Konstruktionsschritte der Edgeworthbox

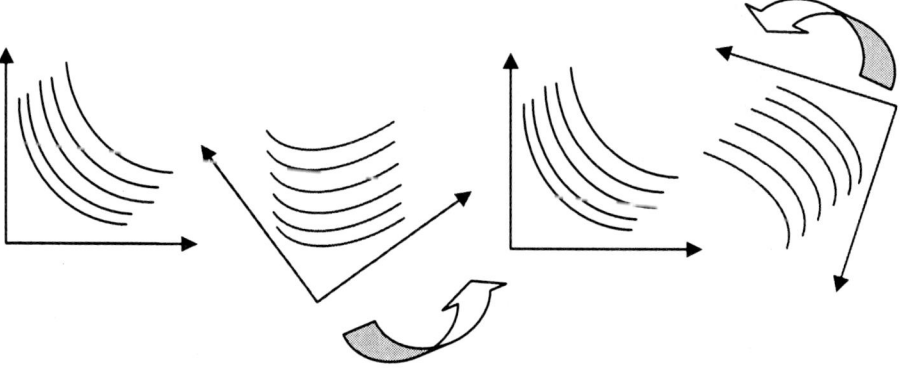

---

[65]   So benannt nach dem englischen Philosophen und Ökonomen Francis Ysidro **Edgeworth** (1845-1926), der das auf Pareto zurückgehende Instrument in großem Maßstab nutzte.

Abb. 34: Edgeworthbox

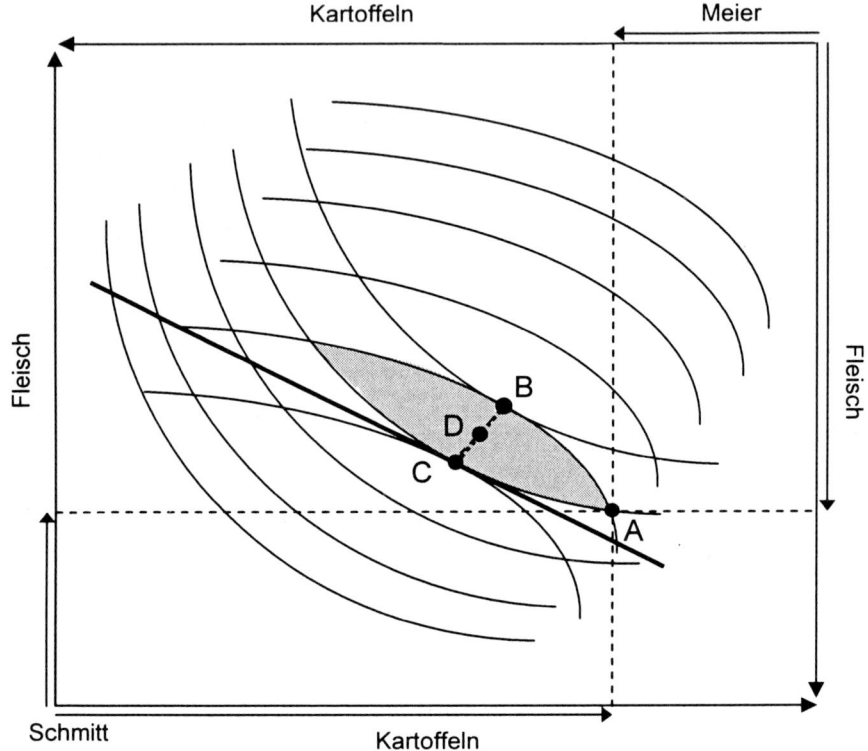

3.1. Die pareto-effiziente Güterallokation in der Edgeworthbox

Die Verteilung der Güter zwischen den Individuen ist in Punkt A nicht pareto-effizient. Dies lässt sich leicht erkennen, indem man ausgehend von Punkt A zunächst entlang der Indifferenzkurve von Meier verschiedene Punkte betrachtet. Entlang der Indifferenzkurve von Meier, auf der auch die Anfangsausstattung A liegt, bleibt Meiers Nutzenniveau per Definition konstant, Meier „stellt sich nicht schlechter". Schmitt hingegen stellt sich bei jeder Güterverteilung entlang dieser Kurve eindeutig besser als in der Ausgangssituation, solange nicht der zweite Schnittpunkt der beiden ursprünglich erreichten Indifferenzkurven erreicht wird.[66] Die für Schmitt bestmögliche Güterkombination, die Meier auf seinem Nutzenniveau belässt, liegt in Punkt B. Dort tangiert eine Indifferenzkurve von Schmitt die betrachtete Indifferenzkurve von Meier. Alle Punkte links und rechts von B auf der betrachteten Indifferenzkurve von Meier müssen hingegen Schnittpunkte mit nicht eingezeichneten Indifferenzkurven Schmitts darstellen. Stellen Sie nun die gleichen Überlegungen entlang der in A erreichten Indifferenzkurve von Schmitt an, d. h. halten sie seinen Nutzen konstant und beobachten Sie die dadurch möglichen Nutzengewinne für Meier. Das höchstmögliche Nutzenniveau, welches für Meier erreichbar ist ohne Schmitt schlechter zu stellen, liegt im Tangentialpunkt C der Indifferenzkurven.

Als Ergebnis dieser Betrachtung ist festzustellen, dass alle denkbaren Güteraufteilungen innerhalb der grau markierten „Linse" gegenüber der Ausgangsausstattung in Punkt A pareto-superior sind. Pareto-effizient hingegen sind nur Tangentialpunkte der Indifferenzkurvenscharen. Es existieren zwischen Punkt B und C unendliche weitere Tangentialpunkte von nicht eingezeichneten Indifferenzkurven, in denen sich beide Individuen besser stellen würden als in A. Beispielsweise könnte Punkt D einen solchen Tangentialpunkt darstellen. Die Verbindungslinie aller Tangentialpunkte heißt **Kontraktkurve** und stellt alle pareto-effizienten Verteilungen dar.[67]

3.2. Pareto-effiziente Allokation und markträumendes Gleichgewicht

Verdeutlichen Sie sich, was die Eigenschaften der Tangentialpunkte der Indifferenzkurven aussagen: In den Tangentialpunkten stimmen die Steigungen der beiden tangierenden Indifferenzkurven überein. Die Steigung einer Indifferenzkurve drückt die subjektive Tauschbereitschaft aus. Im Tangentialpunkt der Indifferenzkurven zweier Individuen sind deren Tauschbereitschaften

---

[66] Im zweiten Schnittpunkt verwirklichen beide Individuen wieder das gleiche Nutzenniveau wie in A, beide befänden sich wieder auf den ursprünglichen Indifferenzkurven. Rechts von A und links vom zweiten Schnittpunkt würde sich mindestens eines der beiden Individuen schlechter stellen: Das Güterbündel mindestens eines der beiden würde nur noch eine niedrigere Indifferenzkurve als in der Ausgangssituation in A erreichen.

[67] Ausgehend von Punkt A sind nur die Punkte auf der Kontraktkurve zwischen B und C (einschließlich) pareto-effizient. Die Kontraktkurve verläuft allerdings durch das gesamte Diagramm und endet jeweils in den Ursprüngen, in denen entweder Schmitt oder Meier über die Gesamtheit aller Güter verfügt. In der Grafik eingezeichnet ist also nur der auf Grund der in A angenommenen Ausgangssituation relevante Abschnitt der Kontraktkurve.

demzufolge identisch, d. h. die Individuen sind sich über das von ihnen erwünschte Tauschverhältnis der Güter einig. Natürlich treten in dieser Zwei-
Güter-Zwei-Personen-Welt sowohl Meier als auch Schmitt jeweils als Anbieter und Nachfrager der Güter auf. Sämtliche Güterkombinationen in der grau
hervorgehobenen Linse sind Güterbündel, bei denen Schmitt im Verhältnis
zur ursprünglichen Kombination in A weniger Kartoffeln hat, Meier hingegen
über größere Mengen Kartoffeln verfügt. Umgekehrt muss Meier im Tausch
selbstverständlich etwas Fleisch abgeben, Schmitt erhält hingegen etwas
Fleisch. Betrachten Sie nun noch – eher zur Erinnerung an bereits geklärte
Sachverhalte denn als weitere neue Erkenntnis – dass sich durch jeden dieser
Tangentialpunkte entlang der Kontraktkurve auch eine Gerade legen lässt.
Diese bildet wiederum eine Tangente mit beiden Indifferenzkurven. Sie weist
also die gleiche Steigung auf wie die beiden Indifferenzkurven im Tangentialpunkt, so dass wir an ihr die Tauschrate ablesen können, auf die sich die Individuen im betreffenden Punkt einigen können. In der Grafik wurde beispielhaft die entsprechende Tauschgerade für Punkt C eingezeichnet.

Entlang der Punkte der Kontraktkurve stimmen die Tauschbereitschaften von
Schmitt und Meier überein, d. h. dort entspricht zu dem durch die Tauschgerade ablesbaren Tauschverhältnis das Angebot der Nachfrage. In Punkt C
deutet die hilfsweise genutzte Tauschgerade beispielsweise an, dass in diesem
Punkt beide mit einem Tausch von einer Einheit Fleisch gegen zwei Einheiten
Kartoffeln einverstanden sind. Dabei würde also Schmitt auf zwei Einheiten
Kartoffeln verzichten, um eine Einheit Fleisch zu erhalten. Meier würde um-
gekehrt auf eine Einheit Fleisch verzichten, um zwei Einheiten Kartoffeln zu
erhalten. Die Tauschrate entspricht dabei dem relativen Preisverhältnis: Eine
Einheit Fleisch kostet zwei Einheiten Kartoffeln. Das Angebot entspricht in
Punkt C der Nachfrage, weil Meier zu diesem Preisverhältnis genauso so viel
Fleisch anbietet, wie Schmitt nachfragt. Es gibt zu diesem Preis also weder
eine Überschussnachfrage nach Fleisch, noch ein Überschussangebot von
Fleisch. Die gesamte Nachfrage zu diesem Preis wird befriedigt und kein Anbieter bleibt auf seinem Angebot sitzen. Umgekehrt gilt dasselbe für Kartof-
feln, wobei nun Schmitt genauso viel anbietet wie Meier nachfragt.

Alle Tangentialpunkte der Indifferenzkurven von Schmitt und Meier sind
solche Güteraufteilungen, in denen sich die beiden in dieser Art und Weise
bezüglich der erwünschten Tauschraten einig sind und in denen das entsprechende relative Preisverhältnis die nachgefragte und angebotene Menge in

Übereinstimmung bringt. Die Punkte entlang der Kontraktkurve stellen markträumende Gleichgewichte dar.[68]

Solche Gleichgewichtspreise werden letztlich im Trial-and-Error-Verfahren gefunden. Eine weit verbreitete Vorstellung dieses Preisfindungsprozesses stellt die Figur eines neutralen Auktionators dar, der Preise ausruft und nach Rückmeldung der Individuen anpasst. Er fährt damit fort, bis er einen Preis gefunden hat, zu dem sämtliche Güter nachgefragt werden (natürlich unter Inkaufnahme des Preises, d. h. der Bereitschaft für den Mehrkonsum des einen Guts den entsprechenden Anteil des anderen Guts abzugeben) und die Nachfragen der Individuen auch erfüllbar sind. Solche markträumenden Gleichgewichtspreise gibt es auch in Modellen mit beliebig vielen Personen und beliebig vielen Gütern, was in komplexen theoretischen Modellen gezeigt werden kann.[69]

Die wichtige Erkenntnis aus der Beschäftigung mit der Edgeworthbox lautet, dass die markträumenden Gleichgewichte, zu denen freie Wettbewerbsmärkte (ohne Marktversagen) bei freier Preisbildung streben, auch pareto-effizient sind, d. h. die optimale Lösung des Knappheitsproblems und damit die gesamtwirtschaftlich höchste Wohlfahrt ermöglichen.

---

[68]   In allen anderen Punkten des Diagramms stimmen die Tauschbereitschaften der beiden nicht überein, d. h. die Nachfrage- und Angebotspläne von Schmitt und Meier können dort nicht in Einklang gebracht werden. Immer würde bezüglich des einen Guts ein Nachfrageüberschuss und bezüglich des anderen Guts ein Angebotsüberschuss bestehen.

[69]   D. h. es gibt ihn theoretisch immer, wenn konvexe Präferenzen vorliegen, also die Annahme abnehmender Grenznutzen getroffen wird. Das grundlegende Modell eines allgemeinen Gleichgewichts auf allen Märkten stammt von Léon **Walras** (1834-1910). Sein allgemeines Gleichgewichtsmodell versucht bei vollständiger Konkurrenz die Gleichgewichtswerte aller ökonomischen Variablen zu ermitteln. Jeder der Marktteilnehmer tauscht dabei Güter nur dann, wenn er mindestens den gleichen Nutzen aus den getauschten Gütern zieht, sich also nach dem Tausch in seinem persönlichen Nutzen nicht verschlechtert. Um das Gleichgewicht für alle Märkte zu finden, bediente sich Walras der Idee eines Auktionators. Dieser ruft zu Beginn einer Periode ein Preissystem aus. Zu diesem System geben die Wirtschaftssubjekte ihre Tauschpläne ab. Der Auktionator prüft nun, in welchen Teilmärkten ein Nachfrageüberschuss oder ein Angebotsüberschuss herrscht und passt die Preise entsprechend an. Dies wird solange wiederholt, bis sich alle Märkte im Gleichgewicht befinden. Ein solches Gesamtgleichgewicht heißt „Walras-Gleichgewicht", der Auktionator heißt „Walrasianischer Auktionator".

4. Die Wohlfahrtswirkung von Märkten II: Rentenbetrachtung

Eine zweite Methode der Untersuchung von Wohlfahrtswirkungen von
Märkten bzw. bestimmter Eingriffe in Märkte, stellt die so genannte Rentenbetrachtung dar. Dabei hat der wohlfahrtsökonomische Begriff der Rente
nichts mit Alterssicherungssystemen zu tun. Unter einer **wohlfahrtsökonomischen Rente** wird, vereinfacht ausgedrückt, der Nutzengewinn verstanden, den
ein Marktteilnehmer aus den Markttransaktionen zieht, an denen er beteiligt
ist. Das Konzept ist damit sehr eng mit dem Konzept der Opportunitätskosten verbunden. Der Nutzengewinn ist diesem Verständnis nach die Differenz
zwischen dem in der betrachteten Markttransaktion verwirklichten Nutzen
und dem Nutzen, den die aufgewendeten Ressourcen in der nächstbesten
Alternative erzielt hätten. Die Betrachtung wohlfahrtsökonomischer Renten
versucht gewöhnlich, die Gesamtnutzen eines Marktergebnisses für Konsumenten und Produzenten zu erfassen. Zur Einführung des Konzepts eignet
sich jedoch eher die einzelwirtschaftliche Perspektive am Beispiel zweier Individuen.

4.1. Konsumenten- und Produzentenrente

Die **Konsumentenrente** versucht, den monetären Wert des Nutzengewinns eines
Nachfragers aus einer Markttransaktion zu erfassen. Dazu misst sie die Differenz zwischen der individuellen Zahlungsbereitschaft eines Nachfragers und
dem tatsächlich zu zahlenden Betrag (dem Preis).

Erinnern Sie sich bitte an Jakobs individuelle Nachfrage nach Schokoriegeln
(vgl. Abschnitt II.8.). Wir können für unser Beispiel in Tabelle 7 davon ausgehen, dass Jakob bei einem Preis von 1,75 Euro pro Schokoriegel gänzlich auf
Schokoriegel verzichten würde. Ökonomen bezeichnen diesen Preis, zu dem
der einzelne Konsument keine Gütereinheit mehr nachfragt, als **Prohibitivpreis**.
Bei einem Preis von 1,50 Euro pro Schokoriegel würde Jakob einen Riegel
nachfragen, bei einem Preis von 1,25 Euro schon zwei Stück, etc. Angenommen, der Marktpreis für Schokoriegel würde auf Grund des Zusammen-
spiels von Marktangebot und Marktnachfrage bei 0,50 Euro pro Stück liegen.
Wir wissen, dass Jakob in diesem Fall fünf Schokoriegel nachfragen würde.
Wir wissen ebenfalls, dass dies daran liegt, dass der Genuss des fünften Riegels ihm einen Grenznutzen von 0,50 Euro stiftet, denn die Nachfrage von
Jakob gleicht Grenznutzen und Grenzkosten ab. Der Grenznutzen des Konsums des fünften Schokoriegels führt also näherungsweise nicht mehr zu ei-

nem Nutzenüberschuss. Wie aber verhält es sich mit dem Gesamtnutzen für Jakob? Wie groß ist sein Nutzengewinn, den er nach Berücksichtigung der Kosten daraus schöpft, dass er als Konsument am Markt für Schokoriegel auftritt?

Die Nachfrage drückt die Zahlungsbereitschaft aus. Die individuelle Zahlungsbereitschaft wiederum entspricht der monetär bewerteten individuellen Nutzenerwartung. Das heißt in unserem Beispiel, dass Jakob seinen Nutzen aus dem Genuss des ersten Schokoriegels mit 1,50 Euro bewertet, den Nutzen aus dem Konsum des zweiten Riegels mit 1,25 Euro, usw. Zahlen muss Jakob aber auch für den ersten Schokoriegel nur den gültigen Marktpreis, den wir in Höhe von 0,50 Euro pro Stück angenommen haben. Daraus folgt, dass Jakob aus dem Konsum des ersten Schokoriegels einen Nutzenüberschuss in Höhe von einem Euro erlangt. Ähnliches gilt auch für die anderen Riegel, die Jakob konsumiert, wie die folgende Tabelle zeigt.

Tab. 7: Jakobs Konsumentenrente

	Bewertung durch Jakob (Zahlungsbereitschaft)	Kosten (=Preis)	Nutzenüberschuss
1. Riegel	1,50 €	0,50 €	1,00 €
2. Riegel	1,25 €	0,50 €	0,75 €
3. Riegel	1,00 €	0,50 €	0,50 €
4. Riegel	0,75 €	0,50 €	0,25 €
5. Riegel	0,50 €	0,50 €	0,00 €
Summe	5,00 €	2,50 €	2,50 €

Insgesamt bewertet Jakob den Nutzen seines Schokoriegel-Konsums von fünf Riegeln mit einer Zahlungsbereitschaft in Höhe von fünf Euro. Da er jedoch auf Grund des herrschenden Marktpreises nur 2,50 Euro zahlen muss, verwirklicht er einen Nutzenüberschuss in Höhe von 2,50 Euro. Diese Differenz zwischen Zahlungsbereitschaft und Preis bzw. zwischen der subjektiven Bewertung des Nutzens und den objektiv zu tragenden Kosten, nennen wir Konsumentenrente. Um den Zusammenhang zu Opportunitätskostenüberlegungen nachzuvollziehen, erinnern Sie sich bitte daran, dass Jakobs Zahlungsbereitschaft für Schokoladenriegel eben nicht nur unmittelbar mit seinem Wunsch nach Süßigkeiten, sondern ebenso mit seinem Wunsch nach SMS-Versendungen zusammenhängt. Auf Grund seiner knappen Ausstattung mit Taschengeld muss er zwischen beidem abwägen.

Natürlich ist die anhand der Tabelle angestellte Betrachtung wieder einmal sehr grob und allenfalls näherungsweise zu gebrauchen. Die Schritte, in denen in der Tabelle vorgegangen wird, sind mit Sicherheit nicht als marginal zu bezeichnen. Üblicherweise wird die Rentenbetrachtung grafisch angestellt. In einem Marktdiagramm stellt die Fläche unterhalb der Nachfragekurve aber oberhalb des Preises die Konsumentenrente dar

Abb. 35: Jakobs Konsumentenrente

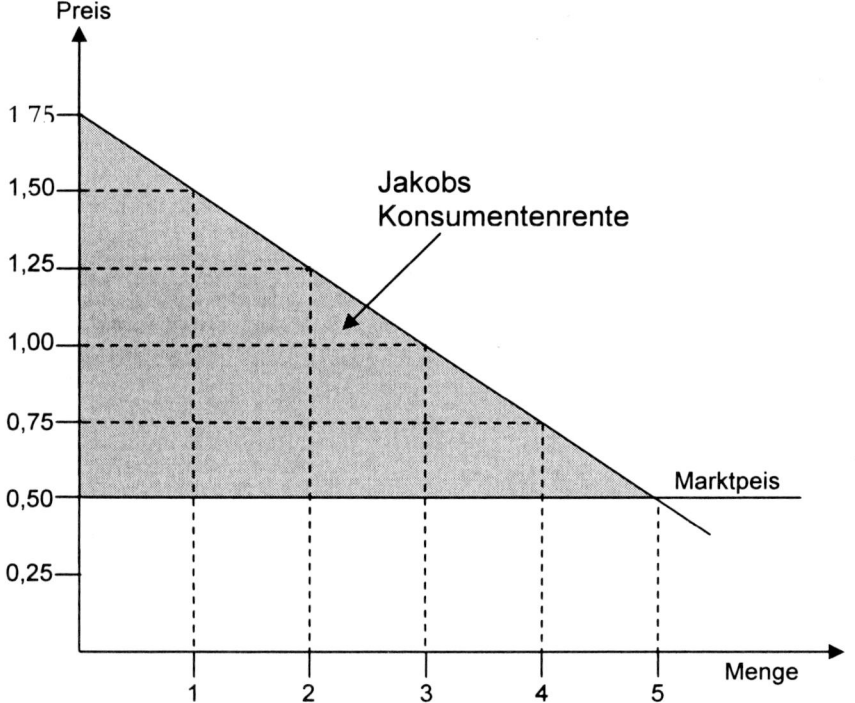

Die Fläche unter der Nachfragekurve von Jakob in der folgenden Abbildung repräsentiert dabei einen höheren Wert von Jakobs Konsumentenrente als die Addition in der Tabelle. In der tabellarischen Grobbetrachtung wurde beispielsweise behauptet, der erste Schokoriegel würde einen Grenznutzen von 1,50 Euro bieten. Die in der Grafik ablesbare genauere Betrachtung unterteilt den Genuss des ersten Schokoriegels aber in (letztlich unendlich) kleinere Einheiten.

Würde man den ersten Riegel in zehn Bissen einteilen, so könnte man schließen, dass das letzte Zehntel des ersten Riegels einen Nutzen von 15 Cent stiftet, der erste kleine Bissen hingegen Jakob 17,25 Cent Wert wäre. Insgesamt bewertet er den Nutzen des ersten Riegels also mit 1,625 Euro.[70] Die Fläche in der Grafik stellt auf Grund des stetigen (statt treppenförmigen) Verlaufs der Nachfragekurve die genauere Konsumentenrente dar, die sich bei beliebiger Teilbarkeit von Schokoriegeln ergeben würde. Sie repräsentiert einen Betrag in Höhe von etwa 3,12 Euro.[71]

Abb. 36: Konsumentenrente und Produzentenrente

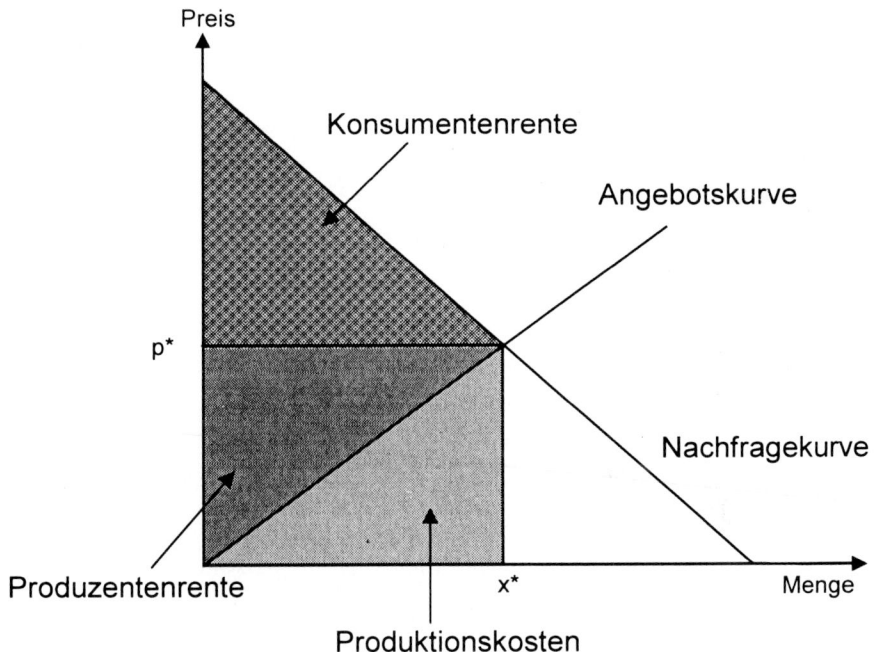

---

[70] Diesem Wert entspricht das Integral unter der Nachfragekurve zwischen Null und einem Riegel [½ * (1,75 + 1,50) = 1,625].

[71] Zahlungsbereitschaft [½ * (1,75+0,50) * 5] − Kosten [0,50 * 5] = 3,125. Die scheinbar realitätsferne Annahme der beliebigen Teilbarkeit ist nicht so unplausibel. Da Jakob ohnehin fünf Riegel kauft, kommt es bei diesen fünf Riegeln nicht darauf an, ob der Kioskbesitzer bereit ist, auch Zehntel Schokoladenriegel zu verkaufen. Nur an der Grenze erweist sich die Ignoranz des Ladenbesitzers als Schwierigkeit, denn womöglich möchte Jakob beim Preis von 0,50 Euro eigentlich fünf ganze und zwei Zehntel Schokoriegel kaufen. Auf die Annahme der beliebigen Teilbarkeit kann im Falle wesentlich größerer Zahlen bei der Betrachtung der gesamten Marktnachfrage aber ohnehin verzichtet werden.

Dieselben Überlegungen gelten für jede Nachfragekurve. Genutzt wird das Konzept der Konsumentenrente gewöhnlich nicht für eine Individualnachfrage, sondern zur Betrachtung der Wohlfahrtswirkungen bezüglich der gesamten Marktnachfrage. In diesem Fall steht die Konsumentenrente für die Nutzengewinne aller Konsumenten zusammen.

Analog zur Konsumentenrente kann eine entsprechende **Produzentenrente** betrachtet werden (vgl. vorstehende Abbildung 36). Die Produzentenrente bemisst die Differenz zwischen dem Erlös (Marktpreis multipliziert mit der Menge) und den Kosten der Produktion. Auf das gesamte Marktangebot angewendet, drückt diese Differenz den Gewinn aller Anbieter aus und steht im Rahmen der hier vorgenommenen Wohlfahrtsbetrachtung für die Vorteile der Produzenten aus dem Marktgeschehen. Grafisch stellt die Fläche unterhalb des Marktpreises aber oberhalb der Angebotskurve (= Grenzkostenkurve) die Produzentenrente dar.[72]

4.2. Der Soziale Überschuss

Die Summe aus Konsumentenrente und Produzentenrente wird Gesamtrente oder **Sozialer Überschuss** genannt und zeigt den gesamten Wohlfahrtsgewinn der Gesellschaft durch die Marktnutzung an. Der Soziale Überschuss entspricht dem Wert, der durch die Fläche unterhalb der Nachfragekurve aber oberhalb der Angebotskurve bis zur am Markt gehandelten Menge dargestellt wird.

Dass die Situation des Marktgleichgewichts wohlfahrtsökonomisch optimal ist, kann nun gezeigt werden, indem man sich auf den Sozialen Überschuss konzentriert. Dieser Soziale Überschuss ist genau dann maximal, wenn der Gleichgewichtspreis und die entsprechende Gleichgewichtsmenge verwirklicht werden. Um dies zu zeigen, ist es hilfreich, die Veränderungen der Konsumenten- und der Produzentenrente bei ungleichgewichtigen Marktergebnissen zu betrachten. Wir wollen exemplarisch zwei solcher vom Marktgleichgewicht abweichenden Situationen untersuchen.

Angenommen, der am Markt herrschende Preis p_1 liegt höher als der gleichgewichtige Preis und führt entsprechend zur Situation eines Angebotsüberschusses: Die Anbieter würden bei einem Preis p_1 zwar gerne eine größere Menge absetzen, diese wird jedoch auf Grund der geringeren Nachfrage der

---

[72]   Das Integral unter der Grenzkostenkurve drückt die totalen Kosten aus.

Konsumenten zu diesem Preis nicht abgenommen. Die kürzere Marktseite setzt sich durch, die gehandelte Menge liegt bei x_1. Wie nicht anders zu erwarten, reduziert sich bei einem höheren Preis die Konsumentenrente im Vergleich zur Gleichgewichtssituation von Qp^*A auf Qp_1C. Die Produzentenrente hingegen steigt von RAp^* auf $RDCp_1$. Ein höherer Preis sorgt also für einen Umverteilungseffekt zu Gunsten der Anbieter und zu Lasten der Nachfrager: Die Fläche p^*BCp_1 wird von Konsumentenrente in Produzentenrente umgewandelt. Zusätzlich geht aber die Fläche ABC an Konsumentenrente und die Fläche ABD an Produzentenrente verloren. Im Ergebnis führt ein Preis p_1 also nicht nur zu einer Umverteilung von den Konsumenten zu den Produzenten (p^*BCp_1), sondern außerdem zu einer Reduzierung des Sozialen Überschusses, also einem **gesamtwirtschaftlichen Wohlfahrtsverlust**, in Höhe der Fläche ACD.

Abb. 37: Wohlfahrtsverlust eines Angebotsüberschusses

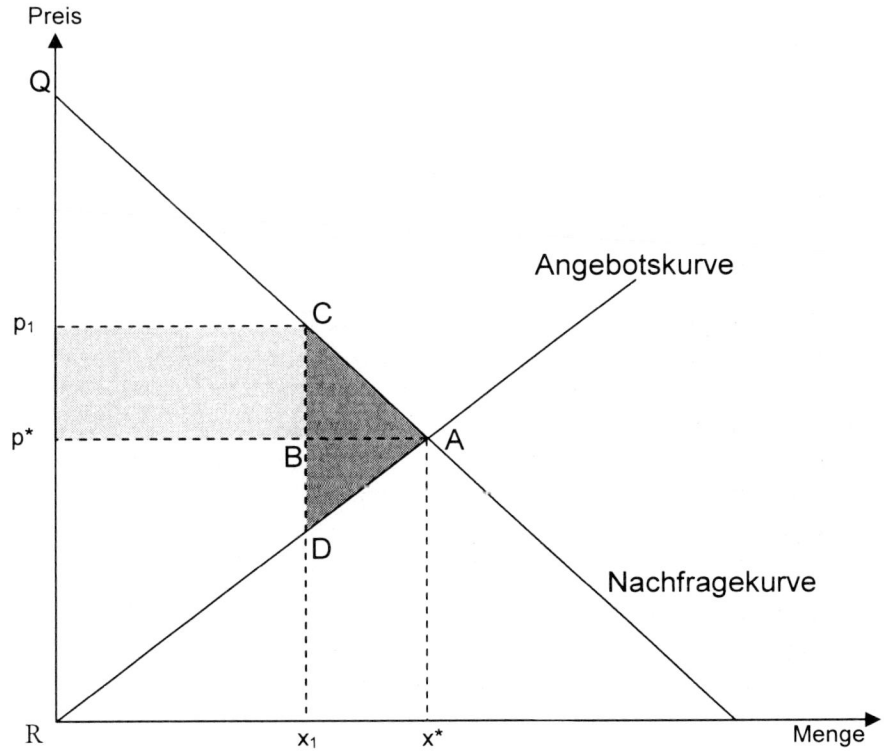

Unterstellen Sie nun umgekehrt die Situation eines Nachfrageüberschusses auf
Grund eines Preises p_2 der unterhalb des Gleichgewichtspreises p^* liegt (vgl.
Abbildung 38 auf der nächsten Seite). Wiederum setzt sich die kürzere Marktseite durch: Die Konsumenten möchten zu p_2 zwar eine größere Menge nachfragen, die Anbieter aber sind bei diesem Preis nicht in der Lage, mehr als x_2
kostendeckend zu produzieren. Die Konsumentenrente steigt im Vergleich
zur Gleichgewichtssituation von Qp^*A auf Qp_2DC. Die Produzentenrente
sinkt von RAp^* auf RDp_2. Die Fläche p^*BDp_2 wandelt sich von Produzentenrente in Konsumentenrente. Zusätzlich geht aber wieder die Fläche ABC an
Konsumentenrente und die Fläche ABD an Produzentenrente verloren. Im
Ergebnis kommt es bei einem Preis p_2 nicht nur zu einer Umverteilung von
den Produzenten zu den Konsumenten (p^*BDp_2), sondern außerdem zu einer
Reduzierung des Sozialen Überschusses, also der gesamtwirtschaftlichen
Wohlfahrt, in Höhe der Fläche ACD.

Abb. 38: Wohlfahrtsverlust eines Nachfrageüberschusses

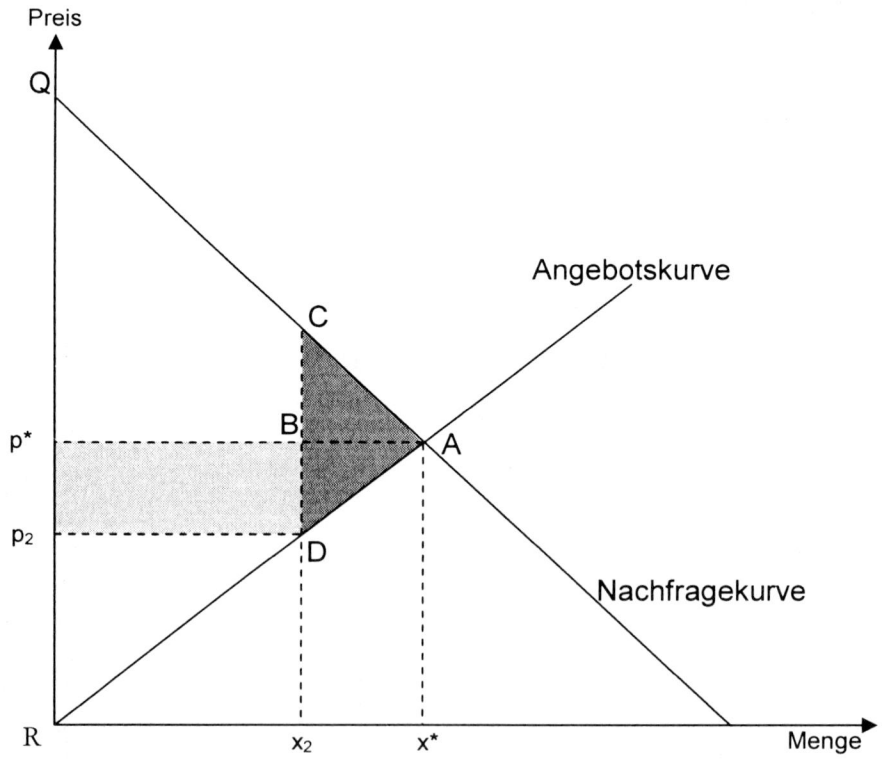

Verdeutlichen Sie sich, warum jeder ungleichgewichtige Preis in Zusammenhang mit der dann geringeren gehandelten Menge die gesamtwirtschaftliche Wohlfahrt reduziert. Der Soziale Überschuss in der wohlfahrtsökonomischen Rentenbetrachtung stellt die Gesamtheit der Nutzengewinne der Marktteilnehmer dar. Im Gleichgewicht eines freien Wettbewerbsmarktes wird zum gleichgewichtigen Preis die größtmögliche Menge gehandelt. Erst bei der letzten gehandelten Mengeneinheit des betrachteten Guts entspricht der Grenznutzen des betreffenden Konsumenten exakt dem Preis. Bei jeder vorherigen Gütermengeneinheit übertraf der Grenznutzen noch den geforderten Preis, d. h. es entstand ein zusätzlicher Nutzengewinn der Konsumenten. Umgekehrt entspricht erst bei der letzten gehandelten Gütermengeneinheit der am Markt erzielbare Preis exakt den in der Herstellung entstehenden Grenzkosten. Jede vorher gehandelte Gütermengeneinheit hingegen erzielte einen die Grenzkosten übersteigenden Grenzerlös, d. h. es entstand ein zusätzlicher Gewinn auf Seiten der Anbieter. Wird hingegen eine geringere Menge als die gleichgewichtige gehandelt, so verursacht dies im Vergleich zur Gleichgewichtsmenge deshalb Wohlfahrtsverluste, weil eigentlich noch lohnende Tauschakte zwischen Anbietern und Nachfragern unterbleiben. Schließlich würden die Anbieter und Nachfrager in den oben diskutierten Fällen noch weitere beidseitig vorteilhafte Tauschhandlungen vollziehen können: Auch für die Mengen zwischen x_1 bzw. x_2 und der gleichgewichtigen Menge x^* übersteigt die Zahlungsbereitschaft der Konsumenten noch die Grenzkosten der Produzenten.

5. Hauptsätze der Wohlfahrtsökonomik

Die Ergebnisse dieser theoretischen Betrachtung von Wettbewerbsmärkten finden sich in der ökonomischen Literatur zusammengefasst in zwei „Hauptsätzen der Wohlfahrtsökonomik". Der erste Hauptsatz lautet: „Alle Gleichgewichte, die sich auf einem freien Wettbewerbsmarkt ergeben, sind pareto-effizient."

Die Erkenntnis, dass ein bestimmter wettbewerblich organisierter Markt in freier Preisbildung zu einem markträumenden Ergebnis gelangt und auf diesem Markt kein Marktversagenstatbestand vorliegt,[73] genügt also, um schlussfolgern zu können, dass dieses Marktergebnis nicht mehr zu Gunsten eines Individuums verändert werden kann, ohne zugleich ein anderes Indivi-

---

[73] Dazu kommen wir später in Kapitel VI.

duum schlechter zu stellen. Diese Prozessbetrachtung hat einen großen Vorteil: Wir können das Marktergebnis anhand der Beobachtung des Prozesses beurteilen, mit dem das Ergebnis zustande kommt. Das Ergebnis selbst bedarf keiner Beurteilung, wozu wir auf Grund des methodologischen Individualismus und der interpersonellen Unvergleichbarkeit des Nutzens gar keine Möglichkeit hätten (vgl. Abschnitte I.1. und I.8.).

Allerdings gibt es – wie bereits durch die abstrakte Beschreibung der Kontraktkurve in der Edgeworthbox angedeutet – unendlich viele effiziente Marktgleichgewichte, die auf freien Märkten zustande kommen können. Das Gleichgewicht, zu dem ein Markt tendiert, wird eben nicht nur von den Präferenzen und Produktionsfähigkeiten der am Markt agierenden Individuen bestimmt. Maßgeblich ist ebenso die Anfangsverteilung der knappen Ressourcen unter den Individuen. In der Edgeworthbox liegen diese pareto-effizienten Gleichgewichte irgendwo auf der Kontraktkurve, die unter anderem auch durch die beiden Ursprungspunkte der übereinander gelegten Indifferenzkurvendiagramme verläuft. Beispielsweise ist die Verteilung von Kartoffeln und Fleisch, bei der einer alleine über die Gesamtheit beider Güter verfügt, ein pareto-effizientes Ergebnis. Es würde sich als Marktgleichgewicht einstellen, wenn exakt diese Verteilung bereits vor einer eventuellen Tauschmöglichkeit vorliegen würde. Wenn Schmitt von vornherein über die Gesamtheit der beiden Güter verfügt, wird es keine alternative Zuordnung der Güter geben, die Meier besser stellt ohne dabei zugleich Schmitt auf ein geringeres Nutzenniveau zu zwingen. Die Situation der Zwei-Personen-Gesellschaft von Schmitt und Meier, in der Schmitt alles und Meier nichts gehört, ist pareto-effizient. Obwohl in einer solchen Gesellschaft also keine knappen Ressourcen verschwendet würden, leuchtet es unmittelbar ein, dass viele reale Gesellschaften mit einem solchen Verteilungszustand nicht zufrieden sind.

Der zweite Hauptsatz der Wohlfahrtsökonomik gibt deshalb einen wertvollen Hinweis darauf, dass auch eine Gesellschaft, die ein anderes Verteilungsergebnis bewirken möchte, nicht unmittelbar in die Marktallokation und die freie Preisbildung eingreifen muss: „Durch geeignete Wahl der Anfangsausstattung kann jedes der unendlich zahlreichen pareto-effizienten Gleichgewichte dezentral über Wettbewerbsmärkte verwirklicht werden."

Aller Erfahrung nach wird dieser Satz häufig missverstanden. Der zweite Hauptsatz der Wohlfahrtsökonomik behauptet keineswegs, dass eine Gesellschaft sorglos durch Umverteilungseingriffe über Steuern und Transfers die Ausstattung der Bürger verändern kann, mit der diese an Güter- und Dienstleistungsmärkten auftreten. Allokation und Umverteilung sind nicht unabhängig voneinander.[74] Die Veränderungen marktlicher Leistungsanreize, die von der Umverteilung ausgehen, können gravierenden Einfluss auf die Allokationsergebnisse einer Wirtschaftsordnung haben – also das Gesamtvolumen des Bruttosozialprodukts, das zur Umverteilung zur Verfügung steht, empfindlich reduzieren. Wir werden auf die Auswirkungen der Umverteilung auf das in einer Volkswirtschaft insgesamt hergestellte Sozialprodukt später noch zu sprechen kommen (vgl. Abschnitt VII.1.5.).

Der zweite Hauptsatz der Wohlfahrtsökonomik deutet lediglich an, dass bestimmte Verteilungsziele erreicht werden können, ohne von vornherein auf die grundsätzlichen Effizienz-Eigenschaften freier Wettbewerbsmärkte verzichten zu müssen: Wenn auf Grund missliebiger Verteilungsergebnisse eine Umverteilung angestrebt wird, kann eine Veränderung dieser Verteilungsergebnisse eben auch mittelbar durch generelle Verteilungssysteme vollzogen werden ohne direkt in die Märkte eingreifen zu müssen. Angenommen, eine Gesellschaft möchte beispielsweise zwischen den in der Rentenbetrachtung dargestellten Gruppen der Produzenten und Konsumenten umverteilen. Nach Maßgabe des zweiten Hauptsatzes der Wohlfahrtsökonomik wäre es nun grundsätzlich falsch, zu diesem Zweck einen vom Marktgleichgewicht abweichenden Preis p_1 oder p_2 zu erzwingen. Vielmehr sollte der Versuch unternommen werden, die Anfangsausstattung mit knappen Ressourcen (z. B. Geld) der beiden Gruppen vor deren Zusammentreffen am Markt zu verändern. So kann der Markt theoretisch zu einem Gleichgewicht finden, das dem Pareto-Kriterium entspricht und somit eine verschwenderische Reduzierung des Sozialen Überschusses vermieden und gleichzeitig ein bestimmtes Verteilungsziel verwirklicht werden. Wird hingegen aus Umverteilungsgründen direkt in einen bestimmten Markt eingegriffen, werden die Preissignale verzerrt und der Mechanismus des Marktes zerstört. Ein pareto-effizientes Ergebnis kann dann allenfalls zufällig erreicht werden – höchstwahrscheinlich werden jedoch Ressourcen verschwendet (vgl. auch Abschnitt VII.1.4.).

---

[74] Auch die theoretische Existenz neutraler Steuern, wie beispielsweise Kopfsteuern, hilft nur begrenzt weiter. Da Umverteilungsziele per Definition nicht über Kopfsteuern und Kopf-Transfers erreicht werden, muss realistischer Weise davon ausgegangen werden, dass sämtliche verteilungspolitischen Optionen auch Effekte auf die Allokation ausüben.

V. Der Weihnachtsmann und die Idee der Planwirtschaft

Die meisten Ökonomen glauben zwar nicht mehr an den Weihnachtsmann, sie stellen sich aber ab und an gerne vor, wie die Welt aussähe, wenn es eine solche Figur doch gäbe. In der ökonomischen Literatur wird diese Fantasiegestalt allerdings gewöhnlich als **wohlmeinender Diktator** bezeichnet. Diese dem Weihnachtsmann sehr ähnliche Märchenfigur stellt die ideale Verkörperung eines Staaten- oder Volkswirtschaftslenkers dar und dient zum Vergleich real erreichbarer Zustände mit dem vorstellbaren Ideal. Der wohlmeinende Diktator ist, wie der Weihnachtsmann, höchst selbstlos und versucht als Herrscher ausschließlich das Wohl der Bürger zu maximieren, ohne dabei von eigennützigen Interessen abgelenkt zu werden oder bestimmte Personen zu bevorzugen. Verwechseln Sie diesen didaktisch verwendeten hypothetischen wohlmeinenden Diktator der Ökonomen bitte nicht mit Diktatoren der realen Welt, denen Sie oder andere unterstellen, sie seien nette Menschen und suchten nur das Wohlergehen ihrer Bürger zu steigern.

Ob es solche wohlmeinenden uneingeschränkten Herrscher jemals gab oder geben wird, kann wohl niemals festgestellt werden. Auch bei den von ihren Anhängern zum Teil so bezeichneten Herrschern[75] gab es immer ausreichend Widerspruch durch andere.

1. Der wohlmeinende Diktator

Kein Mensch aus Fleisch und Blut wird jemals der hier geschilderten Figur gerecht werden, denn der hier vorgestellte wohlmeinende Diktator würde nicht nur in höchstem Maße gerecht, sondern auch unendlich weise sein und bei der Durchsetzung seiner Pläne auf keinerlei Unmut, geschweige denn auf Widerstand treffen. Ähnlich dem Weihnachtsmann mit seinem schlauen Buch wäre diese Herrscherfigur allwissend und damit problemlos in der Lage, die Präferenzen der Bürger zu erkennen. Darüber hinaus verfügt der wohlmeinende Diktator über die bewundernswerte Fähigkeit, die Nutzen der Bürger nach einer für uns normal Sterbliche unergründlichen Methode untereinander zu vergleichen und zu gewichten. Auch beim Weihnachtsmann wäre es schließlich

---

[75] Verwirrender Weise liest man den Begriff gelegentlich z. B. in Zusammenhang mit Castro, Sadat, Tito, Napoleon Bonaparte, etc.

höchst ungezogen zu bezweifeln, dass jedes Kind das bekommt, was es verdient. Der wohlmeinende Diktator gibt jedoch im Gegensatz zum Weihnachtsmann die zu verteilenden Gaben nicht in irgendwelchen Engelswerkstätten in Auftrag, sondern lässt sie von Menschenhand herstellen. Da er damit der Knappheitsrestriktion unterliegt und zur größtmöglichen Bedürfnisbefriedigung seiner Schützlinge auf effiziente Ressourcennutzung angewiesen ist, kommt es ihm sehr zugute, dass er als Allwissender auch über die Fähigkeiten seiner Schützlinge bestens informiert ist. Dank der Allwissenheit kann der wohlmeinende Diktator also auf Grund seiner Liste gewünschter Gaben feststellen, welche Güter und Dienstleistungen benötigt werden und zugleich entscheiden, auf welche Art und Weise diese von wem hergestellt werden sollen. Auch kann er wegen seiner Allmächtigkeit problemlos durchsetzen, dass die von ihm zur Herstellung der gewünschten Güter beauftragten Bürger diese Aufgabe reibungslos erledigen. Nach mancher Variante der Geschichte bedient sich der Weihnachtsmann zur Erziehung der unartigen Kinder seines Kompagnons Knecht Ruprecht; beim wohlmeinenden Diktator hingegen genügt offenbar ein strenger Blick.

Kurz und gut: Der wohlmeinende Diktator würde die wichtigsten Güter und Dienstleistungen möglichst ressourcenschonend durch die effizientesten Produzenten herstellen lassen, um die Gesamtheit des zu verteilenden Kuchens möglichst groß werden zu lassen. Anschließend würde er diese Güter und Dienstleistungen den Bürgern zur Verfügung stellen, die damit den – gemäß einer nur ihm bekannten sozialen Wohlfahrtsfunktion wohlverdienten – höchstmöglichen Nutzen erreichen.

2.   Vorteile und Schwächen des Marktsystems

Die bisherige Analyse der Marktprozesse und ihrer Wohlfahrtswirkungen lässt auch den freien Wettbewerbsmarkt als Allokationsmechanismus knapper Ressourcen recht attraktiv erscheinen. Insbesondere konnten bereits die folgenden drei beachtlichen Merkmale als Ergebnisse der abstrakten Analyse festgehalten werden:

(1) Freie Märkte lassen der Tendenz nach nur die Produzenten auf Dauer bestehen, die die Wünsche der Konsumenten zu den geringsten Kosten und damit mit dem geringsten Ressourcenverzehr befriedigen können (vgl. Abschnitt IV.1.2.).

(2) Freie Märkte teilen das knappe Güter- und Dienstleistungsangebot denjenigen Konsumenten zu, die es gemessen an der Zahlungsbereitschaft am höchsten bewerten (vgl. Abschnitt IV.2.).

(3) Freie Märkte tendieren damit zu dem Idealzustand des Gleichgewichts, in dem das Maximum des Sozialen Überschusses erreicht wird. Und je nach Umverteilung der Anfangsausstattung können unterschiedliche Verteilungsergebnisse erzielt werden, ohne unmittelbar in die Märkte eingreifen zu müssen (vgl. Abschnitte IV.4.2. und IV.5.).

Im Prinzip käme ein wohlmeinender Diktator zu demselben Allokationsergebnis wenn er sich freier Wettbewerbsmärkte bedienen würde. Dazu müsste er in einem ersten Schritt die Bürger gemäß einer uns bislang unbekannten allgemein akzeptierten Gerechtigkeitsformel mit Ressourcen bzw. Kaufkraft ausstatten und anschließend die Allokationsentscheidungen dem Markt überlassen. Das bedeutet: Würde sich der wohlmeinende Diktator auf die Zuordnung der Ausgangsausstattung konzentrieren und ein wenig Geduld mitbringen, so würde er im Idealzustand gleichgewichtiger Märkte feststellen, dass das System freier Märkte zu genau derselben Güterversorgung der einzelnen Bürger führen würde wie die, die er dank seiner umfassenden Perfektion auch direkt durch Anordnung herbeigeführt hätte.

Dieser Vergleich zeigt, dass „der Markt" selbst im Vergleich zum Weihnachtsmann gar nicht schlecht abschneidet. Dennoch sind natürlich einige wesentliche Mängel festzustellen:

(1) Selbst ideale Wettbewerbsmärkte garantieren aus sich heraus keine gesellschaftlich als gerecht empfundene Verteilung, sondern tendieren lediglich zu einem von der Anfangsausstattung abhängigen effizienten Gleichgewicht.

(2) Ideale Wettbewerbsmärkte begegnen uns in der Realität selten. Es gibt eine ganze Reihe von Konstellationen, in denen der Markt versagt und nicht zu den beschriebenen Gleichgewichten tendiert.

(3) Selbst ideale Wettbewerbsmärkte tendieren nur zu diesen attraktiven Gleichgewichten. Der Weg dorthin benötigt regelmäßig Zeit und nimmt die unterschiedlichsten Verwerfungen in Kauf. Der anonyme Steuerungsmechanismus der Preise funktioniert, indem unzählige einzelne Konsumenten und Produzenten Entscheidungen treffen, die regelmäßig auch Irrtümer und Fehler beinhalten.

3.   Planwirtschaft als überlegene Alternative zum freien Markt?

Es ist historisch wohl unbestreitbar, dass reale **Planwirtschaften** in vielen Fällen in erster Linie der Ausübung und Sicherstellung der Macht bestimmter Eliten dienten. Sicherlich sind **Zentralverwaltungswirtschaften** wirkungsvolle Hilfsmittel für Unterdrückungssysteme. In einer zentralen Kommandowirtschaft können die vorhandenen Ressourcen natürlich nicht nur zur Erhöhung der allgemeinen Wohlfahrt der betroffenen Bürger, sondern auch für ganz besondere ausgewählte Interessen der Entscheidungselite eingesetzt werden. Umgekehrt soll aber keineswegs geleugnet werden, dass die Idee der Zentralverwaltungswirtschaft auch immer wieder Anhänger unter sehr wohlmeinenden, netten Menschen gefunden hat und findet, die tatsächlich das Wohlergehen der Bürger im Sinn hatten und haben. Um die Faszination nachempfinden zu können, die der Gedanke immer wieder ausübt, müssen Sie für einen Moment von Ihrem Wissen um die Vorgänge in real-existierenden Planwirtschaften abstrahieren.

Die Idee, die einer Zentralverwaltungswirtschaft zu Grunde liegt, besteht – wohlmeinend interpretiert – darin, dem Fantasieideal eines wohlmeinenden Diktators näher zu kommen. Die dann vorherrschende Zielsetzung planwirtschaftlicher Systeme lässt sich darauf reduzieren, dass sie erstens versuchen, die optimale Allokation knapper Ressourcen im Produktionsprozess gezielter und direkter zu bewerkstelligen als es marktwirtschaftlichen Systemen gelingt. Zweitens sollen die im Wirtschaftsprozess erstellten Güter und Leistungen gezielter und direkter denjenigen Individuen zukommen, die sie am dringendsten benötigen.

Wie oben erwähnt, garantieren freie Märkte aus sich heraus keine als gerecht empfundene Verteilung. Diese Tatsache wird oft als größter Einwand gegen Wettbewerbsmärkte hervorgebracht und Kritiker nutzen ihn, um gleich das ganze marktwirtschaftliche System als „ungerecht" zu verwerfen. In planwirtschaftlichen Systemen geben die Entscheidungseliten regelmäßig vor, die Gerechtigkeitsformel gefunden zu haben. Die machthabenden Eliten versuchen also den Bürgern zu suggerieren, sie könnten eine „gerechte" Verteilungsentscheidung treffen. Zum Teil sind diese Leute wahrscheinlich Überzeugungstäter und glauben, tatsächlich beurteilen zu können, was „gerecht" ist. Aus individualistischer Sicht ist diese Anmaßung natürlich unfassbar. Aus freiheitlicher Perspektive ist die damit einhergehende Unterdrückung der Uneinsichtigen mit anderer Gerechtigkeitsvorstellung der gravierendste und unverzeihlichste Fehler des gesamten Projekts.

Es ist dennoch wichtig zu verstehen, dass der gefährliche Irrglaube und die Anmaßung zu wissen, was richtig und gerecht ist, keineswegs auf planwirtschaftliche Systeme beschränkt ist. Auch in marktwirtschaftlichen Ordnungen gibt es üblicherweise eine Vielzahl von Bürgern, die zu wissen glauben, welche Verteilung des gesamten in einer Gesellschaft verfügbaren Wohlstands gerecht wäre. Üblicherweise werden auch in marktwirtschaftlich organisierten Gesellschaften Umverteilungsmaßnahmen getroffen und ein nicht unbeachtlicher Teil der politischen Auseinandersetzung dreht sich um unterschiedliche Ansichten bezüglich solcher Umverteilungsfragen. Letztlich setzt auch in marktwirtschaftlichen Systemen jede Umverteilungspolitik voraus, die Gerechtigkeitsformel gefunden zu haben.

Erinnern Sie sich an die Feststellungen des zweiten Hauptsatzes der Wohlfahrtsökonomik und das Zwischenergebnis der Weihnachtsmann-Betrachtung: Wenn eine Gesellschaft Umverteilung vornehmen möchte, kann sie theoretisch ein bestimmtes Verteilungsergebnis anstreben, ohne auf die Effizienzeigenschaften des Marktsystems verzichten zu müssen. Wenn eine Gerechtigkeitsformel gefunden wäre, würde die Herstellung der gewünschten Verteilung also keineswegs erfordern, dafür ein planwirtschaftliches System zu wählen. Die Entscheidung für eine Zentralverwaltungswirtschaft löst selbstverständlich nicht das Problem der Konstruktion einer solchen Gerechtigkeitsformel, sondern setzt umgekehrt voraus, über diese zu verfügen: Wenn eine Kommandowirtschaft gewählt wird, so erfordert dies zwangsläufig eine klare Entscheidung der Verteilungsfrage, da die Güterversorgung in einem solchen System nicht mehr über freie Preise gesteuert wird.

Die Planwirtschaft ist also gewiss nicht deshalb näher am Ideal der Weihnachtsmann-Allokation, weil sie automatisch oder eher zu einer „gerechten" Verteilung der Güter und Dienstleistungen führt.

Der zweite Einwand gegen die zwangsläufige Vorteilhaftigkeit freier Märkte, den Verfechter eines Marktsystems akzeptieren müssen, ist der, dass Märkte auch „versagen". Aber auch dieses Argument gereicht der Alternative der Planwirtschaft nicht zum Vorteil. Es ist unbestritten, dass es eine ganze Palette von Situationen gibt, in denen Märkte eben gerade nicht aus sich heraus zu effizienten Allokationen führen. Wir werden uns später noch ausführlich mit einer ganzen Reihe typischer Marktversagen auseinander setzen. Unbestritten ist, dass man in diesen Fällen entsprechende ordnende oder regulierende Maßnahmen seitens der Politik und Gesetzgebung benötigt, um die andernfalls gesamtwirtschaftlich schädlichen individuellen Aktionen der Bürger in eine wohlfahrtsförderliche Richtung zu korrigieren. Sowohl in Marktwirtschaften

als auch in Planwirtschaften muss in diesen Fällen eine durch Experten sorgfältig abgewogene und vorbereitete Entscheidung im politischen Prozess getroffen werden. Daraus erwächst aber keinesfalls die Notwendigkeit, auf die
Effizienzeigenschaften der Marktallokation gänzlich zu verzichten. Reale
marktwirtschaftliche Systeme unterscheiden sich nicht dadurch von Planwirtschaften, dass sie in den Fällen des Marktversagens auf politische Entscheidungen verzichten, sondern dass sie in den Fällen, in denen die Märkte zu effizienten Ergebnissen tendieren, die Marktkräfte der Konkurrenz wirken lassen
und das Steuerungsinstrument freier Preise nutzen.

Die Planwirtschaft ist also nicht deshalb näher am Weihnachtsmann-Ideal,
weil sie automatisch oder eher zu angemessenen Ergebnissen in solchen Situationen führt, in denen anerkannte Marktversagenstatbestände vorliegen. Auch
der zweite Einwand spricht nicht dafür, ein planwirtschaftliches System einem
marktwirtschaftlichen vorzuziehen.

Nehmen Sie aber für einen Moment an, es gäbe uneigennützig ausschließlich
am Gemeinwohl orientiert arbeitende Experten und Entscheidungseliten. Unterstellen Sie weiter, dass diese Eliten mit Hilfe ihres profunden Fachwissens
sowohl die Produktionsprozesse als auch die Verteilung der produzierten Güter und Dienstleistungen steuern würden. Sicherlich gibt es in jeder Gesellschaft Personen, deren Fachwissen und Kompetenz höher zu sein scheint als
das jedes einzelnen Bürgers. Denken Sie nur beispielsweise daran, wie unvoll-
ständig Ihre persönliche Kenntnis über die Vorteilhaftigkeit bestimmter Al-
tersvorsorgeprodukte ist und dass Sie allenfalls zufällig die Zahnpasta kaufen,
die nach neuestem Stand der Wissenschaft empfohlen wird. Zusätzlich könnte
man diese Expertengremien mit ausreichend hochqualifizierten Mitarbeitern
ausstatten und ihnen selbstverständlich auch die besten der zunehmend leistungsfähigen Computersysteme zur Verfügung stellen. Der Markt hingegen ist
gerade dadurch gekennzeichnet, dass jede Einzelperson die Entscheidungen
nach eigenem Ermessen trifft und dabei unzählige Fehlentscheidungen und
Irrtümer programmiert sind. In einem marktwirtschaftlichen System müssen
enorme Kosten in Kauf genommen werden, um die Anpassungsprozesse der
Märkte zu ermöglichen. Der Vorsprung eines Systems, in dem Expertengremien zentral entscheiden, könnte also in der Vermeidung dieser Kosten bestehen. Beispielsweise käme es nicht zu Überinvestitionen in Fabrikationsanlagen
auf Grund falsch eingeschätzter Nachfrageüberhänge. Es käme auch nicht zu
ärgerlichen Zeitverzögerungen, mit der Märkte auf Preissignale reagieren. Die
Kosten der Fehlentscheidungen einzelner Marktteilnehmer und die Verzöge-
rungen der Marktreaktionen würden im Vergleich eine Verschwendung knap-

per Ressourcen bedeuten, wenn sie sich dank einer „richtigen" zentralen Planung vermeiden ließen.

Warum hat sich diese, vor nicht allzu langer Zeit auch noch von vielen gut ausgebildeten Ökonomen gehegte Erwartung, bislang nicht bestätigt? Hatten wir es bisher wirklich immer mit „falschen" planwirtschaftlichen Versuchen zu tun, in denen die „falschen" machthabenden Eliten bedauerlicherweise zu sehr mit der Verfolgung ihrer eigenen Interessen beschäftigt waren? Gab es womöglich noch gar keinen ernsthaften Versuch, die Vorteilhaftigkeit der zentralen Wirtschaftslenkung unter Beweis zu stellen? Oder liegen dem Gedanken systematische Fehler zu Grunde? Nun, die Hoffnung stirbt zuletzt. Es lässt sich hier wohl echten Optimisten nicht abschließend beweisen, dass die Hoffnung auf eine bessere Welt unter planwirtschaftlicher Lenkung systematisch falsch ist.[76] Aber zwei wesentliche Hinweise auf Gründe des programmierten Scheiterns aller planwirtschaftlixchen Versuche sollen hier nicht unerwähnt bleiben.

Erstens unterstellt der Ansatz generell einsichtige Gutmenschen. Der Gedanke baut nicht nur darauf, dass die Entscheidungseliten wie der Weihnachtsmann uneigennützig und ohne Privilegierung besonderer Interessen im Sinne des allseitig anerkannten Gemeinwohls handeln, sondern auch alle überhaupt am Wirtschaftsprozess beteiligten Bürger ebenfalls. Nicht nur die Entscheidungseliten müssen die Gerechtigkeitsformel und die große Formel der Ressourcenallokation zur planmäßigen Optimierung des Produktions- und Konsumprozesses gefunden haben. Diese Erkenntnisse müssen vielmehr auch allen betroffenen Bürgern überzeugend vermittelt worden sein, denn diese müssen sich an die Pläne halten. Alle Bürger müssen sich also nicht nur darüber einig sein, was eine „gerechte" Verteilung ist und davon überzeugt sein, dass die plangemäße Erfüllung der Elitenvorgaben zum bestmöglichen Ergebnis führt. Sie müssen auch tatsächlich uneigennützig auf potenzielle persönliche Vorteile verzichten. Nur unter dieser Voraussetzung kann das System auf Leistungsanreize materieller Wohlfahrt verzichten. Verzichtet es nicht auf diese Anreize, so entfernt es sich vom angestrebten Ideal. Denn es muss dann unter Inkaufnahme hoher Kontrollkosten durch Repression und Überwachung versuchen, das plankonforme Verhalten und bestmögliche Bemühen der Bürger sicherzustellen. Neben der fragwürdigen Freiheitseinschränkung

---

76 Zumindest lässt sich dies hier in der gebotenen Kürze nicht beweisen. Es gibt jedoch bewundernswert klarsichtige Versuche solcher Streitschriften, von denen das 1944 erschienene Werk „The Road to Serfdom" (dt. „Der Weg zur Knechtschaft") von Friedrich August **von Hayek** (1899 – 1992) sicher besondere Erwähnung verdient.

polizeistaatlicher Methoden stellt dies selbstverständlich auch eine sehr teure Methode der Durchsetzung der Pläne dar. Die Kosten der Kontrolle, Überwachung und Sanktionierung erfordern eine deutliche Entfernung vom angestrebten Ideal verschwendungsfreier Produktions- und Kosumprozesse.

Zweitens unterstellt der theoretische Gedanke, die für die Planung unerlässlichen Informationen über Produktionsprozesse und über die Bedürfnisse der Menschen könnten korrekt erhoben und verarbeitet werden. Letztlich muss dieser Informationsaufwand nicht nur überhaupt, sondern unter Verwendung von weniger Ressourcen möglich sein, als im marktwirtschaftlichen System. In einer offenen, dynamischen Welt mit täglich tausendfacher Entdeckung und Entwicklung neuer Verfahren und Bedürfnisse ist diese Vorstellung allerdings illusorisch. Dies gilt wahrscheinlich auch bei jeder denkbaren Fortentwicklung der Computertechnologie, denn der Engpass liegt weniger in der Verarbeitung der Informationen als in der Unmöglichkeit der sinnvollen Erhebung der benötigten Informationen: Individuen können viele ihrer Nutzenabwägungen und Beweggründe gar nicht explizit formulieren, sondern treffen große Teile ihrer Tauschentscheidungen aus einer allenfalls teilweise bewussten „Kosten-Nutzen-Abwägung" heraus.[77]

Tatsächlich mussten alle Versuche planwirtschaftlicher Systeme binnen kürzester Zeit feststellen, dass die Pläne der Entscheidungseliten weder perfekt noch unumstritten akzeptiert waren. Immer gibt es Individuen, die das Gerechtigkeitsideal der Elite offenbar nicht teilen, die ihre Präferenzen nicht in idealerweise abgebildet sehen und die trotz der Zuhilfenahme extremer staatlicher Überwachungsprozesse Möglichkeiten suchen und finden, vom Plan der Entscheidungselite abzuweichen. Die blühenden Schwarzmärkte in allen Planwirtschaften stellen wiederum marktwirtschaftliche Allokationsmechanismen dar, die allerdings auf Grund der durch die Illegalität erzwungenen Geheimhaltung und Intransparenz deutlich ineffizienter sind als offene Markttransaktionen und sich zudem jeglicher kollektiver Regelung entziehen.

---

[77] Selbst wenn jeder Bürger aufgefordert wäre, ständig über tragbare Geräte seine Ideen und Bedürfnisse einem Großrechner mitzuteilen, der dank der dort eingespeisten interpersonellen Nutzenvergleichsformel die geäußerten Bedürfnisse gewichten würde: Wie wertvoll genau ist Ihnen die Befriedigung des Wunsches nach einem Becher Automatenkaffee im Verhältnis zu Ihrem Wunsch nach einem größeren Kofferraum Ihres PKW und einer stärkeren Glühbirne in Ihrer Küchenlampe in objektiv vergleichbaren Nutzen-Größen?

VI. Der Markt regelt doch nicht alles: Die Marktversagenstheorie

Das Marktsystem verfügt mit dem Mechanismus freier Preise über beachtliche Vorzüge. Das bisher in den Mittelpunkt gerückte theoretisch reizvolle Gedankenspiel eines stabilen Gleichgewichts verliert zwar in Anbetracht einer sich dynamisch verändernden Umwelt an Bedeutung. Die Annahme eines solchen Gleichgewichtszustandes ist aber auch nicht notwendig, um die Überlegenheit des Marktsystems im Vergleich mit anderen tatsächlich erreichbaren Allokationssystemen aufzuzeigen. Steht als Alternative weder ein Weihnachtsmann noch ein wohlmeinender Diktator zur Verfügung, so gilt es zwischen Systemen abzuwägen, die alle lediglich auf der Suche nach möglichst effizienten Allokationen sind. Überlegen ist das System, welches die bestmögliche Generierung und Verarbeitung der Informationen in Aussicht stellt, die den millionenfachen Einzelentscheidungen von Produzenten und Konsumenten zu Grunde liegen. Die wettbewerbliche Ordnung erweist sich dann einer planmäßigen Kommandowirtschaft erstens deshalb überlegen, weil sie auf eine Vorgabe bestimmter Ziele durch Eliten verzichten kann und damit eine effiziente Nutzung der knappen Ressourcen bei der Verfolgung individueller Ziele ermöglicht. Die dazu notwendigen Informationen über die Dringlichkeiten der Bedürfnisse anderer Wirtschaftsteilnehmer sind im System freier Preise implizit enthalten. Die Wettbewerbsordnung freier Märkte erweist sich zweitens als vorteilhaft, weil sie das Eigennutzinteresse der einzelnen Marktakteure zur permanenten Perfektionierung des Systems nutzt, und damit das Marktsystem mit dem natürlichen Gravitationszentrum des Gleichgewichts ausstattet, ohne auf freiheitsberaubende und zugleich kostenträchtigere Überwachung und Regulierung angewiesen zu sein.

In einer dynamischen Wettbewerbswirtschaft werden einmal erreichte Marktstellungen oder Einkommenspositionen permanent durch konkurrierende andere Marktteilnehmer gefährdet. Nur andauernde Bemühungen um Leistungsverbesserungen und Optimierungen berechtigen zur Hoffnung auf die Erhaltung oder Verbesserung einmal erzielter Einkommens- bzw. Gewinnchancen einzelner Wirtschaftsakteure. Wenn die Suche eines Unternehmens nach effizienteren Produktionsmethoden oder besserer Entsprechung der Konsumentenwünsche erfolglos bleibt, gehen Marktanteile an konkurrierende innovative Unternehmen verloren. Das stabile Gleichgewicht aus Kapitel IV. kann aus dieser Perspektive als eine Art Drohpunkt für erfolgreiche gewinnorientierte Unternehmer verstanden werden. Ihnen würde in einem solchen zur Ruhe gekommen Markt nur noch die Mengenanpassung an einen von außen vorgegebenen Preis verbleiben. Die Drohung eines solchen Stillstands mit kaum mehr spürbaren Gewinnchancen stellt sich für innovative ehrgeizige Unternehmer als Herausforderung dar, den Markt durch die Entwicklung neuer Technologien oder Produkte auf den Pfad hin zu einem neuen imaginären Gleichgewicht anzuführen. Pionierunternehmen mit neuer, besserer Produktionstechnik oder besseren Produkten gelingt es regelmäßig, größere Teile der Nachfrage auf sich zu ziehen und Gewinne zu erzielen bis die Konkurrenz aufgeholt hat. Funktionsfähige Märkte, deren wettbewerbliche Ordnung durch geeignete Rahmenbedingungen institutionell abgesichert ist, nutzen damit nicht nur die Konkurrenzbeziehungen der Marktteilnehmer, um die zu jeder Zeit bestmögliche Nutzung der knappen Ressourcen zu erzwingen. Zusätzlich bieten sie auch durch vorübergehende Gewinnchancen den Anreiz zu permanenter Weiterentwicklung der Nutzungsmöglichkeiten.

Zwischen den Extremen einer rein marktwirtschaftlichen und einer rein planwirtschaftlichen Wirtschaftsordnung besteht selbstverständlich ein Kontinuum mehr oder weniger stark interventionistischer Systeme. So ist beispielsweise das deutsche Wirtschaftssystem zwar durch die Grundentscheidung zu Gunsten einer marktwirtschaftlichen Ordnung gekennzeichnet. Die tatsächliche staatliche Einflussnahme auf das Marktgeschehen ist jedoch enorm. Die wenigsten Eingriffe des politischen Prozesses lassen sich dabei mit dem Verweis darauf rechtfertigen, dass auch Marktwirtschaften selbstverständlich die Rechtsstaatlichkeit benötigen, um Eigentumsrechte zu sichern und Verträge durchsetzbar zu machen oder dass Deutschland eine soziale Marktwirtschaft sei. Wir werden auf verteilungspolitische Eingriffe später noch eingehen (vgl. Abschnitt VII.1.).

Aus ökonomischer Perspektive bedürfen staatliche Eingriffe in die wettbewerbliche Ressourcenallokation regelmäßig der Rechtfertigung. Ausgehend von den wohlfahrtsökonomischen Hauptsätzen sollte dabei die **Marktversagenstheorie** die Grundlage solcher Rechtfertigungen staatlicher Eingriffe in die Marktallokation sein. Anerkanntermaßen ist das individualistische dezentrale Informations- und Allokationssystem Markt keinesfalls in jedem Fall geeignet, die wohlfahrtsmaximierende Entscheidung über die Verwendung knapper Ressourcen herbeizuführen. Es existieren viele Situationen, in denen es einzelnen Marktteilnehmern möglich ist, sich dem Wettbewerbsprozess zu entziehen, oder der Wettbewerbsprozess auf Grund besonderer Gütereigenschaften keine optimale Ressourcennutzung erwarten lässt. In diesen Fällen würden potenzielle Wohlfahrtssteigerungen ungenutzt bzw. unentdeckt bleiben. Kollektive Regeln können in diesen Konstellationen unter Umständen individuelles nutzenmaximierendes Verhalten in Bahnen lenken, in denen es auch kollektiv wohlfahrtsfördernd wirkt. Eine solche Regelsetzung ist originäre Aufgabe des Staates und kann nicht vom Markt erwartet werden. In den folgenden Abschnitten werden wir uns mit verschiedenen Fällen des Marktversagens beschäftigen. Dazu soll aber zunächst ein weiterer „volkswirtschaftlicher Grundgedanke" abstrakt geäußert werden.

1. Marktversagen begründet nicht zwangsläufig Staatseingriffe

Die Diagnose eines Marktversagens ist aus ökonomischer Perspektive die notwendige Bedingung, um einen Staatseingriff in die Marktallokation zu erwägen. Nur in diesen Fällen besteht überhaupt Anlass zu der Vermutung, dass ein staatlicher Eingriff zu Wohlfahrtssteigerungen führen könnte.

Marktversagen liegt in Situationen vor, in denen individuell rationales Verhalten zu kollektiv irrationalen Ergebnissen führt. Als kollektiv rational bezeichnet man gesellschaftliche Situationen, die dem Kriterium der Pareto-Effizienz entsprechen, d. h. in denen keine Verschwendung von knappen Ressourcen vorliegt und kein Individuum mehr besser gestellt werden kann, ohne zugleich ein anderes Individuum schlechter zu stellen. Kollektiv irrational sind also umgekehrt Situationen, in denen das pareto-effiziente Ergebnis systematisch verfehlt wird.

Wenn bereits individuell rationales Verhalten durch Tausch und Arbeitsteilung zu einem kollektiv rationalen Ergebnis führt, ist keine kollektive, zentral getroffene Entscheidung notwendig. Kollektives Handeln würde dann keinen Vorteil bieten. Im Gegenteil, auf Grund der Schwierigkeit der Informationsgewinnung in einem zentralen Entscheidungsverfahren und der notwendigen Kosten zur Durchsetzung des staatlichen Eingriffs, drohen bei kollektiver Allokationsentscheidung Ineffizienzen und Verletzungen der Konsumentensouveranität.

Marktversagen ist jedoch nur die notwendige, nicht zugleich auch die hinreichende Bedingung, um kollektives Handeln zu erwägen. Bevor eine allokative Aufgabe kollektiven Entscheidungsprozessen zugewiesen wird, muss auf Grund der Schwächen der kollektiven Entscheidungsverfahren die Gefahr des Staatsversagens (vgl. Kapitel VIII.) abgewogen werden. Zur Rechtfertigung eines Markteingriffes muss also nicht nur ein Marktversagen festgestellt werden. Zusätzlich muss für einen wohlfahrtsförderlichen Staatseingriff auch im Einzelfall plausibel erwartet werden, dass der kollektive Eingriff tatsächlich zu einem im Verhältnis zum Marktergebnis pareto-superioren Zustand führen wird.

2.   Das Gefangenendilemma

Die Geschichte des Gefangenendilemmas ist keine ökonomische. Dennoch hat sich diese sehr einfache spieltheoretische Formulierung einer Situation als Standard etabliert, mit dem der Grundgedanke des Auseinanderfallens individueller und kollektiver Rationalität dargestellt und die zur Lösung des Dilemmas erforderliche Regeländerung verdeutlicht wird.

Die Geschichte erzählt von zwei Personen, Matilda und Frieda, die einer Straftat verdächtigt werden. In getrennten Verhören bietet der Staatsanwalt beiden Verdächtigen gleichermaßen folgende Möglichkeiten an: Gesteht die Person das gemeinsam begangene Delikt, während die andere Person leugnet, so wird die geständige Person auf Grund einer Kronzeugenregelung freigesprochen, während die andere Person mit sechs Jahren Haft bestraft wird. Gestehen beide, so werden beide zu jeweils fünf Jahren Haft verurteilt, ihr Gestehen führt also zu einer Strafmilderung durch Reduzierung des Strafmaßes. Leugnen beide, so ist der Staatsanwalt zwar weiter von ihrer Tatbegehung überzeugt, kann jedoch lediglich das weitaus geringer zu bestrafende Delikt des illegalen Waffenbesitzes nachweisen. In diesem Fall müssen beide lediglich mit einem Jahr Haft rechnen.

Die Situation stellt sich für beide Gefangenen gleichermaßen dar und kann in folgender symmetrischer Matrix notiert werden:

Abb. 39: Gefangenendilemma

	Matilda gesteht	Matilda leugnet
Frieda gesteht	5 Jahre Haft 5 Jahre Haft	6 Jahre Haft Freispruch
Frieda leugnet	Freispruch 6 Jahre Haft	1 Jahr Haft 1 Jahr Haft

Matilda überlegt nun, ob sie gestehen oder lieber leugnen sollte. Die jeweils zu erwartenden Haftzeiten für Matilda stehen oben rechts in den vier Zellen. Da das Ergebnis nicht nur von ihrer, sondern auch von Friedas Entscheidung abhängt, werden beide eigenen Verhaltensmöglichkeiten in Abhängigkeit von Friedas möglicher Entscheidung überprüft:

Falls Frieda gesteht (erste Zeile), drohen Matilda fünf Jahre Haft, falls sie ebenfalls geständig ist, aber sechs Jahre, falls sie leugnet. Für den Fall, dass Frieda gesteht, ist es also für Matilda vorteilhaft, ebenfalls zu gestehen. Falls Frieda leugnet (zweite Zeile), droht Matilda nur ein Jahr Haft, falls auch sie leugnet. Allerdings könnte sie freigesprochen werden, falls sie geständig ist. Für den Fall, dass Frieda leugnet, ist es für Matilda demnach vorteilhaft zu gestehen.

Da es unabhängig von Friedas Entscheidung für Matilda immer individuell vorteilhaft ist zu gestehen, stellt die Strategie „gestehen" für Matilda die individuell rationale Entscheidung dar. Dieselbe Überlegung gilt spiegelbildlich auch für Frieda. Dies allerdings wird beide in die kollektiv schlechteste Situation führen, in der beide jeweils fünf Jahre einsitzen, also insgesamt zehn Jahre Gefängnis erwartet werden müssen. Die kollektiv rationale Verhaltensweise wäre, dass beide leugnen und jeweils nur ein Jahr, also zusammen zwei Jahre in Haft verbringen. Frieda und Matilda befinden sich in einem Dilemma.

Beachten Sie, dass dieses Dilemma nicht im Sinne der beiden lösbar ist, solange sie nicht durch Zusatzannahmen die „Auszahlungen" verändern. Sie können sich beispielsweise sicherlich vorstellen, dass Matilda und Frieda Schwestern sind, seit Jahren ein gutes Team bilden und bereits vorher vereinbart hatten, im Falle einer solchen Situation zu leugnen. Allerdings hilft Ihnen eine solche Absprache nur dann etwas, wenn beiden das gegenseitige Vertrauen mehr wert ist als die kürzere Haftzeit, die durch ein Abweichen von der Absprache erreichbar wäre. Stellen Sie sich kurz vor, ob die Absprache auch dann noch funktionieren würde, wenn sie zehnfache Haftzeiten unterstellen, die in einem als besonders brutal bekannten Straflager verlebt werden müssen.

Es kann hier nicht ausführlich diskutiert werden, dass und warum auch eine längere Beziehung zwischen den Gefangenen mit Wiederholungen vergleichbarer Situationen nicht ohne weiteres zu kooperativem, kollektiv rationalem Verhalten führt. Auch längere Berichte über Experimente mit echten Personen in ähnlichen Situationen würden den Rahmen sprengen. Die Beschäftigung mit Dilemma-Spielen ist zwar äußerst interessant und kurzweilig, für unsere Belange aber nicht notwendig.[78] Grundsätzlich behaupten Ökonomen nämlich keinesfalls, dass sich Menschen immer an der kurzfristigen individuellen Rationalität orientieren und deshalb in solchen Situationen das kollektiv schlechtest mögliche Ergebnis erreichen. Wohl aber lassen sich unzählige Beispiele finden, in denen Individuen das kollektiv bestmögliche Ergebnis systematisch verfehlen, sofern ihnen keine Änderung der Spielregeln gelingt, die die „Auszahlung" des Spiels maßgeblich verändert.

Um im Beispiel zu bleiben: Stellen Sie sich kurz vor, wie die Omerta-Regel der Mafia das Gefangendilemma verändern kann. Gelingt es der Mafia glaubwürdig anzudrohen, dass grundsätzlich jeder, der in einem Verhör einen anderen Gesetzesbrecher verpfeift, anschließend umgebracht wird, so stellt sich das Spiel folgendermaßen dar:

Abb. 40: Auflösung des Gefangenendilemmas durch Regeländerung

	Matilda gesteht	Matilda leugnet
Frieda gesteht	Tod Tod	6 Jahre Haft Tod
Frieda leugnet	Tod 6 Jahre Haft	1 Jahr Haft 1 Jahr Haft

Sofern sowohl Matilda als auch Frieda selbst sechs Jahre Haft der Ermordung durch die Mafia vorziehen, werden beide vollkommen unabhängig vom Angebot der Staatsanwaltschaft und von der Entscheidung des anderen leugnen. Als Ergebnis wird das für Matilda und Frieda kollektiv bestmögliche Ergebnis von jeweils einem, gemeinsam zwei Jahren Haft erreicht. Die Mafia verändert durch ihre Regelsetzung das Spiel dergestalt, dass individuell rationales Verhalten zum kollektiv erwünschten Resultat führt.

Lassen Sie sich bitte nicht dadurch irritieren, dass es Ihnen als bravem und rechtschaffenem Bürger sehr angenehm erscheint, wenn sich zwei Verbrecher in einer Dilemma-Situation befinden. Das Beispiel dient lediglich der didakti-

---

[78] Als Lesetipp für Interessierte sei die sehr gut lesbare, nicht-mathematische Einführung in die Spieltheorie von Avinash K. Dixit und Barry J. Nalebuff empfohlen, die in der deutschen Übersetzung den Titel „Spieltheorie für Einsteiger" trägt.

schen Klärung des Prototyps einer Situation, in der individuell rational nutzenmaximierendes Verhalten zu einer aus Sicht der Beteiligten eindeutig suboptimalen Situation führt. Ob ein Großteil der nicht beteiligten Beobachter in der Gesellschaft eine bestimmte Dilemma-Situation als begrüßenswert betrachtet oder nicht, ist natürlich stark von der gewählten Geschichte abhängig. Überlegen Sie sich beispielsweise, wie die folgende Geschichte in einer vergleichbaren Übersicht dargestellt werden könnte und wozu individuell rationales Verhalten dabei führen würde.

Die inzwischen hinlänglich bekannten Selbstversorger-Bauern Schmitt und Meier haben die Wahl, ihre Speisekammer entweder durch fleißige Arbeit zu füllen oder aber zu versuchen, dem anderen einen Teil seines Arbeitsertrages zu stehlen. Die Höfe der beiden liegen unmittelbar nebeneinander. Wenn beide auf Diebstahl verzichten und sich darauf verlassen, dass auch der andere ehrlich bleibt, können beide auf den fruchtbarsten Böden in größerer Entfernung ihrer Höfe der Arbeit nachgehen und zehn Säcke Kartoffeln einfahren. Muss man hingegen Diebstahl fürchten, so bleibt nur die Nutzung der Ländereien in unmittelbarer Umgebung des eigenen Hofes. Man würde dann eventuelle Diebstahlsversuche sofort erkennen und könnte sie verhindern. Die weniger fruchtbaren Böden lassen jedoch nur einen Ernteertrag von jeweils fünf Säcken erwarten. Nehmen Sie nun plausiblerweise an, dass ein Bauer, der sich mit dem Diebstahlsgedanken trägt, in der Nähe der Höfe bleiben muss, um eine günstige Gelegenheit abzupassen. Wenn einer der beiden Bauern gutgläubig zur Arbeit auf die fernen Ländereien zieht, der andere aber auf seine Gelegenheit wartet, so sei unterstellt, dass der unehrliche Bauer dem Redlichen acht Säcke entwenden kann, während dieser die letzten zwei Säcke der diesjährigen Ernte vom Feld holt. Zusätzlich zu den acht gestohlenen Säcken kann er selbst noch fünf Säcke auf seinem Land in unmittelbarer Nähe der Höfe produzieren. Was passiert, wenn beide in Hofnähe bleiben? Wozu führt die Situation, wenn es den beiden nicht gelingt, die Regeln des Spieles so zu ändern, dass die Arbeit auf den fruchtbaren Böden die individuell rationale Strategie wird?

3. Öffentliche Güter

Wir haben uns bisher ausschließlich mit Gütern beschäftigt, die Ökonomen als private Güter bezeichnen. Zur Differenzierung zwischen privaten und anderen Gütern nutzen Ökonomen die Kriterien der **Ausschließbarkeit** vom Konsum (excludability) und der **Rivalität** im Konsum (rivalness). Das Kriterium der Ausschließbarkeit differenziert danach, ob die Nutzung von Gütern durch Individuen tatsächlich kontrollierbar ist: Kann jemand von der Nutzung des Guts ausgeschlossen werden, d. h. kann jemand davon abgehalten werden, einen Nutzen aus dem Gut zu ziehen, etwa wenn er nicht für die Nutzung gezahlt hat.[79] Das Kriterium der Rivalität hingegen differenziert danach, ob die Nutzung des Guts oder der Leistung durch ein Individuum die Nutzungsmöglichkeit durch andere Individuen beeinträchtigt oder ob ein Gut für jeden Nutzer einen bestimmten Nutzen stiftet, unabhängig davon, wie viele andere Nutzer außerdem auftreten.

Diese Kriterien erschließen sich anhand von Beispielen leichter: Der inzwischen bekannte Schokoladenriegel kann anderen Nutzern ohne weiteres vorenthalten werden, indem man andere nicht abbeißen lässt. Bei Schokoladenriegeln gibt es also die Möglichkeit des Ausschlusses vom Konsum. Das ist auch sehr praktisch so, denn der Genuss eines Schokoladenriegels hängt maßgeblich davon ab, wie viele andere Nutzer daran partizipieren. Der Nutzen aus dem Konsum eines Riegels für Carlotta ist keineswegs unabhängig davon, ob sie ihn alleine verspeist, ob sich Carlotta und Frieda den Riegel teilen müssen oder ob sich gar noch zehn weitere Freundinnen um die Nutzung des einen Schokoladenriegels streiten. Bei Süßigkeiten herrscht ganz eindeutig Rivalität im Konsum.

Ein großes Feuerwerk hingegen weist hinsichtlich der Kriterien Ausschließbarkeit vom Konsum und Rivalität im Konsum andere Resultate auf. Es erscheint sehr schwierig, einen französischen Touristen, der sich gerade in Köln aufhält, von der Nutzung eines Feuerwerks über dem Rhein auszunehmen. Sofern die Darbietung weithin sicht- und hörbar ist, kann niemand in der näheren Umgebung vom Konsum des Spektakels ausgeschlossen werden. Zugleich kann man nicht davon ausgehen, dass der Nutzen, den die Kölner Bürger aus der Veranstaltung des Feuerwerks ziehen, auf Grund des Aufenthalts eines Touristen geschmälert würde. Große Feuerwerke betrachten ist weitestgehend nicht-rival im Konsum.

Mit Hilfe dieser beiden Kriterien lässt sich also eine Kategorisierung von Gütern und Dienstleistungen vornehmen, die als Extremformen die ökonomische Definition der privaten Güter und der öffentlichen Güter beinhaltet. Als **private Güter** bezeichnet man Güter, die sowohl das Kriterium der Ausschließbarkeit als auch das Kriterium der Rivalität erfüllen. Dem gegenüber sind öf-

---

[79]   Auch im Sinne von negativem Nutzen, also umgekehrt: Kann jemand davor geschützt werden, Nutzeneinbußen auf Grund der Bereitstellung eines Guts oder einer Leistung durch Andere zu erleiden.

fentliche Güter nur solche, die weder das Kriterium der Ausschließbarkeit noch das Kriterium der Rivalität erfüllen.[80]

Tab. 8: Private und öffentliche Güter

Rivalität im Konsum		
	liegt vor	liegt nicht vor
Ausschließbarkeit vom Konsum — liegt vor	**Private Güter** z. B. Schokoladenriegel & Feuerwerk anzünden	Mautgüter, Clubgüter, Natürliches-Monopol-Güter
Ausschließbarkeit vom Konsum — liegt nicht vor	Allmendegüter, gesellschaftliche Ressourcen	**Öffentliche Güter** z. B. Feuerwerk betrachten

3.1. Theoretisch effiziente Bereitstellung öffentlicher Güter

Die Nicht-Ausschließbarkeit und die Nicht-Rivalität im Konsum bei einem Gut werfen die Frage auf, welche Menge des Guts bereitgestellt werden soll. Dazu ist es wichtig, in einem ersten Schritt die Marktnachfrage nach einem öffentlichen Gut zu ermitteln. Vielleicht ahnen Sie schon, dass dies nicht auf die gleiche Art und Weise wie bei privaten Gütern erfolgen kann.

Rufen Sie sich noch einmal ins Gedächtnis, wie die aggregierte Marktnachfrage bei privaten Gütern ermittelt wird:[81] Jeder einzelne Konsument ist dabei bereit, für einen bestimmten Preis eine bestimmte Menge zu konsumieren. Die individuellen Nachfragekurven werden im Fall privater Güter horizontal zur Gesamtnachfrage addiert; auf Grund der Rivalität muss jeder Konsument seine persönliche Nachfrage am Markt geltend machen. Im Fall privater Güter zahlt jeder Konsument den gleichen Preis pro Einheit und konsumiert eine je nach seinen Präferenzen und seinem Budget unterschiedliche Menge. Durch die horizontale Addition der einzelnen Nachfragemengen wird im Schnitt-

---

[80] Selbstverständlich existieren außerdem auch Güter, die nur eines der beiden Kriterien erfüllen. Solche u. a. als Allmendegüter, gesellschaftliche Ressourcen, Mautgüter oder Clubgüter bezeichneten Güterkategorien werden hier nicht dargestellt und analysiert.

[81] Vgl. Abschnitt II.8.

punkt zwischen Angebot und Gesamtnachfrage ein Ausgleich von Grenzkosten und Grenznutzen jedes einzelnen Nachfragers erzielt:

> **Private Güter:**
>
> Grenzkosten = Grenznutzen von Frieda = Grenznutzen von Matilda

Erinnern Sie sich an das Beispiel aus Abschnitt I.5. Bei seiner Nachfrageentscheidung kalkuliert der hungrige Tourist in Paris, ob ihm ein zusätzliches
Croissant so viel zusätzlichen Nutzen stiftet, dass er bereit ist, den Preis, also
die Grenzkosten, für ein zusätzliches Croissant zu zahlen. Auf einem Markt
für private Güter stellt sich ein Gleichgewicht ein, bei dem diese Kalkulation
für jeden einzelnen Nachfrager gilt: Für jeden Nachfrager gilt bei der bereitgestellten Menge, dass sich Grenzkosten und Grenznutzen ausgleichen.

Auf Grund der Nichttrivialität bei öffentlichen Gütern erweist sich die bei privaten Gütern durchzuführende horizontale Addition der individuellen Nachfragen zur Gesamtnachfrage als denkbar ungeeignet. Im Fall des öffentlichen
Guts können alle Konsumenten von der durch beliebige Akteure finanzierten
Menge des Guts profitieren. Das aus einer bestimmten Menge Feuerwerksraketen resultierende Schauspiel am Himmel kann von allen Zuschauern gleichermaßen betrachtet werden. Deshalb wird die effiziente Bereitstellung erreicht, wenn jeder Konsument die gleiche Menge Raketen betrachtet, aber je
nach seiner individuellen Zahlungsbereitschaft unterschiedlich zur Finanzierung des öffentlichen Guts beiträgt. Um bei öffentlichen Gütern ein effizientes Ausmaß bereitzustellen, wird daher die gemeinsame Nachfrage durch
vertikale Addition der individuellen Nachfragen hergeleitet.

Eine solche vertikale Addition der einzelnen Zahlungsbereitschaften aller
Konsumenten ermittelt die Summe, die die Gruppe insgesamt für bestimmte
Mengen des Guts zu zahlen bereit ist.

Im Schnittpunkt dieser vertikal addierten Gesamtnachfrage mit dem Angebot
wird damit ein Ausgleich zwischen den Grenzkosten und der Summe der
Grenznutzen erreicht:

Öffentliche Güter:

Grenzkosten = Grenznutzen von Frieda + Grenznutzen von Matilda

Würden nur Frieda und Matilda ein Feuerwerk in Auftrag geben wollen, läge die effiziente Menge der dazu verwendeten Raketen bei x^* in der folgenden Abbildung. Das gesamte Feuerwerk würde von beiden betrachtet.

Abb. 41: Optimale Bereitstellung öffentlicher Güter

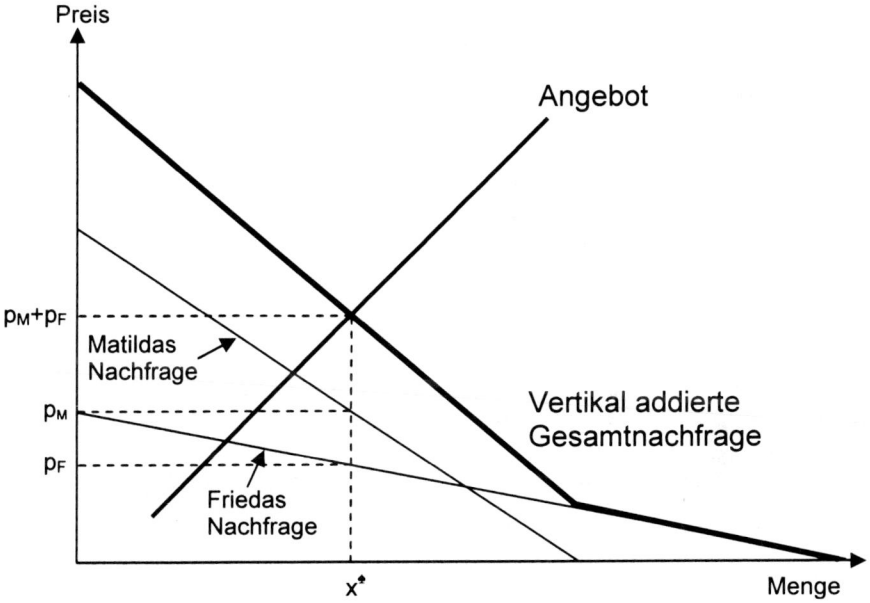

Auf Grund ihrer unterschiedlichen Zahlungsbereitschaften würden sie jedoch unterschiedliche Beiträge zur Finanzierung beisteuern. Frieda würde einen Betrag in Höhe von $p_F \cdot x^*$ zur Finanzierung beitragen, während Matilda einen Betrag in Höhe von $p_M \cdot x^*$ bezahlen müsste. In der Summe würde ein Betrag in Höhe von $(p_F + p_M) \cdot x^*$ der für die Menge x^* erforderlichen Zahlung entsprechen.

3.2. Das Freerider-Problem

Es ist leicht zu erkennen, warum im Fall öffentlicher Güter die marktliche Allokation zu versagen droht. Eine effiziente Bereitstellung wie oben dargestellt wäre auch bei öffentlichen Gütern ohne weiteres möglich, wenn alle Individuen ehrlich und uneigennützig ihre jeweilige Zahlungsbereitschaft offenbaren würden. Handeln hingegen nicht alle Individuen vollkommen uneigennützig, ergibt sich auf Grund der Nichtausschließbarkeit vom Konsum das Problem der Möglichkeit und des Anreizes zu **Freerider-Verhalten** (Trittbrettfahrer-Verhalten).

Abb. 42: Free Riding: Suboptimale Bereitstellung öffentlicher Güter

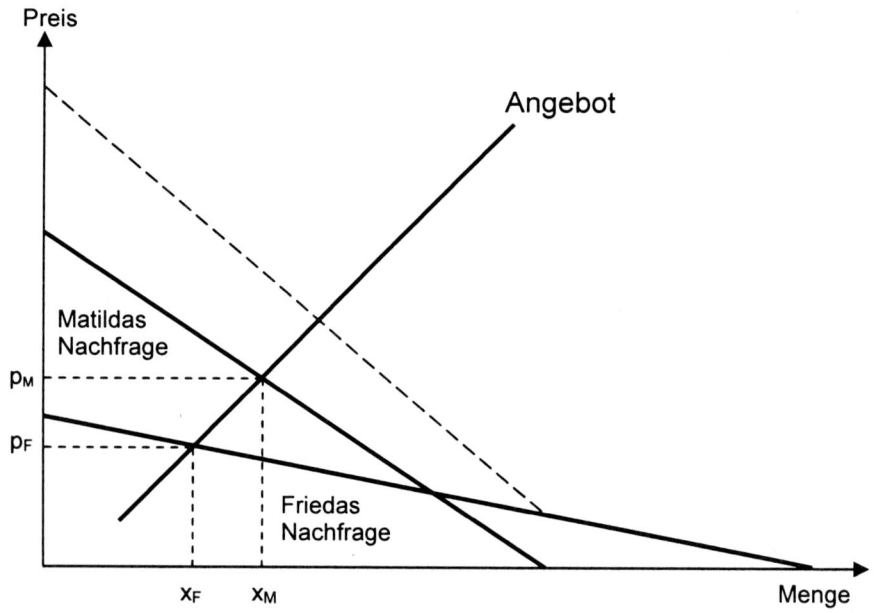

In unserem Beispiel könnte Frieda ihre wahren Präferenzen verschleiern und angeben, nichts für Feuerwerk übrig, also keinerlei Zahlungsbereitschaft zu haben. Sollte Matilda ihre Zahlungsbereitschaft offenbaren und das öffentliche Gut gemäß dem Ausgleich ihrer individuellen Nachfrage und des Angebots finanzieren, so würde insgesamt die Menge x_M bereitgestellt. Frieda würde nichts zur Finanzierung beitragen und dennoch in den Genuss des Konsums von x_M Feuerwerksraketen kommen. Umgekehrt könnte Matilda ihre wahre Zahlungsbereitschaft verschleiern und darauf hoffen, dass Frieda immerhin x_F des öffentlichen Guts bereitstellen wird.

Die Parallele zur abstrakten spieltheoretischen Darstellung des Gefangenendilemmas ist offensichtlich: Hoffen sowohl Frieda als auch Matilda auf die Bereitstellung eines Feuerwerks durch die andere und betätigen sie sich als Freerider, indem sie selbst nichts zur Finanzierung beitragen, so fällt das Feuerwerk aus. Ein solcher Totalausfall würde der so genannten starken Version der Freerider-Hypothese entsprechen, wonach es ohne kollektive Organisation zu überhaupt keiner Bereitstellung öffentlicher Güter kommen würde.[82]

Empirisch tritt diese Situation selten auf. So erfreuen sich z. B. jährlich Millionen von Freeridern an von anderen Bürgern bereitgestellten Silvesterfeuerwerken.[83] Wahlweise lassen sich solche, der starken Version der Freerider-Hypothese widersprechenden, Beobachtungen wieder im Kern durch zwei verschiedene Thesen erklären: Entweder man führt die freiwillige Bereitstellung öffentlicher Güter darauf zurück, dass Menschen sich nicht immer rational nutzenmaximierend verhalten. Oder – und dies ist der für Ökonomen typischere Ansatz – man erklärt das beobachtbare Verhalten durch eine Neuinterpretation der Vorgänge. So lässt sich beispielsweise das privat bereitgestellte Silvesterfeuerwerk mühelos als rational nutzenmaximierend erklären, wenn man die Beobachtung miteinbezieht, mit welcher stolzen Freude viele Menschen die Feuerwerkskörper anzünden. Vielleicht ist das Feuerwerk am Himmel lediglich ein Nebeneffekt der privaten Zahlungsbereitschaft für das Privileg, Feuerwerksraketen ausrichten, arrangieren und anzünden zu dürfen. Diese aktive Rolle als Pyrotechniker ist unzweifelhaft ein privates Gut.[84]

Für die Diagnose eines Marktversagens im Fall öffentlicher Güter genügt jedoch die Plausibilität der schwachen Version der Freerider-Hypothese: Im Falle öffentlicher Güter muss damit gerechnet werden, dass das effiziente Ausmaß des Guts nicht freiwillig über den Markt bereitgestellt wird, sondern die dezentral bereitgestellte Menge zu gering ausfällt.[85]

---

[82] „...there will be nothing to freeride on..."

[83] Gleichzeitig leiden die Angehörigen einer dritten Gruppe unter der Nichtausschließbarkeit, weil sie nicht schlafen können oder ihre nervösen Haustiere beruhigen müssen.

[84] Natürlich droht auch hier wieder die Gefahr, bei der systematischen Suche nach rationaler Nutzenmaximierung und entsprechender Interpretation des individuellen Verhaltens tautologisch zu werden (vgl. Abschnitt I.3). Aber immerhin: es funktioniert.

[85] Dazu genügt es anzunehmen, dass ein einziges vom öffentlichen Gut betroffenes Individuum seine individuelle Zahlungsbereitschaft untertreibt.

3.3. Staatlicher Eingriff zur Bereitstellung öffentlicher Güter?

Auf Grund der Möglichkeit und der Anreize zu Freerider-Verhalten liegt bei öffentlichen Gütern die notwendige Bedingung zur Erwägung eines kollektiven Eingriffs vor: Im Falle öffentlicher Güter fallen individuelle und kollektive Rationalität auseinander, der Markt führt voraussichtlich nicht zum effizienten Ergebnis.

Allerdings dürfte es unmittelbar einleuchtend sein, dass es auch wenig Grund zur Annahme gibt, dass der kollektive Entscheidungsprozess in der Politik zum effizienten Ergebnis führt. Dazu müsste zum einen schließlich im kollektiven Entscheidungsprozess ein Verfahren zur Offenbarung der individuellen Zahlungsbereitschaften vorhanden sein. Außerdem müsste man in einem zweiten Schritt die Individuen entsprechend differenziert zur Finanzierung des öffentlichen Guts heranziehen. Wird hingegen auf andere Art und Weise eine bestimmte Menge festgelegt, wird dies nur sehr unwahrscheinlich zufällig die theoretisch effiziente sein. Und erfolgt die Finanzierung pro Kopf oder nach der steuerlich erfassten wirtschaftlichen Leistungsfähigkeit, entspricht auch dies nicht der theoretisch effizienten Methode.

Im Ergebnis muss festgestellt werden, dass Ökonomen bislang keine auch praktisch problemlos umsetzbare Methode zur effizienten Bereitstellung und Finanzierung öffentlicher Güter gefunden haben.

In Wirklichkeit gibt es zum Glück nicht viele Güter, die die Kriterien Nichtausschließbarkeit und Nichtrivalität vollständig und zweifellos erfüllen. Tatsächlich existiert eher ein Kontinuum zwischen privaten und öffentlichen Gütern (vgl. auch Abschnitt VI.4.). Bei Gütern mit hohem **Öffentlichkeitsgrad** kann es plausibel sein, dass eine staatliche Bereitstellung einer gewissen Menge bei erzwungener Finanzierungsbeteiligung durch die Bürger eine Pareto-Verbesserung gegenüber der Situation der freiwilligen Bereitstellung einer suboptimal geringen Menge des Guts bewirkt. Die Entscheidung sollte jedoch sehr sorgfältig abgewogen werden. Wirklich nachzuweisen wäre die erhoffte Pareto-Verbesserung theoretisch nur durch eine einstimmig beschiedene Volksabstimmung, in der sich alle Bürger bereit erklären, in einer bestimmten Höhe besteuert zu werden, wenn dies auch alle anderen trifft und anschließend das betreffende öffentliche Gut bereitgestellt würde.

Das Votum für eine öffentliche Bereitstellung und Finanzierung ist dabei allerdings noch nicht gleichbedeutend mit der Vorteilhaftigkeit einer staatlichen Produktion der entsprechenden Güter oder Dienstleistungen. Es ist dabei immer zusätzlich noch zu prüfen, ob die Produktion der Güter durch private

Anbieter im Auftrag des Staates nicht effizienter zu bewerkstelligen ist als durch staatseigene Betriebe.

4. Externe Effekte (Externalitäten)

Im letzten Abschnitt wurde der Gedanke des Öffentlichkeitsgrades eingeführt. Daran wird der enge Zusammenhang zwischen Öffentlichen Gütern und dem wahrscheinlich gewichtigsten Marktversagensargument der **externen Effekte** (synonym: **Externalitäten**) deutlich. Sehr viele private Güter entfalten bei ihrer Produktion oder ihrem Konsum zusätzlich zum privaten Nutzen eine gewisse Öffentlichkeitswirkung. Externe Effekte liegen in der Beeinflussung der Konsum- oder Produktionsmöglichkeiten Dritter durch private Aktivitäten von Individuen, die nicht zur Veränderung der relativen Preise führen.

In einem Marktsystem kommen ständig Preisveränderungen auf Grund der Angebots- und Nachfrageentscheidungen der Marktteilnehmer vor. Diese beeinflussen zwar zweifellos ebenfalls die Konsum- oder Produktionsentscheidungen Dritter. Sie stellen aber eben gerade kein Marktversagensproblem dar, sondern dienen dem begrüßenswerten Informations- und Allokationsmechanismus, der tendenziell zum kollektiv rationalen Zustand pareto-effizienter Marktgleichgewichte führt (vgl. Abschnitt IV.2.).[86]

Ursache des Problems externer Effekte sind nicht bzw. unzureichend festgelegte oder nicht bzw. unzureichend durchsetzbare[87] Eigentumsrechte. Das führt letztlich zu einer Nichtausschließbarkeit der negativ oder positiv betroffenen Dritten bzw. bewirkt eine fehlende Geltendmachung oder Haftung des die externen Effekte verursachenden Individuums.

4.1. Positive und negative externe Effekte

Konsum- oder Produktionsentscheidungen, die solche externen Effekte bewirken, sind aus gesamtwirtschaftlicher Sicht nicht effizient, wenn die negati-

---

[86] In der Literatur findet sich auch die Unterscheidung zwischen „pekuniären externen Effekten" und „technologischen externen Effekten". Nur letztere sind externe Effekte im Sinne der Marktversagensargumentation.

[87] Auch bei juristisch eigentlich vollständig definierten und theoretisch einklagbaren Eigentumsrechten kann die Durchsetzbarkeit auf Grund hoher Informations- und Verhandlungskosten bzw. wegen der praktisch schwierigen Ausschließbarkeit prohibitiv teuer sein.

ven oder positiven Effekte auf die an der Entscheidung unbeteiligten Dritten nicht berücksichtigt werden.

Im Falle **positiver externer Effekte** fallen der Konsum oder die Produktion auf Grund nicht berücksichtigter Nutzen- oder Gewinnsteigerung Dritter aus gesamtwirtschaftlicher Sicht regelmäßig zu gering aus. Im Falle **negativer externer Effekte** fallen der Konsum oder die Produktion auf Grund nicht berücksichtigter Nutzeneinbuße oder Kostensteigerung Dritter aus gesamtwirtschaftlicher Perspektive zu hoch aus.

4.1.1. Ein Beispiel zu Konsumexternalitäten

Jakob sei Mieter in einem Mehrparteienhaus. Er hört sehr gerne und ziemlich laut CDs. Um das Beispiel leicht verständlich werden zu lassen, nehmen Sie bitte an, dass Jakob jede neu erworbene CD genau zehnmal abspielt und sie danach für immer weglegt. Musik-CDs sind, entsprechend den Kategorien der Ausschließbarkeit und der Rivalität, zunächst einmal private Güter. Lautes Abspielen verleiht dem Genuss dieser Güter allerdings einen je nach Lautstärke beachtlichen Öffentlichkeitsgrad. Andere Mieter werden sich allerdings von Jakobs Hobby unterschiedlich betroffen fühlen. So verändert beispielsweise die Anwesenheit der schwerhörigen Frieda im Mietshaus auch aus gesamtwirtschaftlicher Perspektive das effiziente Ausmaß des Kaufs und Abspielens der CDs nicht. Würden nur Jakob und Frieda im Mietshaus wohnen, so würde das Musikhobby von Jakob keine externen Effekte verursachen. Das effiziente Ausmaß seines CD-Konsums würde sich alleine nach seiner privaten Zahlungsbereitschaft und dem Preis für CDs richten.

Durch die Mieterin Carlotta taucht allerdings ein Problem externer Effekte auf. Carlotta fühlt sich durch die Musik von Jakob gestört, das laute Abspielen der CDs durch Jakob übt auf Carlotta negative externe Effekte aus.

Das Auseinanderfallen der individuellen und der kollektiven Rationalität bzw. die Veränderung des effizienten Ausmaßes der CD-Abspielerei bei Berücksichtigung der Nutzeneinbuße von Carlotta lässt sich grafisch im Preis-Mengen-Diagramm verdeutlichen. Jakob gleicht seinen privaten Grenznutzen (Nachfrage) mit den Grenzkosten (Preis) ab und gelangt zu dem Ergebnis, dass die Menge x_J das effiziente Konsumniveau darstellt. Allerdings bewirkt sein Hobby negative Externalitäten durch die Beeinträchtigung des Nutzenniveaus von Carlotta. Würde Jakob die gemeinsamen Grenznutzen und den Preis abwägen, so müsste er die negative Nutzenveränderung von Carlotta in

Abzug bringen. Die Summe der privaten Grenznutzen und der externen Effekte wird **sozialer Grenznutzen** genannt.

Abb. 43: Suboptimales Ergebnis durch negative Konsumexternalitäten

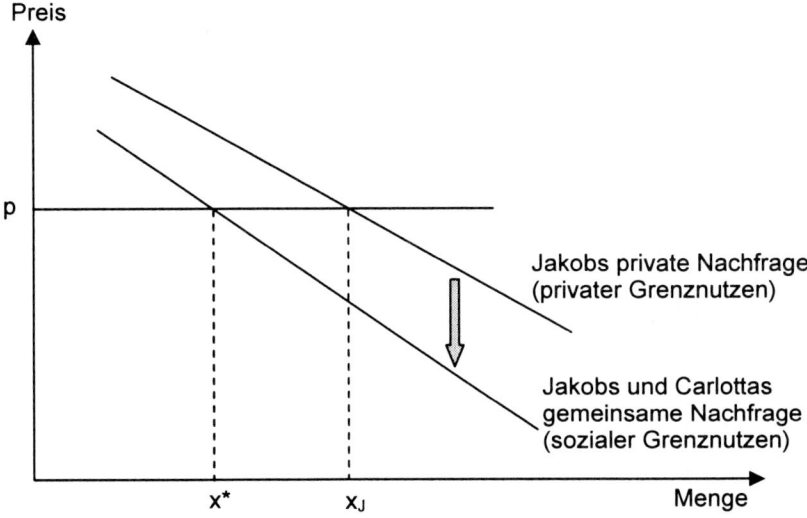

Im Fall negativer externer Effekte fällt der soziale Grenznutzen geringer aus als die private Nachfrage erkennen lässt. Gesamtwirtschaftlich effizient ist die Menge x*, die durch den Schnittpunkt der Kurve des Sozialen Grenznutzens und der Angebotskurve bestimmt wird.

Umgekehrt verhält es sich, wenn Carlotta auszieht und stattdessen Matilda in die Wohnung einzieht (vgl. die Abbildung auf der nächsten Seite). Matilda genießt es, wenn Jakob neue CDs spielt, da ihr die Musik gefällt und ihr die Geräuschkulisse darüber hinaus ganz allgemein einen angenehm lebendigen Eindruck der Umgebung vermittelt. Die Nutzensteigerung von Matilda stellt einen positiven externen Effekt dar.

Entscheidet Jakob privat auf Grund seiner Nachfrage und dem unveränderten Preis neuer CDs über seinen Konsum, so wählt er ein Konsumausmaß in Höhe x_J, welches eine gesamtwirtschaftlich zu geringe Menge darstellt. Würden Jakob und Matilda gemeinschaftlich ihre Nachfrage mit dem Angebot in Einklang bringen, so würde gemäß des Schnittpunkts des sozialen Grenznutzens mit der Angebotskurve das Konsumniveau x** gewählt.

Abb. 44: Suboptimales Ergebnis durch positive Konsumexternalitäten

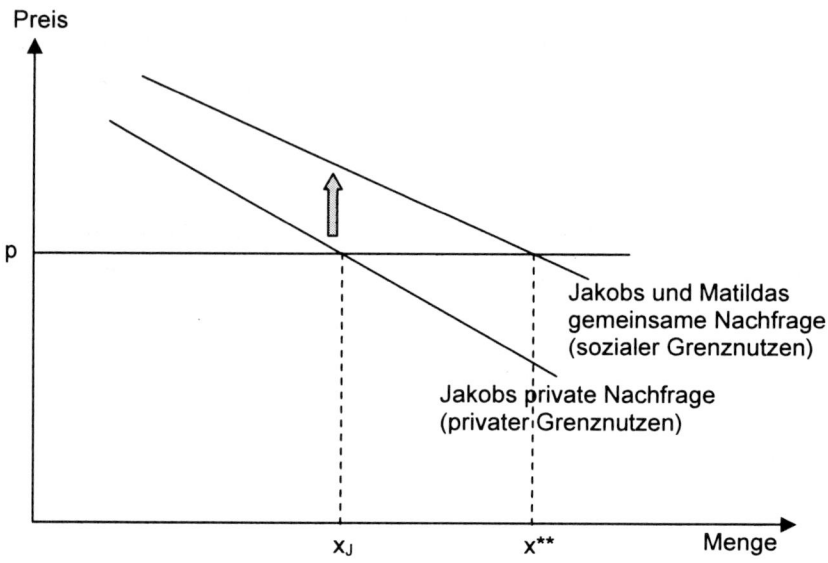

4.1.2. Ein Beispiel zu Produktionsexternalitäten

Angenommen eine größere Industrieanlage nutzt Flusswasser aus dem Rhein zur Kühlung ihrer Anlagen und leitet das dann wärmere Wasser wieder in den Rhein zurück, wodurch sich die Durchschnittstemperatur flussabwärts erhöht. Zur Vereinfachung sei angenommen, der Temperaturanstieg korreliere mit dem Produktionsniveau der Anlagen, also der Menge hergestellter Industriegüter. Sollte dies dazu beitragen, dass sich flussabwärts deutlich mehr Insekten heimisch fühlen als bei geringerer Temperatur und dies den Erholungswert in direkt am Rhein gelegenen Ferienwohnungen negativ beeinflussen, so verursacht die Industrieproduktion negative externe Effekte.

Berücksichtigt die Industrieunternehmung nur ihre privaten Grenzkosten und gleicht die daraus resultierende Angebotsfunktion mit der Nachfrage nach ihren Gütern ab, so resultiert daraus eine Bereitstellung in Höhe von x_I. Gesamtwirtschaftlich fallen auf Grund der Beeinträchtigung der Ferienwohnungsbesitzer jedoch negative externe Effekte an, die ebenfalls als Kosten der Produktion berücksichtigt werden müssen, um das gesamtwirtschaftlich effiziente Produktionsniveau abzuleiten. Gleicht man die **sozialen Grenzkosten** (= private Grenzkosten +/− externe Effekte) mit der Nachfrage nach den

Industriegütern ab, so erkennt man, dass die geringere Outputmenge x* die gesamtwirtschaftlich effiziente Bereitstellungsmenge ist.

Abb. 45: Suboptimales Ergebnis durch negative Produktionsexternalitäten

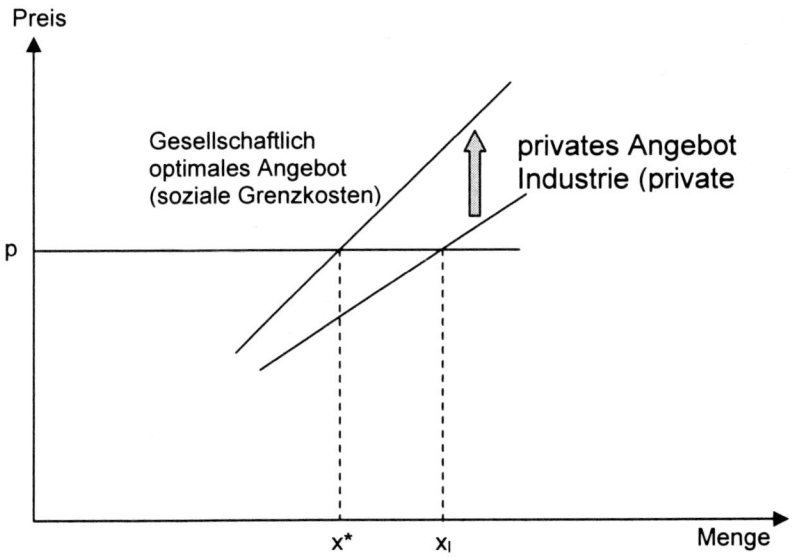

Womöglich ist allerdings die Vermutung, es käme bei höheren Temperaturen zu stärkerer Vermehrung von lästigen Insekten, biologisch völlig unsinnig. Eventuell liegt gar kein negativer externer Effekt vor. Stellen Sie sich umgekehrt vor, flussabwärts läge ein Badestrand und die höhere Temperatur des Flusswassers würde die Attraktivität der Ferienwohnungen deutlich erhöhen. In diesem Fall würde die Produktion der Industrieanlage einen positiven externen Effekt bewirken (vgl. Abbildung auf der nächsten Seite).

Das durch den Unternehmer individuell gewählte Produktionsniveau der Industrie x_I wäre in diesem Fall zu gering gewählt. Gesamtwirtschaftlich effizient wäre das Produktionsniveau x**, weil der den Ferienwohnungsbesitzern entstehende Vorteil aus gesamtwirtschaftlicher Sicht die sozialen Grenzkosten im Vergleich zu den privaten Grenzkosten mindert.

Abb. 46: Suboptimales Ergebnis durch positive Produktionsexternalitäten

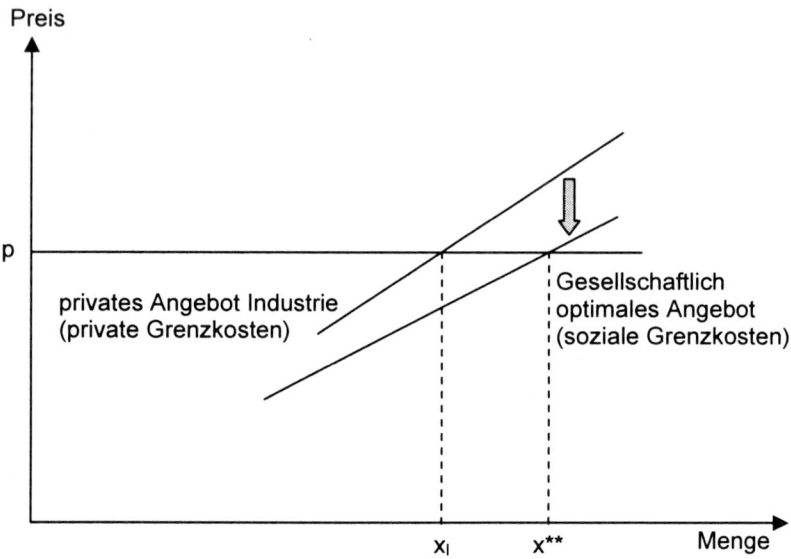

4.2. Theoretisch effiziente Bereitstellung bei Vorliegen externer Effekte

Bei Vorliegen externer Effekte wird das gesamtwirtschaftlich effiziente Ergebnis verfehlt, solange es nicht gelingt, das über den Konsum oder die Produktion entscheidende Individuum auch die Effekte seiner Handlung auf andere Gesellschaftsmitglieder berücksichtigen zu lassen. Damit das entscheidende Individuum alle Effekte mit in die Kosten-Nutzen-Abwägung einbezieht, müssen die externen Effekte **internalisiert** werden. Was damit gemeint ist, kann man sich leicht durch den Gedanken an eine Fusion der Beteiligten vorstellen. Wenn Jakob und Carlotta zusammen in eine Wohngemeinschaft ziehen, wird Jakob hoffentlich Rücksicht auf Carlotta nehmen oder sie dadurch entschädigen, dass er häufiger den Abwasch übernimmt. Wenn Jakob mit Matilda zusammen zieht, kann sie ihm ab und an eine zusätzliche CD schenken. Oder stellen Sie sich vor, die Ferienwohnungen würden dem Konzern gehören, der auch die Industrieanlage betreibt. Maximiert dieser Konzern seinen Gewinn, so wird er automatisch die Effekte der Industrieproduktion auf die Nutzungsmöglichkeiten der Ferienwohnungen berücksichtigen, d. h. er wird seine Entscheidung ohne jede weitere Intervention an den sozialen Grenzkosten ausrichten.

4.2.1. Die Verhandlungslösung

Eine weitere Möglichkeit privater Lösungen von Problemen externer Effekte besteht in Verhandlungen zwischen den beteiligten Individuen. Das **Coase-Theorem**[88] besagt, dass eine dezentrale Lösung durch Verhandlungen zum effizienten Ergebnis führt, sofern die Eigentumsrechte vollständig definiert und durchsetzbar sind und sofern keine Informations-, Verhandlungs- und Kontrollkosten (**Transaktionskosten**) vorliegen. Dabei ist es für die Erreichung des effizienten Bereitstellungsniveaus unerheblich, wem die Eigentumsrechte zugewiesen werden.

Die Frage, wem die Eigentumsrechte zugestanden werden, d. h. wer theoretisch auf seinem Wunsch beharren könnte, ändert nichts am theoretisch aus Verhandlungen resultierenden Ergebnis bezüglich des Aktivitätsniveaus. Es hat hingegen natürlich Auswirkungen auf die Verteilung.

Zum Verständnis des Coase-Theorems erscheint es zunächst wichtig, sich über zwei wesentliche Eigenschaften von Problemen externer Effekte bewusst zu werden.

(1) Die Verteilungsfrage ist nicht ganz trivial. Bei näherer Betrachtung erscheint es häufig nicht einfach zu entscheiden, wem die Rechte auf Durchsetzung seiner Position zugeordnet werden sollten, denn externe Effekte wirken immer wechselseitig.

Lärmbelästigung ist beispielsweise eine Art Umweltverschmutzung. In der Umweltpolitik ist das Verursacherprinzip weit verbreitet, demzufolge derjenige, der die Umweltbelastung hervorruft, auch für die Beseitigung aufkommen soll bzw. die Betroffenen entschädigen muss. Aber ist der physische Verursacher einer Aktivität oder eines Zustands auch immer der Verursacher eines Problems? Wer ist in unserem Beispiel vom lauten Musikkonsum der Verursacher der negativen externen Effekte?

Gäbe es den lauten Mieter Jakob nicht, dann würde sich niemand im Haus gestört fühlen. Stellen Sie sich vor, Carlotta wohnt seit Jahren in dem Miethaus friedlich mit allen zusammen, weil kein Mieter übertrieben laut ist. Nun zieht Jakob mit seiner Hifi-Anlage neu in das Miethaus ein und beeinträchtigt fortan Carlottas Wohlbefinden. Vermutlich verletzt Jakob außerdem irgendwelche gesetzlich geregelten Grenzwerte. In diesem Fall würde man wohl

---

[88]   Benannt nach dem britischen Ökonomen Ronald Harry **Coase**, der den zu Grunde liegenden Gedanken in dem 1960 erschienen bahnbrechenden Artikel „The problem of social cost" entwickelte.

formulieren, dass Jakob negative externe Effekte verursacht. Aber es geht auch anders herum: Gäbe es die empfindliche Mieterin Carlotta nicht, würde sich ebenfalls niemand im Haus gestört fühlen. Stellen Sie sich umgekehrt vor, Jakob würde seit Jahren in dem Haus wohnen und alle anderen Mieter, insbesondere Matilda, wären mit seinem Musikhobby absolut einverstanden. Jakob verstößt auch gegen keine gesetzlichen Auflagen. Nun zieht die griesgrämige und äußerst empfindliche Carlotta neu in das Haus ein und verdirbt fortan allen Mietern durch ihr ständiges Herumnörgeln die gute Laune. In diesem Fall würde man empfinden, dass der Einzug von Carlotta negative externe Effekte auf Jakob und die Hausgemeinschaft ausübt.

(2) Effiziente Lösungen von Externalitätenproblemen liegen normalerweise in Kompromissen. Es kann nur in Ausnahmefällen effizient sein, Aktivitäten, die negative externe Effekte verursachen, vollständig zu verbieten bzw. Aktivitäten, die positive externe Effekte verursachen, vollständig kollektiv zu finanzieren (öffentlich bereitzustellen). Ein vollständiges Verbot von Jakobs CD-Genuss wäre nur dann effizient, wenn die negativen externen Effekte so gewaltig wären, dass der soziale Grenznutzen selbst bei einer einzigen CD pro Jahr nicht die Grenzkosten (den Preis) übersteigen würde. Auf Grund der Wechselseitigkeit bedeutet die Nutzensteigerung von Carlotta durch größere Ruhe immer umgekehrt eine Nutzenminderung von Jakob auf Grund des Verzichts auf die Freude des lauten Musikkonsums.

Die effiziente Lösung bei Problemen negativer externer Effekte liegt auf Grund der Wechselseitigkeit der externen Effekte bei der Menge, bei der sich die Grenzkosten der Nutzenminderung bei den negativ betroffenen Individuen und die Grenzkosten der Nutzenminderung bei den Individuen, die ihre Aktivitäten reduzieren müssen, entsprechen.

Dies ist letztlich wieder die bekannte Abwägung von Grenzkosten und Grenznutzen. Carlottas Grenznutzen aus immer mehr Ruhe muss abgewogen werden gegen die Grenzkosten, die der Verzicht auf immer weitere CDs bei Jakob verursacht. Oder umgekehrt: Der Grenznutzen Jakobs aus jeder weiteren CD muss abgewogen werden gegen die Grenzkosten, die jede weitere CD bei der ruhebedürftigen Carlotta bewirkt.

Natürlich können wir weiterhin nicht absolute Nutzengrößen verschiedener Individuen unmittelbar erfassen und vergleichen. Aber wir können Carlotta und Jakob unmittelbar miteinander in Verhandlungen treten lassen und damit die Individuen ihre jeweiligen Nutzenerwartungen selbst monetär bewerten lassen. Carlotta und Jakob sollen ihre Zahlungsbereitschaften bzw. Kompensationsforderungen äußern, d. h. ihren Nutzen in Anbetracht ihrer Präferenzen und ihres Budgets in anderen Gütern oder Euro bewerten.

Entlang der von links oben nach rechts unten verlaufenden Kurve gibt Jakob an, wie viel er dafür zu zahlen bereit wäre, wenn Carlotta ihn eine weitere CD hören lässt bzw. umgekehrt, wie viel Geld Carlotta Jakob als Kompensation bieten müsste, damit er auf den Genuss einer weiteren CD verzichtet. Die von links unten nach rechts oben verlaufende Kurve gibt an, wie viel Carlotta an Kompensationszahlung dafür verlangt, wenn sie für den zusätzlichen CD-Konsum durch Jakob entschädigt werden soll bzw. wie viel Carlotta zu zahlen bereit wäre, um das Abspielen dieser zusätzlichen CD zu verhindern.

Abb. 47: Grenzkosten- oder Grenznutzenabgleich

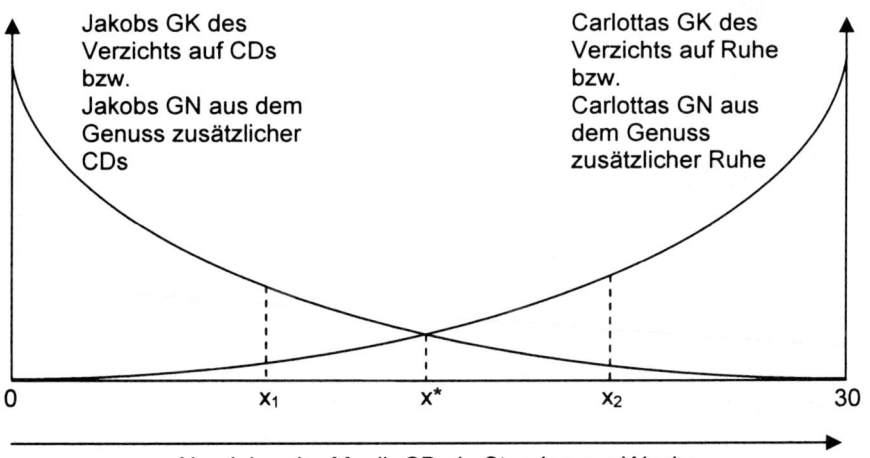

In der Grafik ist abzulesen, dass Jakob annahmegemäß ohnehin nicht mehr als 30 Stunden pro Woche Musik hören würde. Je mehr er allerdings von diesen 30 Stunden in Richtung Null zurückgeht, umso schwerer fällt ihm der Verzicht. Umgekehrt empfindet Carlotta bei Null Musikkonsum von Jakob verständlicherweise keinen Nutzenverlust. Je weiter Jakobs Musikkonsum jedoch auf die 30 Stunden zugeht, umso stärker wird der Nutzenverlust von Carlotta.

Angenommen, die Eigentumsrechte sind derart zugeteilt, dass Jakob die Genehmigung von Carlotta benötigt. Die beiden könnten dann eine Kompensationszahlung aushandeln, die Jakob pro Stunde Lärmbelästigung an Carlotta zu zahlen hätte. Carlotta wäre bei ausreichender Höhe der Zahlungen bereit, die Störung hinzunehmen. Jakob hingegen müsste ohne diese Lösung gänzlich auf Musikgenuss verzichten. Eine Einigung sollte möglich sein, solange die Zahlungsbereitschaft von Jakob für eine weitere Stunde Musik höher ist als die Entschädigungsforderung von Carlotta für diese zusätzliche Stunde. In der Abbildung ist dies der Bereich links von der Menge x*. Über x* hinaus wird Jakobs abnehmende Zahlungsbereitschaft nicht mehr ausreichen um Carlottas zunehmende Forderungen zu erfüllen.

Liegen die Eigentumsrechte umgekehrt so, dass Jakob frei in seiner Konsumentscheidung ist und Carlotta ihn in Verhandlungen dazu bewegen muss, weniger als 30 Stunden pro Woche Musik zu hören, nähert man sich in der Abbildung der Menge x* von rechts an. Carlotta muss nun an Jakob eine Kompensation zahlen, damit dieser auf CDs verzichtet. Carlottas Zahlungsbereitschaft für eine Stunde zusätzlicher Ruhe liegt zunächst weit oberhalb der Forderungen, die Jakob erhebt, um auf die letzte Stunde Musikgenuss zu verzichten. Erst links von x* genügt Carlottas abnehmende Zahlungsbereitschaft für eine Stunde zusätzlicher Ruhe nicht mehr Jakobs zunehmender Forderung.

Das zu erwartende Verhandlungsergebnis der beiden ist unabhängig davon, ob Jakob oder Carlotta bestimmen darf, also unabhängig davon, wer von wem Kompensationszahlungen erhalten wird. Vergleichen Sie diese Gedanken mit den Ausführungen zur Erreichung eines pareto-effizienten Gleichgewichts in der Edgeworthbox in Abschnitt IV.3. Die beiden werden einen Preis finden und Eigentumsrechte gegen Geld oder Arbeitseinsatz beim Flurdienst tauschen. Die im Ergebnis abgespielte Menge Musik wird effizient sein, das Verteilungsergebnis allerdings hängt von der Anfangsausstattung ab. Falls sich Jakob und Carlotta sogar in einem Nachbarschaftsstreit rational verhalten, werden sie sich früher oder später auf das effiziente Ausmaß x* einigen, es sei denn, das Ergebnis wird auf Grund von spürbaren Transaktionskosten verfehlt.[89]

---

[89] Stellen Sie sich beispielsweise vor, Carlotta müsste zunächst umständlich herausfinden, von wem die laute Musik kommt. Anschließend müsste sie sehr lange aufwändig versuchen, an Jakobs Telefonnummer im Büro zu kommen, weil der die Klingel nie hört, wenn er zu Hause ist (weil die Musik so laut ist). Selbst nach getroffener Absprache bereitet es Carlotta doch einige Mühe, die Zeiten zu notieren, die Jakob Musik hört, um zu kontrollieren, ob er die Absprache einhält. Dieser Aufwand, den Carlotta leisten muss bevor sie überhaupt mit den Verhandlungen beginnt, stellt Kosten dar, die ebenfalls durch ihre Zahlungsbereitschaft für Ruhe gedeckt werden müssen. Für Kompensationszahlungen an Jakob bleibt dann nur noch weniger übrig, das Verhandlungsergebnis wird links von x* liegen.

Verorten Sie diese Verhandlungslösung nun noch einmal in der Abbildung zu negativen Konsumexternalitäten im vorhergehenden Abschnitt: Entweder Jakob zahlt pro Stunde Musikgenuss einen Betrag an Carlotta. Dies bewirkt eine Reduzierung seiner privaten Nachfrage nach CDs, so dass bei der Menge x* seine private Nachfrage mit der Kurve des sozialen Grenznutzens übereinstimmt. Oder Jakob entgeht pro Stunde Musikgenuss eine im Falle des Verzichts durch Carlotta angebotene Ruheprämie. Diese Kompensationszahlungen, auf die Jakob verzichtet, sind Opportunitätskosten seines Musikgenusses. Auch sie reduzieren seine private Nachfrage nach CDs in einem Ausmaß, so dass sie bei der Menge x* mit den sozialen Grenznutzen zusammen trifft.

4.2.2. Die Pigou-Steuer

Der Ökosteuern ursprünglich zu Grunde liegende Gedanke der Internalisierung negativer externer Effekte durch eine staatlich auferlegte Lenkungssteuer basiert auf der Idee der so genannten **Pigou-Steuer**.[90] Eine Pigou-Steuer erreicht unter sehr restriktiven Bedingungen – die hier nicht ausführlich diskutiert werden können – eine effiziente Bereitstellung der Güter, die negative externe Effekte verursachen.

Der Theorie nach erhöht die Steuer die privat zu tragenden Kosten exakt in dem notwendigen Ausmaß, welches bei der effizienten Menge für einen Ausgleich der um die Steuer erhöhten privaten Grenzkosten (Angebotskurve) und der sozialen Grenzkosten führt.

Unterstellt werden in Abbildung 48 (vgl. nächste Seite) negative externe Effekte in der Produktion, die ohne Korrekturmaßnahme dazu führen, dass die sozialen Grenzkosten höher ausfallen als die von privaten Marktteilnehmern berücksichtigten privaten Grenzkosten. Statt der gesamtwirtschaftlich effizienten Menge x* wird das Zusammentreffen der privaten Angebotskurve mit der Nachfragekurve eine gleichgewichtige Menge in Höhe von x_M verwirklichen. Nach der Idee der Pigou-Steuer könnte der Staat eine Steuer in Höhe der Differenz p*p* pro Einheit auf das mit negativen Externalitäten einhergehende Güterangebot legen. Dies bewirkt eine Parallelverschiebung des Angebots um den Betrag p*p* nach oben (gestrichelte Linie). Treffen diese um die Stücksteuer erhöhten privaten Grenz-

---

[90] So benannt nach dem britischen Ökonomen Arthur Cecil **Pigou** (1877-1959), der das Konzept 1912 entwickelte. Im umgekehrten Fall, in der Internalisierung positiver externer Effekte durch entsprechende Subventionen, spricht man analog von einer Pigou-Subvention.

kosten als marktwirksames Angebot auf die unveränderte Nachfrage, so wird ein durch die Steuer korrigiertes Marktgleichgewicht bei der gesamtwirtschaftlich effizienten Menge x* gefunden.

Abb. 48: Pigou-Steuer: Internalisierung negativer Produktionsexternalitäten

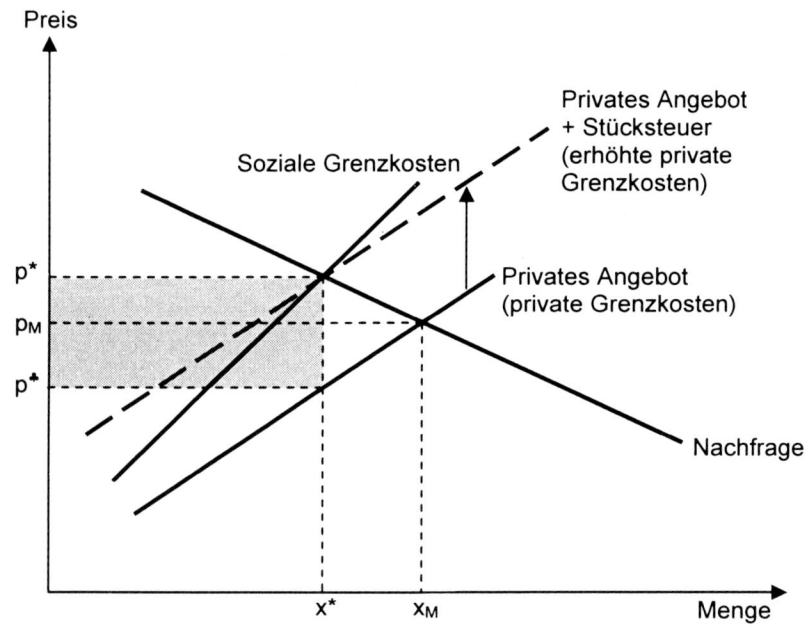

Alternativ könnte nach derselben Systematik auch ein Problem negativer externer Effekte im Konsum gelöst werden. Während die unkorrigierte private Nachfrage den privaten Grenznutzen mit den Grenzkosten abgleichen und so ein Gleichgewicht bei der Menge x_M erwarten lassen würde, könnte eine Stücksteuer in Höhe von p^*p^* die private Zahlungsbereitschaft reduzieren. Die so um den Betrag p^*p^* parallel nach unten verschobene reduzierte Nachfragekurve (gestrichelte Linie) würde entsprechend des Schnittpunkts mit der Angebotskurve ein korrigiertes Gleichgewicht bei der effizienten Menge x* herbeiführen.

Der Theorie nach sind die beiden Besteuerungsmethoden äquivalent. Da die Steuereinnahmen an den Staat fließen, spielt es keine Rolle, wem die Steuer auferlegt wird. Wer die Steuer letztlich trägt, hängt von der Relation der Steigungen von Angebots- und Nachfragekurve (**Preis-Elastizitäten**) ab, d. h. davon, in welchem Verhältnis Angebot und Nachfrage auf Preisänderungen reagieren. Ökonomisch spricht man von der „Traglast" von Steuern.

Abb. 49: Pigou-Steuer: Internalisierung negativer Konsumexternalitäten

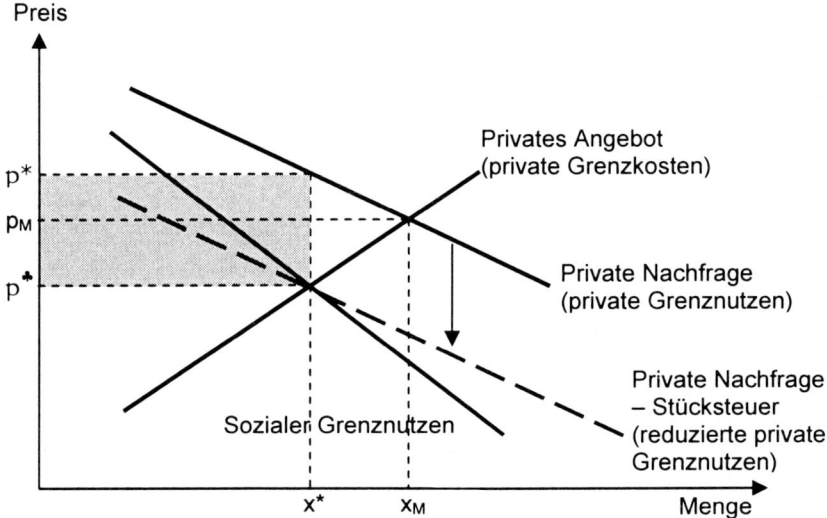

Im willkürlich gewählten Beispiel der vorstehenden Abbildungen tragen die Produzenten einen größeren Teil der Steuerlast, gleichgültig, ob die Steuer bei den Anbietern oder den Nachfragern erhoben wird. Der gesamte Steuerbetrag in Höhe des grau hervorgehobenen Rechteckes geht entsprechend der Teilfläche unterhalb von p_M zu Lasten der Produzentenrente und entsprechend der Teilfläche oberhalb von p_M zu Lasten der Konsumentenrente.[91] Das heißt, unabhängig davon, ob die negativen externen Effekte im Konsum oder in der

---

Vgl. zur Rentenbetrachtung Abschnitt IV.4. Lassen Sie sich aber nicht irritieren: Im Gegensatz zu den dort behandelten vom Gleichgewicht abweichenden Preis sorgt im Fall der Pigou-Steuer erst die Besteuerung für das effiziente Gleichgewicht. Die Reduzierung der am Markt gehandelten Menge x_M auf x^* bewirkt hier also keinen Wohlfahrtsverlust.

Produktion anfallen, die Pigou-Steuer kann auf der Marktseite angelegt werden, bei der dies technisch einfacher zu bewerkstelligen ist.[92]

4.3. Annäherungen an effiziente Lösungen in der Praxis

In der praktischen Politik sind häufig weder die Coase-Lösung noch die Pigou-Steuer in der theoretischen Reinform umsetzbar. Die Abwesenheit von Informations- und Verhandlungskosten ist beispielsweise eine im Grunde nie zutreffende Annahme. Außerdem sind Verhandlungslösungen nur mit Individuen möglich, die zur Verhandlung in der Lage sind. Dies ist beispielsweise in Bezug auf die umweltpolitische Frage der CO_2-Reduzierung zum Klimaschutz natürlich alleine auf Grund der Betroffenheit unserer Nachkommen nicht möglich. Auch die Möglichkeit zu strategischem Verhalten in den Verhandlungen, bei mangelnder Information der Verhandlungspartner um die tatsächliche Situation des anderen, erschwert die effiziente Lösung in der Praxis. Die Pigou-Steuer verfehlt effiziente Lösungen, wenn die Gesetzgeber nicht perfekt über die exakte Höhe der externen Effekte und die genaue Reaktion von Angebot und Nachfrage auf Preisänderungen informiert sind. In der Praxis kommen daher eher Lösungen infrage, die sich den Idealen des Coase-Theorems oder der Pigou-Steuer lediglich annähern.

4.3.1. Die Ökosteuer nach dem Standard-Preis-Ansatz

Tatsächlich werden Lenkungssteuern zur Internalisierung negativer externer Effekte nach dem so genannten **Standard-Preis-Ansatz** gestaltet. Die Exekutive bestimmt dazu eine wie auch immer begründete Menge der gehandelten schädlichen Güter als politisches Ziel (Standard). Diese Zielvorgabe kann sich theoretisch an dem Versuch der Abschätzung der externen Effekte bemessen. Realistischerweise wird man jedoch erwarten müssen, dass auch eine ganze Reihe anderer Erwägungen die Zielfestlegung mitbestimmen. Anschließend erprobt der Gesetzgeber unterschiedliche Steuersätze, um an dieses Mengenziel heranzukommen. Er verändert also durch Steuern die Marktpreise, zu denen die betreffenden Güter gehandelt werden. Geht die am Markt gehan-

---

[92] So entsteht der negative externe Effekt der CO_2-Belastung durch PKW natürlich in erster Linie nicht durch die Anbieter von Benzin, sondern durch die Konsumenten. Es ist aber weitaus praktikabler, von den Anbietern eine auf den Benzinumsatz aufgeschlagene Ökosteuer pro Liter abführen zu lassen, als jeden PKW mit geeichten Verbrauchsmessern auszustatten und diese jährlich zur Ökosteuererklärung zu verpflichten.

delte Menge weiter zurück als angestrebt, so muss der Steuersatz reduziert werden. Genügt die Mengeneinschränkung hingegen nicht dem ins Auge gefassten Ziel, muss die Steuer erhöht werden. Umso besser der Gesetzgeber über die Grenzvermeidungskosten der schädigenden Güter informiert ist und umso genauere Kenntnis er von der Preisreagibilität des Angebots und der Nachfrage hat, desto schneller wird ihm die Festlegung des zielführenden Steuersatzes gelingen. Theoretisch wird durch Versuch und Irrtum irgendwann der Steuersatz gefunden, der die als Ziel vorgegebene Reduzierung der externe Effekte verursachenden Gütermenge erreicht.

4.3.2.   Die Lösung durch Zertifikate

Gerade im Bereich der Umweltpolitik wird zunehmend das Instrument der **Verschmutzungszertifikate** genutzt. Die Idee hierzu basiert auf dem Coase-Theorem. Allerdings würde die dezentral durch Verhandlungen organisierte systemimmanente Suche nach der effizienten Verschmutzungsmenge in vielen Umweltfragen auf Grund der unzähligen Beteiligten sehr hohe Transaktionskosten verursachen. Außerdem wären zukünftige Generationen gar nicht an der Verhandlung beteiligt. Deshalb definiert der Gesetzgeber – wie bei der Steuerlösung nach dem Standard-Preis-Ansatz – bei der Zertifikatslösung eine bestimmte Zielmenge (z. B. eine bestimmte Menge CO_2). Die Exekutive gibt eine entsprechende Menge an Zertifikaten aus, deren Besitz zur Umweltschädigung berechtigt (z. B. jedes Zertifikat berechtigt zur Emission einer Tonne CO_2 pro Jahr). Während im Standard-Preis-Ansatz einer Ökosteuer versucht wird, durch Preissteuerung eine bestimmte Menge zu erreichen, wird bei der Zertifikatslösung die Zielmenge festgelegt und unmittelbar ohne langwierige Versuche erreicht. Der Staat muss keine Informationen über die Grenzkosten der Schadensvermeidung haben und benötigt keinerlei Informationen bezüglich der Angebots- und Nachfragekurve. Die Zertifikate sind frei handelbar, die Preise für die Zertifikate ergeben sich am Markt. Dies lässt erwarten, dass diejenigen Marktakteure, die am dringendsten darauf angewiesen sind, weiterhin externe Effekte zu verursachen, die Zertifikate erwerben. Die Marktteilnehmer hingegen, die relativ kostengünstig externe Effekte vermeiden können, erhalten einen Anreiz diese Reduzierungen der Schädigung zu unternehmen, da sie die freiwerdenden Zertifikate an andere verkaufen können. Im Ergebnis führt diese Marktlösung dazu, dass sich die Grenzkosten der Schadensvermeidung bei allen Marktteilnehmern angleichen. Das vorgegebene Ziel wird damit zu möglichst geringen Kosten erreicht. Die Zertifikate entsprechen dem Ansatz der Verhandlungslösung, weil von staatlicher Seite in erster Linie Eigentumsrechte definiert und zugeteilt werden. Damit ermöglicht der Gesetzgeber Verhandlungen unter den verschiedenen Gruppen der Verursacher externer Effekte: Das vorgegebene Ziel kann so möglichst kostengünstig erreicht werden. Interessanterweise könnte der Ansatz dem Ideal des Coase-Gedankens noch näher kommen, wenn zumindest der Teil der durch die externen Effekte negativ beeinflussten Individuen in den Prozess eingreifen könnte, der dazu in der Lage ist. Ziel müsste es sein, in Zukunft weltweit verbindliche Mengen an Verschmutzungsrechten zu definieren, die auch durch die Politik nicht ohne weiteres verändert werden können. Dann spräche nichts dagegen, dass Umweltgruppen wie Greenpeace, Robin Wood und andere, oder auch zahlungskräftige Einzelpersonen, solche Verschmutzungszertifikate mit dem Ziel aufkaufen könnten, die Rechte stillzulegen. Damit würde zumindest zum Teil auch die Verschmutzungsmenge innerhalb des Systems festgelegt.

4.4. Staatlicher Eingriff zur Internalisierung externer Effekte?

Trotz aller Schwierigkeiten ist der Gedanke des Coase-Theorems keineswegs abwegige Theorie, sondern greift immerhin dort, wo relativ wenige klar identifizierbare und gut informierte Individuen die Beteiligten des Externalitäten-Problems sind. Mit anderen Worten: Externe Effekte erfordern wenigstens den minimalen ordnungspolitischen Staatseingriff der Definition von Eigentumsrechten. Wir dürfen davon ausgehen, dass die Mieter in vielen Fällen Externalitätenprobleme auf Grund lauter Musik in der einen oder anderen Weise zumindest ansatzweise beheben können.

Darüber hinausgehende Eingriffe des Kollektivs sind nicht alleine durch das Vorhandensein externer Effekte gerechtfertigt. Sie sollten nur dann erfolgen, wenn plausibel unterstellt werden kann, dass ein direkter Markteingriff im Vergleich zur privaten Verhandlungslösung die kostengünstigere Lösung der Externalitätenproblematik verspricht. Am Beispiel des Musikliebhabers Jakob dürfte deutlich werden, dass nicht mögliche Externalitäten alleine bereits einen über die Definition der Eigentumsrechte hinausgehenden Staatseingriff gebieten. So wäre ein CD-Verbot völlig unsinnig (und für Jakob und Matilda mit erheblichen Nutzeneinbußen verbunden), solange Carlotta nicht als geräuschempfindliche Mieterin zur Hausgemeinschaft hinzutritt. Ein weniger starker Eingriff, wie beispielsweise eine Steuer auf den Kaufpreis von CDs, wäre selbst dann fragwürdig, wenn der Fall positiver Externalitäten wie bei Matilda ausgeschlossen wäre. Vermutlich wäre die Organisation mit höheren Verwaltungskosten verbunden als durch die Steuer gedeckt bzw. durch den Nutzengewinn Carlottas gerechtfertigt werden könnte. Es ist also eine Vielzahl von

Fällen denkbar, in denen zwar theoretisch externe Effekte auftreten, die nach privaten Verhandlungen noch nicht-internalisierten externen Effekte aber so vernachlässigbar gering sind, dass ein größerer Staatseingriff nicht zu pareto-superioren Ergebnissen führen würde.

Es ist wichtig festzuhalten, dass aus dem Coase-Theorem und der Entdeckung der Transaktionskostenbedeutung zweierlei Folgerungen gleichzeitig abgeleitet werden müssen: Einerseits gilt es überall dort, wo artifizielle Tauschbeschränkungen vorhanden sind, diese abzubauen, damit sic gegenseitig vorteilhafte Tauschakte identifizieren und umsetzen lassen und die Tauschvorteile ausgeschöpft werden können. Vorsicht also z. B. vor starren Dezibel-Vorgaben ohne Möglichkeit zur Nachverhandlung zwischen den Mietern. Umgekehrt weist aber das Coase-Theorem gerade auch darauf hin, dass vieles für einen Grundsatz des laissez faire spricht, wenn keine Beschränkungen der Tauschmöglichkeiten zu beobachten sind und hinreichende Klarheit über die Eigentumsrechte besteht. Der dann manchem Beobachter auffällig und eindeutig erscheinende Zustand der Ineffizienz ist in vielen Fällen eben tatsächlich nur Anschein und resultiert aus der Vernachlässigung von in der Realität zu beachtenden Transaktionskosten durch den Beobachter.

Festzuhalten bleibt also, dass der Markt bei Vorliegen nicht-internalisierter Externalitäten das theoretisch effiziente Ergebnis einer Welt ohne Transaktionskosten verfehlt. Es ist aber auf Grund der Schwächen der vorhandenen praktischen Möglichkeiten eines Staatseingriffs ebenfalls offensichtlich, dass auch über einen Kollektivbeschluss eines staatlichen Markteingriffs allenfalls ausnahmsweise das effiziente Ergebnis erreicht werden kann. Selbst eine staatliche Bereitstellung von Informationen und Versuche der Reduzierung von Transaktionskosten verursachen Kosten und bergen die Gefahr von Fehlinformationen. Für eine Zertifikatlösung sind erhebliche Organisations- und Transaktionskosten in Kauf zu nehmen und zur Erreichung eines effizienten Ergebnisses müsste die effiziente Menge der externen Effekte bekannt sein. Für eine effiziente Steuerlösung müssten sowohl Informationen über die Höhe der externen Effekte im Sinne des Grenznutzens der Schadensvermeidung als auch über die Grenzkosten der Schadensvermeidung vorliegen.

Es gilt also im Falle der Diagnose externer Effekte zu entscheiden, ob ein Staatseingriff geeignet erscheint, eine im Vergleich zur unvollständigen Lösung durch private Verhandlungen pareto-superiore Lösung herbeizuführen.

5.   Natürliches Monopol

Die Effizienzeigenschaften des Marktes leiten sich unter anderem aus der Unterstellung ausreichender Wettbewerbsintensität ab. Lediglich bei hinreichend großer Konkurrenz unter den Anbietern kann man davon ausgehen, dass sich am Markt letztlich Preise durchsetzen, die nahe an den Grenzkosten effizient produzierender Anbieter liegen. Nur so wird garantiert, dass die Befriedigung der Nachfrage sowohl qualitativ als auch quantitativ effizient und entsprechend der Konsumentenpräferenzen erfolgt. Herrscht hingegen keine ausreichende Konkurrenz, spricht man von vermachteten Märkten, von denen das Monopol den bekanntesten Extremfall darstellt.[93]

5.1. Ineffizienz bei Vorliegen einer Monopolstellung

Bei Monopolen und abgeschwächt auch bei jeder anderen Marktkonstellation, in der einzelne Anbieter oder Nachfrager über Marktmacht verfügen, werden sowohl in statischer als auch in dynamischer Hinsicht Ineffizienzen erwartet.

5.1.1.   Dynamische Ineffizienz: Wohlfahrtsverluste auf Grund mangelnder Innovationen

Dynamisch ineffizient ist eine Situation, in der die Marktakteure nicht effizient nach neuen Technologien und Produktverbesserungen suchen. Dies meint also in erster Linie, dass Monopolisten auf Grund ihrer komfortablen Marktstellung einen wesentlich geringeren Anreiz zur Anpassung ihrer Produkte und Produktionsverfahren an die Konsumentenwünsche haben als Unternehmen, die in Konkurrenz zueinander stehen. Wie in der Einführung zum Kapitel Marktversagen erwähnt, sorgt der Konkurrenzkampf auf Wettbewerbsmärkten der Tendenz nach dafür, dass die am Markt befindlichen Unternehmer beständig nach Verbesserungen suchen müssen, um ihre Marktposition zu halten oder zu verbessern. Unternehmer, die in der Wettbewerbssituation zu wenig innovativ sind, werden durch Verluste ihrer Marktanteile und letztlich durch die beständige Gefahr, unter die Nullgewinn-Bedingung fallen

---

[93]   Der Vollständigkeit halber: Selbstverständlich ist auch ein Monopson (viele Anbieter aber nur ein Nachfrager) ein extremer Problemfall und oligopolistische Marktstrukturen bereiten ebenfalls Probleme. In dieser Einführung müssen wir uns aber auf das Monopol, und innerhalb der Monopolsituation auf das natürliche Monopol, als Marktversagensargument beschränken.

zu können, sanktioniert. Monopolbetriebe hingegen sehen sich dieser Gefahr nur begrenzt ausgesetzt. Solange das Monopol für den Vertrieb von Telefongeräten beim Betreiber des Telefonnetzes lag, drohte kaum die Gefahr, dass ein Kunde absprang, weil ihm der Telefonapparat nicht gefiel. Es wurde als große Innovation gefeiert, als dieser Monopolist plötzlich auch grüne und cremefarbene Apparate mit Tasten statt nur graue mit Wählscheibe anbot. Unmittelbar nach dem Verlust dieser Monopolstellung explodierte das Angebot an Telefonapparaten und es gab nicht nur alle Formen und Farben, sondern auch kabellose Geräte, Geräte mit Anrufbeantworter, Zweithörer etc. Die dynamische Ineffizienz auf vermachteten Märkten hat dramatischere Auswirkungen als die statische. Wir werden uns dennoch im Folgenden auf die statische Momentaufnahme der Ineffizienz konzentrieren, weil sich diese mit dem bereits vorhandenen Instrumentarium analysieren lässt. Sie ist außerdem wesentliche Voraussetzung für den Fall des Marktversagens bei natürlichen Monopolen.

5.1.2. Statische Ineffizienz: Wohlfahrtsverluste auf Grund von Mengeneinschränkungen

Die **statische Ineffizienz**, d. h. die Ineffizienz monopolistischer Märkte in einer Momentbetrachtung, basiert in erster Linie auf dem wesentlichen Unterschied der Produktions- und Preisentscheidung von Monopolisten im Vergleich zu Unternehmern auf Konkurrenzmärkten (Polypolisten).

Auf einem Konkurrenzmarkt werden hinreichend viele kleine Anbieter mit einem jeweils unbedeutend kleinen Marktanteil unterstellt, so dass jeder dieser Anbieter als Preisnehmer ohne Einfluss auf den Marktpreis bleibt. Zur Gewinnmaximierung können sie nicht über verschiedene Preis-Mengen-Kombinationen mit unterschiedlichen Preisen disponieren, sondern lediglich ihre Ausbringungsmenge so anpassen, dass ihre Grenzkosten gleich dem am Markt vorfindbaren Preis sind. Sind sie in der komfortablen Situation, dass ihre Durchschnittskosten unterhalb des Marktpreises liegen, so können sie die Differenz aus dem Erlös (Menge • Marktpreis) und ihren Kosten (Menge • Durchschnittskosten) als kleinen Gewinn verbuchen.[94]

In der Modellbetrachtung sieht sich der einzelne Unternehmer auf einem Konkurrenzmarkt mit einer vollkommen elastischen (= waagerechten) Preis-Absatz-Funktion konfrontiert: Zum herrschenden Marktpreis kann er sein

---

[94]   Vgl. zur Gewinnmaximierung von Polypolisten Abschnitt III.3.1.

gesamtes Angebot absetzen. Zu einem Preis darüber würde er hingegen nichts mehr absetzen können, da alle Nachfrager zu einem anderen Anbieter wechseln würden. Diese Situation sei anhand der folgenden Abbildung noch einmal kurz in Erinnerung gerufen.

Abb. 50: Polypol: Unternehmer als Preisnehmer

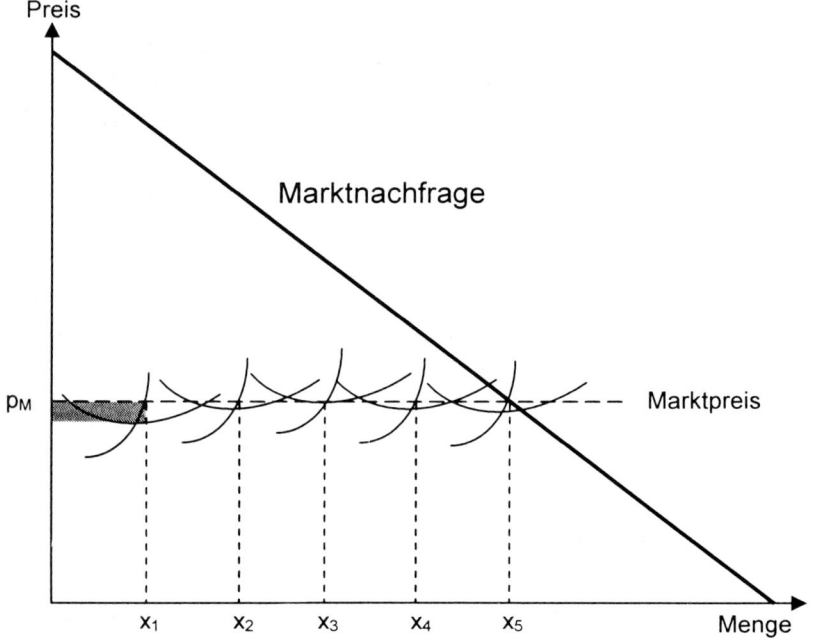

Entsprechend den Ausführungen zum individuellen Angebot einer einzelnen Konkurrenzunternehmung und der Tragfähigkeit eines Marktes (vgl. Abschnitte III.3.1. und IV.1.1.) sei auch hier angenommen, dass bereits fünf Anbieter die Situation vollkommener Konkurrenz darstellen. In der Abbildung ist unterstellt, dass die Anbieter über leicht unterschiedliche Kostenfunktionen verfügen. Ihre Grenzkostenverläufe (= steilere Kurvenabschnitte) und Durchschnittskostenverläufe (= flachere Kurvenabschnitte) sind zwar ähnlich, die Minima der Durchschnittskosten liegen jedoch in leicht unterschiedlicher Höhe. Die fünf abgebildeten Unternehmen sind alle in der Lage, mindestens die Nullgewinnbedingung zu erfüllen. Sie können also auch langfristig im Markt bleiben, solange keine Änderungen der Nachfrage oder des Angebots der Konkurrenten auftreten. Der im Diagramm ganz links angeordnete Anbieter verfügt über die niedrigsten Durchschnittskosten. Dieser

Unternehmer wird gemäß der Grenzkosten-Preis-Regel seine Produktion ausdehnen, bis sich seine Grenzkosten und der Grenzerlös (= Preis) ausgleichen. Er bietet die Menge x_1 an und verwirklicht einen Gewinn in Höhe des grau hervorgehobenen Rechtecks. Das zweite Unternehmen bietet die Menge x_2-x_1 an und erzielt einen deutlich kleineren Gewinn, das dritte Unternehmen bietet die Menge x_3-x_2 an, arbeitet gerade auf der Nullgewinnbedingung und erzielt damit keinen Gewinn, usw.[95]

Im Gegensatz zu diesen Preisnehmern (Mengenanpassern) steht der Monopolist der gesamten Marktnachfrage alleine gegenüber. Er kann Preise für sein Produkt festlegen, sich also als Preissetzer verhalten, denn die Nachfrager können bei höheren Preisen mangels Alternative nicht zur Konkurrenz wechseln. Natürlich gilt aber auch im Fall des Monopolisten der Merksatz, nach dem sich die kürzere Marktseite durchsetzt (vgl. Kapitel IV.). Der Monopolist kann zwar Preise diktieren, es obliegt aber letztlich den Nachfragern, wie viele Produkte sie zu diesen Preisen abzunehmen bereit sind. Der Monopolist kann und muss also damit rechnen, dass er bei Wahl eines niedrigeren Preises seinen Umsatz erhöhen, bei einem höheren Preis hingegen seinen Umsatz reduzieren wird. Die **Preis-Absatz-Funktion des Monopolisten** ist identisch mit der Marktnachfragekurve. Er kann einen beliebigen Punkt auf der Marktnachfragekurve als Wertepaar von Preis und Absatz wählen.

Welches Wertepaar aus Preis und damit korrespondierender Menge ist aus Sicht eines gewinnmaximierenden Monopolisten optimal? An der Kalkulation der gewinnmaximalen Ausbringungsmenge ändert sich prinzipiell nichts: Auch der Monopolist bringt Grenzkosten und Grenzerlös zum Ausgleich. Der Grenzerlös einer zusätzlichen Einheit entspricht bei einem Polypolisten für jede Outputsteigerung jeweils dem unveränderten Marktpreis. Der Grenzerlös eines Monopolisten berechnet sich hingegen etwas komplizierter: Die fallende Marktnachfrage signalisiert, dass eine größere Gütermenge nur absetzbar ist, wenn der Preis entsprechend niedriger gewählt wird.

Im Regelfall muss der Monopolist für alle Einheiten, die er verkaufen will, eine Preissenkung vornehmen und nicht nur für eine zusätzliche Einheit.[96]

---

[95]   Vgl. zum Angebot eines polypolistischen Unternehmens Abschnitt III.3.1.

[96]   Einen davon abweichenden Sonderfall stellt die Möglichkeit der Preisdiskriminierung dar. Gelingt es dem Monopolisten, verschiedene Nachfragergruppen mit unterschiedlichen Varianten des Guts zu bedienen (z. B. früher erscheinende Ausgabe eines Buches mit festem Einband, später preiswerteres Taschenbuch) und dafür unterschiedliche Preise zu verlangen, gestaltet sich die Überlegung anders.

Deshalb wird der Grenzerlös eines Monopolisten für jede weitere Gütereinheit nicht nur überhaupt immer geringer, sondern der Grenzerlös fällt doppelt so schnell wie die Nachfragekurve. Die Grenzerlöskurve fällt vom Prohibitivpreis der Nachfrager (=Ordinatenschnittpunkt) aus als Winkelhalbierende der Nachfragekurve nach rechts unten.[97]

Abb. 51: Monopol: Unternehmer als Preissetzer

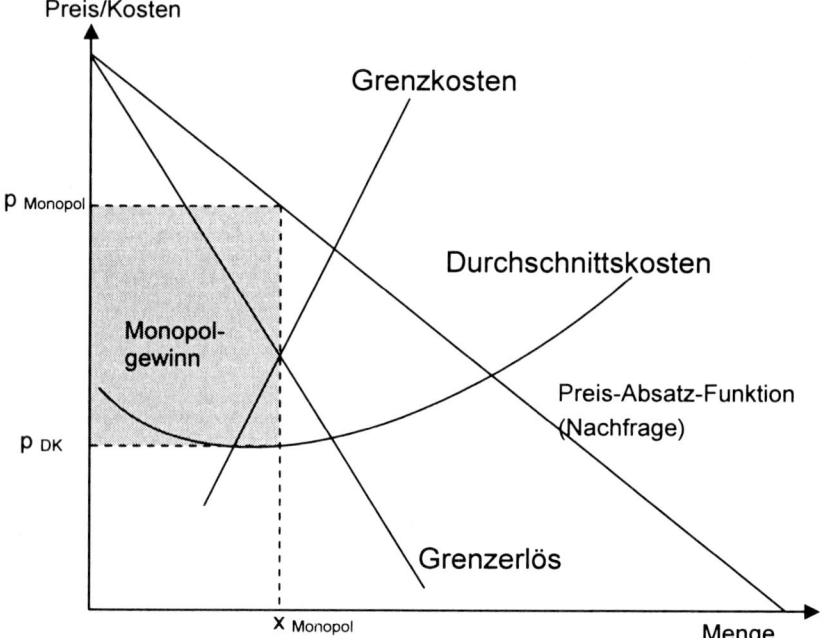

Der Monopolist wählt seine gewinnmaximale Outputmenge entsprechend des Schnittpunktes von Grenzkosten- und Grenzerlöskurve. In der Abbildung findet sich diese gewinnmaximierende Menge bei $x_{Monopol}$. Für die Güter verlangt er von den Nachfragern dann allerdings den bei dieser Menge maximal möglichen Preis, den er auf der Preis-Absatz-Funktion ablesen kann. Sein Monopolgewinn errechnet sich analog zur Gewinnermittlung des Konkurrenzunternehmers aus dem Erlös ($x_{Monopol}$ • $p_{Monopol}$) abzüglich der Kosten

---

[97]   Studenten der Wirtschaftswissenschaften müssen dies im Grundstudium mathematisch beweisen. Sie dürfen es einfach glauben.

($x_{Monopol}$ • Durchschnittskosten bei $x_{Monopol}$). Dank dieser Strategie der **Cournotschen Monoplpreissetzung**[98] verwirklicht ein Monopolist deutliche Gewinne.

Die Ineffizienz der Monopolsituation kann allerdings nicht durch die vorhandenen Gewinne des Monopolisten begründet werden. Gewinne sind nicht grundsätzlich ineffizient.[99]

Abb. 52: Wohlfahrtsverlust auf monopolistischen Märkten

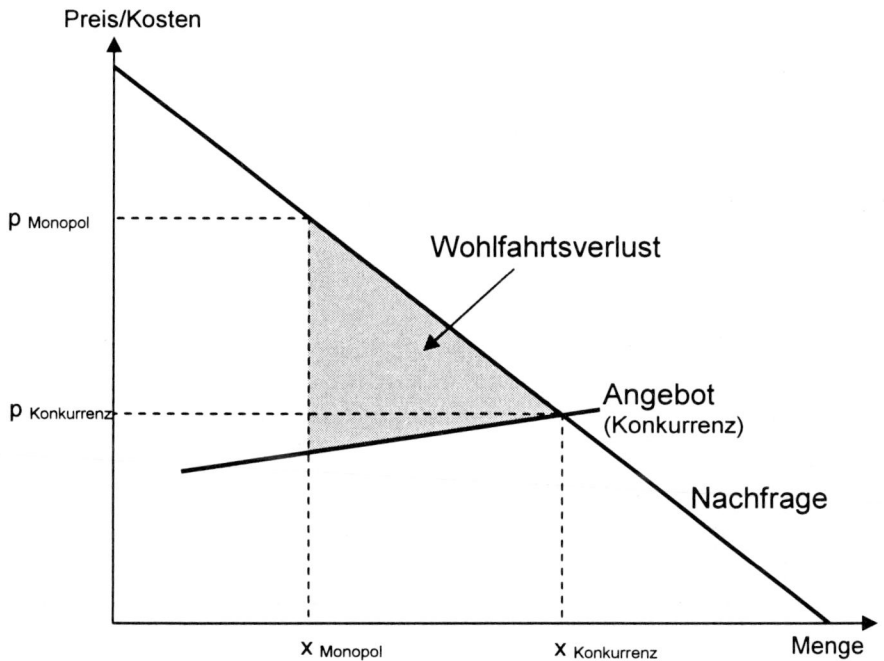

Grafisch darstellen lässt sich dieser Wohlfahrtsverlust nur mittels einer zusätzlichen Abbildung, die den Vergleich der Situationen eines Monopolmarktes und eines Wettbewerbsmarktes ermöglicht, wie in der Skizze angedeutet. Der Wohlfahrtsverlust bemisst sich, wie schon bei der Rentenbe-

---

[98] So benannt nach dem französischen Ökonomen Antoine Augustin **Cournot** (1801-1877), der diese Preisbildung im Monopol in seinem 1838 erschienen Hauptwerk „Recherches sur les principes mathématiques de la théorie des richesses" entwickelte. Cournot gilt als Begründer der mathematischen Wirtschaftstheorie.

[99] Es gilt jedoch umgekehrt: Eine Situation, in der über längere Zeit erhebliche Gewinne nicht zu Markteintritten von Konkurrenten führen, sollte Sie skeptisch werden lassen...

trachtung in Abschnitt IV.4. gezeigt, durch den Verlust an Konsumenten- und Produzentenrente.

Statisch ineffizient ist die Monopolsituation wegen der zum Zweck der Gewinnmaximierung absichtlich gering gewählten Menge der angebotenen Güter. Aus gesamtwirtschaftlicher Sicht unterbleiben eindeutig vorteilhafte Tauschakte: Würde der Markt nicht durch den Monopolisten beherrscht, sondern durch polypolistische Anbieter bedient, könnten auf Grund des preiselastischeren Angebots (vgl. Abschnitte III.5. und IV.1.) noch wesentlich mehr Konsumenten ihre Nachfrage befriedigen. Diese Nachfrager weisen auch eine Zahlungsbereitschaft auf, die bei polypolistischen Anbietern, die in der Nähe des Durchschnittskostenminimums produzieren würden, durchaus kostendeckend wäre.

5.2. Vorübergehende oder staatlich geschützte Monopole sind kein Marktversagen

Monopolsituationen, die sich für Unternehmen beispielsweise durch neue Produktideen oder Prozessinnovationen erschließen, sind an freien Märkten nicht ohne weiteres von Dauer. Die Monopolgewinne eines innovativen Pionierunternehmers locken sehr schnell weitere Anbieter in den Markt. Mehrere Anbieter beginnen schnell zu konkurrieren und die Machtstellung des einzelnen oder der wenigen Anbieter erodiert in der Konkurrenz um die Nachfrage. Alleine die Beobachtung eines vorübergehenden Monopols ist also noch kein Beleg für ein Marktversagen.[100]

Viele dauerhaft stabile Monopole, die historisch empirisch zu beobachten waren und zum Teil noch immer zu beobachten sind, erklären sich durch

---

[100] Die Notwendigkeit einer funktionsfähigen Wettbewerbskontrolle zur Verhinderung wettbewerbswidriger Absprachen wird von den wenigsten Ökonomen geleugnet. Aber selbst wenn sich mehrere Anbieter wettbewerbswidrig absprechen ohne durch eine Kartellbehörde daran gehindert zu werden, ist die Aufrechterhaltung eines Kartells bereits dann nicht einfach, wenn der Staat immerhin der wettbewerbswidrigen Absprache die Hilfe bei der Durchsetzung verweigert. Zum einen ergibt sich ein Gefangenendilemma (vgl. Abschnitt VI.2.) zwischen den Kartellbeteiligten, da es zumindest kurzfristig für jeden die individuell rationale Strategie ist, aus dem Kartell auszubrechen. Zum anderen benötigen die Kartellmitglieder eine Methode, zusätzliche Anbieter vom Markteintritt abzuhalten.

staatlichen Monopolschutz. Bei staatlich geschützten Monopolen handelt es sich entweder um ökonomisch effiziente Lösungen[101] oder um Staatsversagen.

5.3. Das Marktversagen beim natürlichen Monopol

Natürliche Monopole hingegen stellen ein Marktversagensargument dar. Im Fall natürlicher Monopole kommt es auch an freien Märkten nicht durch Markteintritte weiterer Anbieter zu Konkurrenz. Monopolistische Anbieter könnten somit dauerhaft die oben aufgezeigte Preis-Mengen-Kombination mit ineffizienter Ausbringungsmenge wählen, um ihre Gewinne zu maximieren, wenn nicht staatlich eingegriffen wird.

5.3.1. Die Eigenschaften natürlicher Monopole

Natürliche Monopole entstehen, wenn bei der Produktion eines Guts oder einer Dienstleistung **subadditive Kostenstrukturen** vorliegen. Von subadditiven Kosten sprechen Ökonomen dann, wenn ein Anbieter in der Lage ist, die gesamte Nachfrage zu geringeren Kosten zu bedienen als mehrere. Solche subadditiven Kostenstrukturen liegen also theoretisch vor, wenn die Durchschnittskosten über den gesamten relevanten Bereich (d. h. innerhalb der Nachfrage) fallen.[102] Fallende Durchschnittskosten wiederum bedeuten, dass die Grenzkosten über diesen gesamten Bereich unterhalb der Durchschnittskosten verlaufen. Dies deutet schließlich darauf hin, dass der Fall natürlicher Monopole auftritt, wenn die Fixkosten einer Produktion im Verhältnis zu den variablen Kosten sehr hoch sind.[103]

Naheliegende Beispiele sind Brücken oder Tunnel. Solange es zu keinem größeren Stau kommt, besteht keine nennenswerte Rivalität in der Nutzung.[104]

---

[101] Beispielsweise kann ein befristeter Patentschutz zur Aufrechterhaltung des Anreizes zu kostspieliger Forschung und Entwicklung ein effizientes Instrument sein. Andere Begründungen staatlich geschützter Monopole argumentieren mit dem Marktversagenstatbestand des natürlichen Monopols, welches im nächsten Abschnitt betrachtet wird.

[102] Der Genauigkeit halber: Subadditivität der Kosten liegt auch vor, wenn die Durchschnittskosten vor dem Schnittpunkt mit der Nachfragekurve wieder zu steigen beginnen aber der Markt nur ein Unternehmen trägt.

[103] Vgl. zur gewöhnlichen Konstellation der Grenz- und Durchschnittskosten Abschnitt III.2.4.

[104] Zugleich ist der Ausschluss vom Konsum und damit das Verlangen von Preisen für die Nutzung problemlos möglich. Vgl. die Nennung des natürlichen Monopols in der Übersicht der Güterkategorien in Abschnitt VI.3.

Erinnern Sie sich bitte an die Überlegungen in Abschnitt VI.3.: Keine oder kaum Rivalität in der Nutzung bedeutet, dass nicht für jeden Nachfrager zusätzliche Gütereinheiten oder Kapazitäten bereitgestellt werden müssen, sondern diese gemeinsam genutzt werden können. Die Grenzkosten für die Befriedigung der Nachfrage eines zusätzlichen Konsumenten sind also extrem gering. Ein weiterer PKW, der durch einen Tunnel fährt, kostet die Tunnelbetreiber keinen spürbaren Aufwand. Die Fixkosten zur Erstellung des Tunnels sind jedoch beachtlich. Andere typische Beispiele für subadditive Kostenstrukturen liegen in allen netzabhängigen Gütern oder Leistungen, wie z.B. Wasser-, Ferngas- und Stromversorgung, Bahn, Telefon, etc. Bei allen netzabhängigen Gütern müssen gewaltige Kosten zur Errichtung und Aufrechterhaltung des Netzes getragen werden, der Anschluss eines weiteren Nutzers an das Netz verursacht hingegen relativ niedrige Kosten.

Abb. 53: Grenz- und Durchschnittskosten im Natürlichen Monopol

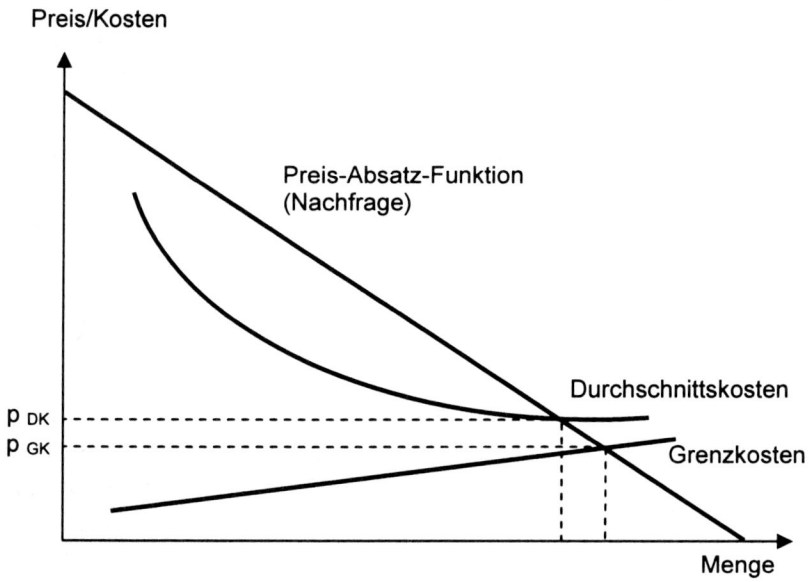

5.3.2.   Die Stabilität des natürlichen Monopols

Natürliche Monopole bleiben auch dann als Monopole bestehen, wenn der Inhaber des natürlichen Monopols erhebliche Gewinne machen sollte. Der glückliche Inhaber eines natürlichen Monopols maximiert seinen Gewinn genauso wie jeder Monopolist, indem er die Menge beschränkt und Preise entsprechend der Zahlungsbereitschaft durchsetzt, die weit über seinen Kosten liegen.

Der natürliche Monopolist kann allerdings jeden potenziellen Konkurrenten leicht vom Markteintritt abhalten: Er kann absolut glaubhaft androhen, einen mutigen Newcomer zu unterbieten. Auf Grund der bereits getätigten Fixkosten und der durchgehend fallenden Durchschnittskosten kann der natürliche Monopolist jederzeit seine Produktionsmenge ausdehnen und damit sogar immer geringere Stückkosten verwirklichen. Abgesehen davon wäre der Markteintritt eines Konkurrenten hinsichtlich der statischen Effizienz in der Produktion auch gesamtwirtschaftlich ineffizient: Schließlich würden zwei Unternehmen zu höheren Kosten produzieren, also mehr knappe Ressourcen zur Bereitstellung einsetzen müssen, als wenn ein Unternehmen die gemeinsam bereitgestellte Menge herstellen würde.

Natürliche Monopole stellen ein Marktversagen dar: Der Monopolist verhält sich absolut rational, wenn er zur Gewinnmaximierung eine Cournotmenge zu Monopolpreisen an den Markt bringt. Aus Sicht potenzieller Konkurrenten ist es individuell rational, den Konkurrenzkampf mit dem zuerst im Markt befindlichen natürlichen Monopolisten nicht aufzunehmen. Aus Sicht der Nachfrager ist es natürlich ebenfalls individuell rational, zum Monopolpreis nicht mehr Güter nachzufragen als es ihrer Zahlungsbereitschaft entspricht. Insgesamt aber führt das individuell rationale Verhalten der einzelnen Akteure zum kollektiv irrationalen Verzicht auf die gemäß der Zahlungsbereitschaft und der Produktionskosten eigentlich noch möglichen, lohnenden Tauschakte.

5.4. Staatlicher Eingriff zur Regulierung natürlicher Monopole?

Natürliche Monopole erfordern tatsächlich den Staatseingriff. Dieser kann darin bestehen, dass der Staat selbst das natürliche Monopol innehält und das betreffende Gut anbietet (wie z. B. bis vor wenigen Jahren noch bei Bahn, Telefon, Gas und Strom und bis heute zum überwiegenden Teil noch bei Wasser). Da mit staatlich betriebenen Monopolen mangels verlässlich uneigennützig handelnder und weiser Staatsdiener allerdings ebenfalls viele Probleme verbunden sind, empfiehlt sich häufig das private Betreiben des natürlichen Monopols unter staatlicher Regulierung (wie z. B. heute bei Telekom).

Natürliche Monopole benötigen also zumindest den Staatseingriff der **Regulierung**. Um den Staatseingriff auf das erforderliche Maß zu reduzieren, ist es dabei allerdings im ersten Schritt wesentlich, die Güter soweit wie möglich voneinander zu trennen und nur den Bereich, in dem tatsächlich subadditive

Kostenstrukturen vorliegen, einem regulierten Monopolisten zuzuweisen. So ist der Betrieb des Schienennetzes der Bahn wohl ein natürliches Monopol. Der Betrieb des Personennahverkehrs oder des Güterverkehrs auf diesen Schienen ist jedoch kein natürliches Monopol und der Betrieb von Speisewagen und Bahnhofsgaststätten schon gar nicht. Die Isolation des tatsächlichen Bereichs eines natürlichen Monopols ist der erste Schritt. Den in diesem Bereich verbleibenden Monopolisten zu zwingen, seine Dienste allen Interessenten offen anzubieten und diskriminierungsfrei zur Verfügung zu stellen, ein zweiter.

Mit der eigentlichen Regulierung der Monopolisten im laufenden Geschäft, inklusive der Kontrolle der Preissetzung, beschäftigt sich ein eigener Zweig der Volkswirtschaftslehre. Wir können uns an dieser Stelle nicht damit auseinandersetzen. Beachten Sie jedoch, dass selbst bei Kenntnis der Kostenverläufe durch die Regulierungsbehörde ein schlichtes Erzwingen von Grenzkostenpreisen nicht ohne weiteres infrage kommt. Bei Grenzkostenpreisen würde der Unternehmer Verlust machen, da damit die Gesamtkosten nicht gedeckt würden, solange die Grenzkosten noch unterhalb der Durchschnittskosten verlaufen. Dieser Verlust müsste über Subventionen kompensiert werden.

6.   Asymmetrische Information

In den bisherigen Überlegungen wurde implizit regelmäßig von vollständiger Information aller Marktakteure bezüglich der relevanten Tatbestände ausgegangen. Diese Annahme erscheint natürlich recht realitätsfern. Die grundsätzliche Betrachtung von Marktprozessen wird jedoch nicht generell qualitativ verändert, wenn die Annahmen vollständiger Information aufgehoben werden. Bei Anerkennung allgemein unvollständiger Information kommt man lediglich zu dem Schluss, dass rein theoretisch vorhandene effiziente Lösungen in vielen Fällen verfehlt werden. Solange aber auch mit staatlichem Eingriff keine vollständige Information erzielbar ist, ergibt sich alleine aus dieser Feststellung kein Argument für einen Eingriff in den Markt. Zu einem möglichen Marktversagensargument gelangt man allerdings dann, wenn eine systematisch **asymmetrische Informationsverteilung** vorliegt. Wenn systematisch eine Marktseite besser als die andere informiert ist, kann dieser Informationsvorsprung letztlich externe Effekte verursachen.[105] Ökonomen unterscheiden zwei Wirkungsmechanismen auf Grund derer eine systematisch asymmetrische Information zu Marktversagen führen kann.

6.1. Adverse Selektion

Adverse Selektion ist ein Wirkungsmechanismus, der auf Grund asymmetrischer Information vor Vertragsschluss wegen so genannter versteckter Information auftreten kann. Adverse Selektion meint dabei, dass es an einem Markt zur Auswahl schlechter Qualität oder schlechter Risiken kommen kann, wenn die Angehörigen der einen Marktseite bereits vor Vertragsabschluss über entscheidende Informationen verfügen und diese vor den Vertretern der anderen Marktseite verbergen können. Wenn die schlechter informierten Marktteilnehmer auf dieses Problem mit einer pauschalierenden Erwartungsbildung reagieren, kann es dazu kommen, dass im Extremfall nur noch Güter und Dienstleistungen schlechter Qualität gehandelt werden oder nur noch schlechte Risiken versichert werden. Das Marktversagen liegt im Fall der adversen Selektion darin, dass der soziale Überschuss, der beim Handel von Gütern guter Qualität oder der Risikopoolung der Versicherten mit niedriger Schadenserwartung eigentlich verwirklicht werden könnte, nicht erreicht wird. Eigentlich gegenseitig vorteilhafte Tauschakte finden auf Grund der asymmetrischen Information vor Vertragsschluss nicht ohne weiteres statt. Zwei Beispiele sollen den Mechanismus adverser Selektion kurz darstellen.

---

[105] Es ist hilfreich, diesen Gedanken des Zusammenhangs mit externen Effekten im Hinterkopf zu behalten. Denn die Argumentation zu Gunsten eines Markteingriffs auf Grund Asymmetrischer Information durch das Kollektiv ist entsprechend zu relativieren, wie es auch bei den externen Effekten selbst bereits thematisiert wurde.

6.1.1.   Das Beispiel des Gebrauchtwagen-Marktes

Stellen Sie sich den privaten Gebrauchtwagenhandel auf einem Parkplatz vor. Es ist klar, dass es verschiedene Qualitäten von Gebrauchtwagen gibt. Nehmen Sie zur einfacheren Handhabung des Beispiels an, es gäbe nur zwei Qualitäten, also gute und schlechte Gebrauchtwagen.[106] Stellen Sie sich vor, dass die Verkäufer von guten Wagen indifferent zwischen einem Verkauf ihrer Fahrzeuge für 2.000 Euro und dem Behalten der Wagen sind. Bei jedem Gebot über 2.000 Euro würden sie dem Verkauf zustimmen und einen Nutzengewinn (eine Produzentenrente) erreichen. Für die Nachfrager nehmen wir an, dass sie indifferent zwischen dem Erwerb eines guten gebrauchten Wagens für 2.400 Euro und dem Verzicht auf den Erwerb sind. Bei jedem Angebot unter 2.400 Euro würden sie also den Kauf vornehmen und eine Konsumentenrente erhalten. Bei jedem guten Wagen könnte es zu einem gegenseitig vorteilhaften Tausch kommen, bei dem insgesamt ein sozialer Überschuss von 400 Euro erreicht würde. Demgegenüber wären die Verkäufer eines schlechten Wagens indifferent zwischen einem Verkauf ihrer anfälligen Fahrzeuge für 1.000 Euro und dem Behalten der Wagen. Sie hätten demnach bei jedem Verkauf zu einem Preis über 1.000 Euro einen Nutzengewinn (eine Produzentenrente). Die Nachfrager schlechter Gebrauchtwagen hingegen sind indifferent zwischen dem Erwerb eines solchen für 1.200 Euro und dem Verzicht auf das Geschäft. Bei jedem Kauf zu einem Preis unter 1.200 Euro würden sie eine Konsumentenrente erhalten. Bei schlechten Wagen könnte also ein sozialer Überschuss von 200 Euro erreicht werden, wenn es zu einem Abschluss kommt.

Es ist allerdings einleuchtend, dass die jeweiligen Anbieter systematisch besser über die Qualität der Autos Bescheid wissen, als die Nachfrager. Nehmen Sie an, die Information über die Qualität der Gebrauchtwagen sei für die Nachfrager gar nicht erreichbar. Die Nachfrager müssten in diesem Fall ihre Zahlungsbereitschaft an der erwarteten Durchschnittsqualität ausrichten. Sollte die Erfahrung gezeigt haben, dass die Hälfte der Wagen schlecht und die andere Hälfte gut ist, würden die Käufer für einen gebrauchten Wagen bis zu 1.800 Euro bieten.[107] Die Anbieter hingegen sind nicht uninformiert und bilden deshalb keinen Durchschnittswert. Die Eigentümer schlechter Wagen

---

[106]   Das Beispiel des Gebrauchtwagenhandels geht zurück auf den 1970 veröffentlichten Artikel „The Market for Lemmons: Quality Uncertainty and the Market Mechanism" von George Arthur **Akerlof**, mit dem das Problem in die ökonomische Diskussion eingeführt wurde.

[107]   Sie bilden einen „Erwartungswert": $0{,}5 \cdot 1.200\,€ + 0{,}5 \cdot 2.400\,€ = 1.800\,€$.

sind mit den Geboten der Käufer sehr zufrieden, denn 1.800 Euro ist ein weit höheres Gebot als ihr **Reservationspreis**[108]. Die Eigentümer der guten Wagen allerdings sind nicht bereit, ihre Wagen für 1.800 Euro zu verkaufen, denn ihr Reservationspreis liegt bei 2.000 Euro.

Im Ergebnis werden also nur schlechte Gebrauchtwagen gehandelt, denn die Anbieter der guten Fahrzeuge lehnen das Angebot ab und nehmen ihre Autos wieder mit nach Hause. Die Käufer haben jetzt allerdings ein schlechtes Geschäft gemacht: Ihre Erwartungswertbildung stellt sich natürlich als falsch heraus.[109] Wissen alle Akteure um diese Zusammenhänge, dann kommen am nächsten Samstag nur noch Anbieter schlechter Wagen auf den Parkplatz und die Nachfrager bieten nur noch maximal 1.200 Euro. Der Markt für schlechte Fahrzeuge kann also funktionieren. Der Markt für gute Gebrauchtwagen bricht allerdings zusammen, die schlechte Qualität verdrängt die gute.

6.1.2.   Das Beispiel der Versicherung

Umgekehrt verteilt sind die systematisch asymmetrischen Informationen im Falle von Versicherungen. Im Normalfall weiß hier der Nachfrager, also der potenzielle Versicherte, besser darüber Bescheid, ob er eine hohe oder eine niedrige Schadensfallerwartung aufweist und im Schadensfall teure oder billige Schäden ersetzt bekommen würde. Man kann z. B. in vielen Fällen davon ausgehen, dass ein Versicherungsnehmer zunächst einmal besser über seine Vorerkrankungen, seinen Gesundheitszustand und die in seiner Familie vorkommenden Erbkrankheiten informiert ist als der Angestellte der Krankenversicherung. Analog zur Situation auf dem Gebrauchtwagenmarkt muss die Versicherung jedoch einen Erwartungswert bilden, der auf wahrscheinlichen Schadensfällen beruht. Dieser Erwartungswert führt zu einer Prämienhöhe, die für besonders gesunde Personen zu hoch ausfällt, so dass diese eventuell auf den Abschluss der Versicherung verzichten. Wenn dies in größerem Ausmaß passiert, verschlechtert sich der durchschnittlich erwartete Gesundheitszustand unter den Versicherten. Daraufhin muss die Prämienhöhe nach oben angepasst werden, weitere relativ gesunde Versicherte kündigen ihre Versicherung, usw.

---

[108]   Der Reservationspreis ist der Preis, bei dem die Anbieter gerade indifferent zwischen einem Verkauf ihrer Güter oder dem Verzicht auf das Geschäft sind.

[109]   Sie wäre nur richtig gewesen, wenn garantiert wäre, dass alle angebotenen Wagen auch verkauft werden und die Einschätzung 50 % gute Qualität korrekt war.

6.2. Moral hazard

Mit dem Begriff **moral hazard** bezeichnen Ökonomen einen der adversen Selektion ähnlichen Wirkungsmechanismus, der auf Grund asymmetrischer
Information nach Vertragsschluss auf Grund versteckten Verhaltens auftreten
kann.[110] Moral hazard beschreibt eine (den anderen schädigende) Verhaltensänderung eines Vertragspartners, die wegen der asymmetrischen Informationsverteilung vom anderen Vertragspartner nicht hinreichend beobachtet oder kontrolliert werden kann. Die Verhaltensänderung muss dabei
nicht nur zeitlich nach dem Vertragsschluss erfolgen, sondern kausal auf den
Vertrag zurück zu führen sein. Beispiele finden sich letztlich bei allen unvollständigen Verträgen. So könnten Arbeitnehmer, die während der Probezeit
äußerst gewissenhaft und fleißig gearbeitet haben, nach der Festanstellung
etwas großzügiger in Bezug auf ihre Arbeitsmoral werden. Solange das
Fehlverhalten nicht durch Abmahnungen und letztlich Kündigungen
sanktioniert werden kann, begünstigen arbeitsrechtliche Bestimmungen moral
hazard auf Seiten der Arbeitnehmer. Typische Beispiele finden sich wieder auf
allen Versicherungsmärkten.

6.2.1.   Das Beispiel der Versicherung

Wählen wir das Beispiel einer Fahrradversicherung. Die Versicherungsgesell-
schaft kann unmöglich kontrollieren, ob ihre Versicherungsnehmer ihre Fahrräder gut abschließen. Es handelt sich hier eindeutig um eine systematisch
asymmetrisch verteilte Information zwischen den einzelnen Versicherten und
der Gesellschaft. Moral hazard könnte hierbei dergestalt auftreten, das eine
gut versicherte Person ihr Fahrrad nicht mehr immer mit zwei starken Schlös-
sern sichert. Kommt eine solche Verhaltensänderung auf Grund des Ab-
schlusses einer Versicherung[111] häufiger vor, so muss die Prämie für die
Fahrradversicherung entsprechend der häufigeren Schadensfälle erhöht werden. Im Endeffekt führt auch moral hazard dazu, dass der Markt für Fahrradversicherungen zum Teil zum Erliegen kommt. Wenn der Abschluss einer
Fahrradversicherung bei vielen Versicherten zu einer nachlässigeren Sicherung
ihrer Räder führt, dann werden der Tendenz nach größere Anteile der versicherten Fahrräder gestohlen als der unversicherten. Die Prämie für eine Fahr-

---

[110]   Es gibt keine überzeugende deutsche Übersetzung des Begriffs. Noch am besten treffen
"sittliche Gefährdung" oder „moralische Versuchung" die Bedeutung.

[111]   Die Annahme im Beispiel lautet, dass dieselbe Person ohne Versicherung ihr Rad immer
abschließen würde.

radversicherung muss dann höher sein, als es in Anbetracht der eigentlichen statistischen Schadenserwartung angemessen wäre. Für Personen, die ihr Fahrrad aus persönlichen Gründen unabhängig vom Abschluss einer Versicherung unverändert gut abschließen, wird sich die Versicherung bei der höheren Versicherungsprämie irgendwann nicht mehr lohnen. Im Extremfall sind am Ende überhaupt nur noch solche Personen in der Fahrradversicherung, die ihr Rad nie abschließen. Ihre Prämie wird entsprechend hoch sein, der Markt für Fahrradversicherungen für ungesicherte Räder funktioniert, die Versicherung poolt das Risiko der verbliebenen Versicherungsnehmer. Es unterbleiben allerdings wieder die eigentlich gegenseitig vorteilhaften Tauschakte, die eine Fahrradversicherung für zuverlässige Sicherheitsschlossbesitzer bieten würde, wenn das Verhalten kontrollierbar wäre.

6.3. Der Zusammenhang asymmetrischer Information und externer Effekte

Sowohl bei adverser Selektion als auch bei moral hazard bewirken die Vertragspartner schlechter Qualität oder schlechter Risiken externe Effekte auf potenzielle Vertragspartner guter Qualität oder guter Risiken. Wegen der Existenz schlechter Gebrauchtwagen unterbleiben Transaktionen bezüglich guter Fahrzeuge falls es den Vertragspartnern nicht gelingt, die Informationsverteilung zu verbessern. Auf Grund der Verhaltensänderung mancher Versicherungsnehmer unterbleiben Vertragsschlüsse braver Fahrradabschließer, wenn es den Vertragspartnern nicht gelingt, die Informationsasymmetrie zu überwinden. Private Grenzkosten und soziale Grenzkosten bzw. private Grenznutzen und soziale Grenznutzen fallen auseinander und es werden nicht die eigentlich effizienten Mengen gehandelt. Die Versicherungsnehmer der Fahrradversicherung berücksichtigen bei ihrer Entscheidung, auf das Abschließen zu verzichten, in erster Linie die Grenzkosten in Form der Unbequemlichkeit, die ihnen dadurch entstehen, dass die Wahrscheinlichkeit des Diebstahls steigt. Eventuell berücksichtigen sie außerdem noch die sie persönlich treffende Prämiensteigerung.[112] Die externen Effekte, die sie für andere Personen bewirken, weil deren Prämien ebenfalls steigen, bleiben hingegen häufig unberücksichtigt.

---

[112] Gemeint ist die wegen des durchschnittlich höheren Risikos höhere Prämie, nicht etwa die im Falle verlorener Schadensfreiheitsrabatte etc. (dazu kommen wir gleich).

6.4. Staatlicher Eingriff bei Vorliegen asymmetrischer Information?

Die Parallele zum Marktversagen der externen Effekte weist gleichzeitig bereits auf die begrenzten Möglichkeiten des Kollektivs hin, auf das Problem zu reagieren. Der Staat kann grundsätzlich versuchen, die Informationsasymmetrie zu bekämpfen, indem er Informationen bereitstellt. Dies kann allerdings nur dann eine Effizienzsteigerung bewirken, wenn der Staat billiger Informationen bereitstellen kann als die privaten Akteure. Außerdem muss dieser Informationskostenvorteil den Nutzenverlust bei denen rechtfertigen, die an der Information gar nicht interessiert sind. In manchen Fällen kann der Staat unter Umständen tatsächlich günstiger Informationen generieren und verbreiten als private Akteure, etwa weil er Größenvorteile ausnutzen kann oder einen Vertrauensbonus genießt. Dennoch muss der Vorteil der Nutznießer dieser Informationspolitik so groß sein, dass eine kaum vermeidbare Finanzierungsbeteiligung derjenigen begründbar wird, die keinen Nutzen aus der Information ziehen (z.B. die Neuwagenkäufer).[113]

Umgekehrt kann der Staat in besonderen Fällen die Informationsasymmetrie bestehen lassen und alle Bürger zum Abschluss eines Vertrages zwingen. Ein solcher Vertragszwang könnte theoretisch vorteilhaft sein, wenn die Nutzenverluste der zum Vertrag gezwungenen Akteure im Verhältnis zu den Nutzenverlusten gering sind, die entstehen, falls gute Qualitäten oder Risiken gar nicht gehandelt werden. Dies entspricht der Situation, in der externe Effekte als so gravierend angesehen werden, dass sich ein staatliches Verbot oder ein staatlicher Zwang begründen lässt. Der Fall ist nicht so unrealistisch wie es auf den ersten Blick erscheint. So bietet sich über diesen Weg eine Möglichkeit zu erklären, warum der deutsche Staat seine Bürger in etlichen Fällen zum Abschluss einer Versicherung zwingt. Die theoretische Möglichkeit einer solchen Situation kann an einem konstruierten Zahlenbeispiel zum Gebrauchtwagenmarkt verdeutlicht werden.

Angenommen schlechte Wagen würden ab 1.000 Euro angeboten und bis zu 1.300 Euro nachgefragt werden. Gute Fahrzeuge würden ab 1.750 Euro angeboten und bis zu 2.000 Euro nachgefragt. Der Bestand an Gebrauchtwagen wäre dem Gesetzgeber auch bezüglich der Qualität bekannt: 60 Prozent der Gebrauchtwagen sind gut, 40 Prozent sind schlecht. Ohne Eingriff würde bei

---

[113] Streng genommen würde auch hier wieder nur eine einstimmige Entscheidung aller Bürger für eine staatliche Informationsbereitstellung zweifellos auf die Vorteilhaftigkeit schließen lassen.

einem Erwartungswert von 1.720 Euro[114] der Markt für gute Wagen zusammenbrechen. Die Anbieter guter Wagen hätten kein Interesse am Tauschhandel. Es würden also nur schlechte Wagen zu einem Preis zwischen 1.000 Euro und 1.300 Euro gehandelt. Jeder damit entgangene Handel eines guten Wagens beschert den Vertragspartnern einen unwiederbringlichen Verlust an potenzieller Konsumenten- und Produzentenrente in Höhe von zusammen 250 Euro. Man könnte nun theoretisch alle zum Vertragsschluss und einem Preis von 1.720 Euro zwingen. Jeder Anbieter eines guten Wagens verliert dadurch 30 Euro. Diese 30 Euro sind jedoch nicht verloren, sondern erhöhen die Konsumentenrente der Autokäufer, die einen guten Wagen erwischen. Es handelt sich also lediglich um einen Umverteilungseffekt. Die Autokäufer, die einen schlechten Wagen erwischen und 1.720 Euro dafür zahlen müssen, verlieren 420 Euro. Diese 420 Euro sind aber ebenfalls nicht für den sozialen Überschuss verloren, sondern erhöhen die Produzentenrente des Verkäufers.[115]

Glauben Gesetzgeber nun, dass der Fall geringer Nutzenverluste durch Zwang im Verhältnis zu hohen Nutzengewinnen durch Handel vorliegt und haben sie kein Problem mit interpersonellen Nutzenvergleichen, so erzwingen sie eventuell den Vertragsschluss.

Ähnlich wie bei externen Effekten und öffentlichen Gütern kann also auch bei Marktversagen wegen asymmetrischer Information nicht pauschal eine Staatsintervention empfohlen werden. Es ist genau abzuwägen, ob die Nutzensteigerung des Markteingriffs insgesamt eine Wohlfahrtsverbesserung erwarten lässt, obwohl Nutzenverluste auf Grund von Zwang und Präferenzverfehlung oder auf Grund falscher Nutzen- bzw. Kosteneinschätzung seitens des Staates in Kauf genommen werden müssen.

---

[114] $0{,}4 \cdot 1.300 \ € + 0{,}6 \cdot 2.000 \ € = 1.720 \ €$

[115] Im Fall der Käufer ist dies ein reines Glücksspiel, denn Verlustrisiko und Gewinnchance gleichen sich aus: 0,4 (Wahrscheinlichkeit eine Niete zu ziehen) • 420 € (Verlust bei Niete) = 168 € = 0,6 (Wahrscheinlichkeit einen Gewinnerwagen zu erhalten) • 280 € (Gewinn bei gutem Wagen). Die 30 € Verlust, die die informierten Verkäufer der guten Wagen erleiden, müssen jedoch durch den Wohlfahrtsgewinn gerechtfertigt werden. Und das geht streng genommen bei interpersoneller Unvergleichbarkeit der Nutzen nicht.

6.5. Private Möglichkeiten, das Marktversagen bei asymmetrischer Information teilweise zu heilen

Wie im Fall der externen Effekte unternehmen im wahren Leben private Marktteilnehmer auch bei der asymmetrischen Information Schritte, die das Marktversagen auf Grund von adverser Selektion und moral hazard zu beachtlichen Anteilen beheben. Es kommt in den seltensten Fällen zu einem tatsächlichen Zusammenbruch der betroffenen Märkte. Im Gegenteil, die Selbstheilungskräfte der am vorteilhaften Tausch interessierten Marktteilnehmer sind so verbreitet, dass der Gedanke daran Ihnen wahrscheinlich bereits die vorhergehenden Beispiele als höchst unrealistisch erscheinen ließ.

Ökonomen unterteilen die durch die Marktakteure gewählten Hilfsaktivitäten in die Kategorien signaling und screening.

6.5.1. Signaling

Signaling nennen Ökonomen Aktivitäten, die die besser informierten Marktakteure betreiben, um die Information über ihr gutes Produkt oder ihr geringes Schadensrisiko bekannt zu machen. Die Anbieter guter Produkte haben ein Interesse daran, dass die Nachfrager zwischen guten und schlechten Produkten unterscheiden können. Sie versuchen deshalb häufig, Signale zu senden, die den schlechter informierten Partnern Auskunft über die Qualität des gehandelten Objekts geben. Natürlich müssen diese Signale glaubwürdig sein. Beispiele sind Garantieversprechen für Gebrauchtwagen, die sich nur für Anbieter guter Wagen lohnen. Es könnte sich ein Markt für gebrauchte Wagen ohne Garantie entwickeln, auf dem tendenziell schlechte Wagen gehandelt werden, und ein solcher für gebrauchte Wagen mit Garantie, auf dem tendenziell gute Wagen gehandelt werden. Andere Beispiele sind regelmäßige Qualitätskontrollen von unabhängigen Institutionen, deren Reputation auf dem Spiel steht, sollten sie falsche Zeugnisse ausstellen.

6.5.2. Screening

Screening betreibt die schlechter informierte Marktseite, um Informationen über die Qualität der angebotenen Produkte oder nachfragenden Versicherungskunden zu erhalten. Beispielsweise können Versicherungen Verträge mit unterschiedlich hohem Selbstbehalt anbieten, um Informationen über die Risikoeinschätzung der Versicherungsnehmer zu erhalten. Jemand, der eine Fahrradversicherung mit 300 Euro Eigenbeteiligung abschließt, erwartet den

Diebstahl seines Fahrrads weniger als jemand, der dazu nicht bereit ist. Schadensfreiheitsrabatte sind ein ähnlicher Mechanismus. Natürlich können auch die schlechter informierten Akteure Qualitätskontrollen und Beurteilungen anstreben, beispielsweise indem sie die Stiftung Warentest[116] oder den ADAC mit der Bewertung von Produkten beauftragen.

Signaling und screening unterscheiden sich nicht bezüglich der dazugehörigen Aktivitäten, sondern nur durch die Marktseite, die die Initiative ergreift. So kann ein Wertgutachten über einen Gebrauchtwagen sowohl vom Verkäufer als auch vom potenziellen Käufer bei der Kfz-Werkstatt in Auftrag gegeben werden. Absolviert ein Arbeitsuchender von sich aus eine Prüfung zum Nachweis ordentlicher Fremdsprachenkenntnisse, so versucht er künftigen Arbeitgebern seine entsprechende Fähigkeit zu signalisieren. Bietet umgekehrt ein Arbeitgeber einem Bewerber einen leicht unterdurchschnittlich vergüteten Job an und stellt dem Bewerber gleichzeitig eine Gehaltserhöhung in Aussicht, wenn dieser den Sprachtest erfolgreich absolviert, so handelt es sich um screening.[117]

---

[116] Die Stiftung Warentest erhält ihre Anschubförderung allerdings vom Steuerzahler und finanziert sich nur zum Teil aus den Erlösen der Zeitschriften und Testberichte.

[117] Deshalb dürfen Prüfungen nicht großzügig bewertet werden. Wenn alle Prüflinge mit Auszeichnung abschließen, entwertet sich das Zertifikat schnell.

VII. Verteilungspolitik und Meritorik

Rekapituliert man die bisherigen Erkenntnisse aus der Betrachtung freier Märkte und der Beschäftigung mit der Marktversagenstheorie, lassen sich aus wohlfahrtsökonomischer Perspektive zwei sehr grundsätzliche Schlüsse ziehen:

(1) Ein marktwirtschaftliches System bietet auf funktionsfähigen Märkten über das System freier Preisbildung einen vergleichsweise leistungsfähigen Mechanismus zur Allokation. Freie Wettbewerbsmärkte lassen eine möglichst effiziente Verwendung knapper Ressourcen und damit eine möglichst hohe Wohlfahrt der beteiligten Menschen erwarten. Eine rationale Wirtschaftspolitik unterlässt deshalb Eingriffe in funktionsfähige Märkte.

(2) Funktionsfähig im hier relevanten Sinn sind Märkte, auf denen kein Marktversagen vorliegt. Selbst auf Märkten, auf denen Marktversagen theoretisch identifiziert wird, sind regelmäßig Aktivitäten privater Akteure zu beobachten, mit deren Hilfe das Marktversagen zum Teil behoben wird. Außerdem lässt auch ein staatlicher Eingriff regelmäßig nicht erwarten, eine theoretisch ideale Lösung herbeizuführen. Selbst bei Vorliegen von Marktversagen dürfen kollektive Eingriffe in Märkte deshalb erst nach einer sorgfältigen Abwägung der damit verbundenen Schwierigkeiten erfolgen.

Tatsächlich verfolgen Politiker zumindest nicht nur das Ziel rationaler Wirtschaftspolitik im Sinne der Effizienzausrichtung, wenn überhaupt. Diese Verhaltensweise würde eher der Vorstellung vom wohlmeinenden Diktator entsprechen. Politiker aus Fleisch und Blut verfolgen im Alltag eine Fülle anderer Ziele. Die Ausrichtung der praktischen Wirtschaftspolitik orientiert sich allenfalls unter anderem am Ziel eines verschwendungsfreien Umgangs mit knappen Ressourcen zur Erzielung einer maximalen Wohlfahrt. Entscheidungsträger lassen sich darüber hinaus selbstverständlich nicht nur von langfristig vernünftigen Überlegungen leiten. Die meisten Menschen sehen sich tatsächlichen oder vermeintlichen Sachzwängen unterworfen, treffen strategische Entscheidungen, gehen Kompromisse ein, etc. Darüber hinaus lassen sich Politiker und Wirtschaftslenker natürlich auch von Gefühlen leiten und orientieren sich im Zweifel an tief verwurzelten Überzeugungen.[118] Schließlich

---

[118] Das gilt selbstverständlich auch für Ökonomen aus Fleisch und Blut. Die wohlmeinenden Diktatoren sind in jeder Zunft rar.

ist wohl festzustellen, dass sich die Werte des liberalen Individualismus eher der nur theoretischen Zustimmung erfreuen als praktische Leitidee überzeugter und engagierter Entscheidungsträger zu sein. Insbesondere die intellektuell kaum abstreitbare Konsequenz, dass die Entscheidungen der Mitbürger als solche akzeptiert werden müssten, fällt im politischen Alltag mit großer Regelmäßigkeit einer angeblichen Ausnahme zum Opfer: Offenbar können viele Menschen die privaten Entscheidungen anderer nur dann problemlos akzeptieren, wenn diese sich ohnehin „richtig" entscheiden.

Eingriffe in Märkte werden deshalb keinesfalls nur dann vorgenommen, wenn Marktversagen attestiert wurde und eine Kosten-Nutzen-Abwägung plausibel erwarten lässt, dass der Staatseingriff zu einer pareto-superioren Lösung führt. Vielmehr sind in der realen Wirtschaftspolitik Eingriffe in Märkte aus mindestens zwei weiteren Motiven beobachtbar: Politiker rechtfertigen staatliche Eingriffe in Märkte, wenn sie bestimmte Verteilungsergebnisse als „ungerecht" empfinden oder wenn sie die Allokationsergebnisse auf Grund der freien Entscheidung der Marktteilnehmer für „falsch" halten.

1.   Verteilungspolitische Eingriffe

Was nützt Effizienz, wenn das Ergebnis als ungerecht empfunden wird? Wenig. Es spräche wenig gegen alle denkbaren Umverteilungsaktivitäten, wenn sich die Mitglieder einer Gesellschaft darüber einig wären, welche **Verteilung** als gerecht anzusehen sei. Auch wenn diese Umverteilungsaktivitäten eventuell mit einem geringeren materiellen Wohlstand einhergingen: Es spräche nichts gegen solche Schritte, wenn die Bürger den materiellen Verlust bewusst in Kauf nähmen, um eine gerechtere Verteilung zu erreichen. Das Problem ist allerdings, dass wir keine übereinstimmenden Gerechtigkeitsvorstellungen haben. Als ungerecht können Marktergebnisse empfunden werden, weil der Wohlstand zwischen den Bürgern unterschiedlich verteilt ist. Ebenso gut können Verteilungskonstellationen als ungerecht betrachtet werden, weil sie trotz unterschiedlicher „Verdienste" relativ gleich verteilt sind oder weil die unterschiedliche Verteilung nicht der Fairness-Vorstellung der Betrachter entspricht.

1.1. Gerechtigkeitsvorstellungen

Häufig ist zu lesen, der Markt sei „blind für Verteilungsfragen". Diese These ist nur zum Teil richtig. Bei der Verteilung neuer Einkommen ist der Markt nicht „blind". Freie Märkte führen zu einer Einkommensverteilung, die der

Konzeption der **Leistungsgerechtigkeit** entspricht. Dabei erlangt ein Marktteilnehmer immer exakt das Einkommen, welches andere Marktteilnehmer für seine Leistung zu zahlen bereit sind. Das Markteinkommen bemisst sich also nach dem Nutzen der Leistung für andere, die ein Wirtschaftsakteur erbringt. Diese Leistung wird zugleich mit der Leistung anderer verglichen, deren Leistungen alternativ in Anspruch genommen werden könnten. Dabei wird nicht willkürlich von einer Person festgelegt, wie „verdienstvoll" oder „wertvoll" eine Leistung ist. Die Bewertung des „Verdienstes" erfolgt nach Maßgabe der Zahlungsbereitschaft für die Leistung durch andere Marktteilnehmer.

Es ist durchaus ernsthaft zu bezweifeln, ob es in einer Welt ohne allwissende, allmächtige und wohlmeinende Diktatoren tatsächlich alternative Verteilungsformeln gibt, die noch weniger willküranfällig sind als der anonyme Marktmechanismus. Die leistungsgerechte Verteilung durch den Markt dient zugleich der **Anreizsetzung** für die Individuen. Marktteilnehmer werden dafür belohnt, wenn sie ihre Leistungen so erbringen, dass sie für andere von größtmöglichem Nutzen sind. Erst dieses Anreizsystem ermöglicht die Schaffung des größtmöglichen Gesamtwohlstands.

Der Markt ist hingegen verteilungspolitisch „blind" in dem Sinne, dass er nicht in bestehende Verteilungen, d. h. in die Anfangsausstattungen der einzelnen Wirtschaftsteilnehmer, eingreift. Selbstverständlich ergeben sich im Marktsystem unterschiedliche Chancen der Akteure, beispielsweise durch deren Ausstattung mit ererbtem Vermögen, mit unterschiedlichem Bildungshintergrund, unterschiedlichem Geschäftssinn und unterschiedlicher Kreativität. Der Begriff der **Chancengerechtigkeit** erfreut sich großer Beliebtheit, ist allerdings nicht leicht zu definieren. Will man tatsächlich Matilda streitig machen, ihre Wettbewerbsvorteile auf Grund höherer Kreativität zu nutzen? Wem gehört gerechterweise der Wert der handwerklichen Begabung von Frieda? Wem das Markteinkommen, welches Jakob durch Fleiß und Eifer erwirtschaftet? Ist es „sein Verdienst", fleißiger als andere zu sein? Eine angemessene philosophische Auseinandersetzung mit diesen Gerechtigkeitsfragen ist im Rahmen dieses Buches sicher nicht möglich.[119] Kurz erwähnt werden soll jedoch, dass das Konzept der Chancengerechtigkeit häufig schnell in Willkür umschlägt: Die Forderung einer egalisierenden Chancengleichheit, die persönlich „unverdiente" Ausstattungsunterschiede der Bürger mit relevanten Fähigkeiten und Charaktereigenschaften verlangt, ist bei vielen naturgegebe-

---

[119] Die für Ökonomen einflussreichste Auseinandersetzung mit diesen Themen spannt sich zwischen den Arbeiten von James McGill **Buchanan** (* 1919), John Borden **Rawls** (1921-2002) und Robert **Nozick** (1938-2002) auf.

nen Eigenschaften natürlich müßig. Bei im engsten Familienkreis anerzogenen Fähigkeiten bedürfte es einer Trennung der Kinder von ihren Eltern. Die Ausstattung der Individuen mit diesen durchaus entscheidenden Eigenschaften lässt sich also zu großen Teilen nicht gesellschaftlich ändern. Deshalb wählen viele egalitäre Protagonisten der Chancengerechtigkeit eine Kompensationslösung, die nicht eigentlich die Ausstattung, sondern die mit der Ausstattung erreichten Ergebnisse umverteilt. Damit ist man über den Umweg der Einforderung von Chancengerechtigkeit recht schnell bei Ansätzen der **Ergebnisgerechtigkeit**. Die Argumentation ist dann allerdings äußerst schwierig und kaum noch von Willkür zu unterscheiden: Wie viel von Carlottas, Friedas und Jakobs unterschiedlichen Marktergebnissen ist auf ihre unterschiedlichen Startchancen zurückzuführen und kann bzw. sollte gerechterweise umverteilt werden?

1.2. Umverteilung kann effizient sein: Soziale Mindestsicherung

Wie steht es aber mit wenig leistungsfähigen Individuen? Gibt es aus ökonomischer Perspektive tatsächlich keine Richtschnur, die wenigstens eine Umverteilung an die Gesellschaftsmitglieder rechtfertigt, die ohne solche Umverteilungsaktivitäten kein akzeptables Auskommen haben?

Doch. Selbstverständlich gibt es auch nach der ökonomischen Theorie Begründungsmuster für eindeutig wohlfahrtserhöhende Umverteilungsaktivitäten. Die quantitative Bestimmung der wünschenswerten Umverteilung ist dabei ein ökonomisch nicht oder nur sehr unbefriedigend zu lösendes Problem. Qualitativ jedoch lässt sich Umverteilung durchaus als pareto-superior begründen. Hier sollen nur exemplarisch, nicht erschöpfend, zwei relativ einfache Gedanken dargestellt werden. Ziel dabei ist es aufzuzeigen, dass sich Umverteilung in ökonomischen Denkmustern als wohlfahrtssteigernde Handlung begründen lässt und somit kein grundsätzlicher Gegensatz zwischen Effizienz und Verteilung besteht:

1.2.1.   Das Versicherungsmotiv

Auf Grund des abnehmenden Grenznutzens der meisten mit Geld konsumierbaren Güter und Dienstleistungen wünscht sich ein repräsentatives Individuum eine Glättung der Einkommensströme im Zeitablauf. Gewöhnlich verwirklicht eine Person aus einer gleichmäßigen Einkommenshöhe von monatlich 2.000 Euro einen höheren Nutzen als wenn es im Durchschnitt zwar ebenfalls 2.000 Euro zur Verfügung hätte, dabei jedoch im ersten Halbjahr hungern muss und erst im zweiten Halbjahr monatlich 4.000 Euro erhält. In Unkenntnis zukünftiger Einkommensströme könnten sich Individuen freiwillig in ein Umverteilungssystem begeben, welches bei geringen Einkommen Unterstützung (Transfers) gewährt und bei hohen Einkommen Beiträge zur Finanzierung des Hilfesystems (Steuern) verlangt. Eine solche Versicherung ist allerdings nicht ohne eine kollektive Entscheidung bereitzustellen. Zu dem Zeitpunkt, zu dem Individuen in der Lage wären, einen entsprechenden Vertrag zu schließen und Beiträge zu bezahlen, bestehen bereits deutliche Unterschiede in der Risikoeinschätzung. So würden beispielsweise Bürger, die wegen Behinderung oder Krankheit bereits ab Geburt arbeitsunfähig sind, eine solche Versicherung zwar nachfragen, aber risikoäquivalente Versicherungsprämien nicht bezahlen können. Das Versicherungsmotiv begründet ein Steuer-Transfer-System mit Mindestsicherung durch die plausible Unterstellung, dass alle Bürger einem solchen System zustimmen würden, wenn sie nicht über ihre persönliche Schadenswahrscheinlichkeit informiert wären.

1.2.2. Die Internalisierung von Armutsexternalitäten

Es ist naheliegend davon auszugehen, dass Individuen in ihrem Nutzenniveau durch die Wohlstandssituation anderer Mitbürger beeinflusst werden. So genießt man den luxuriösen Lebensstil etwas weniger, wenn zugleich Mitbürger verhungern oder erfrieren. Gleichzeitig muss der eigene Wohlstand mit hohem Kostenaufwand und Nutzenverlust geschützt werden, wenn Not leidende Mitbürger eventuell in kriminellen Aktivitäten Zuflucht suchen, um ihr Überleben zu sichern. Sollten die negativen Externalitäten von Not leidenden Mitbürgern groß genug sein, ergibt sich ein Eingriffsargument aus dem Marktversagenstatbestand der Externen Effekte. Das Argument funktioniert prinzipiell einerseits, indem Umverteilung durch altruistische Empathie begründet wird. Andererseits kann dieses Argument Umverteilung auch als Alternative zu durch hohe Mauern und Wachdienste gesicherten Wohnvierteln der Wohlhabenden erklären.

1.3. Anforderungen an eine effiziente Umverteilung

Auch liberale Ökonomen befürworten und begründen also Umverteilungsmaßnahmen. Allerdings halten sie dabei drei Prinzipien für unverzichtbar:

(1) Nutzen ist eine individuelle Kategorie, Wohlstand empfinden Individuen. Umverteilungsaktivitäten müssen sich daher immer auf Individuen oder auf einzelne Haushalte beziehen.

(2) Umverteilung zur Korrektur der leistungsgerechten Markteinkommensverteilung kann nur durch materielle Bedürftigkeit begründet sein. Die Verteilungseingriffe müssen deshalb gezielt und eindeutig von reich zu arm umverteilen.

(3) Die Umverteilung selbst sollte, wie jede andere Maßnahme, effizient durchgeführt werden. Das Umverteilungsziel soll also mit einem möglichst geringen Ressourcenaufwand erreicht werden.

Diese Prinzipien erscheinen in ihrer abstrakten Formulierung äußerst trivial. Bei genauerer Betrachtung werden Sie allerdings feststellen, dass viele Maßnahmen der realen Umverteilungspolitik gegen diese einfachen Forderungen verstoßen.

So folgt aus den Prinzipien der auf Individuen oder Haushalte bezogenen und bedürftigkeitsgeprüften Umverteilung, dass es ökonomisch nicht zu rechtfertigen ist, Umverteilung zwischen Regionen oder zwischen Generationen vorzunehmen. Auch Umverteilung zwischen Individuen bzw. Haushalten vorzunehmen, die sich nicht durch ihren materiellen Wohlstand, sondern durch andere Merkmale unterscheiden, ist nicht zu begründen.[120] Eine Umverteilung von Baden-Württemberg an das Saarland ist nicht gerechtfertigt. Begründet werden könnte nur eine Umverteilung von wohlhabenden Bürgern, die möglicherweise überproportional in Baden-Württemberg wohnen, an bedürftige Individuen, die vielleicht im Saarland leben. Umverteilung von der Arbeitsbevölkerung an Rentner oder Studenten ist nicht gerechtfertigt. Begründbar ist eine Umverteilung von wohlsituierten Bürgern, die Arbeitnehmer sein können, an bedürftige Bürger, die eventuell Rentner und Studenten sind. Relevant für Umverteilungsmaßnahmen ist ausschließlich die materielle Wohlstandssituation. Zugleich muss diese Umverteilung nach gleichen Maßstäben ein materielles Wohlfahrtsniveau sichern, d. h. jeder Umverteilungsempfänger muss gemäß seiner materiellen Situation gleich behandelt werden. Diese Folgerungen ergeben eine abstrakte Definition dessen, was mit dem Begriff **Mindestsicherung** gemeint ist. Die Bezeichnung gibt keine bestimmte Umverteilungshöhe vor, sondern verlangt, dass eine Gesellschaft ein

---

[120] Genauer: Die Umverteilung jenseits individueller materieller Merkmale an sich ist gar nicht zu begründen. Andere Maßnahmen, die im Ergebnis umverteilend wirken aber zu anderen Zwecken ergriffen werden, müssen durch Marktversagenstatbestände begründet werden.

Lebensstandardniveau definiert, das niemand unterschreiten soll. Die Konzentration auf Mindestsicherung erfordert, dass alle Individuen, die dieses Niveau nicht aus eigener Kraft erreichen, Unterstützung durch die wohlhabenderen Gesellschaftsmitglieder erfahren sollen. Für Umverteilungen zwischen Individuen oberhalb dieser Mindestsicherung finden sich hingegen keine einfachen ökonomischen Argumente.

Aus dem Prinzip der effizienten Umverteilung folgt, dass die Umverteilung in möglichst marktverträglicher Form erfolgen sollte. Dazu muss insbesondere der Mechanismus freier Preise möglichst unverzerrt seine Funktion als Informations- und Anreizmechanismus ausüben können.

1.4. Umverteilung durch Markteingriffe ist ineffizient

Erinnern Sie sich bitte daran, wie in der Beschäftigung mit wohlfahrtsökonomischen Renten und dem maximalen sozialen Überschuss in Abschnitt IV.4. bereits festgestellt werden konnte, dass Umverteilungsaktivitäten über direkten Preiseingriff denkbar ungeeignet sind.

Bei Durchsetzung eines vom Marktgleichgewicht abweichenden Preises kommt es regelmäßig nicht nur zu einer Umverteilungswirkung (über deren Berechtigung sich jeweils trefflich streiten lässt), sondern außerdem zu einem insgesamt unwiederbringlichen Wohlfahrtsverlust. Im Kontext der Verteilungspolitik ist diese Erkenntnis interessant, weil es sich bei solchen vom Gleichgewicht abweichenden Preisen häufig um staatliche Markteingriffe handelt. Die Abweichungen vom Gleichgewicht werden also zum Teil durch kollektive (politische) Entscheidungen absichtlich verursacht, weil eine bestimmte Umverteilungswirkung für wünschenswert erachtet wird. Solche direkten Markteingriffe zum Zweck der Umverteilung sind generell ineffizient.

1.4.1. Unwiederbringliche Wohlfahrtsverluste bei Abweichung vom Gleichgewicht

In Abschnitt IV.4.2. wurde bereits gezeigt, dass höhere oder niedrigere Preise regelmäßig zu geringeren gehandelten Mengen führen und entsprechende Wohlfahrtsverluste verursachen. Da die politischen Entscheidungsträger häufig diese Mengeneinschränkung als unerwünscht ansehen, werden Preiseingriffe auf Märkte häufig durch flankierende staatliche Mengeneingriffe begleitet. Es lässt sich jedoch zeigen, dass die unwiederbringlichen Wohl-

fahrtsverluste auch durch solche ergänzenden Mengeneingriffe nicht vermieden werden können.

Ein Beispiel für solche verteilungspolitisch motivierte Preis- und Mengeneingriffe stellen Sozialwohnungen dar. Vereinfachend kann man die begrenzten
Mietpreise für Sozialwohnungen als **Höchstpreise** interpretieren.

Abb. 54: Wohlfahrtsverluste durch staatliche Angebotsergänzung

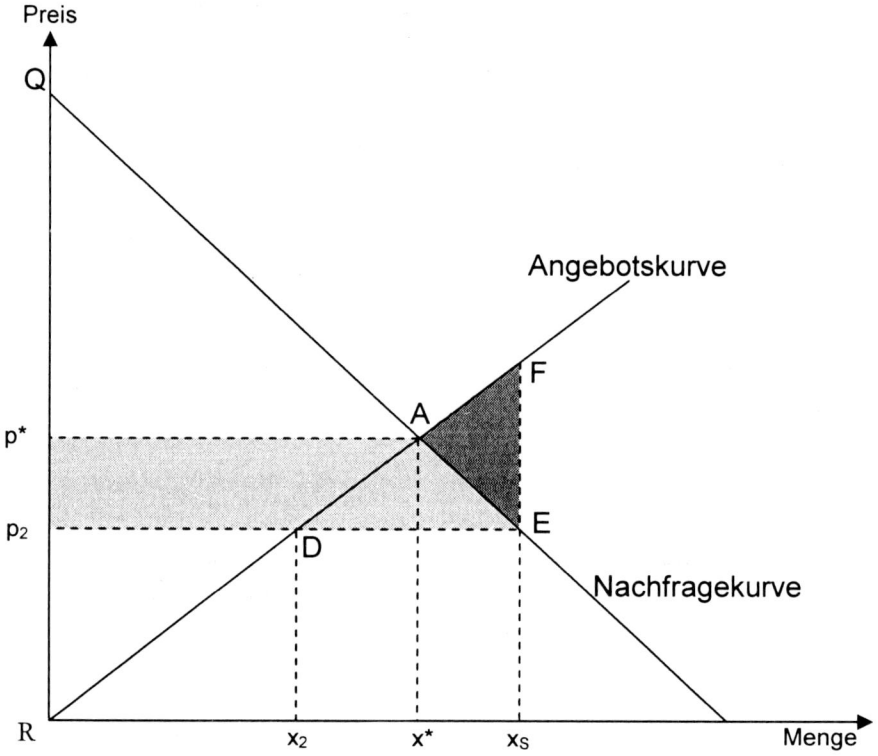

Da die privaten Anbieter zu einem Höchstpreis p_2 mit x_2 deutlich weniger
Wohnraum an den Markt bringen würden als die Nachfrager zu diesem Preis
wünschen, ist der Staat mittels des „sozialen Wohnungsbaus" in die Produktion bzw. Bereitstellung mit eingestiegen. Es wird versucht, trotz des Höchst-
preises die Regel auszuhebeln, nach der sich die kürzere Marktseite durchsetzt.

Der Staat stellt zusätzlich zum privaten Angebot x_2 die Menge $x_S - x_2$ bereit, so dass die Nachfrage zum Preis p_2 vollständig befriedigt werden kann.[121]

Mit Hilfe der Betrachtung wohlfahrtsökonomischer Renten kann man untersuchen, wozu diese Kombination aus Preis- und Mengeneingriff führt. Die Produzentenrente wird durch den Preiseingriff um die Fläche p^*ADp_2 reduziert. Dies ist allerdings aus gesamtwirtschaftlicher Perspektive kein Wohlfahrtsverlust, sondern eine reine Umverteilung zu Gunsten der Nachfrager. Der soziale Überschuss wird dadurch nicht reduziert, die gesamte Fläche wird lediglich in Konsumentenrente umgewandelt. Die Konsumentenrente erhöht sich aber nicht nur um den Wert dieser Fläche, sondern insgesamt um p^*AEP_2. Zusätzlich zur umverteilten ehemaligen Produzentenrente steigt die Konsumentenrente auch um das Dreieck AED.

Trotzdem kommt es natürlich zu Wohlfahrtsverlusten: Selbst unter der gewagten Annahme, dass der staatlich betriebene oder staatlich in Auftrag gegebene zusätzliche Wohnungsbau genauso effizient Wohnraum bereitstellt wie private Investoren, muss der Staat den Anteil DFE der Kosten des zusätzlichen Wohnraumes über Steuermittel finanzieren.[122] Schließlich decken die von den Nachfragern zu zahlenden Preise nur die Kosten DEx_sx_2, die Gesamtkosten betragen aber DFx_sx_2.

Ein Teil dieses Defizits ist bewusst in Kauf genommen. Die Teilfläche AED wird über die Konsumentenrente zu erhöhter Wohlfahrt der Konsumenten beitragen. Immerhin ist die Umverteilung zu Gunsten der Nachfrager Ziel der Maßnahmen. Allerdings übersteigen die Grenzkosten der Produktion der Menge x_s-x^* die Zahlungsbereitschaft der Konsumenten um die Fläche AFE. Der entsprechende Gegenwert erhöht also nicht die Konsumentenrente, son-

---

[121] Nur am Rande sei erwähnt, dass solche Strategien meistens nicht problemlos gelingen. Wegen der politisch bestimmten, schwer kalkulierbaren Preiseingriffe ziehen sich z. B. unter Umständen private Investoren zurück und stellen eine noch geringere Menge bereit, da sie sich nicht auf eine adäquate Entlohnung ihrer langfristigen Investitionen verlassen können.

[122] Diese Besteuerung wiederum stört die Anreize auf anderen Märkten, bleibt also ebenfalls nicht ohne negative Wirkungen. Dazu kommen wir im nächsten Abschnitt kurz zu sprechen.

dern resultiert aus einer ineffizient überhöhten Angebotsmenge. Die Fläche AFE ist ein unwiederbringlich verlorener Wohlfahrtsverlust.[123]

1.4.2. „Transfer in cash" versus „transfer in kind"

Vielleicht überzeugt Sie diese Rentenbetrachtung noch nicht davon, dass direkte Markteingriffe zur Umverteilung ineffizient sind. Vielleicht sind Sie bereit, die entsprechende Ineffizienz in Kauf zu nehmen, um die Wohnungsnachfrager entsprechend zu unterstützen. Mit Hilfe der Zerlegung der Nachfragereaktionen in Einkommens- und Substitutionseffekt (vgl. Abschnitt II.7.3.) können wir aber außerdem zeigen, dass die Umverteilung mittels eines solchen direkten Preiseingriffs auch bezüglich der Wohlfahrtssituation der begünstigten Gruppe zu suboptimalen Wohlfahrtseffekten führt.

Nehmen wir dazu zunächst in der folgenden Grafik an, die Wohnungspolitik würde durch direkten Preiseingriff wie eben untersucht eine Änderung der relativen Preise vornehmen. Dies führt zu einer Drehung der Budgetgeraden des betrachteten Individuums von AB auf AC. Wohnraum wird also im Verhältnis zu sonstigen Gütern deutlich billiger. Das Individuum wird daraus eine Nutzensteigerung erfahren und im neuen optimalen Konsumpunkt R eine im Verhältnis zum alten optimalen Konsumpunkt Q höhere Indifferenzkurve I_2 erreichen. Dazu dehnt das Individuum seine Nachfrage nach Wohnfläche von x_1 auf x_3 aus.

Notwendig wird für diese Nutzensteigerung eine Subvention der Wohnkosten durch die Steuerzahler in Höhe der Strecke RV (gemessen in Kaufmöglichkeit der sonstigen Güter). Sie erkennen dies, wenn Sie sich vergegenwärtigen, was die Güterbündel R und V ausdrücken: Während die Wahl der Wohnfläche x_3 dem betreffenden Individuum ohne Subventionierung nur noch den Konsum sonstiger Güter in Höhe von V ermöglicht hätte, bleibt ihm nun dank der Subventionierung trotz der Wahl einer Wohnfläche von x_3 eine Konsummenge sonstiger Güter in Höhe von R. Die vertikale Differenz RV entspricht den Subventionen, die das betrachtete Individuum in Anspruch genommen hat.

---

[123] Analog zu dieser Kombination können Sie auch einen **Mindestpreis** (= Preis oberhalb des Gleichgewichtspreises) mit einem flankierenden Mengeneingriff analysieren. Beisiele für solche Kombinationen sind z. B. staatlich gestützte Agrarpreise mit staatlichem Aufkauf des Überschussangebots oder Mindestlöhne mit anschließender Beschäftigung der Arbeitslosen in staatlich finanzierten Beschäftigungsprogrammen.

Abb. 55: Nutzensteigerung durch „transfer in kind"

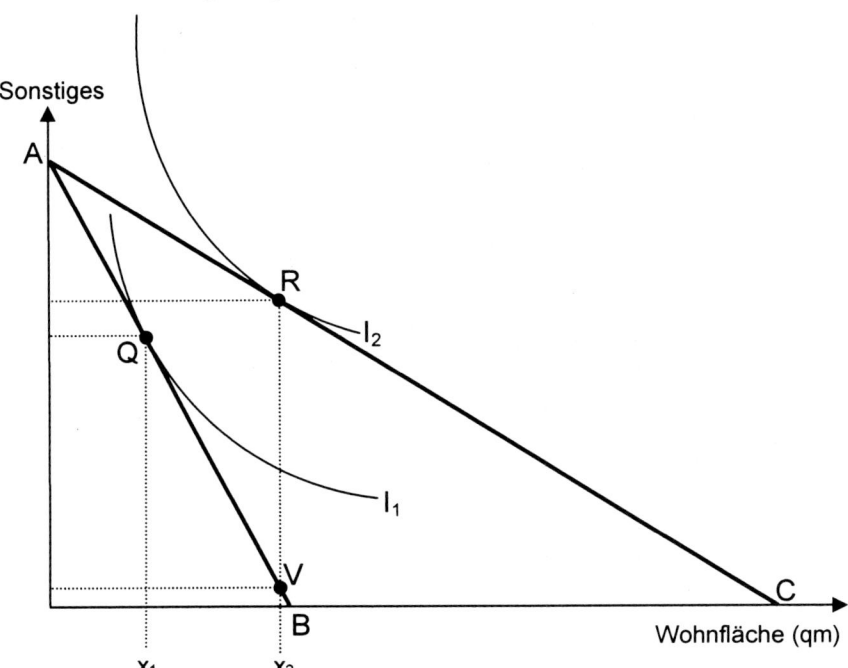

Dass diese Art der Umverteilung hinsichtlich des Ziels der Nutzensteigerung für das Individuum ineffizient ist, lässt sich auf zwei verschiedenen Wegen zeigen. Mit der durch die Gesellschaft an das Individuum geleisteten Subventionszahlung RV hätte das Individuum ein noch höheres Nutzenniveau erreichen können, wenn die Subvention nicht durch eine Veränderung des Preises von Wohnfläche, sondern durch ungebundene Transfers geleistet worden wäre. Dazu hätte man dem Individuum eine frei verfügbare Zahlung in Höhe von RV geben können, die es nach eigenen Präferenzen für den Mehrkonsum irgendwelcher Güter und Dienstleistungen ausgegeben hätte.

Um eine solche ungebundene Transferzahlung (**transfer in cash**) in der grafischen Analyse zu skizzieren, würde man eine Einkommenserhöhung (Parallelverschiebung der Budgetgerade) um den Betrag RV einzeichnen, wie in Abbildung 56 auf der nächsten Seite durch die gestrichelte Budgetgerade angedeutet. Eine solche Einkommenserhöhung bei unveränderten relativen Preisen (reiner Einkommenseffekt) hätte das Individuum im Konsumpunkt T ein noch höheres Nutzenniveau entsprechend der Indifferenzkurve I_3 erreichen

lassen. Allerdings hätte das Individuum dann seine Nachfrage nach Wohnfläche nur bis auf x_4 und nicht bis auf x_3 ausgedehnt.

Abb. 56: Höhere Nutzensteigerung bei „transfer in cash"

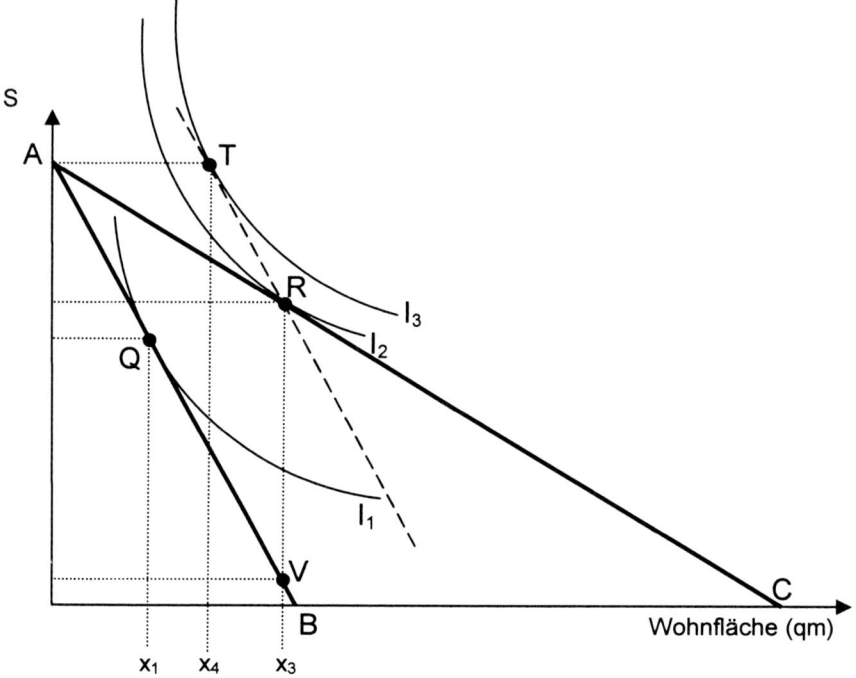

Umgekehrt lässt sich zeigen, dass die Nutzensteigerung von I_1 auf I_2, die
durch die gebundenen Transfers (**transfer in kind**) einer subventionierenden
Wohnungspolitik erreicht wird, mit ungebundenen Transfers günstiger, d. h.
mit einer geringeren finanziellen Belastung der anderen Bürger erreichbar ist.

Um dies darzustellen, legt man eine Parallele zur ursprünglichen Budgetgerade
in das Diagramm, die einen Tangentialpunkt mit der höheren Indifferenzkurve I_2 aufweist. In Punkt S verwirklicht das betrachtete Individuum denselben Nutzen wie in Punkt R. Allerdings wäre der Konsumpunkt S mit einer
ungebundenen Transferzahlung in Höhe der Differenz WV erreichbar. Zur
Erzielung derselben Nutzenverbesserung können die Steuerzahler also den
Betrag RW (gemessen in sonstigen Gütern) einsparen. Allerdings würde das
Individuum bei einer entsprechenden ungebundenen Transferzahlung seine
Wohnfläche nicht auf x_3, sondern nur auf x_2 ausdehnen.

Abb. 57: „transfer in cash" erreicht Umverteilungsziel zu geringeren Kosten

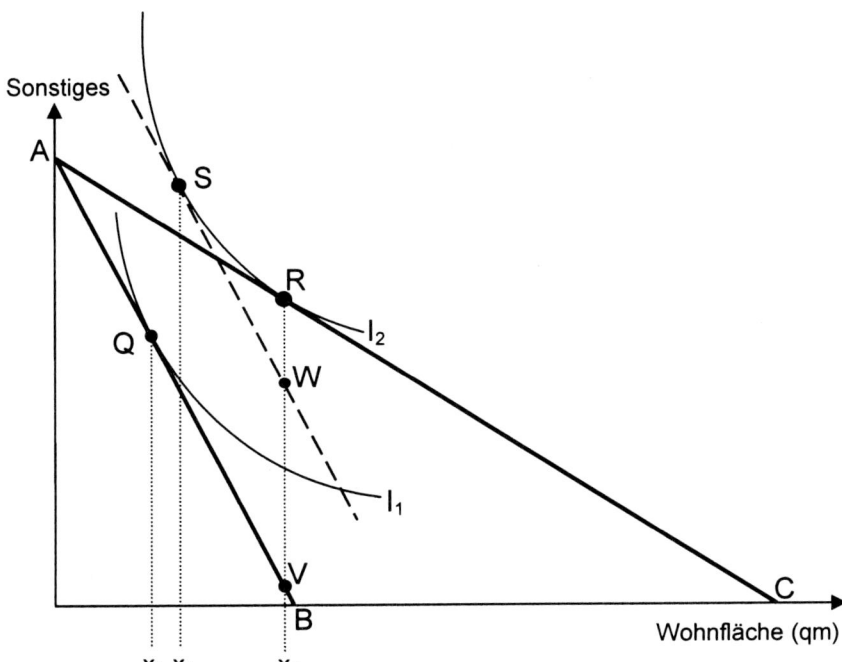

Umverteilungsaktivitäten durch direkte Markteingriffe sind unzweifelhaft ineffizient. Verteilungspolitik sollte an der Anfangsausstattung ansetzen, wie bereits durch den zweiten Hauptsatz der Wohlfahrtsökonomik (vgl. Abschnitt IV.5.) angedeutet wurde. Nach der Umverteilung der Anfangsausstattungen sollte die Preisbildung hingegen dem freien Spiel von Angebot und Nachfrage am Markt überlassen werden. Konkret lautet die Empfehlung, Umverteilung über das Steuer-Transfer-System zu betreiben und nicht durch direkte Markteingriffe auf Güter-, Dienstleistungs- oder Faktormärkten. Wenn Nutzensteigerungen der Individuen das Ziel der Umverteilungspolitik sind, erzielen ungebundene Transfers immer bessere Resultate als gebundene Transfers, also Veränderungen der relativen Preise.

1.5. Die Reduzierung der Leistungsanreize definiert eine Obergrenze wünschenswerter Umverteilungspolitik

Der Begriff der Mindestsicherung wurde bisher lediglich abstrakt definiert. Eine quantitative Definition des Niveaus dieser Mindestsicherung ist ohne

einstimmigen Volksentscheid theoretisch nicht möglich. Allerdings hat jede
Art der Umverteilung Auswirkungen auf das der Gesellschaft insgesamt zur
Verfügung stehende Sozialprodukt. Auch die Umverteilung auf der Ausstat-
tungsebene hat Auswirkungen auf den insgesamt erreichbaren Wohlstand der
Gesellschaft. Das Ausmaß der Umverteilungsaktivitäten hat damit Rückwirkungen auf das zur Umverteilung theoretisch zur Verfügung stehende Güter-
volumen.

Ein Steuer-Transfer-System, welches diejenigen mit hohem Markteinkommen
belastet, um durch Umverteilung weniger leistungsfähige oder leistungsbereite
Mitbürger besser zu stellen, mindert die Leistungsanreize auf beiden Seiten.
Die Leistungsträger verspüren geringere Anreize, hohe Einkommen zu erzielen, da ihnen auf Grund der Besteuerung ein Teil der Einkommenssteigerung
verloren geht. Ihr materieller Wohlstand steigt geringer als es durch die Erzielung höherer Markteinkommen zunächst erscheint. Die Transferempfänger
verspüren geringere Anreize zur Erzielung eigener höherer Markteinkommen,
weil ihnen ein Teil der Umverteilungstransfers entzogen würde. Ihr materieller
Wohlstand steigt nicht oder zumindest nur deutlich geringer als es durch die
Erzielung höherer Markteinkommen zunächst erscheint.

Abb. 58: Netto-Einkommensverlauf durch das Steuer-Transfer-System

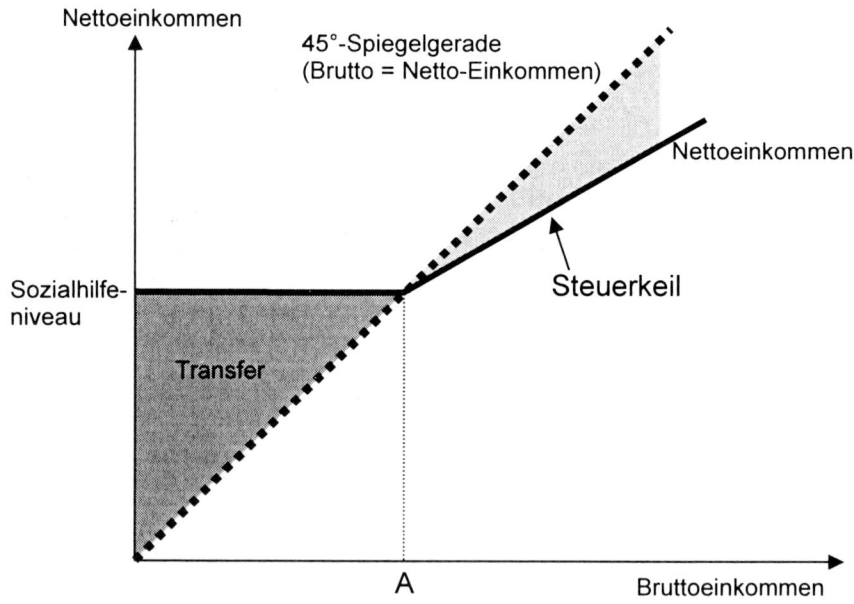

Dies sei kurz am Beispiel der Anreize verdeutlicht, höhere Arbeitseinkommen zu erzielen. Auf Grund der Mindestsicherung in Deutschland (früher im System der Sozialhilfe, heute im steuerfinanzierten so genannten Arbeitslosengeld II) besteht bis zum Überschreiten der Mindestsicherung durch ein am Markt erzieltes Einkommen (Bruttoeinkommen A) kein monetärer Anreiz, da der Transfer um das selbst erwirtschaftete Einkommen gekürzt wird.[124]

Zugleich wird der monetäre Anreiz zur Erzielung höherer Arbeitseinkommen auch bei den nicht unterstützten Arbeitnehmern reduziert (Bruttoeinkommen rechts von Punkt A), da diese zur Finanzierung der Transfers besteuert werden und somit ein Teil ihrer Bruttoeinkommen nicht zur Erhöhung der verfügbaren Nettoeinkommen beiträgt.

Diese generell mit Umverteilung einhergehende Beeinträchtigung der Anreize führt selbst bei sehr weitgehenden Egalisierungswünschen zu einer maximalen Obergrenze rational möglicher Umverteilungswünsche. Das Unterschiedsprinzip (oder **Maximin-Prinzip**) von John Rawls formuliert diese Obergrenze und fordert, die Wohlstandsposition der Gesellschaftsmitglieder mit der minimalen Wohlfahrt zu maximieren. Rawls hält auch unterschiedliche natürliche Anfangsausstattungen bis hin zu Charaktereigenschaften und Fähigkeiten wie Fleiß, Ehrgeiz und Talent für unverdient und damit ausgleichswürdig. Er akzeptiert also keineswegs, dass Frieda das höhere Markteinkommen gehören sollte, das sie auf Grund ihres seiner Ansicht nach unverdienten handwerklichen Geschicks erreicht. Aber obwohl Rawls Umverteilungsforderungen entsprechend weitgehend sind, plädiert er eben nicht für eine Gleichverteilung.

Gleichverteilung würde die Anreize wahrscheinlich derart außer Kraft setzen, dass zwar alle Gesellschaftsmitglieder gleich viel hätten, dies aber weniger wäre als die ärmsten in einer Gesellschaft mit nur begrenzter Umverteilung zu erwarten hätten. Rationale Umverteilung von reich zu arm ergibt nur einen Sinn, solange dies zum Vorteil der Ärmsten ist: Die maximal wünschbare Umverteilung ist nach diesem Gedanken dann überschritten, wenn durch die Verringerung der Leistungsanreize die Wohlfahrt desjenigen mit der geringsten Wohlstandsposition wieder abnehmen würde.[125]

---

[124] Genauer: Bereits in der früheren Sozialhilfe bestanden geringe Anrechnungsfreibeträge, die beim Arbeitslosengeld II weiter angehoben wurden. Die Vernachlässigung dieser Freibeträge dient hier der Vereinfachung.

[125] Die unbedingte Forderung nach Gleichverteilung führt auf Grund der zerstörten Leistungsanreize tendenziell dazu, dass alle gleich wenig haben.

2. Meritorische Eingriffe

Eingriffe, die Politiker in Märkte vornehmen, obwohl weder ein Marktversagenstatbestand vermutet wird, noch Verteilungsziele verfolgt werden,
nennt man in der ökonomischen Literatur **Meritorik**.[126] Die wissenschaftliche
Debatte kommt eindeutig zu dem Ergebnis, dass meritorische Staatseingriffe
mit dem Konzept des methodologischen Individualismus und der Konsumentensouveränität nicht zu vereinbaren sind. Daher können sie nicht als
Begründung eines Staatseingriffs akzeptiert werden. Dennoch ist ein nicht
unwesentlicher Teil staatlicher Eingriffe fraglos meritorisch begründet, wes-
wegen die Kategorien meritorischer Eingriffe oder meritorischer und demeri-
torischer Güter selbstverständlich auch weiterhin Gegenstand der wirtschaftswissenschaftlichen Untersuchung von Staatstätigkeit bleiben. Meritorische Güter sind Güter, die Entscheidungseliten fördern wollen, weil sie glauben, die Bürger würden zuwenig davon nachfragen. Typische Beispiele sind
Bildung, Sport, Kultur, Schulmilch, Wohnungen, Bücher, Altersvorsorgepro-
dukte, etc. Demeritorische Güter sind hingegen Güter, die nach Ansicht derselben Entscheidungseliten durch die Bürger zu viel konsumiert werden. Typische Beispiele sind Tabak und Alkohol.

Meritorik liegt regelmäßig vor, wenn Entscheidungsträger zu beobachten
glauben, dass der Markt „falsche", d. h. eben nicht wohlfahrtsmaximale Allokation hervorruft, obwohl sie nicht über Marktversagen argumentieren. Lassen Sie sich nicht irritieren: Die Begründung für die Meritorisierung oder Demeritorisierung ließe sich in vielen Fällen alternativ über Argumentations-
muster externer Effekte versuchen. Meritorische Staatseingriffe liegen aber
genau dann vor, wenn der Versuch der Begründung durch angebliche externe
Effekte gescheitert ist und eine Förderung trotzdem erfolgt. Die Begründung
für meritorische Eingriffe lautet typischerweise, dass die Individuen entweder
nicht wissen, was für sie gut ist (mangelnde Information) oder ihre eigenen
zukünftigen Bedürfnisse nicht richtig bewerten (Minderschätzung zukünftiger
Bedürfnisse).

---

[126] Der Begriff geht auf den Ökonomen Richard Abel **Musgrave** (* 1910) zurück. Meritorisch
bedeutet „verdienstvoll", gemeint ist wohl treffender „förderungswürdig".

Ein Beispiel ist die Subventionierung eines Fernsehsenders. Die meisten Ökonomen würden entweder die Subventionierung eines Fernsehsenders ablehnen
oder versuchen, sie über externe Effekte zu begründen. Nehmen Sie also für
unser Beispiel an, dass man in mehreren Expertenanhörungen ausgiebig versucht hat, plausibel darzulegen, dass und warum von der Ausstrahlung „wertvoller" Fernsehsendungen in den öffentlich-rechtlichen Sendern positive externe Effekte ausgehen würden. Nehmen Sie weiter an, diese Versuche seien
schließlich gescheitert.[127] Wenn die Abgeordneten im Parlament dennoch der
staatlichen Förderung der öffentlich-rechtlichen Fernsehsender zustimmen,
dann votieren sie schlicht und ergreifend deshalb dafür, weil sie persönlich
glauben, es sei besser für die Bevölkerung, wenn sie öffentlich-rechtlich fern-
sieht. Stimmen die Parlamentarier der Förderung zu, obwohl sie nicht glauben,
dass externe Effekte den dazu notwendigen Zwang rechtfertigen, dann erfolgt
der Eingriff des Staates schlicht und ergreifend deshalb, weil die Politiker der
Ansicht sind, dass die Zuschauer „falsche Präferenzen" haben und „nicht
wissen, welche Sendungen gut für sie sind".

Es ist offensichtlich, dass eine solche Einstellung mit unserer normativen
Grundposition der Konsumentensouveränität absolut unvereinbar ist. Sie ist –
nebenbei bemerkt – auch nur schwer mit der Vorstellung souveräner Wähler
und Staatsbürger vereinbar. Es ist schwer vorstellbar, dass die Bürger nicht
souverän genug eingeschätzt werden können, um zu wissen, wie viele anspruchsvolle Sendungen sie sehen möchten, aber durchaus als Wähler entscheiden können, welcher Politiker dies besser wisse als sie.

Zur Verfolgung von Meritorisierungs- oder Demeritorisierungszielen helfen
tatsächlich nur direkte Preiseingriffe. Zur Meritorisierung muss eine Subvention erfolgen, die – ähnlich wie bei einer Subventionslösung bei positiven
externen Effekten – für eine Ausdehnung des privaten Konsums sorgt. Zur
Demeritorisierung muss eine Steuer den privaten Konsum reduzieren – ähnlich einer Steuerlösung bei negativen externen Effekten. Dies erklärt nun auch,
warum viele Politiker den einkommensschwachen Mietern, denen man mit
dem sozialen Wohnungsbau helfen möchte, keine ungebundenen Transfers
auszahlen. Es geht gar nicht darum, aus verteilungspolitischen Gründen einkommensschwachen Personen zu höherer Zufriedenheit zu verhelfen. Es geht

---

[127] Unter anderem z. B. deshalb, weil niemand glaubt, dass diejenigen Zuschauer, die angeb-
lich gerettet werden sollen, auf den alternativen Konsum der weniger wertvollen aber offenbar beliebteren Sendungen verzichten, nur weil im öffentlich-rechtlichen Fernsehen
eine Dokumentation läuft und sie durch die erzwungenen Gebühren zu deren Finanzierung beigetragen haben.

darum, dass man ganz gezielt möchte, dass diese Menschen in entsprechend größeren Wohnungen leben. Ungebundene Transfers hingegen würden den Nutzen der Betroffenen nach deren eigener Einschätzung genau deshalb stärker erhöhen, weil sie dieses Geld auch für Kinobesuche oder Mobiltelefone ausgeben könnten. Die zuständigen Politiker glauben aber aus irgendeinem Grund, die Nutzenempfindungen der betroffenen Menschen seien einfach falsch. Um sie zu ihrem Glück zu zwingen, muss der Transfer zweckgebunden als Subventionierung des meritorischen Guts ausgestaltet werden.

Meritorische Eingriffe sind ungeachtet der offensichtlichen Anmaßung von Wissen, die damit auf Seiten der Entscheidungsträger unweigerlich verbunden ist, weit verbreitet. Meritorische Begründungen von staatlichen Aktivitäten werden auch keineswegs verschämt und nur in Ausnahmefällen vorgetragen. Dies ist wohl darauf zurückzuführen, dass die meisten Politiker und Wähler keinesfalls prinzipientreue Anhänger individualistischer Überzeugung sind. Aus individualistischer Sicht sind meritorische Eingriffe jedoch eindeutig abzulehnen. Aus der wohlfahrtsökonomischen Perspektive stellt Meritorik keine akzeptable Begründung für Eingriffe in freie Märkte dar.

VIII. Politik als alternativer Allokationsmechanismus

Der Markt als Allokationsmechanismus verfehlt effiziente Ergebnisse, wenn Marktversagenstatbestände vorliegen oder Umverteilung originäres Ziel einer Maßnahme ist. In diesen Fällen kann eine Verlagerung der Entscheidung in den politischen Raum theoretisch eine Wohlfahrtsverbesserung bewirken. Es wurde bereits in Abschnitt VI.1. darauf hingewiesen, dass dies nur gilt, wenn die Verlagerung der Entscheidung in den politischen Prozess tatsächlich eine Effizienzverbesserung erwarten lässt.

Welche Art von politischen Maßnahmen erscheint empfehlenswert? Sollten sich politische Entscheidungen auf grundlegende Rahmensetzungen beschränken oder ganz konkrete Vorgaben beinhalten? Wie funktionieren Entscheidungsprozesse im politisch-administrativen Bereich? Versprechen politische Entscheidungen effiziente Ergebnisse? Wodurch werden im politischen Prozess Entscheidungen beeinflusst? Diese Themen können in diesem einführenden Buch nur exkursorisch behandelt werden. Ein kurzer Blick auf die Unterscheidung von Prozess- und Ordnungspolitik sowie auf wesentliche Ergebnisse der ökonomischen Analyse kollektiver Entscheidungsprozesse soll aber dennoch gewagt werden, um ein entsprechendes Problembewusstsein zu wecken.

1. Ordnungspolitik als notwendige Rahmensetzung

Nach Überzeugung der überwältigenden Mehrheit der Ökonomen haben Politiker in einer Marktwirtschaft nur sehr selten Anlass, unmittelbar in den Markt einzugreifen. Auch beschäftigungs- oder sozialpolitische Ziele sollten nicht durch direkte Markteingriffe verfolgt werden. Vielen Bürgern hingegen erscheint es durchaus wünschenswert und dem "Primat der Politik" angemessen, wenn – immerhin demokratisch legitimierte – Politiker versuchen, bestimmte Ziele durch direkte Eingriffe in Marktprozesse schneller, anders oder unter anderen Begleitumständen zu erreichen, als es sich aus dem freien Spiel der Marktkräfte ergeben würde.

Zur Diskussion wirtschaftspolitischer Grundkonzeptionen ist die Unterscheidung in **Ordnungspolitik** und **Prozesspolitik** hilfreich. Ordnungspolitik zielt auf die Gestaltung der Wirtschaftsordnung, versucht also die allgemeinen Spielregeln, unter denen die einzelnen Teilnehmer des Wirtschaftslebens agieren, gemeinwohlförderlich zu gestalten. Prozesspolitik hingegen greift direkt in einzelne Wirtschaftsabläufe ein und versucht so, das Wirtschaftsgeschehen zeitnah und sehr konkret zu steuern.

Wenn überhaupt, werden in den meisten wirtschaftswissenschaftlichen Lehrbüchern prozesspolitische Eingriffe in der Geld-, Währungs- und Fiskalpolitik zur Stabilisierung der Wirtschaft im konjunkturellen Auf und Ab diskutiert. In Phasen schnellen Wachstums könnte der Staat einer Überhitzung der Wirtschaft beispielsweise entgegenwirken, indem er die Zinsen anhebt und öffentliche Ausgaben einschränkt. In schwachen Phasen könnte er durch niedrigere Zinssätze Anreize zu Investitionen setzen und durch höhere staatliche Ausgaben zur Nachfragestärkung beitragen.

Diese Politik könnte theoretisch in bestimmten Situationen hilfreich sein. Praktisch ist es allerdings sehr schwierig, diese Situationen rechtzeitig und eindeutig zu identifizieren. Wird aber aufgrund falscher Daten oder Prognosen zu früh, zu heftig oder erst mit zeitlicher Verzögerung eingegriffen, üben die Maßnahmen schädliche Wirkungen auf die wirtschaftliche Entwicklung aus. Nicht ohne Grund ist die Geldpolitik in der EU den Regierungen gänzlich entzogen und der unabhängig agierenden Europäischen Zentralbank übertragen. Auch der Ausdehnung staatlicher Ausgaben wurden bewusst enge Grenzen gesetzt.

Andere Beispiele für prozesspolitische Eingriffe sind industriepolitische Subventionen: Etwa zur Förderung bestimmter Technologien, die nach Ansicht der betreffenden Politiker von privater Seite nicht ausreichend vorangetrieben werden. Wenn private Geldgeber in eine Technologie investieren, von deren Erfolgsaussichten sie überzeugt sind, tragen sie selbst das Risiko eines eventuellen Irrtums. Wenn sich Politiker irren, hat dies über höhere Steuern und verschlechterte Standortbedingungen negative Folgen für die gesamte Wirtschaft. Es gibt keinen Grund anzunehmen, dass Politiker besser als private Investoren urteilen können, welche Technologien zukünftig wirtschaftlichen Erfolg und sichere Arbeitsplätze versprechen. Da Politiker aber nicht mit eigenem Geld arbeiten, sondern mit dem der Steuerzahler, gibt es umgekehrt gute Gründe zu fordern, solche riskanten Wetten auf die Zukunft zu unterlassen.

Nicht nur bei industriepolitischen Fragen stellt sich dieses Informationsproblem. Auch in spezifischen Sachfragen aus den Bereichen Arbeitsmarkt-, Sozial- und Steuerpolitik ist es für Politiker, Medien und Öffentlichkeit extrem schwierig, sich im Graubereich zwischen offenkundig manipulierender Lobbyarbeit und objektiver Information zurechtzufinden. Ständig müssen Politiker eher aufgrund ihrer Intuition als aufgrund fundierter Sachkenntnis über Subventionen zugunsten einzelner Betriebe oder Branchen, über Veränderungen einzelner Sozialtransfers oder über Steuerprivilegien für einzelne Bevölkerungsgruppen oder Unternehmensformen entscheiden. Dabei sind sie nicht nur der Gefahr ausgesetzt, den Manipulationsversuchen der Lobbyisten zu erliegen. Es ist für Politiker auch schwierig, sich den Wünschen einzelner Wählergruppen zu verschließen, wenn sie zukünftig gewählt werden möchten.

Hinzu kommt, dass die einzelnen Marktteilnehmer Eingriffe der Politiker in die Märkte beobachten und in ihre Erwartungsbildung einbeziehen, so dass unkontrollierbare Rückkopplungseffekte auftreten. Eine kurzfristige, unberechenbare und wankelmütige Wirtschaftspolitik bietet keine verlässliche Planungsgrundlage und führt beispielsweise hinsichtlich der Investitionen in einem Land zu vorsichtiger Zurückhaltung.

Dennoch stellt niemand das Primat der Politik in Frage. Ökonomen empfehlen zwar den Verzicht auf unmittelbare Markteingriffe, weil sie erwarten, dass der Wohlstand der Gesellschaft durch diese prozesspolitischen Eingriffe nicht gesteigert, sondern mittel- und längerfristig eher reduziert wird. Umgekehrt betonen sie aber die ordnungspolitischen Aufgaben: Es ist originäre Aufgabe der Politiker, alle Gesellschaftsbereiche durch die Vereinbarung und Überwachung grundlegender Spielregeln so zu gestalten, dass die privaten Handlungen der Bürger auch zum Wohl der Gesellschaft beitragen, wenn sie innerhalb dieser Regeln stattfinden.

Schon die Erhaltung eines funktionsfähigen Wettbewerbsmarktes erfordert eine Wettbewerbsordnung zur Verhinderung von Machtmissbrauch sowie zur Verhinderung unerlaubter Absprachen und Kartelle. Natürlich wird auch der marktwirtschaftliche Wettbewerb von Regeln geleitet. Ebenso wie im Sport obliegt es den Organisatoren des Wettbewerbs – den Politikern –, die Spielregeln so zu bestimmen, dass sie unerwünschte Strategien und unfaire Praktiken wirksam unterbinden. So müssen Wettbewerbsgesetze und Wettbewerbsbehörden verhindern, dass einzelne Wirtschaftsakteure ihre wirtschaftliche Macht nutzen, um den marktwirtschaftlichen Wettbewerb zu ihren Gunsten außer Kraft zu setzen. Werden die Spielregeln unzureichend festgelegt oder wird ihre Einhaltung nicht sichergestellt, ist das kein Manko der Wettbewerbsidee, sondern ihre mangelhafte Umsetzung.

Über die Gesetzgebung auch in anderen Politikfeldern werden Eigentumsrechte zugewiesen und zulässige von unzulässigen Verhaltensweisen unterschieden. Und natürlich erwächst dem Staat aus dem Gewaltmonopol die Aufgabe des Schutzes von Privateigentum und Vertragsfreiheit, ohne den eine arbeitsteilige Wirtschaft kaum vorstellbar wäre.

Das staatliche Gewaltmonopol ist außerdem die Voraussetzung zur Organisation und Durchsetzung kollektiver Sozialversicherungssysteme und zur Erhebung von Steuern. Diese wiederum werden zur Finanzierung von Gütern und Dienstleistungen benötigt, die nicht automatisch in ausreichender Menge bereitgestellt werden, weil sie unabhängig von einem eigenen Beitrag zur Finanzierung genutzt werden können. Dazu zählen die Organisation einer sozialen Mindestsicherung, die Aufrechterhaltung des Rechtsstaates durch Polizei und Justiz, Aufgaben in der Gefahrenabwehr, der Infrastrukturbereitstellung und der Organisation demokratischer Willensbildung.

Auch in der Marktwirtschaft bleiben für Politiker ausreichend Aufgaben jenseits direkter und kurzfristiger Markteingriffe. Sie sind nur nicht immer so öffentlichkeitswirksam.

2.   Einstimmigkeit in Abstimmungsprozessen

Einstimmige Entscheidungen üben auf Ökonomen einen besonderen Reiz aus. Nehmen wir als Beispiel die Frage nach dem effizienten Ausmaß eines durch eine kleine Gemeinde bereitgestellten Feuerwerks.

Sie erinnern sich daran, dass ein solches Feuerwerk in Abschnitt VI.3. als öffentliches Gut identifiziert wurde. Niemand wird vom Konsum des Feuerwerks ausgeschlossen werden können und der Nutzen aus der Entscheidung nimmt nicht dadurch ab, dass auch andere zusehen.[128]

Angenommen, Frieda unterbreitet den Vorschlag, zur Finanzierung des Feuerwerks sollten die in der Stadtkasse zum Jahresende noch verbliebenen 2.000 Euro eingesetzt werden. Nehmen Sie an, Carlotta und Matilda seien von dem Vorschlag begeistert und den restlichen Dorfbewohnern sei es gleichgültig wofür die Stadtkasse geplündert würde. In diesem Fall könnte ein einstimmiges Ergebnis zu Gunsten des Feuerwerks erwartet werden.[129] Dieser Fall ist vollkommen unproblematisch, eine einstimmige Entscheidung ist eindeutig eine wohlfahrtssteigernde Maßnahme.

---

[128] Erinnern Sie sich bitte auch daran, dass der Umstand, dass einige Dorfbewohner die Veranstaltung eventuell als negative Nutzenveränderung empfinden, nichts an der Kategorie des „öffentlichen Guts" ändert.

[129] Die indifferente Fraktion votiert entweder aus sozialem Wohlwollen heraus ebenfalls für das Feuerwerk oder enthält sich der Stimme.

Es gibt allerdings in der Realität nur äußerst selten Fälle, in denen im ersten Anlauf eine einstimmige Entscheidung erzielt wird. Nehmen Sie also an, Frieda, Carlotta und Matilda stimmen für das Feuerwerk, der Großteil der anderen Bewohner enthält sich der Stimme, aber Jakob stimmt gegen die Veranstaltung. Eine gängige Lösung solch eines Problems im politischen Prozess besteht in der schlichten Mehrheitsabstimmung: Drei sind mehr als einer, die Mehrheit entscheidet für das Feuerwerk. Es wurde allerdings bereits mehrfach am Rande darauf hingewiesen, dass eine solche Entscheidung aus ökonomischer Sicht nicht unproblematisch ist, denn es geht Ökonomen letztlich um Nutzenmaximierung: Was, wenn das Wohlergehen von Jakob der Gesellschaft ganz besonders am Herzen liegt? Oder – leichter nachzuvollziehen – was, wenn die zustimmende Fraktion der drei Einwohnerinnen lediglich jeweils eine kleine Enttäuschung verkraften müsste, falls das Feuerwerk nicht gezündet würde, Jakob aber eine gravierende Nutzeneinbuße erfährt, wenn das Feuerwerk stattfindet?[130]

Sie sehen, die Mehrheitsregel bringt uns nicht weiter, wenn wir eine Ausrichtung an Nutzengrößen anstreben. Stellen Sie sich also vor, der Ortsvorsteher sei Ökonom und beharre stur darauf, dass die Gruppe sich einstimmig für oder gegen das Feuerwerk ausspreche. Andernfalls, droht er glaubwürdig, werde er die Gemeindeversammlung die ganze Nacht hindurch fortführen.[131]

Vergegenwärtigen Sie sich, dass es sich nun um ein Problem externer Effekte handelt. Wie immer ist das Problem dabei wechselseitig, d. h. gäbe es nicht Frieda, Carlotta und Matilda, so wäre die Feuerwerksidee gar nicht aufgekommen und alle wären zufrieden. Aber umgekehrt gilt genauso: Gäbe es nicht Jakob und seine Hündin, so wäre der Vorschlag des Feuerwerks auf volle Zustimmung gestoßen. Wie funktioniert in diesem Fall die freie Verhandlungslösung bei externen Effekten (vgl. Abschnitt VI.4.2.) konkret? Für Ökonomen besteht die theoretische Lösung des Problems in der Festlegung der Eigentumsrechte und anschließenden Kompensationsangeboten.

Angenommen, die Gruppe gesteht implizit der Mehrheit das eigentliche Recht zu, ihren Willen durchzusetzen. In diesem Falle müsste Jakob prüfen, ob seine

---

[130] Stellen Sie sich beispielsweise vor, Jakobs Hündin würde vor Feuerwerk so große Angst haben, dass sie in den letzten Jahren jeweils Beruhigungsspritzen vom Tierarzt bekommen musste. Dieses Jahr aber käme selbst dies nicht in Betracht, weil die Hündin trächtig sei. Vielleicht befürchtet Jakob eine Frühgeburt, wenn es zum Feuerwerk kommt.

[131] Die Gemeindemitglieder, denen es gleichgültig ist, ob ein Feuerwerk stattfindet oder nicht, verlassen bei dieser Drohung den Sitzungssaal.

Zahlungsbereitschaft ausreichend hoch ist, um die drei Feuerwerksbefürworterinnen für deren Nutzeneinbuße im Fall des Verzichts auf ein Feuerwerk zu entschädigen. Ist er bereit, eine Summe zu bieten, die ausreicht, um die drei zu kompensieren, dann müsste der Verzicht der drei erreichbar sein und eine einstimmige Entscheidung gegen das Feuerwerk erzielt werden[132]. In diesem Fall wäre der Verzicht auf das Feuerwerk auch tatsächlich pareto-superior, denn die Zahlungsbereitschaft von Jakob ist ausreichend, um Frieda, Carlotta und Matilda zu entschädigen. Genügt Jakobs Zahlungsbereitschaft nicht, d. h. lehnen die drei Feuerwerksbefürworterinnen ab und bestehen weiter auf das Feuerwerk, so ist auch dies als das pareto-superiore Ergebnis anzusehen. Wenn Jakob nicht darauf spekulieren kann, dass er sturer und geduldiger länger durchhält als die drei Damen, kann er in diesem Fall auch gleich aufgeben, um die Sitzung nicht unnötig in die Länge zu ziehen. Er muss dann wohl mit seiner Hündin verreisen.

Natürlich könnte es ebenso gut möglich sein, dass die Gruppe genau weiß, dass das Geld in der Stadtkasse eigentlich für die Renovierung des Spielplatzes vorgesehen war und nicht für ein Feuerwerk. Vielleicht gesteht man also Jakob ein Veto-Recht zu, so dass er notfalls auf der Ablehnung bestehen könnte. In diesem Falle müssten Frieda, Carlotta und Matilda ihre Zahlungsbereitschaft sammeln und Jakob eine Kompensation anbieten, damit dieser ihrem Anliegen zustimmt.

Unabhängig davon, wer wen entschädigen muss, sollte eine einstimmige Entscheidung erreichbar sein. In dem Augenblick, in dem sich die Gruppe einstimmig für oder gegen das Feuerwerk ausspricht, ist für den Ökonomen eindeutig bewiesen, dass diese Entscheidung die pareto-superiore ist: Die Einstimmigkeit im politischen Prozess entspricht dem Pareto-Kriterium (**Wicksell'sche Einstimmigkeit**[133]).

Warum beobachten wir trotz dieser Gedanken in politischen Abstimmungsregeln beinahe nie das Erfordernis der Einstimmigkeit? Warum werden die meisten Entscheidungen mittels einfacher oder qualifizierter Mehrheit entschieden, obwohl diese Art der Abstimmung keine Gewichtung der Abstimmungsgründe ermöglicht?

---

[132] Diese „Summe" muss nicht unbedingt monetärer Art sein, es kann sich z. B. auch um das Versprechen handeln, in den kommenden Wintern für die anderen Schnee zu schippen.

[133] Die Ausarbeitung dieses wichtigen Gedankens wurde von dem schwedischen Ökonomen Johann Gustav Knut **Wicksell** (1851-1926) geleistet.

Das Problem ist, dass die oben skizzierte Kompensationslösung in Wahrheit sehr kompliziert ist und die Erreichung einstimmiger Ergebnisse nach Kompensationsverhandlungen ein sehr aufwendiges Verfahren darstellt. Erstens stehen in realen Entscheidungen häufig keinesfalls nur zwei Alternativen zur Wahl. Die Angelegenheit verkompliziert sich deutlich, wenn außerdem noch beliebige Alternativen infrage kommen. Zweitens wird eine Kompensationslösung natürlich viel schwieriger zu koordinieren, wenn nicht vier Personen, sondern 60 Millionen Wahlberechtigte berücksichtigt werden müssten. Drittens ist die oben aufgezeigte Lösung nur dann relativ unproblematisch, wenn die Betroffenen ihre Zahlungsbereitschaften ohne zu zögern preisgeben. Allerdings geht es um ein öffentliches Gut mit der damit verbundenen Möglichkeit des Freerider-Verhaltens. So können z. B. Frieda, Carlotta und Matilda auch dann das Feuerwerk genießen, wenn sie selbst ihre Zahlungsbereitschaft untertrieben haben, die Summe aber ausreichte, um Jakob zur Zustimmung zu bewegen. Um den eigenen Beitrag möglichst gering zu halten, könnten also die drei Befürworter jeweils ihre Zahlungsbereitschaft untertreiben. Dann aber genügt die Summe vielleicht nicht, um Jakob zu entschädigen, woraufhin Nachverhandlungen notwendig werden, usw. Der Verhandlungsprozess könnte sich auf Grund des strategischen Verhaltens der Beteiligten sehr lange hinziehen. Das Ergebnis hängt dann weniger von den tatsächlichen Zahlungsbereitschaften und damit den monetär bewerteten Nutzenerwartungen der Akteure ab, als von ihrer Geduld, ihrem Verhandlungsgeschick, etc.

Aus diesen praktischen Erwägungen heraus muss in realen politischen Entscheidungsprozessen leider sehr häufig auf die Einstimmigkeitsregel verzichtet werden.[134] Die Finanzierungsbeteiligung der in der Abstimmung unterlegenen Bürger erfolgt letztlich zwangsweise. Beachten Sie jedoch, dass mit dem Verzicht auf die Einstimmigkeit immer auch der schlüssige Beweis einer Wohlfahrtsverbesserung verloren geht. Die bloße Beobachtung einer Mehrheitsentscheidung lässt aus individualistischer Sicht niemals den Schluss zu, die getroffene Entscheidung sei eine pareto-superiore Lösung.

3. Delegation von politischen Entscheidungen

Tatsächlich stimmen in Deutschland nicht 60 Millionen Bürger über einzelne Politikentscheidungen ab, sondern die Entscheidungsmacht wird delegiert. Dadurch werden die praktischen Probleme der Entscheidungsfindung zwar

---

[134] Beachten Sie aber z. B. das Veto-Recht der ständigen Mitglieder im UN-Sicherheitsrat.

erheblich vereinfacht, andererseits kommen jedoch neue Akteursgruppen ins
Spiel: Die Bürger (**Wähler**) delegieren ihre Machtbefugnisse als Souverän an
Politiker und beauftragen diese mit der Entscheidungsfindung. Politiker beauftragen **Bürokraten**, Entscheidungen vorzubereiten, Informationen zu sammeln
und aufzubereiten, Entscheidungen zu formulieren und anschließend getroffene Entscheidungen umzusetzen. Dabei werden Wähler, Politiker und Bürokraten außerdem von **Interessengruppen** und den **Medien** beeinflusst.

3.1. Doppeltes Prinzipal-Agent-Problem

Delegationsverhältnisse werden angestrebt, wenn eine Erledigung der Aufgaben für den Auftraggeber (den **Prinzipal**) nicht oder nur zu prohibitiv hohen
Kosten selbst durchführbar wäre. Daraus folgt, dass der Prinzipal den Beauftragten (den **Agenten**) auch niemals vollständig kontrollieren kann. Eine vollständige Kontrolle würde ebenso viel Zeit- und Informationsaufwand bereiten
wie die Erledigung der Aufgabe selbst, die Delegation würde den Prinzipal
nicht entlasten und wäre sinnlos. **Prinzipal-Agent-Beziehungen** beinhalten also
immer unkontrollierbare Verhaltensspielräume für den Agenten. Problematisch ist dies dann, wenn die Agenten eigene Interessen verfolgen, die nicht
mit den Interessen der Prinzipale deckungsgleich sind.

Im politischen Entscheidungsprozess haben wir es mit einem doppelten Prinzipal-Agent-Problem zu tun: Der Wähler (Prinzipal) beauftragt den Politiker
(als Agenten). Der Politiker (als Prinzipal) beauftragt den Bürokraten (als
Agenten)[135].

Um abschätzen zu können, ob der politische Entscheidungsprozess in repräsentativen Demokratien die Interessen der Wähler so zum Ausdruck bringt,
dass wir wenigstens annähernd effiziente Ergebnisse erwarten können, stellt
sich also die Frage nach den Zielen der Agenten in dieser doppelten Prinzipal-
Agent-Beziehung. Verfolgen Politiker ausschließlich die Interessen der Wähler? Vertreten Bürokraten ausschließlich die Interessen der Politiker (und damit, wenn erstere Frage bejaht werden könnte, auch die Interessen der Wähler)?

---

[135] Auch dies ist wieder nur eine vereinfachte Darstellung. Je nach institutioneller Ausgestal-
       tung oder politischer Praxis eines Landes fällt sie etwas komplizierter aus. Beispielsweise
       kann man in parlamentarischen Demokratien noch die Legislative als Prinzipale der Exe-
       kutiven modellieren, usw.

Abb. 59: Doppeltes Prinzipal-Agent-Problem

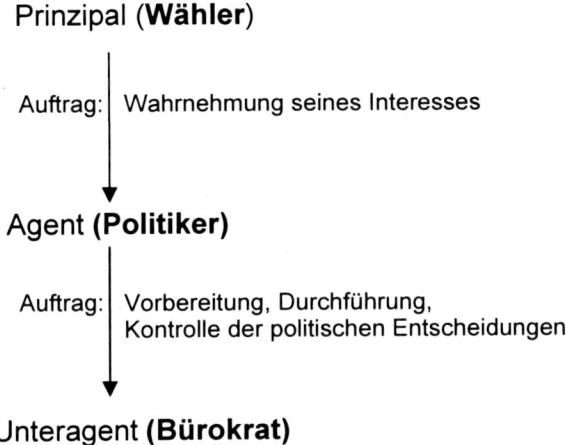

3.2. Das Prinzipal-Agent-Problem zwischen Wählern und Politikern

Sicher kann man sich Politiker mit starker intrinsischer Motivation vorstellen, die mit konstruktivem Gestaltungswillen bemüht sind, allgemein wohlfahrtserhöhende Maßnahmen zu ergreifen. Allerdings unterstellen Ökonomen Politikern – wie allen anderen Menschen – letztlich eigennutzorientiertes Verhalten. Gemeint ist damit nicht, dass Politikern ungesetzliche Vorteilnahme, Bestechlichkeit und Unterschlagung unterstellt wird. In der einfachen politökonomischen Darstellung wird zunächst ganz schlicht ein Interesse des Politikers unterstellt, gewählt oder im Amt bestätigt zu werden.[136]

Um wieder gewählt zu werden, müsste die Mehrheit der Wähler mit den Leistungen des Politikers zufrieden sein bzw. sich von alternativen Kandidaten zumindest keine bessere Leistung erwarten. Die Wahl der Politiker kann daher in Analogie zum Markt betrachtet werden: Der Politiker betätigt sich als **politischer Unternehmer** und unterbreitet den Wählern in Konkurrenz mit ande-

---

[136] Ein zweites in der Literatur besprochenes Motiv ist „Glory-Seeking". Solches Verhalten könnte im Interesse der Wähler liegen. Es ist jedoch recht nahe liegend, dass das ruhmsuchende Verhalten eines Politikers, der in die Geschichtsbücher eingehen möchte, stark meritorisch geprägt sein könnte. Der Politiker glaubt dann, besser zu wissen, was die Bürger eigentlich wollen oder wollen müssten und hofft darauf, dass die Geschichte ihm Recht geben wird (vgl. dann Meritorik in Abschnitt VII.2.).

ren Politikern Angebote in Form von politischen Programmen. Dabei muss er sich an den Präferenzen der Nachfrager (der Wähler) orientieren. Wahlen sorgen also unter diesen Annahmen dafür, dass sich Politiker tatsächlich im Wortsinn als Volksvertreter betätigen und im Interesse der Wähler agieren. Wahlen bringen damit eventuell die Interessen von Wählern und Politikern in Einklang und beseitigen das Prinzipal-Agent-Problem.

Allerdings entstehen in diesem Zusammenhang wenigstens drei ernsthafte Probleme:

(1) Wähler können bei der Wahl nur über ganze Programme, nicht über einzelne Politikbereiche entscheiden. Das heißt, der Wähler kann nicht für Fragen der Bildungspolitik den Kandidaten der FDP, für die Sozialpolitik die Kandidatin der SPD, für die Wirtschaftsfragen die Vertreterin der CDU und für Umweltbelange den Politiker der GRÜNEN wählen. Besonders augenfällige, ausführlich diskutierte oder wichtige Einzelthemen können deshalb für die Wahlentscheidung ausschlaggebend sein. Hinsichtlich der Präferenzen der Bürger in anderen Fragen kann dann aus der Wahlentscheidung nur sehr begrenzt eine Zustimmung abgeleitet werden.

(2) Wie im letzten Abschnitt bereits kurz erwähnt, werden bei Wahlentscheidungen unterschiedliche Präferenzintensitäten nicht berücksichtigt. In demokratischen Wahlen und Abstimmungen zählt jede Stimme gleich viel.

(3) Die Wähler müssten einen Anreiz haben, ihre Präferenzen bei Wahlen zum Ausdruck zu bringen. Sie müssten darüber hinaus aber nicht nur überhaupt wählen gehen, sondern ihre Wahlentscheidung gut informiert treffen.

3.2.1. Die Orientierung am Median-Wähler

Aus dem demokratischen Prinzip, nach dem jede Stimme gleich viel zählt, folgt, dass sich Politikerprogramme am **Median-Wähler** orientieren. Unter bestimmten Umständen zielen alle Parteien oder Politiker auf diesen Median-Wähler und bieten in Folge dessen kaum alternative Politikentwürfe an.

Der Median-Wähler ist derjenige Wähler, dessen Präferenzen in der Mitte der aufgereihten Wähler liegen: Es wollen also genauso viele Wähler „weniger" als er, wie andere „mehr" möchten. Der Median-Wähler findet genauso viele Wähler „links" von sich, wie er andere „rechts" von sich sieht. Bei Entscheidungen, deren Alternativen eindimensional als räumliche Distanz aufgefasst werden können, setzt sich bei paarweiser Abstimmung immer die Median-Wähler-Position durch. In einem eindimensionalen Raum kann unterstellt werden, dass rationale Wähler die Position wählen, die ihrer eigenen am „nächsten" kommt. Dieser Gedanke soll noch einmal am Feuerwerksbeispiel erläutert werden.

Abb. 60: Medianwähler-Position bei Gleichverteilung der Präferenzintensität

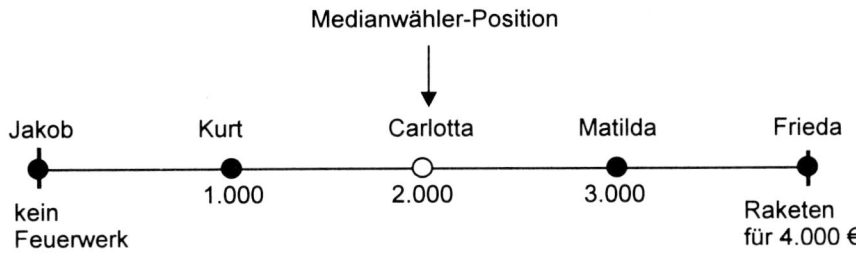

In einer demokratischen Abstimmung nach der Mehrheitsregel würde sich Carlottas Wunsch nach einem Feuerwerk mit Raketen im Gegenwert von 2.000 Euro durchsetzen. Carlotta ist der Medianwähler, zwei andere Wähler wünschen weniger Raketen, zwei andere wünschen mehr Raketen. Egal in welcher Reihenfolge Sie die zur Wahl stehenden fünf Positionen in paarweisen Abstimmung miteinander vergleichen: Durchsetzen würde sich letztlich immer Carlottas Vorschlag. Stehen beispielsweise zunächst die Positionen von Jakob und Kurt zur Abstimmung, werden alle außer Jakob für 1.000 Euro votieren, denn Kurts Vorschlag liegt den eigentlichen Wünschen von Carlotta, Matilda und Frieda näher als Jakobs Position. Stellen Sie also als nächsten Schritt Kurts und Carlottas Vorschläge zur Abstimmung, so werden Jakob und Kurt für 1.000 Euro votieren, Carlotta, Matilda und Frieda hingegen für 2.000 Euro. Nur um sicher zu gehen, könnte nun noch Carlottas Vorschlag dem Vorschlag von Matilda oder Frieda gegenüber gestellt werden. Carlottas Vorschlag wird sich jedoch unzweifelhaft durchsetzen, denn sie hat die Median-Position inne. Generell werden sich immer alle Wähler, die weiter links liegende Positionen einnehmen als zur Wahl stehen, für die linke Position aussprechen, alle die eine weiter rechts liegende Position einnehmen, als zur Wahl steht, werden die rechtere Position bevorzugen. Der Median-Wähler gewinnt immer in der paarweisen Abstimmung gegen eine beliebige andere Position, weil er per Definition die Hälfte der Stimmen (entweder links oder rechts von ihm) zuzüglich seiner eigenen bekommt.

Problematisch ist dies deshalb, weil die auf den ersten Blick ausgewogene Position Carlottas im gerade betrachteten Beispiel nur scheinbar einen guten Kompromiss darstellt. Immerhin entspricht der Vorschlag auch dem durchschnittlich erwünschten Betrag. Sowohl Jakob und Kurt, als auch Matilda und Frieda bekommen nicht, was sie wollten. Aber der Kompromiss scheint ausgewogen.

Carlottas Vorschlag gewinnt auf Grund der Median-Wähler-Position aber auch dann, wenn Matildas Position bei 2.002 Euro und Friedas Vorschlag bei 2.003 Euro liegt. Wieder setzt sich Carlottas Vorschlag von 2.000 Euro durch, obwohl ein arithmetisches Mittel der fünf Positionen nun nicht mehr bei 2.000 Euro, sondern bei 1.202 Euro liegen würde.

Abb. 61: Medianwähler-Position bei ungleich verteilter der Präferenzintensität

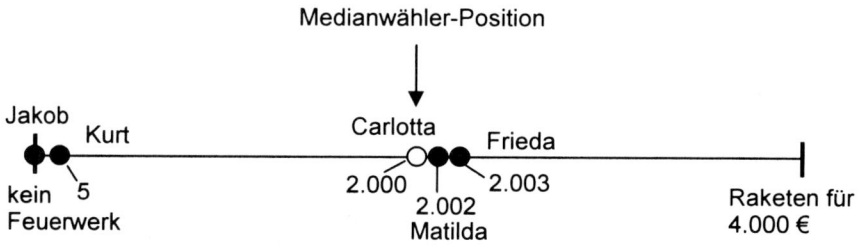

Auch in diesem Beispiel müssen sowohl Jakob und Kurt, als auch Matilda und Frieda einen Kompromiss eingehen. Der Kompromiss weicht allerdings von den durch Jakob und Kurt eigentlich gewünschten Ergebnissen wesentlich stärker ab, als von den Präferenzen von Matilda und Frieda.

Bereits an diesem extrem simplen Beispiel erkennt man, dass sich **Präferenzintensitätsunterschiede** in Mehrheitsabstimmungen nicht entsprechend niederschlagen. Von einer tatsächlichen Berücksichtigung der Nutzenerwartungen der Individuen im Sinne der Zahlungsbereitschaften ist man in den meisten politischen Mehrheitsentscheidungen natürlich noch wesentlich weiter entfernt.[137]

Praktisches Resultat des Median-Wähler-Phänomens ist außerdem, dass – insbesondere in Zwei-Parteien-Systemen – die vermutete Median-Wähler-

---

[137] Die Präferenzunterschiede würden im Grunde nur dann wirklich berücksichtigt, wenn eine einstimmige Entscheidung durch Verhandlungen mit Kompensationen erfolgen würde, wie in Abschnitt VIII.1. erläutert. Der Durchschnitt als arithmetisches Mittel entspricht nur dann der Kompensationslösung, wenn jeder Euro, den das Ergebnis von der eigenen Position abweicht, bei jedem Beteiligten dieselbe Nutzenminderung im Vergleich zum selbst erwünschten Ergebnis hervorruft.

Position in vielen Politikerprogrammen von vornherein besondere Berücksichtigung findet. Am politischen Markt wird daher von vornherein in erster
Linie der Politikvorschlag angeboten, von dem die Parteien glauben, dass er
der Median-Wähler-Position entspricht. Auch in Deutschland versuchen beispielsweise beide Volksparteien die „Mitte" oder die „neue Mitte" zu vertreten. Wenn aber kaum alternative Angebote zur Wahl stehen, wird damit unter
Umständen suggeriert, dass andere Positionen mehr oder weniger absurd
seien.[138] Dies wird insbesondere in Verbindung mit dem im nächsten Abschnitt angesprochenen Problem relevant, dass die Wähler wiederum darauf
angewiesen sind, die theoretischen Politikalternativen zu kennen und beurteilen zu können, um ihre Stimme gut informiert abgeben zu können.

3.2.2.   Das Wahlparadoxon und die rationale Ignoranz der Wähler

Aus der Analyse, dass die Stimme des Einzelnen in Wahlen im Grunde nur
dann eine Veränderung des Wahlergebnisses erwarten lässt, wenn sich dadurch die Median-Wähler-Position spürbar ändert, folgte zunächst die Beschäftigung mit dem so genannten **Wahlparadoxon**. Es schien nicht erklärbar,
warum Bürger überhaupt die Kosten zur Wahl zu gehen auf sich nehmen
(z. B. Freizeitverzicht, Fußweg, Anstehen im Wahllokal). Der Nutzen erscheint in Anbetracht der Vielzahl von Wählern sehr gering, denn die Wahrscheinlichkeit, dass eine einzelne Stimme den Wahlausgang verändert, ist vernachlässigbar.[139] Da die Kosten jedoch ebenfalls recht gering sind, erklären
Ökonomen heute die Wahlbeteiligung der Bürger weniger als Investitionsent-
scheidung zum Zweck der Politikbeeinflussung. Ein alternativer Erklärungs-
ansatz für die Wahlbeteiligung liegt darin, die Stimmabgabe als Konsumentscheidung zu betrachten: Wir unterstellen also zum Teil wenigstens einen
Konsumnutzen aus der Wahlbeteiligung, der beispielsweise darin besteht,

---

[138] Eine immer wieder diskutierte Anwendung dieses Phänomens liegt z. B. in der Vermutung,
dass die auf Grund der demographischen Veränderungen dringend erforderliche Umsteue-
rung in vielen Politikbereichen deshalb nicht in Angriff genommen wird, weil der Median-
Wähler im rentennahen Alter ist, während die Nutznießer einer Reform noch nicht im
wahlfähigen Alter (zum Teil noch nicht geboren) sind.

[139] Das gilt natürlich insbesondere im einfachen Mehrheitswahlrecht. Im Verhältniswahlrecht
ist das natürlich nicht ganz so, insbesondere wenn anschließend auch noch Mehrparteien-
koalitionen notwendig werden, um die Regierung bilden zu können. Dennoch ist auch in
Deutschland die Wahrscheinlichkeit, die Politik der nächsten Jahre entscheidend ändern zu
können, indem man zur Wahl geht, sehr gering.

seine „demokratische Bürgerpflicht" auszuüben oder Spaß daran zu haben, an einem großen Politik-Event teilzunehmen.[140]

Es kann uns leider nicht egal sein, warum die Bürger wählen gehen. Um aus dem Wahlergebnis auf die Präferenzen der Bürger in Bezug auf bestimmte Politikoptionen schließen zu können, müssten folgende Voraussetzungen gelten: Nicht nur müssen die Wähler überhaupt abstimmen, sie müssten außerdem gut informiert darüber sein, welche Position ihre Interessen fördern würde und welche Partei dieser Position zum Erfolg verhelfen könnte. Die Informationen, die erforderlich wären, um aus dem Wahlausgang auf präferenzgerechte Volksvertretung schließen zu können, sind extrem anspruchsvoll. Die dazu erforderlichen Informationskosten sind enorm und stehen dem unverändert geringen Nutzen aus der Wahlbeteiligung gegenüber. Das – nicht nur auf politische Wahlentscheidungen bezogene – Phänomen, in gewisser Hinsicht uninformiert zu bleiben, lässt sich auf Grund dieser Kosten-Nutzen-Abwägung als rationale Strategie beschreiben und wird als **rationale Ignoranz** bezeichnet.

3.3. Bürokraten als Agenten der Politiker

Als Bürokraten werden in der ökonomischen Theorie der Politik alle Akteure bezeichnet, die im Auftrag der Politiker in irgendeiner Art und Weise an der Vorbereitung, Umsetzung und Kontrolle von politischen Entscheidungen mitwirken, ohne selbst Politiker zu sein. Gemeint ist der Begriff also nicht als Verunglimpfung, sondern als Bezeichnung für alle Verwaltungsmitarbeiter, Behördenangestellte, wissenschaftliche Berater von Politikern, etc.

Auch den Mitarbeitern in der Bürokratie wird von Seiten der Ökonomen eigennutzorientiertes Verhalten unterstellt. Chefbürokraten unterstellt die Literatur dabei häufig u. a. so genanntes **budgetmaximierendes Verhalten**. Gemeint ist, dass Bürokraten in hohen Hierarchiestufen gegenüber den Politikern eine Ausweitung ihres Budgets und Arbeitsbereichs anstreben könnten. Dies wäre häufig mit möglichen Komponenten der Nutzenfunktionen wie Gehalt, Prestige, Mitarbeiterzahl und damit Macht verbunden. Zur Ausweitung des Budgets nutzt der Bürokrat seine Handlungsspielräume dank des Informationsvorsprungs. Der Politiker ist auf die Mitarbeit des Bürokraten angewiesen,

---

[140] Die zunehmend beliebten Wahlwetten und zelebrierten Wahl-Partys mit Großbild-Leinwänden zur Übertragung der Wahlergebnisse scheinen dies in gewisser Weise zu bestätigen.

weil er selbst nicht ausreichend detailliertes Fachwissen über die einzelnen Politikbereiche haben oder erwerben kann. Daraus ergibt sich dann umgekehrt die Möglichkeit für den Bürokraten, dem Politiker gegenüber die Gewichtigkeit und Kompliziertheit seiner Aufgabe eindrucksvoll darzustellen.[141] Folgen könnte daraus eine nicht zwangsläufige Vermischung diverser Ziele, eine Ausdehnung der Ausgaben für bestimmte Bereiche weit über das nach Abgleichung von Grenzkosten und Grenznutzen angebrachte Maß hinaus und eine undurchsichtige Organisation der Abläufe.

Für Angehörige der Verwaltungsbürokratie in unteren Hierarchiestufen hingegen gelten häufig wenig leistungsorientierte Entlohnungsstrukturen und Karrieremöglichkeiten. Wenn Leistung nicht ausreichend honoriert wird, kommt für viele Menschen als rationale Nutzenmaximierungsstrategie die Minimierung des Arbeitsleids infrage. Daraus könnte u. a. folgen, dass Bürokratien relativ unbeweglich sind und sich gegen Neuerungen und Reformen zur Wehr setzen.

Es ist relativ unwahrscheinlich, dass der Spielraum auf Grund des höheren Fachwissens auf Seiten der Bürokraten nicht zumindest teilweise eigennutzorientiert ausgenutzt wird. Die Verbindung der Bürokraten zum eigentlichen Wählerwillen ist dabei durch die doppelte Prinzipal-Agent-Beziehung so schwach, dass man eine tatsächliche Umsetzung der Bürgerinteressen nur mit sehr viel Optimismus erwarten kann.

4. Die Rolle plakativer Vereinfachungen

Die Parteien reagieren auf das Phänomen der rationalen Ignoranz und bieten unter anderem deshalb den Wählern weniger komplizierte Programmbeschreibungen als plakative „Standpunkte", „Labels" und „Ideologien": „links", „rechts", „christlich", „ökologisch", „sozial", „freiheitlich", „liberal", etc. Solche plakativen Bezeichnungen dienen als Abkürzung des Auswahlprozesses. Alle Menschen verfügen über bestimmte **mentale Modelle** der Welt. Unter diesen mentalen Modellen kann man sich grobe Schablonen vorstellen, mit deren Hilfe komplizierte Informationsprozesse stark vereinfacht werden. Diese

---

[141] Ganz unabhängig davon, dass die meisten Menschen ohnehin tatsächlich glauben, ihre Aufgabe sei besonders wichtig.

mentalen Modelle beinhalten nicht ausführliche Beschreibungen von Wirkungszusammenhängen, sondern vereinfachte Einschätzungen. Sobald ein Bürger beschlossen hat, er sei „eher sozial eingestellt" kann er versuchen, seine Entscheidungen an dem Label „sozial" auszurichten. Das heißt vereinfacht, Argumente werden stark gewichtet, wenn sie vom Vortragenden als „sozial" bezeichnet werden. Eventuell wird auch eine Partei unter anderem deshalb gewählt, weil sie das Wort „sozial" im Namen trägt.

Natürlich klingt dies reichlich übertrieben und sicherlich werden solche mentalen Modelle von Zeit zu Zeit abgeglichen und im Widerspruchsfall eventuell auch korrigiert.[142] Oft genügen sie aber auch jahrelang; im Falle der so genannten Stammwähler der großen Parteien teilweise über Generationen. Für Parteien ist es unter diesem Blickwinkel äußerst attraktiv, weniger Energie und Ressourcen für das Auffinden und Anbieten tatsächlich rationaler und problemadäquater Lösungen gesellschaftlicher Probleme zu verwenden als auf die Erzeugung und Aufrechterhaltung des Labels. Wichtiger als sachorientierte Problemlösungs-Kompetenz zu erreichen, wird es kompetent zu wirken. Dazu können z. B. auch gängige Vorurteile und populäre Irrtümer genutzt werden. Ein Tabu-Bruch hingegen, etwa die Konfrontation der Bevölkerung mit den in Wahrheit unumgänglichen Reformen in der gesetzlichen Rentenversicherung unter klarer Nennung aller damit verbundenen Einschnitte, erscheint als „selbstmörderisches" Wagnis. So eine offene unverblümte Politikankündigung kann nur dann Erfolg versprechend sein, wenn man glaubt die Information bei den Bürgern so weit treiben zu können, dass im Einzelfall tatsächliche Einsicht erfolgt. Dem steht aber in vielen Fällen, in denen das Problem noch nicht sehr offenkundig ist, die rationale Ignoranz entgegen.

Diese Ausführungen müssten ausreichen, um klar werden zu lassen, dass der Prozess der Delegation politischer Macht und deren Kontrolle durch das Interesse der Politiker an einer Wiederwahl große Spielräume lassen. Wir können nicht davon ausgehen, dass das Prinzipal-Agent-Problem zwischen Wähler und Politiker gelöst ist und Politiker ausschließlich im Sinne der Wähler handeln.

---

[142] Unterschätzen Sie die Bedeutung der plakativen Vereinfachungen nicht. Fragen Sie Politikprofis oder Lobbyisten, wie viel Zeit, Geld und Energie in das richtige „Wording" gesteckt wird und wie fatal es ist, im Wettkampf um geschickte Begriffe für einen Politikvorschlag der Unterlegene zu sein. Ein relativ bekanntes Beispiel ist die gelungene Assoziationsherstellung des Labels „sozial gerecht" mit dem Begriff der „Bürgerversicherung". Das Konzept ist nicht sozialer als der Konkurrenzvorschlag. Aber die wenigsten Bürger sind ausreichend informiert, worum es genau geht. Und der Name „Bürgerversicherung" war sympathischer.

5.   Medien und Interessengruppen

Die **Medien** bzw. die Journalisten könnten es theoretisch als ihre Aufgabe begreifen, die plakativen Vereinfachungen der Politiker zu hinterfragen und an Ideologien zu kratzen. Sie würden damit die politischen Akteure zwingen, eher sachorientierte Angebote zu unterbreiten. Allerdings ist es auch im eigennutzorientierten Kalkül der Journalisten und Medienbetreiber nur ausnahmsweise in besonderen Konstellationen rational, diese Aufgabe wahrzunehmen. Viele Medien bedienen ihrerseits ebenfalls eine Stammleserschaft oder ein treues Zuschauerpublikum, welches wiederum auf dieselben plakativen Standpunkte und Perspektiven reagiert wie die Stammwählerschaften. Politiker und Journalisten bedienen dieselben Nachfrager. Für große Massenmedien scheint es viel eher wichtig zu sein, keine zu schwere Kost zu bieten und damit große Leserschaften oder Einschaltquoten zu halten. Abgesehen davon, dass dies zu eher weniger informativen als unterhaltsamen Konzepten führt, ist zu beobachten, dass Journalisten händeringend nach leicht vermittelbaren Meldungen suchen, die überdies am besten einen gewissen Event-Charakter beinhalten. Dies wiederum hat deutliche Rückwirkungen auf das Verhalten der Politiker. Denn diese versuchen folgerichtig genau solche farbenfrohen, peppigen und bildschirmtauglichen Themen und Aktionen aufzugreifen. Sie müssen dies zumindest auch tun, um über die Medien wahrgenommen zu werden. Zur Versachlichung trägt dieser Zusammenhang nicht bei.

Unter **Interessengruppen** versteht die ökonomische Literatur Zusammenschlüsse von Bürgern, die in organisierter Form ganz bestimmte Partialinteressen verfolgen. Diese Gruppen agieren ausdrücklich nicht im Gemeinwohlinteresse, sondern vertreten die Interessen ihrer Klientel. Interessengruppen sind beispielsweise die Arbeitgeberverbände, die Gewerkschaften, bestimmte Branchenorganisationen, Berufsgruppenverbände, etc., aber auch der ADAC, die Kirchen und Greenpeace. Obwohl ihnen in der Verfassung Deutschlands keine offizielle Rolle in der politischen Entscheidungsfindung zuteil wird, spielen Interessengruppenvertreter im politischen Prozess eine erhebliche Rolle. Interessengruppenvertreter bieten Politikern, Bürokraten, Wählern und Journalisten Informationen zu Detailfragen. Auf Grund der Informationskosten und des Problems der rationalen Ignoranz ist diese Informationsbereitstellung ein wichtiger Bestandteil der politischen Willensbildung. Sie bieten gleichzeitig gebündelte Wählerstimmen, indem sie ihrer Klientel plakative Aussagen vermitteln und u. a. Wahlempfehlungen erteilen können. Diese Macht der Interessengruppen über die Beeinflussung der mentalen Modelle ihrer Klientel wirkt wiederum als beachtliches Drohpotenzial gegenüber Politikern.[143]

Wirklich problematisch wird die Macht der Interessengruppen dadurch, dass man nicht davon ausgehen kann, dass alle Wählerinteressen in gleichem Maße durch Interessengruppen vertreten werden. Der Grund ist die unterschiedliche **Organisierbarkeit der Gruppen**. Die Bereitstellung der Lobbyarbeit ist für die Gruppenmitglieder ein öffentliches Gut. Der Nutzen der Interessengruppenarbeit kommt auf Grund der Nichtausschließbarkeit allen Mitgliedern einer Gruppe zugute. Er ist unabhängig davon, ob das einzelne Gruppenmitglied zur Bereitstellung der Lobbyarbeit beiträgt oder nicht. Da Interessengruppenorganisation und Lobbyarbeit aber durchaus nicht kostenlos ist, geht es bei der Frage nach der Organisierbarkeit einer Gruppe darum, das gruppeninterne Freerider-Problem zu überwinden. Dazu muss eine hinreichende Zahlungsbereitschaft von einzelnen Gruppenmitgliedern offenbart werden. Die Literatur beschäftigt sich mit vielen verschiedenen Aspekten, die einer Gruppe die Organisation ihrer Interessen erleichtern oder erschweren. Hier soll nur kurz angedeutet werden, dass relativ unstrittig die Organisation einer Gruppe dann relativ gut gelingt, wenn die Gruppe relativ klein ist, ohnehin häufig Kontakt hat und über homogene Interessen verfügt. Alle drei Aspekte sorgen für relativ geringe Informations- und Organisationskosten und erleichtern zugleich die Überwindung des Freerider-Problems durch Entfaltung sozialen Drucks auf die „unsolidarischen" Gruppenmitglieder. Außerdem korrelieren die Größe einer Gruppe und die Homogenität ihrer Interessen mit der Spürbarkeit des Erfolgs oder Misserfolgs der Interessenvertretung. Die Frage, wie gewichtig ein Erfolg der Interessengruppe für die Nutzenpositionen der Gruppenmitglieder ist, übt wiederum Einfluss auf die individuelle Zahlungs-

---

[143] Beachten Sie z. B., wie die SPD auf Drohungen der Gewerkschaften reagiert, die Einfluss auf ein großes Stammwählerpotenzial der SPD haben. Umgekehrt ist die Wahlwerbung von der Kanzel für die Unionsparteien zumindest in Süddeutschland sprichwörtlich.

bereitschaft und die Möglichkeit zur Überwindung des auch gruppenintern vorhandenen Problems der rationalen Ignoranz aus.[144]

Wenn aber kein Anlass zu der Vermutung besteht, dass alle Bürgerinteressen einigermaßen gleichmäßig gut in Interessengruppen organisiert sind, so wirkt auch die Informationsbereitstellung der Interessengruppen nicht ausgewogen. Wiederum besteht wenig Hoffnung, dass die Lobbyarbeit insgesamt das Ergebnis des politischen Prozesses dem eigentlichen Wählerwillen näher bringt.

6.   Das Primat der Politik?

Ein kleines Beispiel zur Zusammenfassung: Die Gruppe der Angestellten im deutschen Steinkohlebergbau und die Gruppe der Steinkohlebergbau-Unternehmer sind jeweils relativ klein, treffen sich beruflich ständig und sind regional konzentriert. Ihr gemeinsames Interesse an der Fortführung erheblicher Subventionen ist absolut homogen und der Erfolg oder Misserfolg ihrer Bemühungen im politischen Prozess ist für sie deutlich spürbar. Demgegenüber hat die völlig heterogene, unüberschaubare Gruppe der Steuerzahler und Energieverbraucher sehr schlechte Karten, zumal die Spürbarkeit der Belastung durch höhere Steuern und Energiepreise für den einzelnen Steuerzahler und Konsumenten so gering ist, dass man weder entsprechende Informationsanstrengungen noch Organisationsbemühungen erwarten kann.

Die Kostenabschätzung einer Umstrukturierung der Bergbauregionen erfordert komplizierte Informationen der Politiker durch die Bürokraten. Die entsprechende Bürokratie würde aber zumindest teilweise ihre Berechtigung verlieren, wenn es zur Einstellung deutscher Kohleförderung käme, was eine Verteidigung der Subventionen durch die entsprechende Bürokratie nahe legt. In den Zusammenhang mit Kohlesubventionen werden Ziele gesetzt, die sowohl regionale Kultur und angebliche Technologie-Effekte für andere Branchen beinhalten als auch angebliche Bedrohungen für die nationale Versorgungssicherheit der Energieversorgung und regionale Arbeitsmarkteffekte.

---

[144] Andererseits verfügen große Gruppen selbstverständlich über größere Wählerstimmenpakete. Einige Gruppen waren zudem in der Lage, ihre Organisierbarkeit durch den Gesetzgeber erzwingen zu lassen (z. B. Anwaltskammer, Handwerkskammer).

Zusätzlich sind emotional geladene Straßenblockaden und Fackelzüge der Bergleute überaus medientaugliche Nachrichten und die Rettung einer krisengeschüttelten Unternehmung regelmäßig ein willkommenes Profilierungsfeld für Politiker. Diese hier nur sehr oberflächlich thematisierten Zusammenhänge begründen die unter Ökonomen weit verbreitete Skepsis gegenüber der gesamtgesellschaftlich wohlfahrtsförderlichen Wirkung des politischen Entscheidungsprozesses. In Anbetracht dieser Schwierigkeiten und Ineffizienzen gelangen Ökonomen zu der Forderung, den politischen Prozess nur in den Fällen als direkten Eingriffsmechanismus zu wünschen, in denen der Markt tatsächlich versagt und der politische Prozess mit hinreichender Wahrscheinlichkeit bessere Ergebnisse erzielt.

Dabei meint dies keineswegs ein Primat der Wirtschaftsinteressen über die Politik, also die Gesamtinteressen der Bürger. Auch der Markt steht im Dienst der Bürger. Ökonomen hoffen jedoch auf die Einsicht, dass es im gemeinsamen Interesse ist, die Allokation knapper Ressourcen soweit wie möglich dem Markt zu überlassen. Die Verschwendung knapper Ressourcen kann generell nicht im Interesse des Gemeinwohls sein.

IX. Epilog: Ökonomische Politikberatung

Sie haben im Schnelldurchgang wesentliche Teile des ökonomischen Gedankengebäudes, der ökonomischen Analysetechnik und der entsprechenden Ableitung wirtschaftspolitischer Empfehlungen kennen gelernt. Immer wieder werden Sie sich dabei die Frage gestellt haben, warum so wenig von dem, was Ökonomen zur Gestaltung einer Gesellschaftsordnung beizutragen haben, im politischen Alltag umgesetzt wird.

Einen Teil der Antwort auf diese berechtigte Frage sollte Ihnen der Ausflug in die Ökonomische Theorie der Politik in Kapitel VIII. gegeben haben. Wir können nicht davon ausgehen, dass im politischen Prozess immer nach den aus der ökonomischen Perspektive der Nutzenmaximierung bestmöglichen Lösungsansätzen gesucht wird. Die beteiligten Akteure handeln auch eigennutzorientiert und unter Sachzwängen.

1. Zum Frustrationspotenzial wirtschaftspolitischer Beratung

Ist die wissenschaftlich fundierte Entwicklung wirtschaftspolitischer Empfehlungen dann nicht ein fruchtloses Unternehmen? Welchen Zweck sollte die mühsame Konstruktion theoretisch vorteilhafter Lösungsansätze haben, wenn deren Durchsetzbarkeit im politischen Entscheidungsprozess von vornherein gering ist?

Tatsächlich gibt es Ökonomen, die eine solche pessimistische Position einnehmen. Man kann stellenweise verwirrende Äußerungen von frustrierten Wirtschaftswissenschaftlern hören und lesen. Nicht selten wird darin der Eindruck erweckt, die wissenschaftlich arbeitenden Ökonomen könnten für sich in Anspruch nehmen, sachorientierte und dem Allgemeinwohl verpflichtete Beratung anzubieten. Scheitern würden die Vorschläge an der Politik, die sich als 'beratungsresistent' und unfähig zum Lernen aus Fehlern erweist.

Der enttäuschte Schluss, die Politik erweise sich als ‚beratungsresistent', mag einer salopp formulierten Feststellung der Sachzwänge im politischen System entsprechen wie sie weiter oben angedeutet wurden. Sofern jedoch eine Art Vorwurf an die beteiligten Personen spürbar ist, lohnt sich die konsequente Übersetzung in die Markt-Terminologie, um sich der Absurdität bewusst zu werden: Hier würden sich Anbieter darüber beschweren, dass die unverständigen Nachfrager das Produkt nicht haben möchten. Eine solche Beschwerde ist weder ökonomisch vernünftig noch hilfreich. Schon gar nicht kann man sich ernsthaft dazu hinreißen lassen, sich beratend tätige Wissenschaftler als wohlmeinende und alleine dem Allgemeinwohl dienende Akteure vorzustellen und deren Publikum im Gegensatz dazu Eigennutzorientierung zu unterstellen.

Viele beratend tätige Ökonomen beteiligen sich an der Diskussion politischer Maßnahmen ehrenamtlich oder im Nebenerwerb. Sie verstehen sich daher nicht als erwerbsmäßige Anbieter eines Produkts, die sich an den Präferenzen der Nachfrager orientieren müssten. Zwar erzielen viele dieser wissenschaftlichen Berater mit Honoraren oder Aufwandsentschädigungen nicht ganz zu vernachlässigende Nebeneinkünfte, eine Berechnung der daraus resultierenden Stundenlöhne fällt allerdings gewöhnlich sehr ernüchternd aus. Tatsächlich handeln also viele ökonomischen Politikberater eher wie kreative Künstler. Und natürlich kann ein solcher Künstler enttäuscht sein, wenn das Publikum die Genialität der Kunstwerke nicht gebührend würdigt. Es hilft nur nicht weiter, sich enttäuscht zurückzuziehen.

2. Politischer Diskurs als Dialog

Der ganze Ansatz der Zuordnung von Angebot und Nachfrage ist irreführend. Die Lage erscheint weniger frustrierend, wenn man verschiedene Facetten der wirtschaftspolitischen Beratung als wechselseitigen Austauschprozess betrachtet. In vielen Fällen geht es dann eher um einen Dialog oder Diskurs, in dem alle Akteure sowohl Anbieter als auch Nachfrager sind.

Ökonomen, die sich der Volkswirtschaftslehre widmen, weil sie die Mitwirkung an der Suche nach Problemlösungen und Verbesserungsvorschlägen als Teil ihrer Aufgabe sehen, müssen zwangsläufig auch direkt oder indirekt politikberatend wirken wollen. Um ihre Vorschläge zu Gehör zu bringen, werden sich diese Ökonomen bemühen, auf die potenziellen Diskussionspartner einzugehen und deren Bedürfnisse zu berücksichtigen. Nur so ist ein fruchtbarer Dialog möglich. Partner der Wissenschaftler im Politikdiskurs sind eine Vielzahl anderer Akteure, die selbstverständlich weder beratungsresistent noch prinzipiell lernunfähig sind.

Eine Gruppe möglicher Ansprechpartner sind alle interessierten Bürger, die sich in Diskussionsveranstaltungen oder über die Medien informieren möchten. Ökonomen können und sollten von diesen Bürgern lernen, was deren Wünsche, Anliegen und Fragen sind. Darüber hinaus gibt der Dialog mit allen interessierten ökonomischen Laien den Wissenschaftlern wertvolle Hinweise über verbreitete Vorstellungen zu ökonomischen Zusammenhängen und Wirkungsmechanismen, sowie über gesellschaftliche Ziele und Gerechtigkeitsideale. Der Dialog hilft, weit verbreitete mentale Modelle (vgl. Abschnitt VIII.3.) zu verstehen und wichtige Missverständnisse darin zu identifizieren.

Eine andere Gruppe wertvoller Gesprächspartner stellen Journalisten dar – im Falle der Fachpresse häufig selbst ausgebildete Ökonomen. Journalisten erwarten von Wissenschaftlern unter anderem Anregungen und Hintergrundinformationen zu öffentlich diskutierten Fragestellungen. Wissenschaftlich arbeitende Ökonomen können hier im Dialog unter anderem lernen, sich auf wesentliche Aspekte der wissenschaftlichen Erkenntnisse zu konzentrieren und Informationen verständlich darzustellen.

Politiker oder Verbandsvertreter können auf Grund des enormen Öffentlichkeits- und Zeitdrucks häufig nur indirekte Partner im öffentlichen Diskurs sein oder fernab der Öffentlichkeit den vertrauensvollen Austausch mit einzelnen wissenschaftlich arbeitenden Ökonomen suchen. Im ersten Fall findet der Austausch durch die gegenseitige Beobachtung der Aktivitäten statt. Im Fall der direkten, persönlichen Politikerberatung hinter verschlossenen Türen können detaillierte Informationen ausgetauscht und Alternativen intensiv diskutiert werden. Ökonomen können in dieser Art des Politikberatungsprozesses viel über die Restriktionen und Sachzwänge des politischen Systems lernen. Sie sollten zu verstehen versuchen, welche Interessen und Wünsche von Wählern oder Klientel der Politiker oder Verbandsvertreter berücksichtigt werden.

Die Möglichkeit zu einem ausführlichen fachlichen Austausch eröffnet sich wissenschaftlich tätigen Ökonomen häufig mit Mitarbeitern auf der Arbeitsebene in Behörden, Ministerien und Verbänden. Hier trifft der Wissenschaftler häufig auf sehr kompetente Gesprächspartner, die eine Mittlerrolle im Austauschprozess zwischen wissenschaftlichen Politikvorschlägen und politischem Entscheidungsprozess einnehmen.

Alle diese Partner der wissenschaftlichen Ökonomen sind wie diese selbst auf der Suche nach Verbesserungsvorschlägen und als Gruppe keinesfalls weniger lernfähig als die Gruppe der ökonomischen Wissenschaftler umgekehrt.

Selbstverständlich wäre es naiv zu erwarten, dass der Wirtschaftsminister das 700seitige Jahresgutachten des Sachverständigenrates zur Begutachtung der gesamtwirtschaftlichen Entwicklung (die so genannten „Fünf Weisen") entgegennimmt und nach zweiwöchigem Studium des Gutachtens verkündet, die

Regierung werde die Empfehlungen kompromisslos umsetzen. Aber man darf sicher sein, dass die Argumente des Gutachtens auf der Arbeitsebene in allen Behörden, Ministerien, Parteien und Verbänden geprüft, abgewogen und teilweise im Verständnis und Denken der Mitarbeiter übernommen werden. Gleichzeitig dient das Gutachten – im Normalfall transportiert durch die Fachjournalisten – auch der interessierten Öffentlichkeit als Ideengeber und Prüfstein der Entscheidungsträger.

Die Behauptung, Regierungen würden den Rat der Wissenschaftler ignorieren, ist entweder stark verkürzt oder auf nicht hinreichend überzeugende Argumente der Wissenschaftler zurückzuführen. Politiker haben kein Interesse an der Verhinderung zustimmungsfähiger sachorientierter Reformen an sich. Im Gegenteil: Regierungen können es sich nicht leisten, Ratschläge dauerhaft zu ignorieren, von deren Eignung die Wählermehrheit überzeugt wurde.

3. Empfiehlt sich eine größere Konzentration auf die Durchsetzbarkeit von Vorschlägen?

Etwas anders als die oben aufgezeigte Frustrations-Haltung lesen sich Vorschläge äußerst pragmatisch orientierter Ökonomen: Formuliert werden zwei Bedingungen, die die Zunft der beratenden Ökonomen zu erfüllen habe, um effektiv Politikberatung treiben zu können: Erstens müsse ein hinreichender Konsens der Experten über die Problemlage, ihre Ursachen und ihre Lösung vorhanden sein. Zweitens müssten die Ökonomen die Restriktionen des institutionellen Status quo als Ausgangsbasis anerkennen und die Empfehlungen müssten im politischen Tagesgeschäft durchsetzbar sein.

Die erste Forderung eines Konsenses der politikberatend tätigen Ökonomen erscheint umso illusorischer, desto stärker gemäß der zweiten Forderung tatsächlich handlungsorientierte Politikempfehlungen abgegeben werden. Konsens ist am ehesten dort zu erzielen, wo sich Ökonomen auf theoretische Fragen unter Akzeptanz einer Menge vereinfachender Annahmen einlassen. Umso stärker es jedoch um konkrete Reformvorschläge geht, desto weniger werden Empfehlungen der Ökonomen im Konsens möglich sein. Dazu bedürfte es entweder gemeinsamer normativer Vorstellungen oder der Möglichkeit, konkrete Politikempfehlungen frei von normativen Wertungen abzugeben.

Ohne den alten Disput wieder aufgreifen zu wollen, ob ökonomische Analyse überhaupt ohne normative Elemente betrieben werden kann, erscheint es doch zumindest eindeutig, dass gestaltende Entscheidungen über Reformen der Wirtschafts- und Sozialpolitik nicht wertfrei getroffen werden können. Auch die wissenschaftliche Beratung kann nicht wertfrei sein, wenn sie sich mit tatsächlichen Empfehlungen im politischen Diskurs beteiligen soll. Ein Konsens unter den Ökonomen wäre somit nur scheinbar durch eine Beschränkung des Ideenwettbewerbs möglich, indem nur noch eine bestimmte Gruppe der Ökonomen im öffentlichen Politikberatungsdiskurs wahrgenommen würde. Ob dies der Entwicklung von besseren Lösungen zuträglich wäre, muss allerdings, nach allem was Ökonomen über den Wettbewerb als Entdeckungsverfahren wissen, stark bezweifelt werden.

Der zweiten Forderung, Politikberatung müsse den Status quo als Ausgangsbasis akzeptieren und die Empfehlungen müssten durchsetzbar sein, muss ebenfalls vorsichtig begegnet werden. Es ist unbedingt erforderlich, im Prozess der Entwicklung von Empfehlungen ein zweistufiges Verfahren zu bewahren. Im ersten Schritt ist der Wissenschaftler gut beraten, sich mit klaren und systematischen Sachargumenten vor dem Hintergrund einer ordnungspolitischen Vision zu beschäftigen. Im zweiten Schritt sollte der Wissenschaftler die auf dieser Grundlage erarbeiteten Vorschläge im politischen Diskurs vorstellen und diskutieren.

Es darf und sollte dabei ruhig bei der Arbeitsteilung bleiben, dass es letztlich Aufgabe der Politiker und deren Mitarbeiter ist, nach durchsetzbaren Lösungen zu suchen. Es kann nicht die Frage des Ökonomen sein, welche Konzepte zur Mehrheitsbeschaffung dienen. Ökonomen können genau deshalb wertvolle Beiträge zu einer Lösung gesellschaftlicher Probleme leisten, weil sie geschult sind, systematisch unter expliziter Zugrundelegung von Wertvorstellungen und Zielen konsistente Lösungen zu entwickeln. Ob die so gefundenen Vorschläge politisch durchsetzbar sind, hängt erstens davon ab, ob die zu Grunde gelegten Werte und Ziele mit den Vorstellungen der Wähler übereinstimmen und zweitens, ob es gelingt darzulegen, dass die Empfehlungen hinsichtlich dieser Ziele Verbesserungen darstellen. Verzichtet jedoch bereits der Ökonom auf klare Zielvorstellungen, so läuft die ökonomische Politikberatung Gefahr, entweder vollkommen willkürlich benutzt zu werden oder aber unbrauchbare Konzepte zu entwickeln, die auf Grund der Ziellosigkeit an den Problemstellungen vorbei führen.

Zur Entwicklung von sachorientierten Reformempfehlungen ist eine ordnungspolitische Vorstellung nicht nur nützlich, sondern notwendig. Andernfalls läuft die wissenschaftliche Expertise Gefahr, den eigenständigen Wert wissenschaftlicher Empfehlungen zur Anregung des Diskurses und zur Überprüfung der Politik durch die Wähler zu verlieren. Im Grenzfall dient sie dann nur noch der scheinheiligen Legitimation bereits getroffener politischer Entscheidungen.

Der institutionelle Status quo und das im politischen System Machbare dürfen also keinesfalls Ausgangspunkt der Gedanken des Wissenschaftlers sein. Natürlich muss beides als Restriktion begriffen werden: zu maximieren sind möglichst sachorientierte und zielkonsistente Problemlösungen unter der Nebenbedingung, dass für die politische Durchsetzung der Status quo berücksichtigt werden muss (z. B. Übergangsprobleme). Aber Ökonomen sollten nicht den Weg mit dem Ziel verwechseln. Wo systematische und sachorientierte Empfehlungen nicht durchsetzbar sind, bleibt Wissenschaftlern die Rolle als einsame Mahner und die Hoffnung auf ein wachsendes Problembewusstsein in der Öffentlichkeit.

Von Seiten der Pragmatiker wird darauf hingewiesen, dass Ökonomen mit politischen Akteuren „besser ins Geschäft kommen" würden, wenn ihr Beratungsbeitrag für diese nützlich sei. Dazu müssten die Empfehlungen zur Mehrheitsbeschaffung oder zur Legitimation von Entscheidungen dienen. Es sei für Politiker dabei nachrangig, inwieweit die Beratung zur tatsächlichen Problemlösung beitrage. Abgesehen davon, dass dies ein recht pessimistisches Bild der Akteure und des Systems zeichnet, kann nicht deutlich genug darauf hingewiesen werden, dass die beratenden Ökonomen ihr eigenes Ziel nicht aus den Augen verlieren dürfen. Betrachten auch sie es als nachrangig, ob ihre Empfehlung zur Problemlösung dient, und eignen sie sich stattdessen die Aufgabe des Mehrheitsbeschaffers an, so verlieren sie zugleich jeden (ehrbaren) Grund, warum sie mit den politischen Akteuren „ins Geschäft kommen" sollten.

Die bestehende Arbeitsteilung zwischen Wissenschaftlern (mit ordnungspolitischer Vorstellung und längerfristiger Perspektive) und Akteuren des politischen Zirkels (mit Entscheidungskompetenz, aber auch der Restriktion der Vermittlungsnotwendigkeit gegenüber den Bürgern) erscheint ausreichend. Dies gilt umso mehr, desto eher der Feststellung zuzustimmen ist, dass langfristige sachpolitische Rationalität und kurzfristige politische Rationalität in bestimmten Fragen weit auseinander klaffen. Grundsätzlich sollte es Aufgabe des Parlaments und seiner Ausschüsse sein, Entscheidungen unter Berücksichtigung der von Experten dargelegten Zusammenhänge zu fällen. Letztlich wird ein demokratisches Staatsgebilde nicht umhinkommen, die Argumente, die zu teilweise schmerzhaften Entscheidungen führen, auch den Bürgern darzulegen. Die Beibehaltung der klaren Aufgabentrennung zwischen analysierenden Wissenschaftlern und entscheidenden Politikern dürfte eher hilfreich sein, um die notwendige Auseinandersetzung in der Öffentlichkeit zu ermöglichen und zu forcieren.

Es ist keinerlei Zwangsläufigkeit darin zu sehen, dass Politiker auf Grund der notwendigen Erzielung eines Einverständnisses der Bevölkerung sachorientierte Lösungen ablehnen. Gelingt es den Beteiligten des Politikdiskurses gemeinsam, die Erfordernisse für Reformen zu vermitteln und überzeugende Konzepte zu entwickeln, so können politische Entscheidungen sachorientiert sein, ohne zugleich politischen Selbstmord der Entscheidungsträger zu erfordern.

4. Wirtschaftswissenschaftliche Politikberatung ist nicht gleichzusetzen mit Wirtschaftspolitik

Als Zusammenfassung der Aufgabe und Vorgehensweise politikberatender Ökonomen und als hoffentlich einsichtige Begründung, warum man Ihnen in diesem Buch zugemutet hat, sich mit idealtypischen Modellen zu befassen, soll Ihnen folgender letzter „Grundgedanke" mit auf den Weg gegeben werden:

Ökonomen versuchen rationale wohlfahrtsverbessernde Regeln, Systeme und Institutionen vorzuschlagen. Die Aufgabe des Wirtschaftswissenschaftlers als Politikberater ist nicht gleichzusetzen mit der des Wirtschaftspolitikers in der politischen Arena. Während Politiker unter bestehenden Restriktionen arbeiten müssen (bestehende Gesetze, Abstimmungsverfahren, Wiederwahlinteresse, etc.), kann der politikberatende Wirtschaftswissenschaftler frei von diesen Restriktionen Probleme analysieren.

Der Wirtschaftswissenschaftler bewegt sich dabei auf einer fiktiven, vor-konstitutionellen Ebene. Er bezieht denkbare institutionelle Arrangements gleichberechtigt zu bestehenden Arrangements in seine Analyse ein und ist in dieser Tätigkeit nicht an im Status quo vorfindbare Regelungen gebunden.

Die nach dieser Methode gefundenen Vorschläge und Empfehlungen werden erst in einem zweiten Schritt den im Status quo vorhandenen Arrangements gegenüber gestellt und mit diesen abgeglichen. Die dann selbstverständlich hochinteressante Frage, wie reale Effizienzverbesserungen im politischen Prozess durchgesetzt werden können, ist eine von der rein wissenschaftlichen Analyse zu trennende neue Aufgabe, die Ökonomen in Zusammenarbeit mit anderen angehen sollten.

Kommentiertes Literaturverzeichnis

Nachschlagewerke

Definitionen und kurze Erläuterungen zu einem Großteil der in diesem Buch durch **Fettdruck** hervorgehobenen Schlagwörter lassen sich problemlos in Nachschlagewerken, Lexika und Enzyklopädien finden. Verwiesen sei unter anderem auf folgende Werke:

GABLER WIRTSCHAFTSLEXIKON, 16. Auflage (2005), Gabler, Wiesbaden. Inzwischen in der 16. Auflage bietet das Lexikon zu mehr als 25.000 Stichworten recht klare knappe Einträge, die von Fachleuten verfasst werden. Seit Jahrzehnten ein absolutes Standardwerk, wenngleich viele der Einträge eher in den Bereich der Betriebswirtschaft als in den der Volkswirtschaft gehören.

LEXIKON DER VOLKSWIRTSCHAFTSLEHRE, 7. Auflage (2000), MI, Landsberg. Das Lexikon gibt in über 2.000 Kurzbeiträgen ausführlichere und stärker theoretisch fundierte Überblicksartikel und Literaturhinweise zu allen Bereichen der Volkswirtschaftslehre.

VAHLENS GROßES WIRTSCHAFTSLEXIKON, 2. Auflage (1993), Vahlen, München. Ein weiteres Nachschlagewerk, welches sich für den schnellen und fundierten Überblick zu den behandelten 11.000 Stichworten empfiehlt. In jeder größeren (Fach-)Bibliothek vorhanden, im Handel vergriffen.

WIKIPEDIA, die freie Online-Enzyklopädie. Die Einträge in Wikipedia werden nicht von einer festen, bezahlten Redaktion, sondern von freiwilligen Autoren verfasst. Entsprechend gibt niemand eine Qualitätsgarantie zu den jeweiligen Artikeln. Für die meisten Fälle bietet das Internetportal jedoch einen recht guten Ansatz. Die deutsche Version findet man im Internet unter „http://de.wikipedia.org", die englische unter „http://en.wikipedia.org".

Weiterführende Literatur zu Kapitel I:
Volkswirtschaftliche Grundgedanken

Viele Autoren haben sich schon grundlegende Gedanken gemacht. Werfen Sie ruhig einen Blick in die folgenden, exemplarisch genannten Bücher:

ALTMANN, Jörn (2003), Volkswirtschaftslehre, 6. Auflage, Lucius & Lucius, Stuttgart. Auch in diesem Einführungslehrbuch, welches sich durch praktische Beispiele und die Vermittlung institutioneller Details auszeichnet, findet sich einiges der Grundgedanken unter der Überschrift „Grundbegriffe des Wirtschaftens" wieder.

GUTMANN, Gernot (1993), Volkswirtschaftslehre, 5. Auflage, Kohlhammer, Stuttgart. In diesem Einführungslehrbuch finden Sie neben einem relativ ausführlichen ordnungstheoretischen Vergleich der Wirtschaftssysteme der Marktwirtschaft und der Zentralverwaltungswirtschaft unter der Überschrift „Grundsachverhalte des Wirtschaftens" Ausführungen zu drei der hier vorgestellten Grundgedanken.

MANKIW, Gregory N. (2004), Grundzüge der Volkswirtschaftslehre, 3. Auflage, Schäffer-Poeschel, Stuttgart. In diesem aus dem amerikanischen übersetzten Standardeinführungsbuch für Studenten der Wirtschaftswissenschaften finden Sie im ersten Teil einige „Grundgedanken" unter der Bezeichnung „Zehn volkswirtschaftliche Regeln", „Volkswirtschaftliches Denken" und „Interdependenz und die Handelsvorteile".

SAMUELSON, Paul / NORDHAUS, William (1998), Volkswirtschaftslehre, 15. Auflage, Ueberreuter, Wien. In diesem aus dem amerikanischen übersetzten Standardlehrbuch finden sich die Grundgedanken nicht gebündelt am Anfang, sondern im Verlauf des Buches.

SIEBERT, Horst (2003), Einführung in die Volkswirtschaftslehre, 14. Auflage, Kohlhammer, Stuttgart. In diesem Buch findet sich vor einer breit angelegten Einführung in mikro- und makroökonomische Zusammenhänge das Kapitel „Die Grundfragen der Volkswirtschaftslehre", in dem einige der hier diskutierten Grundgedanken aufgegriffen werden.

WEIMANN, Joachim (2005), Wirtschaftspolitik, Allokation und kollektive Entscheidung, 3. Auflage, Springer, Berlin. In diesem Buch zur Wirtschaftspolitik für fortgeschrittene Studenten der Wirtschaftswissenschaften finden Sie unter der Überschrift „Die Grundposition" einige der Grundgedanken wieder.

Weiterführende Literatur zu Kapitel II und III:
Die Theorie der Haushalte
Die Theorie der Unternehmen

HEERTJE, Arnold / WENZEL, Heinz-Dieter (2001), Grundlagen der Volkswirtschaftslehre, 6. Auflage, Springer, Berlin. Kapitel 3 dieses Lehrbuches beschäftigt sich mit der Theorie des Haushalts, Kapitel 4 ist der Theorie der Unternehmung gewidmet.

MANKIW, Gregory N. (2004), Grundzüge der Volkswirtschaftslehre, 3. Auflage, Schäffer-Poeschel, Stuttgart. In diesem aus dem amerikanischen übersetzten Standardeinführungsbuch für Studenten der Wirtschaftswissenschaften finden sich die Ausführungen zur Theorie der Haushalte in Teil II, die Theorie der Unternehmen in Teil IV (insbesondere Kapitel 13 und 14).

SAMUELSON, Paul / NORDHAUS, William (1998), Volkswirtschaftslehre, 15. Auflage, Ueberreuter, Wien. In diesem aus dem amerikanischen übersetzten Standardlehrbuch findet sich in Teil 2 eine fundierte Einführung in die Mikroökonomik inklusive der Theorie der Haushalte und der Unternehmen.

SCHUMANN, Jochen / MEYER, Ulrich / STRÖBELE, Wolfgang (1999), Grundzüge der mikroökonomischen Theorie, 7. Auflage, Springer, Berlin. Ein deutsches Standardlehrbuch für die Mikroökonomik. Ausführlich und umfassend, aber leider nicht für Leser mit eingeschränkter Sympathie zu Mathematik geeignet. Kapitel I beschäftigt sich mit der Theorie des Haushalts, Kapitel II mit der Theorie der Unternehmung.

SIEBERT, Horst (2003), Einführung in die Volkswirtschaftslehre, 14. Auflage, Kohlhammer, Stuttgart. In Teil I dieses Lehrbuches findet sich eine teilweise recht tiefgehende Einführung der Mikroökonomik inklusive der Theorie der Haushalte und der Unternehmen.

VARIAN, Hal (2003), Grundzüge der Mikroökonomik, 6. Auflage, Oldenbourg, München. Ein weiteres amerikanisches Standardlehrbuch in der deutschen Übersetzung. Es bietet eine recht ausführliche und behutsame Einführung in die gesamte Mikroökonomik.

WIED-NEBBELING, Susanne / SCHOTT, Hartmut (2004), Grundlagen der Mikroökonomik, 3. Auflage, Springer, Berlin. Ein sehr gut aufgebautes und angenehm lesbares Buch (mit Mathematik) zur ausführlichen Einführung in die Mikroökonomik. Kapitel 2 bietet beinahe 90 Seiten zur Theorie der Haushalte, Kapitel 3 über 50 Seiten zur Unternehmenstheorie.

Weiterführende Literatur zu Kapitel IV:
Das Marktgleichgewicht

ALTMANN, Jörn (2003), Volkswirtschaftslehre, 6. Auflage, Lucius & Lucius, Stuttgart. Ein Einführungslehrbuch, welches sich durch praktische Beispiele und die Vermittlung institutioneller Details auszeichnet. In Kapitel 7.3 beschäftigt sich der Autor mit dem Marktgleichgewicht.

DONGES, Juergen B. / FREYTAG, Andreas (2004), Allgemeine Wirtschaftspolitik, 2. Auflage, Lucius & Lucius, Stuttgart. Ein ausführliches Lehrbuch zur Wirtschaftspolitik für fortgeschrittene Studenten. Das Kapitel II.4. beschäftigt sich mit den Effizienzwirkungen des Marktgleichgewichts.

HEERTJE, Arnold / WENZEL, Heinz-Dieter (2001), Grundlagen der Volkswirtschaftslehre, 6. Auflage, Springer, Berlin. Kapitel 5 und der erste Abschnitt in Kapitel 15 beschäftigen sich mit dem Gleichgewicht auf Konkurrenzmärkten.

MANKIW, Gregory N. (2004), Grundzüge der Volkswirtschaftslehre, 3. Auflage, Schäffer-Poeschel, Stuttgart. In diesem aus dem amerikanischen übersetzten Standardeinführungsbuch für Studenten der Wirtschaftswissenschaften finden sich die Ausführungen zum Gleichgewicht auf einem Konkurrenzmarkt in Teil II, Kapitel 4, zur wohlfahrtsökonomischen Rentenbetrachtung in Teil III, Kapitel 7.

SCHUMANN, Jochen / MEYER, Ulrich / STRÖBELE, Wolfgang (1999), Grundzüge der mikroökonomischen Theorie, 7. Auflage, Springer, Berlin. Ein deutsches Standardlehrbuch für die Mikroökonomik. Ausführlich und umfassend, aber leider nicht für Leser mit eingeschränkter Sympathie zu Mathematik geeignet. Kapitel III beschäftigt sich mit Konkurrenzgleichgewichten.

VARIAN, Hal (2003), Grundzüge der Mikroökonomik, 6. Auflage, Oldenbourg, München. Ein weiteres amerikanisches Standardlehrbuch in der deutschen Übersetzung. Es bietet eine recht ausführliche und behutsame Einführung in die gesamte Mikroökonomik. Der Aufbau des Buches unterscheidet sich deutlich vom hier gewählten, die einzelnen Themen müssen im Inhaltsverzeichnis oder im Schlagwortverzeichnis zusammengesucht werden.

WEIMANN, Joachim (2005), Wirtschaftspolitik, Allokation und kollektive Entscheidung, 3. Auflage, Springer, Berlin. Ein Buch zur Wirtschaftspolitik für fortgeschrittene Studenten der Wirtschaftswissenschaften. Kapitel 6.1 beschäftigt sich mit den Effizienzeigenschaften von Wettbewerbsmärkten.

WIED-NEBBELING, Susanne / SCHOTT, Hartmut (2004), Grundlagen der Mikroökonomik, 3. Auflage, Springer, Berlin. Ein sehr gut aufgebautes und angenehm lesbares Buch (mit Mathematik!) zur ausführlichen Einführung in die Mikroökonomik. Kapitel 4 beschäftigt sich ausführlich mit dem Marktgleichgewicht bei Konkurrenz.

Weiterführende Literatur zu Kapitel V:
Der Weihnachtsmann und die Idee der Planwirtschaft

EUCKEN, Walter (1952): Grundsätze der Wirtschaftspolitik, inzwischen 7. Auflage (2004) bei Mohr Siebeck, Tübingen. Kein Lehrbuch, sondern die noch immer relevante vergleichende Theorie der Wirtschaftsordnungen und die Entwicklung maßgeblicher Prinzipien für eine marktwirtschaftliche Ordnungspolitik.

GUTMANN, Gernot (1990), Das Ende der Planwirtschaft in der DDR, Walter Eucken Institut, Vorträge und Aufsätze 130, Mohr (Paul Siebeck), Tübingen. Ein kurzer, eindrucksvoll nüchterner Vortrag mit ganz praktischer Herangehensweise anlässlich der unmittelbar bevorstehenden Wiedervereinigung.

GUTMANN, Gernot (1993), Volkswirtschaftslehre, 5. Auflage, Kohlhammer, Stuttgart. In diesem Einführungslehrbuch finden Sie einen ausführlichen ordnungstheoretischen Vergleich der Wirtschaftssysteme der Marktwirtschaft und der Zentralverwaltungswirtschaft.

HAYEK, Friedrich August von (2003), Der Weg zur Knechtschaft, Olzog, München. Ein beeindruckend klarsichtiges Werk zum Zusammenhang zwischen Marktwirtschaft, Demokratie und individueller Freiheit aus dem Jahr 1943.

WEIMANN, Joachim (2005), Wirtschaftspolitik, Allokation und kollektive Entscheidung, 3. Auflage, Springer, Berlin. In diesem Buch zur Wirtschaftspolitik für fortgeschrittene Studenten der Wirtschaftswissenschaften finden Sie in Kapitel 5.5 Ausführungen zum „wohlwollenden Diktator".

Weiterführende Literatur zu Kapitel VI:
Der Markt regelt doch nicht alles:
Die Marktversagenstheorie

BLANKART, Charles (2006), Öffentliche Finanzen in der Demokratie, 6. Auflage, Vahlen, München. Ein sehr gut lesbares Einführungslehrbuch in das speziellere VWL-Fach der Finanzwissenschaft. In Kapitel 4, 21 und 24 widmet sich der Autor wesentlichen Teilen der Marktversagenstheorie.

DIXIT, Avinash / NALEBUFF, Barry (1997), Spieltheorie für Einsteiger, Schäffer-Poeschel, Stuttgart. Eine unterhaltsam geschriebene, nicht-mathematische Einführung in die Spieltheorie.

DONGES, Juergen B. / FREYTAG, Andreas (2004), Allgemeine Wirtschaftspolitik, 2. Auflage, Lucius & Lucius, Stuttgart. Der gesamte Teil III dieses Lehrbuch zur Wirtschaftspolitik für fortgeschrittene Studenten widmet sich ausführlich der Marktversagenstheorie.

FRITSCH, Michael / WEIN, Thomas / EWERS, Hans-Jürgen (2005), Marktversagen und Wirtschaftspolitik, Vahlen, München. Dieses gut lesbare Einführungsbuch für Fortgeschrittene fokussiert die Marktversagenstheorie und behandelt die einzelnen Marktversagensargumente recht ausführlich.

VARIAN, Hal (2003), Grundzüge der Mikroökonomik, 6. Auflage, Oldenbourg, München. In dem amerikanischen Standardlehrbuch in der deutschen Übersetzung finden Sie die einzelnen Marktversagensargumente verstreut in den Kapiteln 24, 32, 35 und 36.

WATRIN, Christian (1986), ‚Marktversagen' versus ‚Staatsversagen', Schriftenreihe des Vororts Nr. 42, Schweizerischer Handels- und Industrie-Verein, Zürich. Ein kurzes, sehr gut lesbares Vortragsskript zur präzisen Abhandlung der Frage, warum alleine die Identifikation der vom Ideal abweichenden Marktergebnisse in Fällen des Marktversagens noch keineswegs staatliche Eingriffe begründen kann.

WEIMANN, Joachim (2005), Wirtschaftspolitik, Allokation und kollektive Entscheidung, 3. Auflage, Springer, Berlin. In diesem Buch zur Wirtschaftspolitik für fortgeschrittene Studenten der Wirtschaftswissenschaften finden Sie eine an der Idee der Gefangenendilemma-Struktur orientierte Marktversagensdiskussion in Kapitel 4. Darüber hinaus werden in Kapitel 7 natürliche Monopole und in Kapitel 8 externe Effekte ausführlich behandelt.

WIED-NEBBELING, Susanne / SCHOTT, Hartmut (2004), Grundlagen der Mikroökonomik, 3. Auflage, Springer, Berlin. In dieser ausführlichen Einführung in die Mikroökonomik (mit Mathematik!) finden Sie in Kapitel 8 die Auseinandersetzung mit öffentlichen Gütern, externen Effekten und asymmetrischer Information.

Weiterführende Literatur zu Kapitel VII: Verteilungspolitik und Meritorik

BLANKART, Charles (2006), Öffentliche Finanzen in der Demokratie, 6. Auflage, Vahlen, München. In dem sehr gut lesbares Einführungslehrbuch in das speziellere VWL-Fach der Finanzwissenschaft ist Kapitel 5 „Staat, Umverteilung und Gerechtigkeit" äußerst empfehlenswert.

FREY, Bruno / KIRCHGÄSSNER, Gebhard (2002), Demokratische Wirtschaftspolitik, 3. Auflage, Vahlen, München. Ein gut lesbares Buch zur Wirtschaftspolitik für Fortgeschrittene. Kapitel 10 „Grundregeln über Verteilung" ist in diesem Zusammenhang lesenswert.

RICHTER, Wolfram / WEIMANN, Joachim (1991), Meritorik, Verteilung und sozialer Grenznutzen vom Einkommen, Jahrbuch für Sozialwissenschaft Bd. 42, S. 118-130. Ein Überblicksartikel zur Diskussion um die wissenschaftliche Brauchbarkeit des Meritorik-Konzepts.

ROTH, Steffen (2002), Beschäftigungsorientierte Sozialpolitik, Untersuchungen zur Wirtschaftspolitik Bd. 125, Köln. Hier finden Sie eine ausführliche Auseinandersetzung mit Kriterien und Prinzipien ökonomisch begründbarer Umverteilungspolitik.

Weiterführende Literatur zu Kapitel VIII: Politik als alternativer Allokationsmechanismus

BLANKART, Charles (2006), Öffentliche Finanzen in der Demokratie, 6. Auflage, Vahlen, München. In dem sehr gut lesbaren Einführungslehrbuch in das speziellere VWL-Fach der Finanzwissenschaft beschäftigt sich Kapitel 7 mit der Frage staatlicher Entscheidungsprozesse, in Kapitel 9 finden sich lohnende Ergänzungen. Kapitel 23 widmet sich der Bürokratie.

DONGES, Juergen B. / FREYTAG, Andreas (2004), Allgemeine Wirtschaftspolitik, 2. Auflage, Lucius & Lucius, Stuttgart. Der gesamte Teil IV dieses Lehrbuch zur Wirtschaftspolitik für fortgeschrittene Studenten widmet sich ausführlich der „Staatlichen Einflussnahme auf Märkten".

FREY, Bruno / KIRCHGÄSSNER, Gebhard (2002), Demokratische Wirtschaftspolitik, 3. Auflage, Vahlen, München. Ein gut lesbares Buch zur Wirtschaftspolitik für Fortgeschrittene. Beinahe das ganze Buch beschäftigt sich mit politischen Entscheidungsprozessen und den verschiedenen Akteuren im politisch-administrativen Prozess.

FRITSCH, Michael / WEIN, Thomas / EWERS, Hans-Jürgen (2005), Marktversagen und Wirtschaftspolitik, Vahlen, München. In diesem Einführungsbuch für Fortgeschrittene finden Sie in Kapitel III.3. einige kurze Ausführungen zu den „Eigennützigen Akteuren" im politischen Prozess.

KIRSCH, Guy (2004), Neue Politische Ökonomie, 5. Auflage, Lucius & Lucius, Stuttgart. Ein hervorragendes und ausführliches Lehrbuch für die ökonomische Sicht des politischen Entscheidungsprozesses inklusive der Betrachtung von Bürokratie, Interessengruppen und Medien.

WEIMANN, Joachim (2005), Wirtschaftspolitik, Allokation und kollektive Entscheidung, 3. Auflage, Springer, Berlin. In diesem Buch zur Wirtschaftspolitik für fortgeschrittene Studenten der Wirtschaftswissenschaften finden Sie in Kapitel 5 „Kollektive Entscheidungen" und in Kapitel 9 „Delegationsprobleme in repräsentativen Demokratien" sehr empfehlenswerte Vertiefungen zu den hier angesprochenen Problemen.

Weiterführende Literatur zu Kapitel IX:
Epilog: Ökonomische Politikberatung

FREY, Bruno / KIRCHGÄSSNER, Gebhard (2002), Demokratische Wirtschaftspolitik, 3. Auflage, Vahlen, München. In dem gut lesbaren Buch zur Wirtschaftspolitik für Fortgeschrittene ist der vierte Teil dem Thema der wirtschaftspolitischen Beratung gewidmet.

HÜTHER, Michael (2005), Unzeitgemäße Politikberatung – Warum wir über Ordnungspolitik reden müssen, in: Andreas Freytag (Hrsg.), Weltwirtschaftlicher Strukturwandel, nationale Wirtschaftspolitik und politische Rationalität, Festschrift für Juergen B. Donges zum 65. Geburtstag, Kölner Universitätsverlag, Köln.

PRIDDAT, Birger / THEURL, Theresia (Hrsg.) (2004), Risiken der Politik-beratung – Der Fall der Ökonomen, Nomos, Baden-Baden. Ein Sammelband einer Tagung von Ökonomen zu diesem Thema.

STREIT, Manfred (2005), Wissenschaftliche Politikerberatung zwischen Wissensmangel und Opportunismus, in: Andreas Freytag (Hrsg.), Weltwirtschaft-licher Strukturwandel, nationale Wirtschaftspolitik und politische Rationalität, Festschrift für Juergen B. Donges zum 65. Geburtstag, Kölner Universitäts-verlag, Köln.

Schlagwortregister